에도로 가는 길

에도로
가는
길

운명을 거슬러
문을 열어젖힌
이방인

에이미 스탠리
유강은 옮김

더없이 예쁘고 사랑스러운 두 아이
샘과 해리스에게

일러두기

1. 이 책의 원제는 『Stranger in the Shogun's City: A Japanese Woman and Her World』이며, 한국어판 제목은 『에도로 가는 길: 운명을 거슬러 문을 열어젖힌 이방인』이다.
2. 단행본과 정기간행물은 『 』, 노래는 ' ', 그림, 연극은 〈 〉로 표기하였다.
3. 이 책은 국립국어원의 표준어 규정 및 외래어 표기법 표기일람표와 용례를 따랐고, 그에 준한 네이버백과사전, 브리태니커 등을 참조하였다.
4. 주는 모두 저자 주이며, 번호를 달아 미주로 처리하였다. 옮긴이 삽입은 본문 중에 대괄호(〔 〕) 속에 달고 마지막에 '—옮긴이'라고 밝혔다. 일본 문화나 풍습과 관련하여 추가한 괄호 속 간단한 설명은 옮긴이가 독자의 이해를 돕기 위해 삽입한 것이다.
5. 본문의 강조는 원서의 이탤릭체로 표기된 부분이다.
6. 이 책에서 쓰인 용어 중 몇몇 용어에 관한 설명은 다음과 같다.
   - 에도 시대 일본은 상징적인 천황 아래 300개 가까운 번으로 나뉘어져 있었다. '국/구니國'나 그 아래의 '군'은 고대 시대부터 내려온 지방 명칭으로 실제적인 행정구역이라기보다는 역사적인 명칭이다.
   - 'cho'와 'machi'는 동·읍·면에 해당하는 정町을 가리키는데, 독음이 다르기 때문에 '정'이 아니라 '초/마치'로 옮겼다.
   - 'ward head'는 초/마치의 장을 가리키는데, '동장'으로 옮겼다. 'lord'는 일반적으로 영주/번주/다이묘(보편적인 의미로 '영주', 번의 통치자는 '번주', 번주 중에서 세입이 1만 석 이상 되는 경우 '다이묘')를 뜻하는데, 구체적인 번이 나올 때는 '번주'로, 그 밖에는 '다이묘'로 옮겼다. 가신의 시점에서는 '주군'으로 옮기기도 하였다.
   - 'commoner, townsman/townswoman/townspeople'는 '조닌町人'의 번역어로 에도 시대의 '도회지(특히 에도) 평민, 서민'을 가리키는데 문맥에 따라 둘 중 하나로 옮겼다.
   - 'Sea of Japan'은 '동해'로 옮겼다. 처음 한 번만 동해(일본해)로 표기하였다.
   - 무게, 화폐, 도량형 등에서 고쿠石는 섬, 료兩는 금화 냥, 부分는 금전 푼, 슈銖는 수, 몬文(4,000문=16수=4푼=1냥)은 엽전 문으로 옮겼다.
7. 저자는 일본의 전통적인 나이 셈을 서구식으로 바꾸었다. 가령 쓰네노가 죽은 1853년에 태어나자마자 한 살인 일본식 셈으로는 50세였지만 서양식으로 49세로 표시했다. 독자의 편의를 위해 일본식 연도도 모두 그레고리력(양력)으로 바꾸었다. 다만 이렇게 바꾼 연도가 항상 정확한 것은 아니다. 일본의 음력과 그레고리력이 딱 맞아떨어지지 않기 때문이다. 가령 덴포天保 13년 12월을 1842년 12월로 옮겼지만 유럽과 미국에서는 이미 1843년에 해당한다.
8. 이 책에 등장하는 많은 인물들은 스스로 이름을 바꾸었거나 여러 이름으로 통했다. 저자는 일관성과 독서의 편의를 위해 기록에서 처음 마주친 이름으로 지칭하였다.

차례

쓰네노와 사람들

쓰네노 일가

쓰네노常野(나중에는 오킨おきん) 가족을 재구성하는 것은 이 책을 쓰면서 손꼽히게 어려운 일이었다. 린센지林泉寺의 기록에는 족보가 없기 때문이다. 여기 설명하는 관계는 출생과 사망 기록 및 편지에서 언급되는 내용("오빠")을 바탕으로 재구성한 것이다.

부모
- 에몬(1768~1837): 쓰네노의 아버지이자 린센지의 주지
- 하루마(1841년 사망): 쓰네노의 어머니

형제자매
- 이자와 고토쿠(생몰연도 미상): 쓰네노의 오빠. 아버지가 전 부인과의 사이에서 낳은 이복 오빠로 보인다. 다카다高田의 이자와井沢 의사 집안에 양자로 들어가서 나중

8

에 의사가 되었다.

· 기유義融(1800~1849): 오빠. 아버지의 뒤를 이어 린센지 주지가 됨.

· 기요미(생몰연도 미상): 누이(여동생으로 추정). 근처 마을의 승려와 결혼.

· 기류(1807~1876): 남동생.

· 기린(생몰연도 미상): 남동생. 형 기유의 첫 번째 부인을 강간해서 한동안 집안에서 쫓겨남.

· 기센義仙(1848년 사망): 막내 남동생. 에도로 공부하러 감.

· 우메카(1815년생): 여동생. 어려서 사망.

· 도시노(1817~1844): 여동생.

· 이노(1840년 사망): 여동생.

기유 일가

· 기유의 첫 번째 부인: 린센지 문서에 이름 없음. 1828년에 결혼해서 이듬해에 이혼.

· 사노(1804~1859): 기유의 두 번째 부인이자 쓰네노의 새언니. 기하쿠를 비롯한 다섯 자녀를 낳음.

· 기하쿠(1832~1887): 기유와 사노의 아들. 아버지의 뒤를 이어 린센지 주지가 됨.

· 오타케(1840년생): 기유와 사노의 딸. 쓰네노가 입양을 원했음.

쓰네노의 남편들

· 조간지浄願寺 주지(1817~1831년 혼인관계): 첫 번째 남편. 데와국出羽国(국[구니]은 메이지 시대 초기까지 사용된 일본의 행정구역 단위. 현재의 야마가타현과 아키다현에 해당) 오이시다大石田 거주.

· 고이데 야소에몬(1833~1837년 혼인관계): 두 번째 남편. 에치고국越後国(현재의 니가타현 일부) 오시마大島 마을의 부유한 농민.

· 가토 유에몬(1837~1838년 혼인관계): 세 번째 남편. 에치고국 다카다의 평민.

· 이자와 히로스케井沢博輔(나중 이름은 헤이조. 1840~1844. 1846~1853년 혼인관계): 네 번째 남편. 에도 거주. 에치고국 가모다 마을 출신으로 사무라이 집안에서 일함.

다른 가족 구성원, 지인, 고용주

에치고

· 이소가이 덴파치: 린센지 총무. 교구민.

· 야마자키 규하치로: 이무로 마을에 사는 쓰네노의 작은아버지.

· 지칸: 에도까지 동행한 인물. 다카다 바로 외곽에 있는 고야스 마을 지엔지慈円寺의 사미승.

에도

· 소하치: 쌀집 주인이자 지칸의 친척. 에치고 출신.

· 이소가이 야스고로: 쓰네노의 고향 친구. 린센지 교구
민으로 겨울에 에도에서 일한다.

· 미쓰와 분시치文七: 쓰키지에 사는 쓰네노의 고모와 고
모부.

· 마쓰다이라 도모사부로松平友三郎(대략 1821~1866): 쓰네
노의 첫 번째 고용주. 하타모토旗本. 나중에는 가메야마
번龜山藩의 번주로 마쓰다이라 노부요시라고 불림.

· 5대 이와이 한시로岩井半四郎 5代目(1776~1847): 유명한
가부키 배우. 1840년 쓰네노가 잠시 일한 스미요시住吉
초에 있는 임대 부동산 소유주.

· 이자와 한자에몬(일명 다케다 야카라, 다케다 고로): 히로스
케의 남동생. 천한 사람들과 가깝고 수상쩍은 인물.

· 야도 기스케: 쓰네노의 친구. 데와국 출신 침술사.

· 후지와라 유조: 히로스케의 오랜 친구. 혼고本郷에서
일함.

러시아 제국

중국

조선

일본

동해

데와국

오이시다

구비키군 니가타

에치고국

홋코쿠카이도

나카센도

교토

에도

나가사키

태평양

| 0 마일 | 100 | 200 | 300 |
| 0 킬로미터 | | 300 | |

구비키군

동해

| 0 마일 | | 30 |
| 0 킬로미터 | 30 | |

에치고국

가모다 마을

이시가미 마을

다카다

오시마 마을

묘코산

세키카와 관문

홋코쿠카이도

프롤로그

       새로운 세기의 첫날인 1801년[1] 1월 1일, 존 애덤스 대통령은 공개 리셉션을 위해 간신히 완성된, 아직은 냉랭한 백악관을 개방했다.[2] 대서양 반대편에서는 런던의 교회들이 그레이트브리튼과 아일랜드의 연합을 알리기 위해 종을 울렸고, 처음으로 새로운 국기─유니언잭─가 게양되었다. 나폴레옹은 앞으로 정복할 땅을 고르면서 그날을 보냈고,[3] 파리 사람들은 새해 첫날을 인정하지 않는 프랑스 공화력[4]에 아랑곳하지 않고 전통적인 새해를 축하했다. 18세기는 끝이 났지만 혁명의 물결은 여전히 해안에 밀려들고 있었다. 미국의 신문들은 앞을 내다보면서 자국만이 아니라 모든 나라의 사람들을 위해 대담한 예측을 내놓았다. 이미 시대의 조류가 폭정에서 자유로, 미신에서 계몽으로, 군주정에서 공화주의로 바뀌어 있었다. 미국 신문들은 이후 100년간 "세계정세에서 더 커다란 변화가 일어날 것으로 보인다"는 데

뜻을 모았다.[5]

하지만 거친 대륙의 평원과 산맥 너머 바쁘게 움직이는 광대한 대양 반대편에서는 축하할 만한 새 시대도 없고, 잔을 들어 건배하거나 예측을 내놓을 이유도 없었다. 일본 열도에 사는 사람들은 고유의 음력을 따랐으며, 그해를 1801년으로 아는 사람도 극소수뿐이었다. 대다수 사람들에게 그해는 간세이寬政 12년이고, 시작이 아니라 중간이었다. 대서양 세계의 혁명의 시대에서 멀리 떨어진 일본은 태평太平(큰 평화)의 시대라는 평온한 대양을 느긋하게 헤쳐나가고 있었다. 일본에서 전쟁이 벌어진 지 200년이 다 되어가고 있었다. 당시 유럽은 종교를 둘러싸고 거듭해서 유혈 충돌에 빠져들었고, 중국의 명나라는 대륙을 뒤흔드는 격변에 휘말려 붕괴한 지 오래였고, 국왕이 참수당하고 새로운 나라들이 등장하고 거대한 해상 제국들이 생겨나고 무너졌다. 그럼에도 일본에서는 고요의 시대가 계속 이어졌다. 미래에도 끝없이 그런 시대가 이어질 것처럼 보였다.

서구 세계 대부분이 1801년 1월 1일로 여긴 그날은 11월 17일, 한겨울의 평범한 날이었다. 일본의 도시들마다 우아한 여자들이 겹겹이 누비옷을 차려입고, 파수꾼들이 지평선을 훑으며 화재를 감시하고, 노점상은 거리에서 군고구마를 팔았다. 시골에서는 사람들이 연장을 수리하고, 새끼줄을 꼬고, 푸성귀와 무 등 겨울작물을 돌보고, 무슨 수로 세금을 내야 할지 걱정했다. 수확철은 이미 끝이 났고 온갖 청구서의 납부 기한이 다가오고 있었다. 산간 지방에서는 농민들이 땔감을 모았고, 바닷가에서는 말린 다시마를 통에 채웠다. 농촌 마을에서는 쌀이나 콩을 포대에 담았다. 때로는 돈을 셌다. 일본의 66개 국(현)에 있는 작은 마을마다 납부 의무가 있었다. 무려 인구 120만 명의 거대 도시인 에도의 성에서 나라를 다스리는 쇼군인 도쿠가와 이에나리德川家斉나 지방 다이묘大名(에도 시대에 연간 1만 석 이상의 쌀을 수확하는 번주)에게 세금을 바쳐야 했다.[6]

서구 사람들이 새해를 축하하는 동안 일본의 캄캄한 겨울 날에는 세금 고지서 수만 장을 작성해서 인장을 찍고, 붓과 먹으로 사본을 만들어 배달부〔히캬쿠飛脚. 에도 시대에는 민간 배달업체에 속한 배달부가 편지, 금전, 화물 등을 배달했다.-옮긴이〕가 배달을 하고, 굳은살이 박인 농부의 손을 통해 전달되었다. 고지서 중 하나가 에몬이라는 불교 승려의 수중에 들어갔다.[7] 그는 상인 저택과 가부키 극장이 가득한 대도시 에도에서 여러 날을 걸어야 갈 수 있는 이시가미石神라는 마을에 살았다. 그가 주지로 있는 절은 일본 설국(눈이 많이 내리는 지방)의 중심부인 에치고국의 가파른 산기슭에 있었다. 나무로 지은 초가집들과 푸른 들판, 논 사이로 한겨울이 닥친 나날이었다. 에몬의 이웃들은 이미 와로즈草鞋(발목까지 오는 짚신)와 설피(눈신)를 수선하고, 들보와 서까래를 보강하고, 두껍게 짠 다다미로 약한 초목을 감싸고 창에 발을 쳤다.[8] 11월이 되면 눈이 몇십 센티미터 쌓이고 하루가 멀다 하고 눈이 내렸다. 바람이 거세지면 들판에 눈이 날리면서 곳곳에 쌓여 마을을 가로지르는 굽이진 길과 작은 수로가 보이지 않았다.[9]

에몬의 가족은 대를 이어 이시가미 마을의 농민들과 함께 살았다.[10] 한때 그들은 무사, 즉 사무라이였다. 집안에서 기록한 역사에 따르면, 그들은 위대한 무장 다케다 신겐武田信玄을 섬겼다.[11] 일명 '가이甲斐의 호랑이'인 신겐은 전략적 수완과 황금 뿔 장식을 단 투구 등 눈에 띄는 갑옷으로 유명한 인물이다. 신겐의 군대는 16세기 일본 전국戰國(센고쿠) 시대에 몇 차례 유혈 전쟁에서 싸웠다. 당시 무장들이 열도를 장악하기 위해 수십 명, 나중에는 수천 명을 휘하로 끌어모아 싸우면서 들판을 휘젓고 성을 불태웠다. 농민들이 마을에서 쫓겨나고 군대가 진지를 옮겨 다니며 행군하던 시대였다. 국민들이 동요하면서 전역에서 인구 분포가 바뀌었다. 여하튼 군대가 고갈되고 지친 평화가 찾아오면서 에몬의 조상들은 결국 에치고국 남부에 정착했다.

16세기 마지막 몇십 년 동안 일본에서 새롭게 군사 패권을 잡은 쇼군의 선구자가 주민들을 무사와 평민으로 나누었다.[12] 사무라이 집안의 우두머리는 누구랄 것 없이 자기 운명을 선택해야 했다. 무사가 되고자 하는 사람은 농사를 포기하고 조카마치城下町(다이묘가 거처하는 성을 중심으로 형성된 도시)에 있는 병영으로 옮겨가서 언제든 다이묘를 지킬 태세를 갖췄다. 마을에 남은 이들은 사무라이 신분을 포기하고 무기를 반납할 것을 지시받았다. 사무라이는 정부에서 일을 하면서 쇼군이나 다이묘에게 녹봉을 받는 특권이 있었고, 농민은 전쟁에 참여하지 않아도 된다는 보장을 받았다. 에몬의 조상들은 후자를 선택했다. 무기를 내려놓고 땅에 남았다.

세월이 흐르면서 에몬 일가의 성원들은 농사를 지으며 마을 촌장으로 일했다. 분쟁을 중재하고 세금을 징수했으며 지역을 통치하는 사무라이와 연락을 했다. 하지만 에몬의 조상들 중 한 명은 다른 길을 택했다. 그는 농사 지침서를 기록하고, 불교 경전을 공부했으며, 정토진종淨土真宗의 승려로 임명되었다. 교구민을 모으고 장례를 수행하고 찬불가를 부르고 신앙의 중요한 교리를 가르쳤다. 아미타불의 구제하는 힘을 믿는 사람은 누구나 끝없는 고통이 이어지는 업의 순환에서 벗어나 정토극락에서 다시 태어날 수 있다는 것이었다. 그는 작은 마을 절인 린센지를 세웠는데, 에몬과 그의 가족은 계속 여기에 살면서 신도들을 돌보고 산 사람과 죽은 사람의 명부를 관리했다.

에몬의 조상들이 내린 결정은 여러 세기에 걸쳐 쌓이면서 지금까지도 에몬의 일상생활의 구석구석까지 영향을 미쳤다.[13] 선조들이 무사가 되는 쪽을 선택했더라면 에몬 또한 사무라이가 됐을 것이다. 무사의 상징인 칼 두 자루를 차고 다녔을 것이다. 도시에 살았을 테고, 마을에 오는 일이 있더라도 사무라이 바지를 차려입고 기름을 발라 상투를 틀어서 겉모습만으로도 중요한 사람임을 드러냈을 것이다. 하지만 실상 그는 칙칙한 승려복을 입고 머리를 밀었다. 무엇보다도 세금을 냈다. 에몬이 사무라이로 태어났더라면 지배계급의 일원으로서 세금 고지서를 발행하고 세금을 거두고 수고의 대가로 녹봉을 받았을 것이다. 그와 그의 남자 후손들은 가문이 지속되는 한 수입을 보장받았을 것이다.

하지만 한겨울에 또 다른 세금 고지서가 나왔는데도 에몬이 조상들의 선택을 놓고 입씨름을 하기는 어려웠다. 그는 부자였다. 그와 부인 하루마는 이미 1800년에 절을 물려받을 사내아이를 낳았다. 아이를 더 낳을 수 있고 애들을 키울 돈도 별로 걱정이 되지 않는 가운데 에몬의 가족은 번성하고 있었다. 그는 복을 받은 데 대해 부처님께 감사했다. 그해는 팍팍한 시절이었고,[14] 이시가미 마을에 사는 교구민은 대부분 그만큼 운이 좋지 못했다. 상류의 강이 범람해서 마을의 못과 들판이 침수 피해를 입었다. 수확은 형편없었고, 지역 전체의 농민 촌장들이 구호 청원을 했다. 과부와 아이들이 굶주리고 있고, 세금을 낼 수 없어서 일가족이 도망을 치는 일이 잦다는 것이었다. 하지만 에몬은 그런 어려움을 전혀 겪지 않았다. 그에게 세금 고지서는 다가오는 재앙이 아니었다. 한 번 읽고 철해둘 또 하나의 문서일 뿐이었다.

에몬은 선친으로부터 몇 상자 가득한 문서를 물려받았는데, 그중 일부는 100년이 넘은 것으로 아코디언처럼 접어서 봉투에 넣고 작은 책자로 꿰맨 것이었다.[15] 수십 년 전의 세금 고지서와 영수증, 마을 사업과 관련된 청원과 통지문, 토지를 저당 잡고 돈을 빌려주기로 한 합의문 수십 장, 교구민의 전입과 전출 장부, 인구 등록, 사망 기록과 사후에 붙여진 불교식 이름, 가족이 누나의 혼례식을 위해 구입한 물품 목록까지 있었다. 이례적인 일이 전혀 아니었다. 대단히 많은 일본 남자―와 여자―가 글을 읽을 줄 알았다. 농촌 마을에서도 무려 5명 중 1명이 글을 쓸 줄 알았고,[16] 대다수 도시에서는 그 비율이 훨씬 높았다. 일본 열도 사람들은 모두 합쳐서 아마 근대 초기 사회에서 가장 광대한 문서 기록을 남겼다. 쇼군의 여자들이 에도성의 잘 꾸며진 방에 놓인 칠기 책상에서 고개를 숙이고 쓴 편지, 법률을 공포하고 형사 사건을 심판한 사무라이들이 작성한 포고문과 비망록, 종자 구입과 밭의 돌려짓기를 기록한 농민의 농사 일지, 대상인의 저택과 작은 동네 가게의 장부, 어린이들이 칙칙한 쪽지에 휘갈겨 쓴 필기, 신사神社와 항구와 사무라이 영웅과 귀신과 나무 스케치, 주택 설계, 자산 가치 목록, 서양 "야만인의" 역사에 관한 논평, 이동도 서관에서 빌릴 수 있는 책 목록, 상상할 수 있는 거의 모든 것에 관한 시 등등.

간세이 12년 겨울에 에몬의 문서함에는 주목할 만한 게 아무것도 없었다. 상자 안에 든 내용물은 질서정연하고 예측 가능한 이야기를 들려주었다. 해마다 세금이 나와서 납부했고, 여자들이 시집을 가고 며느리로 들어왔으며, 린센지 주지 자리가 대를 이어 상속되었고, 일가는 돈을 빌려주고 땅을 축적했다. 편지의 행간에 숨은 비밀들이 있었겠지만 자세한 설명은 없었다. 보관된 문서 기록의 세계는 대체로 에치고국에서 에몬이 사는 귀퉁이에서 한참 먼 곳까지 아우르지 않았다. 그 시절에 멀리 떨어진 도시들은 여전히 머나먼 곳이었다. 에도성에 있는 쇼군은 추상적인 인물이었고, 쇼군의 정부는 세입을 거둬들이는 정체불명의 존재였다. 대양 건너편에 새로 지은 하얀 집(백악관)에 사는 미합중국 대통령은 완전히 미지의 존재였다.

하지만 에몬이 집안의 문서 기록과 가족을 늘리는 동안 세계는 거의 알아챌 수 없을 정도로 서서히 바뀌고 있었다. 조만간 그의 문서함에는 그가 상상도 하지 못한 이름과 날짜들이 담기게 된다. 이 문서함은 그가 내다볼 수 없었던 분쟁의 저장고가 된다. 세기가 바뀌고 몇 년 뒤, 에몬의 딸 쓰네노가 태어나고, 이후 50년에 걸쳐 쓰네노는 다른 자식 아홉 명을 전부 합친 것만큼 많은 근심을 안겨주게 된다. 그 과정에서 쓰네노는 편지 수십 통을 쓰는데, 아버지와 형제들이 모두 보관해 두었다. 쓰네노는 불만을 토로하고 기뻐하고 절망하고 분노하며 사과하게 된다. 단어에 줄을 그어 지우고, 고쳐 쓰고, 처음부터 다시 쓴다. 전에 쓴 편지 내용을 부정하면서 그런 뜻으로 한 말이 아니라고 주장한다. 답장을 받을 새로운 주소와 정체불명의 괴상한 인물들, 생소한 어휘까지 소개한다. 쓰네노는 계속 편지를 써서 결국 그녀에게 보내는 편지, 그녀가 쓴 편지, 그녀에 관한 편지가 문서함을 가득 채우게 된다. 그녀의 반항—지면에 적혀 있다—은 다양한 어조와 형식으로 점점 더 많은 편지를 쓰게 만들고, 그 와중에 가족들은 어지러운 그녀의 삶을 이해하고 억누르려고 분투한다. 가족들은 잇따른 편지와 목록을 통해 쓰네노가 가족 모두가 기대했던 누이와 딸로 다시 돌아올 것이라고 믿었던 듯하다. 하지만 그 대신, 쓰네노는 굳센 의지로 문서 기록 전체의 방향을 뒤바꾸게 된다. 문서 기록은 한 가족의 정돈된 이야기 대신 다른 이야기를 들려주기 시작한다. 쓰네노의 이야기를.

승려 에몬이 훗날 무슨 일이 생길지, 즉 문서함에 담긴 비밀이 언젠가 세상에 드러날 줄 알았더라면 문서로 가득한 이 상자들에 대해 달리 생각했을 것이다. 절이 사라지고 오랜 뒤, 쇼군이 세상을 떠나고 이시가미 마을이 이웃 도시에 통합된 뒤, 그의 가족이 보관한 문서들은 130킬로미터 떨어진 니가타시의 공립 문서관이 소장하게 된다. 문서 관리자들은 쓰네노 이야기의 줄거리를 조사해서 한 웹사이트에 올렸고,[17] 어느 외국인 학자가 연구실에 혼자 앉아서 컴퓨터 화면으로 쓰네노가 남긴 이야기를 보게 된다.

> 어머니께, 쓰네노 드림(혼자만 보세요). 봄 인사를 드리려고 편지를 씁니다. 에도에 있는 간다 미나가와초皆川町로 갔는데—전혀 예상치 못한 일이지요— 결국 너무도 큰 어려움을 겪게 됐어요!

나는 에몬이 세금 고지서를 철하고 200여 년 뒤에 쓰네노의 편지를 읽었다. 나라와 바다, 세계로 갈라진 곳에서 쓴 편지였다. 몇 번이고 거듭해서 편지를 읽었고, 그해 겨울에 가르치는 수업 시간 사이마다 창밖에 눈이 휘몰아치는 가운데 화면을 다시 띄웠다. 학기가 끝났을 때 나는 과거에 에도였던 도쿄행 비행기에 올라탔다. 도쿄에 도착해서는 에몬이 살던 산간 지방을 관통하는 고속열차를 탔다. 쓰네노의 편지를 직접 두 눈으로 보기 위해서였다. 종이에 붓 자국이 흘러내렸고, 주름이 고스란히 살아 있었다. 한 손으로 책상을 움켜잡은 채 그 편지의 사진을 찍고 또 다른 편지를 찍고, 결국 수십 통을 찍었다. 시차로 인한 피로와 입덧 때문에 어지러웠다. 곧 아이가 태어날 예정이었다. 다른 첫 아들, 다른 가족, 다른 이야기가 이제 막 펼쳐지려는 참이었다.

사내애들을 키우면서 나는 가장 목소리가 크고 열정적인,

자기 이야기를 고집스럽게 들려주려 하는 쓰네노부터 에몬의 자식들 하나하나를 알게 되었다. 승려는 가계도를 남기지 않았기 때문에 어지럽게 섞여 있는 수백 개의 문서들에서 다른 이름들을 하나하나씩 찾아내야 했다. 쓰네노의 오빠인 기유는 불안하고 갈등을 겪는 가부장으로, 에몬이 은퇴한 뒤로 모든 기록을 보관했다. 막내 남동생 기센은 아름답고 읽기 쉽게 편지를 썼는데, 누나 쓰네노를 백치라고 불렀다.

　내 컴퓨터 화면에서 모든 이들이 휘갈겨 쓴 한자가 수백만 개의 화소로 바뀌었다. 나는 눈을 가늘게 뜨고 200년 전 글자의 구불구불한 선을 익숙하고 현대적인 모양의 일본어 단어로 바꾸려고 노력했다. 나는 현대 일본어를 말하고 읽으며 19세기 문서 인쇄본을 독해할 수 있었지만, 붓글씨는 거의 알아보지 못했다. 고풍스러운 표음문자로 쓰인 쓰네노의 편지를 뚫어져라 쳐다보며 큰소리로 읽으면서 구절들 사이의 틈을 알아내려고 애썼다. 필사본의 "해독 불가능한 필체"를 판독하는 데 쓴 사전 두 권은 책등이 갈라져서, 떨어져 나온 페이지들이 기저귀 가방과 주방, 연구실 바닥에 돌아다녔다. 일본인 동료들에게 도움을 청하는 편지를 썼고, 사본 몇 개를 정리하기 위해 연구조교를 채용했다. 몇 년간 문서 기록 전체를 휴대전화에 목록으로 저장해 두었다. 학술회의 만찬 자리나 택시 뒷좌석에서 혹시 어려운 페이지를 해독할 수 있는 사람을 만나면 언제든 물어보기 위해서였다. 마침내 나는 문서 대부분을 혼자서 읽을 수 있게 되었다. 천천히 이야기를 짜맞췄다. 고집 센 여자, 걸핏하면 다투는 가족, 도쿄가 아니라 에도라는 대도시를 아는 마지막 세대의 사람들, 옛날 달력으로 연도를 셀 줄 아는 사람들, 쇼군의 나라에서 살다가 죽은 사람들.

만약 에몬이 이 가운데 하나라도 알았더라면, 사본과 초고를 보관하고 아들 기유에게도 똑같이 하라고 가르친 관습에 의문을 품었으리라. 완고한 딸의 이야기를 남들이 읽는 것을 원하지 않았을 것이다. 하물며 누군가 그 이야기를 하는 것은 더더욱 원하지 않았으리라. 그가 기록을 보관한 것은 공립 문서관이나 외국인 학자를 위해서가 아니다. 여자, 그것도 가정이 있는 여자가 남편과 자식을 남겨두고 오로지 자기 가족의 편지를 연구하려고 몇 번이나 대양을 가로질러 오게 된다는 것을 알았더라면 눈이 휘둥그레지고 아마도 소스라치게 놀랐을 것이다. 그리고 그 여자가 이 모든 사람들 가운데 자기만 아는 괘씸한 자식인 쓰네노에게 끌리게 된다는 걸 알면 깜짝 놀랐을 것이다.

하지만 한편으로는 이 가족의 역사는 어쨌든 기억되어야 하며, 에몬은—그의 조상이나 후손들과 마찬가지로—의무적으로 문서 기록을 만들고 보존해야 하는 사회에 살았다. 에몬의 손자들이 19세기로 알았던 시대의 가장자리에서 균형을 잡은 채 그때 그가 어떤 다른 행동을 했어야 하는지 말하기는 쉽지 않다. 당시에는 다른 선택의 여지가 없었다.

에몬은 세금 고지서를 철했다. 그것은 그가 끝나가는 것을 알지 못한 시대의 마지막 문서이거나 시작되는 것을 알지 못한 시대의 첫 번째 문서였다. 어느 쪽이든 간에, 그는 여전히 그 자신의 이야기에서 중심을 차지하고 있었다. 그는 조상들이 하던 대로 일을 하면서 세금을 내고 미래를 대비했으며, 문서 기록을 모았다. 눈에 파묻힌 조용한 세계에서 그는 여전히 안전했다.

1. 머나먼 땅

린센지에 아기 선물이 도착한 때는 1804년 봄으로 이시가미 마을을 관통하는 길이 진창이 된 이른 해빙기였다.[1] 선물의 수효는 많지 않았다. 어쨌든 둘째 아이인 데다가 딸이었으니까. 첫째 아들인 네 살배기 기유는 한겨울에 태어났는데, 그래도 절에는 배달 물품, 그러니까 정어리, 사케, 옷감 여러 필, 다시마, 곶감, 접는 부채 등의 꾸러미가 속속 밀려들었다. 적당한 수준이었다. 3월 12일에 태어난 갓난아기는 대부분 집에서 만든 소박한 물건을 받았다. 떡, 사케, 아기 옷, 건어물 등이었다.

아기는 1주일 동안 이름이 없었다.[2] 영아가 일찍 죽는 일이 너무도 흔했기 때문에 아직 이름을 짓기에는 일렀다.[3] 마치 가족이 아직 온전히 자기들 것이 아닌 것에 매달리려고 하면 불운이 닥치기라도 할 것 같았다. 일단 아이가 7일 동안 살면 그제야 축하를 하고, 이름을 지어주고, 공동체로 맞아들이는 때가 된 것이었다.

불안한 일주일이 지나고 에몬과 가족은 작은 모임을 가졌다. 그 기록은 남은 게 없지만 이런 행사는 관습이었고,[4] 주지 가족은 통상적인 사회적 의무를 모두 수행했다. 손님들은 이시가미를 비롯한 이웃 마을들에서 온 여자들이었다. 출산을 도운 산파들을 비롯한 억센 농민들과 아마 승려와 마을 촌장들의 부인인 세련된 여자도 몇 명 있었다.[5] 아기는 세상이 너무도 낯설었기 때문에 훗날 자기 인생에 붙박이처럼 등장하는 사람들을 하나도 알아보지 못했다. 잔치가 벌어지는 내내 잠만 잤을 것이다. 하지만 나중에 자라면서 보이는 성격을 감안할 때, 눈을 크게 뜨고 빼곡하게 둘러싼 여자들을 둘러보면서 목청껏 울었을지도 모른다.

아기 부모는 이미 약간 세련되면서 평범하지 않은 이름을 골라놓았다. 쓰네노. 흔한 두 자 이름 대신 세 자였고, 한자로도 두 글자였다. 아이는 나중에도 집안에서 하나뿐인 쓰네노였고, 절 주변의 농촌 마을들에서도 같은 이름은 없었을 것이다. 그 이름을 계속 쓰는 한 다른 사람과 혼동될 일은 없었다.

인생의 처음 몇 달간 아기 쓰네노에게는 부족한 게 없었다. 집에는 헌옷과 넝마가 많아서 기저귀를 만들 수 있었던 터라[6] 오줌을 싸면 언제든 기저귀를 갈아주었다. 더러운 바닥 대신 다다미 위에서 잠을 잤고, 땔감과 석탄도 충분해서 긴긴 겨울에도 따뜻하게 살았다. 옷가지도 있었다. 아기와 걸음마쟁이용으로 작은 사이즈로 만든 헐렁한 면직 유아복이었다. 밤에는 등잔과 촛불이 절의 어둑한 방들을 비췄고, 눈 오는 날에는 폭신한 누빔 담요를 덮고 잘 수 있었다. 여름에는 부모가 요 위에 모기장을 쳐주었다. 어머니는 양껏 먹어서 젖이 많았고—아기들은 대개 세 살까지 젖을 먹었다—수유를 할 수 없거나 하고 싶지 않으면 유모를 고용할 수 있었다. 가족은 또한 마을 여자애를 보모로 쓸 수도 있었다. 보모가 쓰네노를 업고 구슬픈 민요를 불러주었고,[7] 아기는 어깨 너머로 세상을 볼 수 있었다.

배울 게 아주 많았다. 우선 아기가 배워야 하는 것들이 있었다. 엄마 얼굴, 아빠 목소리, 오빠 이름 기유. 다음으로 걸음마쟁이가 배워야 하는 새로운 단어와 규칙이 있었다. 미닫이 장지문을 가리키는 쇼지障子는 달가닥거리고 약해서 손가락으로 구멍을 내면 안 되었다. 바닥에 까는 돗자리는 다다미라고 했는데, 맨발 아래 잔물결을 이루는 달짝지근한 맛이 나는 지푸라기를 잡아당기면 안 되었다. 장롱을 가리키는 단스箪笥는 기어 올라가면 위험했고, 석탄 화로인 히바치火鉢는 너무 뜨거워서 손대면 안 되었다. 오하시お箸는 젓가락이었다. 그릇을 가리키는 단어는 두 개였다. 오완お碗(공기)은 색이 짙고 반짝이는 옻칠을 한 것으로 굉장히 가벼웠고, 오사라お皿(접시)는 매끈한 자기로 잘 깨지니 조심스럽게 다뤄야 했다.

쓰네노는 언어 말고도 사회적 규칙도 배웠다. 작은 마을에서 자기 가족이 차지하는 자리를 일깨워 주는 규칙이었다. 이웃들이 공손하게 인사를 하고 다른 아이들은 눈치 빠르게 질투 어린 눈길을 보내는 것을 보고 자기 지위를 알 수 있었다. 어른들은 자세한 내용을 알았고, 찬찬히 생각할 만한 시간과 공간이 있는 소수는 더 긴 이야기의 줄거리를 눈치챌 수 있었다. 150년 전에 쓰네노 아버지의 조상들이 이시가미 마을의 촌장이었을 때, 부농과 빈농의 주요한 차이는 정도의 차이였다. 일부는 땅이 있고 다른 이들은 소작인이었지만, 대부분 공통의 직업과 농사, 비슷한 생활방식을 공유했다. 그런데 쓰네노의 할아버지가 태어날 무렵에는 상황이 바뀌었다. 잘사는 집안은 돈을 투자할 새로운 장소와 재산을 증식시킬 새로운 방법을 찾아냈는데, 종종 이웃들이 그 희생양이 되었다. 부농들은 에치고 지지미縮(베)—눈밭에서 표백하는 고운 마 크레이프천의 일종—를 생산하는 작업장을 차리거나 직물 거래상, 즉 생산자와 상인 사이의 중개인이 되었다. 그들은 지방의 쌀이나 양조 사케, 계란을 사들여서 도시 사람들에게 팔았다. 또는 쓰네노 집안처럼 종교 교육에 투자해서 절을 차리고 장례를 진행하고 공양물을 거둬들였다. 이런 시도를 통해 돈을 벌면 전당포를 차려서 돈을 빌려주고, 무엇보다도 땅에 투자했다. 이미 쓰네노의 증조부 대에 이시가미 마을의 토지 절반이 외지 사람 소유였다.[8] 쓰네노가 어린이가 됐을 때 한 집안—강 아래쪽으로 걸어서 쉽게 갈 수 있는 햐쿠켄마치의 야마다 가—이 거의 서른 개 마을에 땅을 소유했다.[9]

쓰네노의 부모와 조부모는 투자자이자 기획자였다. 흉작이 들거나 관리를 잘못하면 순식간에 큰 재산을 잃을 수 있기 때문에 두 역할을 동시에 할 수밖에 없었다. 하지만 쓰네노네와 비슷한 집안들은 또한 일상의 사소한 것들에는 마음껏 돈을 썼다.[10] 그릇과 접시를 각각 엽전 몇백 문에 세트로 샀다. 책도 사서 읽고 이웃들에게 빌려주었고, 글을 쓰려고 좌식 책상도 샀다. 모서리에 요철을 넣은 묵직한 금화인 푼으로 요와 두꺼운 담요, 곱게 짠 모기장을 샀고, 특별한 날 입기 위한 비단 기모노와 오비帶(기모노의 허리를 여미고 장식하는 띠), 겨울에 입을 묵직한 외투도 구입했다. 남은 잔돈으로는 애들이 신을 설피와 나막신을 샀다. 차가동이 나고, 그릇이 깨지고, 외투가 닳고, 모기장이 찢어지면 더 많이 샀다. 소비는 끝없는 일이었고, 집 안은 아이들이 이름을 붙이고 숫자를 세는 물건들로 점점 가득 찼다.

쓰네노의 집은 절에 붙어 있었는데, 일상적으로 쓰는 물건들 중 일부는 교구민들이 낸 공양으로 샀다. 부처님이 불쌍히 여기는 것에 감사하는 마음으로 교구민들은 돈이나 쌀, 푸성귀를 내놓았다. 설국 사람들은 신심이 깊은 것으로 유명했다. 삶이 고단했을 뿐만 아니라 정토진종의 존경받는 창시자인 신란親鸞이 13세기 초에 한동안 그곳에서 살았기 때문이다.[1] 신란은 오로지 신심만으로 구원을 받을 수 있다는 이단적 가르침을 주었다는 이유로 수도에서 추방당했다. 아미타불의 이름을 외기만 하면 누구나 정토극락에서 다시 태어날 수 있다는 가르침이었다. 설상가상으로(적어도 기존 승려 집단의 관점에서 보면), 신란은 승려의 독신생활을 거부했다. 그 대신 그는 에치고의 여자인 에신니惠信尼[신란의 아내가 누구였는지, 결혼한 시기가 언제였는지 등에 대해서는 확증할 만한 자료가 없고 여러 가지 설이 존재한다. - 옮긴이]와 결혼했는데, 에신니는 승려 부인의 종교 지도자 역할을 확립했다.

다른 불교 교파—선종, 일련종日蓮宗, 진언종眞言宗—의 일부

신도들은 여전히 정토진종 신도들을 업신여겼다. 승려가 육식을 삼가고 금욕생활을 하는 엄격한 수도 전통에 속한 사람들은 종종 쓰네노의 아버지 같은 정토진종 승려들이 세속적인 성공에 지나치게 투자하고, 너무 부를 탐하며, 세속의 쾌락에 과하게 탐닉한다고 여겼다. 정토진종 승려들은 부인과 자녀를 두었고, 잘사는 평신도와 흡사한 생활방식을 누렸는데, 전부 교구민들이 공양물을 올린 덕분이었다. (한 비판론자는 이렇게 말했다. "정토진종은 대단히 탐욕스럽게 사람들을 대하는 교파다.")[12] 하지만 정토진종 신도들에게 거들먹거리는 이들도 그들이 얼마나 신심이 깊은지 알 수 있었다. 그들은 대가족을 꾸리는 경향이 있었는데, 유아살해—다른 농민들 사이에서는 꽤 흔한 일이었다—가 죄라고 믿었기 때문이다.[13] 일각에서는 이렇게 원칙을 고수하는 것을 존경할 만하다고 여겼다. 다른 쪽에서는 비합리적인 열성이나 심지어 야만의 징후라고 보았다. 개나 고양이처럼 새끼만 잔뜩 퍼질러 놓는다는 것이었다.

결국 쓰네노의 부모가 낳은 자식 중 유아기에 살아남은 아이는 여덟이었다. 육아는 쓰네노 어머니의 천직의 일부로서, 찬불가를 부르거나 예불을 올리는 것처럼 신앙의 중심이었다. 정토진종 학자들은 아이를 승려나 승려 부인으로 기르는 것이 "삼천대천세계三千大千世界를 금은보화로 가득 채우는 것"과 마찬가지로 부처님께 바치는 공양물이라고 가르쳤다.[14] 그래서 하루마는 갓난아기를 돌보고 자라는 아이들을 보살폈으며, 마을 승려의 부인으로서 다른 의무도 충실히 이행했다. 매일같이 아미타불 불화

32

앞에 있는 불단에 음식과 꽃을 공양물로 바쳤다. 집안일을 하고, 교구민들에게 차를 대접하고, 마을 여자들을 보살폈다. "절의 관리인"으로서 하루마는 아들과 딸들에게 신심을 행동으로 나타낼 수 있고, 일관되고 규율 잡힌 삶이 신심의 증거라고 가르쳤다.

쓰네노와 형제들은 농부의 자녀들이 도리깨와 그물에 관해 배우는 것처럼 불교 물품에 관해 배웠다. 불단 위에서 타들어 가는 향냄새가 몸에 배고, 신도들에게 본당으로 예불하러 오라고 알리는 깊고 텅 빈 종소리가 시간을 알려주었다. 쓰네노는 기도를 드리면서 손바닥에서 차가운 염주를 굴리는 법을 배웠다. 가장 중요한 첫 번째 기도인 나무아미타불을 암송했다. 걸음마쟁이도 욀 수 있는 기도였다.[15]

절 바깥에서는 에치고 아이들이라면 누구나 아는 것들을 배웠다. 지방 억양으로 말하면서 자라서 주변 사람들처럼 '이'와 '에'를 바꿔 말했다.[16] 겨울에는 짚으로 엮은 설피를 신고 푸석푸석한 눈을 "헤치고 나가는" 법[17]과 "가래로 파는" 것보다는 "눈을 파헤쳐서" 길을 내는 법을 배웠다. 눈이 꽁꽁 어는 봄에는 미끄러지지 않고 빙판을 걷는 법과 어린 형제자매들이 자빠지는 걸 보고 웃음을 터뜨리는 법을 배웠다. 눈싸움에서 이기는 법, 눈으로 성을 만드는 법, 눈에 구멍을 파서 작게 조리용 불을 피우고 불쏘시개 아래 겨를 까는 법도 배웠을 것이다. 쓰네노가 아니더라도 형제들은 분명 배웠을 것이다.

쓰네노의 오빠 중 하나인 고토쿠는 인근에 있는 소읍인 다카다에 사는 의사 집안에 양자로 들어갔다.[18] 다이묘의 성이 있는

33

곳이었다. 소읍 주민 2만 명은 대부분 처마가 붙은 어둡고 좁은 공동주택에서 살았다. 겨울에는 지붕에 올라가서 눈을 치웠는데, 길 한가운데에 쏟아부었다. 고토쿠는 쓰네노에게 눈더미 꼭대기까지 기어올라 가는 법을 가르쳤을 것이다. 한겨울이 되면 눈더미가 워낙 높아져서 지붕을 내려다보고 멀리 산 능선까지 보였다.[19]

　　다카다성 앞에는 3미터 높이의 측량 막대가 서 있었는데, 최악의 겨울에는 막대가 눈에 파묻혔다. 에치고의 아이들은 거센 눈보라와 얼어붙은 말이 예삿일인 양 말하는 법을 배웠다. 집안 서까래에 거의 바닥에 닿을 정도로 거대한 고드름이 생겨도 별로 놀라지 않았다. 낮에도 컴컴한 어둠 속에서 지내는 데 익숙해졌다. 문과 창문이 모두 눈에 덮여서 치울 수가 없었기 때문이다. 어린 여자아이들은 지루한 시간을 노래와 쎄쎄쎄 놀이, 옛날이야기를 하며 보냈다. **옛날 옛적에 우라시마 다로라는 어부가 거북이를 구해준 이야기. 나무꾼과 아내가 속이 빈 대나무 가지 안에서 작은 아기를 발견한 이야기. 베 짜는 소녀가 목동과 사랑에 빠진 이야기.** 외지인이라면 겨울이 진기하고, 심지어 아늑하다고 생각했을 테고, 아이들은 크게 신경 쓰지 않았을지 모른다. 하지만 부모 입장에서는 겨울이 낭만적이거나 상쾌할 게 전혀 없었다. 인내심을 시험하는 계절이었다. 이 지역의 가장 유명한 문인인 스즈키 보쿠시鈴木牧之는 이렇게 썼다. "에치고에 사는 우리한테 눈이 즐거울 게 무어란 말인가? 해마다 발이 푹푹 빠지기만 하는데? 오만 가지 고통과 불편을 견디느라 몸도 마음도 지치고

지갑도 얄팍해진다. 순전히 눈 때문에."[20]

하지만 적어도 모두가 무엇을 기대해야 할지 알았다. 노인들이 말하는 것처럼, "추분부터 춘분까지 꽁꽁 얼었"고,[21] 농민들은 때로 눈 덮인 논을 가래로 쓸고서야 모를 심을 수 있었다. 하지만 결국 강물은 녹고, 계곡에서 얼음이 사라졌으며, 4월이나 5월이 되면 온갖 꽃들이 한꺼번에 피어났다.

눈이 사라지는 짧은 여름이면 쓰네노는 마을의 윤곽을 배웠다. 이시가미는 봄이면 논으로 범람하는 큰 못과 작은 못의 물가까지 뻗어 있었다.[22] 아이들이 흔히 그러하듯, 쓰네노도 시간과 발자국으로 처음 거리를 쟀다―아침 동안에 걸어서 큰 못을 한바퀴 돌 수 있었다. 반면 주변 어른들은 숫자로 같은 거리를 표시하고 기록에 적어두었다. 쓰네노에게 큰 못은 반짝이는 거대한 호수와 같았지만, 아버지 같은 남자들에게는 세부사항이 중요했다. 둑의 높이와 물의 표면적, 강우량, 수문을 열어서 논에 물을 채우는 절기상의 날짜 등.

이시가미의 남자들이 측정을 해서 지방의 논과 도로를 밝은 채색 지도로 그리는 동안[23] 일본의 모든 섬이 좀 더 정확하게 도표로 그려지고 측정되었다. 쓰네노가 태어나기 직전에 지도 제작자 이노 다다타카伊能忠敬가 컴퍼스와 육분의, 별자리 지식을 가지고 쓰네노가 살게 되는 에치고 지방을 측량했다.[24] 이노는 혼슈 본섬의 북단에서부터 나오에쓰直江津항까지 동해(일본해) 해안선을 따라 내려오다가 다카다를 향해 내륙으로 들어갔다. 거기서부터 산간 지방을 향해 나서서 지나온 마을들에 이름을 붙이고 각각의 건물 수를 기록했다. 나중에 측량 일지[25]를 에치고 남부 지도[26]로 만들어서 쇼군에게 바쳤다. 그는 동해 해안선의 모든 굴곡과 작은 만, 다카다시, 홋코쿠카이도北国街道를 따라 늘어선 모든 작은 마을, 묘코산妙高山의 독특한 봉우리 등을 모두 구름만 걷히면 지평선에 펼쳐지는 익숙한 풍경으로 표현했다. 하지만 이시가미 마을은 아직 너무 작고 외딴곳이어서 지도상에 자리가 없었다―큰 못과 작은 못도 빈 공간이었다. 이 지역의 종합적인 지도에 등장하려면 몇십 년을 더 기다려야 했는데, 그때쯤이면 에치고는 니가타현이라고 불리게 된다.

한편 아이는 큰 못 주변의 숲과 들판을 혼자서 지도로 그릴 수 있었다. 풀밭에는 매미가 법석을 떨고 물 위에는 검은 잠자리가 날개를 파르르 떨며 원을 그렸다. 못 둘레로 삼나무가 늘어서 있었고, 물 위에는 마름과 연이 떠 있었다. 수수께끼 같은 다른 것들도 있었다. 그것들은 컴컴한 숲속과 깊은 물속에 도사리고 있었다. 쓰네노는 그것들을 보고 만질 수 없었지만 거기 있다는 건 알았다. 아이들은 전부 알았다―다들 아는 것이었다. 큰 못에서는 물의 요정들이 첨벙거렸고, 코가 길쭉하고 빨간 도깨비들은 나무 사이를 쏜살같이 내달렸다. 평범한 짐승들에게도 감춰진 삶이 있었다. 오소리는 장난꾸러기였고, 여우는 아리따운 여자로 변신할 수 있었다. 부지런한 토끼는 보름달 안에 살면서 매일 밤마다 떡방아를 찧었다.

책에 나오는 숲은 이제 더 이상 매혹적인 공간이 아니었다. 두껍고 빽빽한 책에 모든 식물과 동물의 세밀화가 실렸는데, 이

동 서적상에게서 책을 살 수 있었다. 지도 제작자들과 마찬가지로 일본의 자연과학자들이 자세히 관찰하고 측정하면서 어린 쓰네노가 살아가는 세계의 지도를 만들고 있었다.[27] 그들은 중국 문헌에서 이름 붙인 범주에 따라 자신들이 발견한 것을 약초, "생산물", 자연물로 분류했다. 하지만 얼마 지나지 않아 이런 분류가 바뀌게 된다. 비젠국備前国(지금은 오카야마현의 동남부) 외딴곳에서 쓰네노보다 약간 나이가 많은 소년이 "서양 학문"을 공부하면서 네덜란드 책자에서 외국의 소리와 문자를 발견했다. 이윽고 그는『보다니가경菩多尼訶経(식물학 경전)』을 써서 일본인들이 스웨덴의 식물학자 린네가 고안한 분류 체계를 받아들여야 한다고 주장했다〔우다가와 요안宇田川榕菴(1798~1846)을 가리킨다.- 옮긴이〕. 일본에서 처음으로 숲의 삼나무와 작은 못의 연이 식물이라고 불리게 되었다.

쓰네노에게는 "식물" 같은 건 없었지만 책의 페이지 사이에 다른 종류의 지식이 기다리고 있었다. 아마 일고여덟 살 때쯤 가만히 앉아서 먹물을 쏟을 염려가 없게 되자 정식 교육을 받기 시작했다.[28] 시골인 에치고에서는 당연한 일이 아니었다. 쓰네노가 태어나기 불과 몇 년 전에 인근 마을에 사는 여자는 글을 읽고 쓰는 법을 배우느라 시간을 허비한 것에 대해 시부모에게 사죄해야 했다.[29] 교양 있는 여자[30]나 승려나 마을 촌장의 신붓감이라면 우아한 편지를 쓰고, 시를 읽고, 어떤 경우에는 가계부까지 정리할 수 있어야 했다. 쓰네노의 시어머니가 가계부를 쓰고 며느리에게 글로 쓴 설명을 따르게 한다면 어떻게 되겠는가? 또는 쓰네노가 선반에 접시를 제대로 정리하는 법을 몰라서 설명서에서 답을 찾아야 한다면? 여자의 능력에 대한 기대가 있었고, 쓰네노도 이를 따라야 했다. 모든 부모들이 습자책(글씨 연습용 책)을 사고 가정교사를 뽑았으며, 딸들은 읽고 쓰는 법을 연습했다. 친구에게 간단한 편지를 쓰고, 장부에 숫자를 기입하고, 짧은 일기를 썼다.

쓰네노가 처음 책상 앞에 무릎을 꿇고 앉아서 먹물에 붓을 적실 무렵, 네 살 정도 위인 오빠 기유는 이미 수업을 받고 있었다. 일부 지역의 교사들은 남자애와 여자애를 같이 가르쳤기 때문에 기유와 쓰네노는 같은 마을학교[31]에 다녔을지 모른다. 또는 둘 중 하나나 둘 다 집에서 가정교사에게 배웠을 수도 있다. 하지만 둘이 나란히 앉아서 배웠을지라도 교과과정은 달랐다. 둘 다 일본어 문자 48개를 처음 배웠는데, 언뜻 보기보다 익히기가 훨씬 어려웠다. 각 문자를 여러 형태로 쓸 수 있었기 때문이다. 그 다음에 기유는 『인명독본』[32]을 공부했을 것이다. 그 지방에 사는 고헤이, 덴파치, 진베이 등의 흔한 성을 제대로 쓸 줄 알아야 했기 때문이다. 계속해서 에치고의 여러 군과 이웃 마을뿐만 아니라 여러 국의 이름까지 쓰는 법을 배웠다.[33] 그는 이미 숲과 들판, 집들의 집합체로 이 장소들—그의 고향이었다—을 알았지만, 이제 관리들이 그곳을 어떻게 바라보고 분류하는지를 배울 터였다. 마침내 문자의 모양이 지평선에 있는 산들처럼 익숙해졌고, 공식 문서에서 자신의 신원을 밝힐 때 어떻게 붓을 움직여야 하는지 생각할 필요가 없어졌다. 에치고국, 구비키頸城군, 이시가미 마을, 린센지, 기유.

기유는 또한 세계 속에서 자기가 사는 곳을 이해하기 위해 왕국의 정치 구조에 관해서도 배워야 했다. 그는 자신이 신들의 땅에 살고 있다는 걸 어렴풋이나마 알게 되었다.[34] 오래된 신들은 일본 천황의 신화 속 시조인 태양신(아마테라스)에서부터 못과 산의 수호신에 이르기까지 서열이 정해져 있다. 비록 기유는 불교 신자였지만 다른 신들이 많이 있다는 사실에 아랑곳하지 않았다. 보통 사람들은 대부분 "신과 부처들"을 같은 범주로 생각했고, 일본 신들을 숭배한다고 해서 부처님에 대한 믿음이 방해받지도 않았다.

신들의 영역은 분명하지 않았다. 기유는 그 영역이 1,000년 넘도록 일본을 다스린 천황의 영토와 대략 일치한다고 짐작했을 것이다. 천황은 역사책과 문학에 등장했지만 기유의 시대에는 정치적으로 중요한 인물이 아니었다. 천황은 교토의 황궁에 틀어박혀 살면서 시를 짓고 비밀스러운 의례를 수행했다. 왕국의 실권을 쥐고 있는 쇼군은 에도성에서 통치하는 군사 지도자였다. 쇼군은 기유가 사는 마을을 포함해 일본 땅의 3분의 1 정도를 직접 다스렸다. 기유의 아버지가 내는 세금은 에도에 있는 쇼군의 금고로 들어갔다. 나머지 지역은 유력한 다이묘들이 다스리는 번藩으로 분할되었다. 다이묘들은 자체적으로 세금을 거뒀고, 일부는 다른 번주들보다 쇼군의 권위에 더 충성을 바쳤다.[35] 다만 모든 다이묘가 2년마다 1년씩 쇼군이 있는 에도에 머무르면서 복종을 실천했다. 모두 합쳐 300명에 가까운 번주가 있었는데 기유가 외우기에는 너무 많은 수였다. 그리고 대부분의 번에 연속적인 경계가 없었기 때문에 지도상에서 번의 모양을 배울 수 없었다. 하지만 기유는 에치고국의 중요한 번, 특히 제일 가까운 다카다를 알아야 했다.

기유는 승려가 될 운명이었기 때문에 불교의 기본 교리를 어느 정도 배웠다. 나중에 그는 승려의 자격을 갖추기 위해 큰 절로 간다. 아직 집에 머물던 때에는 공식 서한에 쓰인 언어를 놓고 머리를 썩였다. 생소한 고전 한문과 일본어가 뒤섞인 문장은 구어와는 거리가 멀었고, 고전 한문이 유일한 공식 언어였던 시절의 흔적이었다. 일본어와 한문은 일군의 복잡한 문자를 공통으로 썼지만 문법이 다른 완전히 다른 언어였다. 기유는 혼용체 글을 큰소리로 읽으면서 때로 문자의 순서를 재배치해야 했다. "걱정스럽게 떨면서 감히 다음과 같이 요청을 드리는 바입니다." 더듬더듬 읽으면서 당국에 올리는 청원의 첫머리를 올바로 쓰는 법을 배웠다. 나중에 기유는 평민들 사이의 일상적인 합의를 다짐하는 각종 계약서와 증명서에 아부하는 장식적 문구만 빼고 이와 똑같은 혼용체를 쓰게 된다. "고용 계약서", "차용증", "토지 매매 계약서" 등이 그것이다. 이 모든 문서에 정확한 형식이 있었지만 다행히 편람에서 찾아볼 수 있었다.[36]

기유는 또한 고전 한문도 곧바로 배웠다. 여전히 한문이 고대 역사와 철학의 언어였기 때문이다. 그는 한문으로 시를 쓸 줄 안다는 데 자부심을 느꼈다. 자기가 쓴 글을 책으로 묶으면서 표지에 굵은 글씨로 이름을 적었다.[37] 나중에 쓴 편지에서 언급한 몇몇 내용으로 판단하건대, 그는 공자가 쓴 글에 관심이 많았다. 중국 고대 철학자가 자기 수양, 좋은 통치자의 덕목, 인간관계의 올바른 처신 등을 가르친 지혜를 압축한 글이었다. 글에 따르면 부모님께 순종하고 받들어 모셔야 하고, 동생 여덟 명을 두게 되는 기유에게 편리하게도, 형을 공경해야 했다.

쓰네노와 바로 아래 여동생 기요미는 기유와 다른 남자 형제들이 배우는 것을 조금 배웠다. 기본적인 한자는 공부했지만—둘도 "이시가미 마을"과 "린센지"를 쓸 줄 알았다—공문서의 복잡한 언어를 배우거나 세금 감면 청원서를 그대로 베낄 필요는 없었다. 둘은 아마 고전 한문을 많이 공부하지는 않았겠지만 쓰네노는 적어도 공자와 제자 한 명이 부모님을 공경하는 것의 중요성에 관해 나누는 대화를 기록한 오래된 중국 문헌인 『효경孝經』은 어느 정도 주워들은 듯하다. 오랜 뒤에 기유는 분노에 찬 편지에서 유명한 첫 구절을 인용하는데, 쓰네노도 이 구절을 알 것이라고 생각한 게 분명하다.[38]

하지만 쓰네노와 기요미는 남자 형제들이 배우지 않는 것들도 많이 배웠는데, 틀림없이 여자아이들용 독본을 보았을 것이다. 워낙 인기가 많은 책들이라 가장 유명한 책은 수백 차례 재간되고 재판을 찍었다.[39] 각 책자는 언제나 따분하고 교훈적인 내용을 담고 있었다. 『여대학女大学』은 꼼꼼한 주해가 달린 우아한 문체의 한문으로 이렇게 말했다. "여자에게 맞는 유일한 자질은 온화한 순종과 정조, 자애, 침묵이다."[40] 다행히도 책마다 흥미로운 부록이 딸려 있었다. 『여대학보고女大学宝箱』는 11세기의 고전

41

인『겐지 이야기』의 가장 유명한 장들을 삽화판으로 보여주었다. 『여자들의 놀라운 도서관女漫才宝箱』[41]에는 얼룩을 지우는 방법에 관한 절이 있었다. 옻칠 얼룩은 미소장국으로, 이를 검게 물들이는 가루[에도 시대 여성은 결혼을 하면 눈썹을 밀고 쇳가루로 이를 검게 물들였다.-옮긴이] 얼룩은 데운 식초로 지웠다.

또한 페이지마다 그림이 있었다.[42] 전통적인 여성 직종에서 일하는 온갖 출신—귀족, 사무라이, 평민—의 놀랍도록 아름다운 당대 여성들을 묘사한 그림도 있었다. 아이들에게 처음 글자 쓰는 법을 가르치는 단정한 어머니, 거울을 들여다보는 허영심 많은 젊은 여자들, 면실을 잣거나 커다란 대나무 통에 빨래를 문지르는 부지런한 농부들, 바닷가에서 갈퀴로 소금을 긁는 부랑자 같은 소녀들, 국수를 널고 종이를 염색하고 염주를 꿰는 튼튼한 도시 여자들, 머리를 늘어뜨리고 벌거벗은 채 파도에 뛰어드는 전복 따는 해녀들. 이따금 어머니가 일하는 동안 실쭉하게 풀이 죽어 있는 어린 여자애가 있었다. 역사적 인물과 소설에 나오는 인물도 있었다. 열두 겹의 묵직한 옷을 입은 동그란 얼굴의 우아한 여자들은『겐지 이야기』의 여주인공이었다. 간혹 외국인도 있었다. 고대 중국의 여성적 덕목을 상징하는 인물들은 기묘한 금 장신구를 걸치고 바위투성이 산에 나타났는데, 종종 깔끔하게 수염을 민 나이 든 남자들이 옆에 있었다.

페이지마다 여성이 겪는 놀랍도록 다양한 경험에 관한 또 다른 교훈이 있었다. 다른 장소, 때로는 다른 시대에 다른 부류의 사람들 사이에서 지내는 삶을 흘끗 엿볼 수 있었다. 평범한 가게와 바람 부는 소금밭, 정원이 내다보이는 잘 갖춰진 방들, 여자들이 국수를 널어 말리는 도시의 뜰, 고기잡이배도 있었다—내륙 지방인 에치고에서 근심 걱정 없이 사는 여자애는 본 적이 없는 풍경이었다. 쓰네노는 고대 중국에 가서 현인들과 이야기를 나누는 것만큼이나 이런 일들과 마주칠 가능성이 희박하다는 것을 알았다. 그저 잘 자라서 자기 집안과 비슷한 집에 시집을 가야 하는 운명이었다. 『여대학보고』의 첫 줄은 독자에게 어떤 희망도 품지 말라고 가르쳤다. "모름지기 여자는 자라서 다른 집으로 떠나는", 즉 시집가는 존재였다.[43] 다른 어떤 가능성도 없었다. 따라서 남자 형제들이 쇼군 왕국의 실제적인 행정과 정토의 거룩한 수수께끼를 공부하는 동안 쓰네노도 두 가지 대립되는 영역을 오가며 상상의 나래를 펼쳤다. 결혼으로 이루어지는 가정의 영역은 절약과 둔감한 복종의 세계였고, 황금과 이국적인 문자, 아름다운 문양을 짜넣은 직물로 장식된 여성적 아름다움의 광대한 우주는—적어도 이론상으로는—모든 여자아이에게 열린 세계였다.

어느 쪽 세계로든 나아가려면 바느질을 할 줄 알아야 했다. 다행히도 홑겹 기모노를 만드는 일은 특별히 어렵지 않았다.[44] 솔기가 대부분 직선이었고 직물도 표준 크기 하나뿐이었으며 바느질로 이어붙이는 것도 간단했다. 정사각형, 직각, 직사각형뿐이었다. 하지만 잠자고 걷고 문을 여는 데 바른 방법과 그른 방법이 있는 것처럼 바느질에도 언제나 바른 방법과 그른 방법이 있었다.[45] 여자아이는 팔다리를 몸에 딱 붙이고 자고, 발소리가 나지 않게 살금살금 걸으며, 최대한 소리가 나지 않게 문을 살살 열어

43

야 했다. 바느질은 극기와 자기 수양의 다른 방편이었고, 책에 나오는 그림을 보거나 눈밭에서 노는 게 더 좋은 여자애는 바느질이 짜증 날 법했다. 하지만 공경해 마땅한 『여대학보고』에서 말하고 다른 대부분의 책들이 이런저런 형태로 되풀이하는 것처럼 "여자가 되는 데 필요한 많은 기술 중에 바느질이 가장 중요했다."[46] 오랜 세월이 지난 뒤, 시골에서 보낸 어린 시절을 보낸 한 여자는 이렇게 회고한다. "나는 바느질과 서예가 서툴러서 집에서 혼이 났다. '너는 여자가 아니다.'"[47]

올바른 바느질법[48]은 쉽게 뜯어서 빨 수 있게 기모노의 바늘땀을 느슨하게 하고, 손수건은 보이지 않게 촘촘하게 하는 것이었다. 꿰매어 붙이면 모양이 늘어날 수 있는 까다로운 명주 크레이프천을 제대로 바느질하는 방법은 비뚤어지지 않게 천의 가장자리를 따라 완전히 직선으로 꿰매는 것이었다. 잔주름이 많이 생기는 비단은 바느질을 하기 전에 물에 적신 손수건으로 주름부터 없애야 했다. 두꺼운 천은 명주실보다는 삼실을 쓰는 게 좋았다. 올바른 바느질법은 조용히 눈앞의 천에 완전히 집중하면서 솔기를 깔끔하게 만드는 것이었다. 실이 엉켜서 풀 수 없는 매듭이 생기는 일이 없어야 했고, 엉뚱하게 천을 자르지 않도록 신중하게 길이를 재야 했다. 그렇지 않으면 어머니가 천 조각을 매끄럽게 이어 붙여서 외투로 재활용하거나 아기 기저귀용으로나 써야 했다.

쓰네노와 기요미는 남동생이 셋 있어서 바느질 도구를 잘 간수하고 걸음마쟁이들 눈에 띄지 않게 해야 했다. 바늘은 뾰족

44

한 데다가 비싸기도 했다.[49] 숙련된 장인이 쇠를 불리고 담금질해서 만드는 것이었기 때문이다. 바늘이 부러지면 잘 싸서 버리거나 부처님께 바쳐야 했다. 부처님께 바치는 것은 쓰임새가 다한 바늘로서는 좋은 일이었다. 바늘만큼 고급이 아닌 도구들도 있었다. 나무 자, 천을 자르는 칼, 푹신한 바늘꽂이, 바늘땀을 뜯어내는 데 쓰는 예리한 작은 갈고리 등이었다. 쓰지 않을 때는 옻칠한 상자나 작은 서랍이 달린 바느질함에 넣어 두었다. 하지만 하루가 멀다 하고 꺼내 썼다. 항상 꿰맬 게 있었기 때문이다. 어려운 정도는 달랐지만, 어린 여자애는 항상 바쁠 수밖에 없었다. 아이옷, 작은 가방과 지갑, 하녀용 앞치마, 겨울용 누비 외투와 담요를 만드는 일, 기모노를 뜯어서 빤 다음에 다시 바느질을 하는 세탁물 바느질, 때마다 돌아오는 수선 일, 천을 뜯어내서 소매 끝동과 단과 안감을 교체하고 찢어진 곳과 구멍 난 곳을 깁는 일 등이 줄줄이 이어졌다.

이 대부분이 일상적인 살림으로, 기성복을 거의 사지 않는 지방에서 대가족의 살림을 꾸리는 통상적인 일이었다. 하지만 미래를 계획하는 요소도 있었다. 세 여자가 만드는 것은 무엇이든 언젠가 혼숫감에 추가될 터였다. 혼례식 날이 되면 외투와 겉옷(하오리羽織), 양말과 손수건을 모든 이웃이 볼 수 있도록 시댁에 늘어놓았다.[50] 신발과 가구, 요, 이를 검게 물들이는 가루 상자, 글쓰기용 깨끗한 먹과 종이, 그리고 유명한 시구를 그려 넣은 도금 자개함도 혼수품이었다. 신부와 신랑이 첫날밤에 합방을 하는 것처럼, 시의 첫 소절과 마지막 소절을 맞추는 놀이에 쓰는 것이었다. 혼수품에는 바느질 상자도 하나씩 있어서 다른 곳에서 부모나 형제자매 없이 자기 살림을 시작하고 새로운 삶을 살 수 있었다.

하지만 바느질 교육은 바느질에 익숙한 여자애들에게 다른 가능한 미래를 암시했다. 바느질은 다른 몇 가지 방향으로 바뀔 수 있는 기술이었다. 침모는 부유한 집안에 고용돼 일했고, 도시의 가난한 여자들은 바느질로 혼자 먹고 살았다. 천을 짜거나 실을 잣는 법을 배운 여자들은 거대한 비단 직조 작업장의 본거지인 고즈케국上野国(지금의 군마현)의 기류 같은 도시로 이주할 수 있었다. 하지만 혼자 일해서 돈을 벌 계획이 없는 여자애에게도 (쓰네노는 자기가 그렇게 살아야 할 것이라고 생각할 이유가 전혀 없었다) 바느질은 상상 속에서나마 새로운 가능성을 만들어 주었다. 오래된 겉옷을 뜯어서 빨아 다시 꿰매는 일은 지루했지만, 보라색 비단에 고운 벚꽃 무늬를 바느질하고 기하학적인 문양의 빨간 안감을 대고 연분홍 속옷까지 맞춰 입는다고 언제든 백일몽 같은 상상에 빠질 수 있었다. 옥색 격자무늬 천에 진홍색 물방울무늬 단을 붙여서 고동색 오비를 맞춰 입는 상상도 했다.

소녀용 독본에 실린 그림들은 컬러가 아니었지만, 정원에 앉아 책을 읽는 우아한 여자들은 화려한 색깔의 옷, 아니 훨씬 좋은 옷을 입은 게 분명했다. 이시가미 마을 사람들은 상상조차 할 수 없는 옷을. 그 여자들은 무엇을 읽고 있을까? 무슨 이야기를 할까? 책을 읽고 나면 어디로 갈까?

만약 쓰네노가 그렇게 차려입을 수 있다면 어떤 삶을 살 수 있었을까?

＊

쓰네노는 바느질을 연습하면서 일본의 코즈모폴리턴적 과
거의 잔여물도 꿰매고 있었다. 어린 시절을 뒤로할 무렵, 쓰네노
의 장롱에는 수십 벌의 옷이 개어져 있고 다른 함(수납함)과 바구
니까지 옷으로 넘쳐났다.[51] 등나무 색에 고운 무늬로 날염한 명주
크레이프천으로 된 안감을 댄 겉옷이 하나 있었고, 다른 고운 무
늬의 검은색 겉옷도 있었다. 치치부 명주 안감을 댄 줄무늬 겉옷
과 거친 명주 천으로 만든 옷도 있었다. 겨울용으로 솜을 넣은 누
비옷이 열 벌이 넘었는데, 불그스름한 "매" 갈색, 윤기 없는 "찻
빛", 흰색 무늬 공단, 그리고 온갖 종류의 줄무늬가 있었다. 껴입
는 옷으로 연분홍 무늬직물과 진한 검은색 공단으로 된 겉옷이,
여름용으로 줄무늬와 무늬가 있는 견주pongee와 면 소재의 안감
없는 겉옷이 있었다. 전부 다 집에서 직접 만든 옷이었지만, 쓰네
노가 바느질을 배우는 무렵이면 이미 오래전에 지나간 17세기 세
계무역의 시대에 탄생한 직물이었다.[52]

쓰네노의 옷장에서 다수를 차지하는 면직물은 일본 열도의
고유한 산물이 아니었다. 면화는 15세기 언젠가 중국과 조선을
통해 남아시아로부터 들어와 16세기에 이르러 널리 재배되었지
만 의복 수요를 채울 만큼 충분한 양은 아니었다. 비단은 고대 이
래로 일본에서 생산됐지만, 이 섬유 역시 완제품 의복 수요가 공
급을 앞질렀다. 그 결과 일본은 중국산 비단을 대량으로 수입하

기 시작했다. 그 시절, 그러니까 소란스러운 전국 시대에 일본인들은 악명 높은 왜구이자 야심 찬 무역업자였다. 그들은 일본 세토 내해에서 출항하여 중국 해안선을 습격하고 멀리 동남아시아까지 활동 범위를 넓혀서 장뇌〔녹나무의 뿌리, 줄기, 잎을 증류해서 과립으로 만든 약재.-옮긴이〕, 쌀, 은을 총이나 사슴가죽, 화약, 직물, 설탕과 바꿨다. 이 무역의 바탕이 된 귀금속은 일본 각지에서 새롭게 열린 광산에서 엄청난 속도로 채굴되었다. 열도 곳곳에 맹렬하게 생겨난 신흥 도시들마다 탐광자들과 도적들이 우글거려서 관리들을 압도했다. 남중국해에서 시작된 지역적 상업—중국산 비단과 일본산 은의 교환—이 17세기 초에 세계무역이 되었다. 새롭게 형성된 네덜란드 동인도회사는 인도양과 동남아시아 전역에 무역 거점을 만든 뒤 생사生絲(삶지 않은 명주실)와 인도산 면직물을 가득 실은 배를 일본 각지의 항구에 보내기 시작했다.

하지만 17세기 중엽 도쿠가와 쇼군 가가 에도에 안전하게 자리를 잡은 뒤, 일본은 세계 정치와 군사적 충돌의 소란스러운 무대에서 철수했다. 1630년대에 이르러 막부는 점차 기독교의 영향에 우려를 품게 되었다. 유명한 기독교 개종자 다수가 포함된 반란자 집단이 남쪽 섬 규슈에서 대규모 봉기를 일으킨 끝에 기독교는 사악한 외국의 종교라고 여겨졌다. 쇼군은 서양 무역업자와 외교관이 일본에 발을 들여놓는 것을 금하는 칙령을 발표했는데, 개신교도인 네덜란드인만 예외로 남부 도시 나가사키의 항구에 들어오는 것을 허용했다. 이들은 가톨릭 경쟁자들과 달리 자신들은 개종 사업에 관심이 없다고 일본인들을 설득해서 면제를 받을 수 있었다. 같은 무렵에 쇼군은 백성들이 남쪽으로 류큐 제도와 서쪽으로 조선 바깥까지 가는 것을 금지했다. 칙령 발표 당시 해외에 머무르던 일본인들은 사실상 추방된 셈이었다.

막부는 외국의 왕래를 제한하는 것과 동시에 해외무역을 유지하고 심지어 확대하려고 노력했다. 하지만 일본의 광산은 생산량이 줄어들고 있었고, 수십 년 안에 쇼군의 신하들은 열도에서 빠져나가는 귀금속 양을 걱정하기 시작했다. 1668년이 되자 막부는 은 수출을 완전히 중단시켰고, 1685년에는 구리 수출도 제한했다.[53] 한편 새로운 칙령이 발표되어 중국산 비단 수입이 크게 줄었다.[54] 수십 년 안에 일본은 자국 시장을 충족시키는 데 충분한 양의 비단에 이어 면직물까지 생산했다. 네덜란드와 중국 배들은 여전히 호화스러운 직물을 싣고 나가사키에 도착했지만, 무역의 대부분이 인삼과 설탕, 약재와 외국 서적으로 옮겨갔다. 전부 일본이 스스로 만들 수 없는 것들이었다.

하지만 한 세기 넘게 지난 뒤, 앞선 세계무역 시대의 기억들이 쓰네노의 옷장에서 여전히 예상치 못하게 불쑥 튀어나왔다. 쓰네노가 가진 남경 줄무늬 겉옷은 주요 비단 생산 지역인 중국의 난징시를 가리키는 것이었다. 산토메 줄무늬 옷도 몇 벌 있었는데, 이는 17세기 포르투갈 식민지인 마드라스 근처 상투메를 딴 이름이었다.[55] 네덜란드 동인도회사 무역 이전에 일본인들은 아예 줄무늬 옷을 입은 적이 없었다. "줄무늬"라는 뜻의 단어 "시마"도 "섬"을 가리키는 단어에서 유래했는데, 직물 무늬가 외국에서 온 것임을 의미했다.[56]

17세기 무역을 상기시키는 물건들은 쓰네노가 사는 세계의 다른 곳에도 있었다. 이시가미 근처 마을들에서 재배하는 담배는 세련된 여자들의 기다란 담뱃대를 채웠는데, 원래 신세계에서 온 것이었다. 볕 좋은 언덕바지에서 자라서 가난한 농민들의 식단을 보충해 주고 도시 길거리에서 팔리는 고구마도 마찬가지였다. 일부 부유한 가정에 있는 시계는 유럽 모델을 국내에서 개조해 만든 것이었다.[57] 그 밖에도 최근에 무역을 통해 들어온 여러 제품들은 대부분 값이 꽤 비쌌다. 유행을 선도하는 여자들이 멋진 패치워크 겉옷의 재료로 쓰는 옥양목 견본품, 도시 상점이나 이따금 농촌을 돌아다니는 행상이 파는 안경, 감정인이 칼에 흠집이 났는지 살펴볼 때 쓰는 확대경, 천문학자 지망생이 하늘을 연구하게 해준 망원경, 지도 제작자 이노 다다타카에게 측량을 가르쳐 주고 훗날 젊은 학자가 영감을 받아『보다니가경』을 쓰게 해준 네덜란드 서적 등이 그것이다.[58]

　　앞선 세계적 연계의 시대가 영향을 미치고 몇몇 중요한 무역 상품이 계속 존재한 덕분에 일본의 일상 생활은 여전히 나머지 세계의 물질문화와 연결되었다. 유럽이나 북아메리카처럼 일본은 젊은 여자들이 저렴한 사라사 옷을 입고 출근하고, 성공한 남자들이 회중시계를 갖고 다니고, 사람들이 홍차에 설탕을 타서 먹었다. 하지만 일본에서는 여자들이 사라사를 넓은 비단 띠와 함께 기모노로 입고, 시계는 중국 십이지의 동물을 따서 이름 붙인 불균등한 시간—술시(개의 시간, 19~21시), 오시(말의 시간, 11~13시)—을 따졌으며, 설탕을 넣지 않은 녹차에 선명한 색깔의 경단을 같이 먹었다. 17세기 말 2년간 나가사키 상관商館에서 거주한 독일인 의사 엥겔베르트 캠퍼Engelbert Kaempfer는 일본을 "문을 걸어 잠근 제국"이라고 묘사했는데, 꼭 맞는 말은 아니었다.[59] 하지만 일본은 대다수 외국인이 접근할 수 없고 세계시장에서 약간 동떨어진 채 보호받는 나라였다. 일본의 문화적 관습은 이런 거리를 반영한 것이었다.

하지만 쓰네노가 어린 시절을 보내는 동안 세계는 줄곧 가까워지고 있었다. 큰 못에 있는 배라곤 지역 어부들이 소유한 거룻배뿐이었지만 주변 바다 위에는 온갖 종류의 배들이 어지럽게 다녔다. 방비를 단단히 한 감옥선들이 캘커타(지금의 콜카타)에서 중국 남부 연안까지 아편을 실어 날랐다. 중국의 작은 만에 정박한 감옥선은 검고 끈적끈적한 화물을 몰래 육지로 실어갈 거룻배를 기다렸다.[60] 북극해에서 알타칼리포르니아Alta Carlifornia[북아메리카의 에스파냐 식민지. 오늘날 미국의 캘리포니아, 네바다, 유타 등이 포함된다.-옮긴이]까지 해안선을 따라 오가는 카누에는 해달 가죽이 잔뜩 실려 있었다. 해달 가죽은 우뚝 솟은 나무 마스트와 복잡한 삭구를 갖춘 미국 선박 위에서 상인들에게 거래되었다. 상인들은 해달 가죽을 하와이와 광둥으로 가져갔고, 북아메리카산 인삼을 중국으로 날랐으며, 피지의 말린 해삼을 마닐라로 운송하고, 칼루안 나무를 호놀룰루로 가져갔다. 고래잡이들은 작살과 거대한 솥단지를 챙겨서 북태평양 전역에서 사냥감을 쫓았고, 바다표범 사냥꾼들은 작은 만에 들어가서 갯바위에서 물속으로 도망치는 짐승을 주워 담아 몽둥이로 때려 죽였다.[61] 한편 온갖 종류의 배들이 대양의 한쪽 끝에서 반대쪽 끝으로 사람들을 실어 날랐는데, 때로는 본인의 의사와 무관하게 끌고 갔다. 상선들은 인도인 죄수를 화물 사이에 욱여넣어 페낭의 죄수식민지로 데려 갔고, 영국의 거대한 선박들은 대서양 노예무역의 기술—족쇄, 목에 채우는 차꼬, 쇠사슬—을 활용해서 런던의 죄수들을 오스트 레일리아의 보터니만으로 운송했다.[62]

이런 배들이 일본 열도를 더 가깝게 에워싸는 가운데 이노 다다타카가 꼼꼼하게 측량한 해안가에 사는 아이들은 삼각돛과 이상한 깃발을 단 더 큰 새로운 배들을 마주치기 시작했다. 1807 년, 태평양에 접한 히타치국常陸国(지금의 이바라키현에 해당) 사람 들은 1611년 이래 처음으로 해안선을 따라 외국 선박이 움직이 는 모습을 목격했다.[63] 이후 40년간 100여 차례 외국 선박을 보게 된다. 일본 바다에 들어온 이들은 대부분 북태평양에 있는 "일본 땅"에서 조업하는 고래잡이였다. 일본에 매혹된 허먼 멜빌은『모 비딕』에서 이 배들과 선원들에 관해 썼다. "몇 겹으로 빗장을 걸 어 잠근 일본이 손님을 환대하게 된다면 그 공로를 인정받을 수 있는 것은 포경선뿐이다."[64] 하지만 모험가와 측량사들도 있었 다. 그중 한 명인 세계를 일주하던 러시아인 무리는 캄차카의 산 마을과 염장한 순록 고기를 먹고 기운을 내면서 일본의 곶과 산 에 러시아의 영웅적 군인의 이름을 붙이는 데 열심이었다.[65]

이 배들은 대부분 육지에 내리지 않았다. 육지에 상륙하려 한 소수의 고래잡이들은 특히 괴혈병을 피하기 위한 과일과 채소 등의 식량을 원했다.[66] 그들과 마주친 평범한 일본인들은 그들이

신 매실을 좋아하고, 두부 부침을 싫어하고, 고약한 냄새를 풍긴
다는 걸 알게 되었다. 비교적 형편이 좋고 물자도 여유가 있는 러
시아인들은 외교관계를 수립하고 교역을 시작하기를 원했고, 그
들과 조우한 관리들은 그들이 고압적이고 요구가 많으며 심문에
적대적이라는 걸 깨달았다. 일본인들은 두 침입자 무리에게 기본
물자를 주면서도 돌려보내면서 다시는 오지 말라고 요청했다.

한편 일본 선원들도 점차 크고 튼튼한 배에 물자를 가득
싣고 바다로 나갔는데, 외국 선박을 만나거나 멀리 떨어진 바닷
가까지 표류했다. 폭풍이 거세지면 배가 뒤집히는 것을 막기 위
해 돛대를 잘라야 했는데 그러고 나면 조류의 흐름에 배를 맡길
수밖에 없었다.[67] 일부 선원들은 몇 달 동안 표류하면서 날생선
과 바닷새, 비축해 둔 식량을 닥치는 대로 먹었고, 필리핀, 알류
샨 열도, 올림픽 반도 등에 상륙했다. 지나가는 선박에 구조된 다
른 선원들은 영어나 러시아어, 에스파냐어를 구사하는 낯선 선원
들에게 에워싸였다. 일본인 조난자 몇은 가까스로 본국에 돌아
올 수 있었는데, 간혹 교역을 시작하고자 하는 숨은 동기를 품은
외국 선장들 덕분이었다. 돌아온 조난자들은 사무라이 관리들에
게 장시간 심문을 받았다. 관리들은 외국 땅에 대한 정보를 수집
하면서 그곳에서 보고 들은 일을 다른 사람들에게 말하지 말라고
다짐을 받았다.

19세기 전환기 무렵에 외국 배가 침범하고 새로운 지식을
얻게 되면서 외부 세계에 대한 일본 관리들의 불안이 고조되었
다. 쓰네노와 마찬가지로 에치고국 출신인 사무라이 혼다 도시아

키本多利明는 일본이 탐험과 팽창, 해외무역의 공세적 사업에 착수해야 한다고 촉구하는 놀라운 소책자를 썼다.[68] 그는 러시아와 통상관계를 수립하고 일본 무역선을 대양 너머로 보낼 것을 제안했다. 또한 "일본과 비슷한 크기의 나라"로서 해상 제국을 건설한 영국의 선례를 따라 멀리 북쪽에 있는 섬인 가라후토樺太廳(지금의 사할린)를 식민지로 삼기를 원했다. 하지만 그는 쓰네오가 아는 사람들과는 전혀 다른 우상파괴자였다. 그는 산스크리트어로 경전을 외는 승려들이 "개골개골거리는 개구리들" 같다면서 불교가 "사람들을 완전히 무지로 몰아넣고 시간만 허비하게" 한다고 불만을 토로했다. 또한 한자가 지나치게 복잡해서 사람들이 얄팍한 지식에 빠진다고 주장하면서 일본어를 표음문자로만 표기해야 한다고 제안했다. 쇼군의 관리들은 그의 저작을 읽었지만 그를 괴짜로 여기면서 조언에 귀를 기울이지 않았다.

나폴레옹 전쟁이 마침내 영국 전함의 형태로 일본에까지 다다랐을 때 쇼군의 관리들은 대비가 되어 있지 않았다. 전함은 1808년 초가을 네덜란드 국기를 휘날리면서 나가사키항으로 곧장 들어왔다. 해상 방위를 책임지는 사무라이는 네덜란드 동인도회사의 선박이라고 생각하면서 내려왔다. 선원들이 상륙하면서 네덜란드인을 인질로 잡자—유럽에서 벌어지는 전쟁의 일환이었다—일본인들은 깜짝 놀랐지만, 네덜란드인들을 안전하게 돌려받기 위해 물자를 제공할 수밖에 없었다. 무장과 방비가 잘 갖추어진 전함은 마치 바다를 떠다니는 성채 같았다. 결국 나가사키항 행정관은 심각한 잘못을 속죄하기 위해 자결했다.[69] 한편 교역

개시 제안을 거절당한 러시아인들은 최북단에서 잇따라 습격을 벌이면서 마을을 불태우고 어장을 파괴했다.[70] 한때 그들은 가라후토에 사는 일본인들을 모두 납치해서 알래스카로 보내 그곳에 식민지를 건설하게 하는 계획을 세웠다. 이 계획은 통과되지 않았지만, 쇼군의 관리들은 깜짝 놀라서 다시는 의표를 찔리는 일이 없도록 방비를 단단히 했다. 1811년 홋카이도 북부 연안에 있는 섬에 러시아 해군함 디아나Diana호가 상륙하자 일본인들은 선원들을 인질로 잡고 3년간 포로로 붙잡은 채 북부에 대한 러시아의 의도가 무엇인지 거듭 심문했다.[71]

마침내 1825년, 막부는 외국 선박 격퇴령異國船打拂令을 반포해서 나가사키 이외의 어떤 항구에든 서양 배가 닻을 내리려고 하면 발포하라고 지시했다. 상륙하는 선박은 모조리 불태우고, 선원들은 처형하라는 것이었다.

✳

일본 바깥의 나라에 사는 여자아이들이 주철 대포와 정체 불명의 병을 옮기는 "병자선disease boat"[72]과 여자애들을 배로 끌고 가서 데리고 가는 "무시무시하게 생긴 백인 남자들"[73]을 조심하라고 배울 때, 쓰네노는 구레나룻이 붉은 외국인들의 정체를 궁금해하는 데 많은 시간을 보내지 못했을 것이다. 그들은 이시가미 마을에 나타나지 않았고, 쓰네노가 듣는 어떤 이야기에도 등장하지 않았다. 숲에 사는 도깨비와 큰 못에 사는 물의 요정이 더 현실적이었다. 어쨌든 여름철에 출몰하는 굶주린 곰이나 겨울이

55

면 갑자기 마을 전체를 파묻어 버리는 눈사태, 홍역과 천연두처럼 가족 전체를 유린하는 전염병 등 다른 무서운 것들이 있었다. 린센지에서는 1815년 초봄 쓰네노의 여동생 우메카가 태어난 지 3주 만에 죽었다.[74] 쓰네노가 열한 살 때의 일이다. 아버지 에몬은 아기의 출생 때문에 출타 중이어서 애 얼굴을 보지도 못했다. 열다섯 살밖에 되지 않은 오빠 기유가 모든 일을 떠맡았다. 훗날 아버지의 뒤를 이어 가장이 되면서 맡게 되는 책임을 처음으로 어깨에 짊어진 셈이었다. 다른 절에 부탁해서 장례를 치르고, 이웃들이 위로 선물로 보낸 초와 푸성귀와 엽전을 받고, 문상객을 대접하기 위해 쌀과 두부에 얼마를 썼는지를 기록했다.

가족이 우메카가 정토에서 다시 태어나기를 기도하는 가운데 쓰네노도 똑같이 매혹적인 멀리 떨어진 곳으로 생각을 돌릴 수 있었다. 왕국에서 제일 큰 도시인 쇼군의 수도 에도였다. 에도는 아버지가 소장한 책의 대부분이 출간된 곳이자, 마을 사람들이 겨울이면 하인이나 막노동자로 일하러 가는 곳이며, 에치고의 크레이프천 판매상들이 도매업자를 만나러 가는 곳이었다. 그 도시의 거리 한 곳에만 이시가미 전체와 이웃 마을 두 곳을 합친 것보다 많은 사람이 살았다.

에치고국에서 쓰네노가 사는 구석은 외진 곳처럼 보였지만 산을 넘어가면 수도까지 걸어서 겨우 2주일이 걸렸고, 책과 신문과 지도만이 아니라 봄에 대로를 걸어 고향에 오는 이주자들을 통해서도 언제나 소식이 들려왔다. 그 사람들은 금전 한 줌과 나란히 최신 소문을 가지고 왔다. 그리고 이웃집 부인과 아이들에게 눈을 보기 힘든 도시의 낯선 관습에 관해 들려주었다. 섣달그믐에 시커먼 귀신이 누구나 볼 수 있게 거리를 걸어 다녀서 구마사가 하나씩 낚아채서 바다에 던져 버리는 곳이었다.[75] 그들은 또한 초봄이면 강둑에 새하얀 매화꽃과 초록색 버들잎이 활짝 피어나고, 겨울밤에 큰맘 먹고 외출하면 젊은 목수들이 벌거벗은 채거리를 달리면서 아미타불에게 기도를 드리다가 잠깐씩 멈춰서 강물에 몸을 적시는 식으로 믿음의 증거로 순간적인 고통을 자초하는 것을 보고 깜짝 놀랐다고 이야기를 풀어놓았다.[76] 에치고에서는 아무리 신심이 깊은 사람이라도 그런 행동은 하지 않았다— 섣불리 그랬다간 얼어 죽을 것이었다.

무엇보다도 에도에서 돌아온 사람들은 도시의 번화한 모습에 관한 이야기를 들려주었다.[77] 사방으로 몇 킬로미터씩 뻗은 상점가, 본 적도 없어서 사고 싶은지도 알 수 없는 물건들을 갖춘 바글바글한 노점상, 거대한 굴 같은 상인 저택, 그리고 사방에 자리를 잡고서 일을 해주고 수고비를 요구하는 수많은 미용사와 거리 청소부, 똥거름 수거인, 세탁부 등에 관해. 에도에는 상상조차 할 수 없이 많은 살 것들이 있었지만 돈을 버는 방법은 훨씬 더 많았고, 때로는 노동과 여흥, 강탈을 분간하기가 어려웠다.

에도는 쓰네노 집안의 남자들에게 친숙한 곳이어서 친구들과 절, 도시의 동네에 관해 자신 있게 이야기할 수 있었다. 남자들은 천황의 도시인 교토에도 연줄이 있었다. 정토진종의 본사가 그곳에 있었고, 몇 차례 필수적인 순례도 한 적이 있었다. 에몬은 젊은 시절에 교토에서 살았고[78] 쓰네노의 오빠인 기유는 1821년 승려가 되자마자 교토로 갔다.[79] 하지만 가족은 에도에 연계가 더 많았다. 가깝기도 하고, 에치고에 사는 많은 사람들의 마음속에 에도가 더 크게 다가왔다. 아버지 세대의 말썽꾼인 쓰네노의 삼촌이 쓰네노가 태어나기 몇 해 전에 시내 동네인 아사쿠사浅草의 주지 집안에 양자로 갔고,[80] 가족은 에도의 몇몇 절과 계속 연락을 주고받았다. 쓰네노의 남동생 기센도 훗날 에도로 공부를 하러 간다. 기센은 절을 물려받지는 않지만—형들이 너무 많았다—좋은 교육을 받을 수 있었고, 정토진종의 종교 기관들을 한 바퀴 돌면서 최신 소식을 접하는 것도 가족에게 유용한 일일 터였다.

쓰네노 집안의 여자들은 한 명도 에도로 가지 않았고, 설령 갔더라도 절의 문서 기록에 흔적을 남기지 않았다. 하지만 수도는 여자들에게도 의미심장한 곳이었다. 시골 마을에서 생을 보낸 여자들에게 "에도"는 다른 종류의 삶을 부르는 주문이었다. 에도 여자들의 옷차림과는 판이하게 다른 옷을 입었을지라도 "에도 스타일" 머리를 하는 시골 처녀들 사이에 에도는 유행과 세련미의 상징이었다.[81] 겨울밤에 화로 앞에 둘러앉아서 여행 경험이 풍부한 손님들에게 에도에서는 새해를 어떻게 축하하는지를 물어보는 어머니와 딸들에게 도시는 흥미진진한 이야깃거리였다.[82] 에도는 젊은 여자들에게 기회이면서도 불가능한 기준이었다. 에도에서 자란 선생님들은 걸핏하면 젊은 여자들이 오비를 너무 밑으로 두르고, 입이 너무 거칠며, 손님을 제대로 대접하지 못하고, 길거리를 걷는 법도 알지 못한다고 트집을 잡았다.[83] 무엇보다도 어차피 잃을 게 아무것도 없다고 느끼는 반항심과 불만이 가득한 절망적인 상황의 여자들은 에도로 탈출하는 게 꿈이었다.

에치고 마을의 미요라는 소녀는 오빠가 골라 준 약혼자가 싫었다.[84] 미요는 먼 지방에 일하러 가게 되기를 간절히 빌었다. 아마 언젠가 이미 이웃 사람들이 일하러 간 적이 많은 에도에 가기를 바랐을 것이다. 사가미국相模国(지금의 가나가와현)에 사는 불행한 부인인 리요는 남편을 버리고 두 살배기를 데리고 에도로 갔다. 어느 사무라이 집안의 유모 자리를 구해서 새 출발을 했다.[85] 무사시국武蔵国(지금의 도쿄도와 사이타마현, 가나가와현의 일부) 전당포집 딸인 다키는 시부모와 사이가 좋지 않은 남편과 함께 도망쳐서 빈민가 셋집에 자리를 잡았다.[86] 히타치국 농부의 딸인 스미는 에도로 데리고 가겠다고 약속한 남자와 도망쳤다. 오빠가 찾으러 왔을 때, 스미는 어떤 일이든 할 테고 죽어도 상관없다고 말했다—에도를 떠나지 않았다.[87] 고위 다이묘 집에 하녀로 보내진 농부의 딸 미치는 시골로 돌아가는 것을 딱 잘라 거절했다. 미치는 고향에 가도 할 일이 없다고 말했는데, 결국 에도의 사무라이와 결혼해서 도시에 남았다.[88]

다른 여자들, 그러니까 상상도 못할 머나먼 땅에서 그림을 넘겨보고, 이야기에 귀를 기울이고, 오빠를 시샘하고, 탈출을 도모한 여자들도 있었다. 17세기 말 역병이 휩쓴 직후에 베네치아로 몰려든 시골 여자들에서부터 17세기에 농촌을 떠나 런던으로 향한 잉글랜드의 우유 짜는 여자들을 거쳐 계몽주의 시대에 파리로 밀어닥친 시골 여자들에 이르기까지, 19세기 초에 이르면 이는 오래고 광범위한 전통이었다.[89] 1616년 잉글랜드의 한 하녀

는 "아버지의 뜻을 거스르고 런던에 살려고 왔다"고 증언했다.[90]
1644년 핀란드의 한 여자는 혐오하는 남편에게서 도망쳐서 스톡
홀름에 일하러 왔다. 남편이 찾으러 오자 여자는 새로운 주인과
함께 도시에서 도주했다.[91] 마리-안 라파르주는 1780년대에 마을
을 떠나 엑스Aix로 향했는데, 부모가 다른 형제자매를 더 좋아한
다고 생각했기 때문이다.[92] 쓰네노와 동시대 사람인 안누슈카는
러시아 시골의 바람기 있는 애인을 버리고 상트페테르부르크에
있는 프랑스 부인 집에 일하러 갔다.[93]

　　마을 남자들을 싫어하는 젊은 여자들, 아버지한테 매를 맞
는 딸들, 보리밭이나 소, 논만 멍하니 바라보는 또 다른 날을 마
주하기 힘든 지루한 여자들, 그림에서 본 옷을 입고 싶은 꿈 많은
십 대들, 남편이 지겹거나 학대를 당하거나 그냥 남편 나이가 너
무 많은 부인들, 첫날밤에 실망한 신부들에게 에도는 봉홧불처럼
밝게 빛나는 도시였다. 에도는 하나의 가능성이었다. 모두가 농
부가 아니고, 아무도 자기 가족을 알지 못하며, 사라졌다가 완전
히 다른 사람으로 다시 나타나도 되는, 붐비는 익명의 도시에 가
면 무슨 일이 생길지 혼잣말을 되뇌어 보는 하나의 이야기였다.
시장 경제가 발흥하면서 농촌의 여자들은 상상 속에서 가로지를
수 있는 영역이 넓어지는 곳이라면 어디로나 길을 나섰다. 뭔가
다른 일—더 나은 삶—이 기다리고 있으리라고 믿으면서.

　　분명 이 여자들과 같은 세상에 살고 있었지만 쓰네노는 그
들 가운데 어느 누구도 상상할 수 없었다. 그들 또한 명주실과 면
실로 바느질하는 법을 배웠었다(글 읽는 법을 배운 이는 많지 않았겠

60

지만). 그들 또한 형편만 닿으면 줄무늬 옷을 입고, 차를 마시고, 설탕을 먹었다. 그들은 다른 풍경을 통과해 비슷한 경로를 따르면서 쓰네노가 한 번도 가보지 않은 곳을 지나치고, 쓰네노는 들을 일이 없는 언어를 구사했다. 쓰네노는 익숙한 것들에 정신이 팔려 있었다. 사랑하면서도 원망스러운 남자 형제들, 해마다 내리는 눈, 큰 못에서 날아다니는 잠자리, 아버지 서재에 있는 책들, 어머니 바느질 상자에 들어 있는 바늘, 함에 개어놓은 비단 겉옷. 그리고 불단 위 타들어 가는 향. 아직 에치고 지도에 그려지지 않은 마을. "식물"이 되기를 기다리는 삼나무.

하지만 어쨌든 이 모든 것의 한가운데에서, 분류되어 지도에 표시되는 장소에서, 자연세계의 윤곽을 추적하고 새로운 제국의 시대의 말뚝이 이제 막 뚜렷해지는 나라에서, 쓰네노 또한 위를 올려다보며 다른 종류의 삶을 상상했다. 책에서 본 그림들 때문이었을까? 정토를 마음속에 그리는 습관이 다른 머나먼 영역과 더 나은 가능성을 상상하게 부추긴 걸까? 아니면 남동생 기센의 미래 계획을 놓고 에도에 관해 어깨 너머로 주워들은 이야기 때문이었을까? 아마 어머니와 같은 삶은 결코 만족스럽지 않을 것이라는 모호한 느낌에 불과했을지 모른다.

아니면 몇 년 뒤 모든 인습적인 삶의 계획이 무너졌을 때, 갑자기 견딜 수 없게 느껴지는 미래를 지긋이 응시할 때 쓰네노의 마음속에서 그런 생각이 뚜렷해진 것일 수도 있다. 이유가 무엇이든 간에 어느 순간 쓰네노는 미래의 삶을 규정하게 될 문제를 이해하고 오래전부터 그 길밖에 없었다고 인식하게 되었다.

그 생각은 쓰네노가 편지에 처음 쓴 이야기 가운데 하나였다. 여러 차례 가족에게 말한 뒤에 마침내 글로 남긴 생각이었다. "저는 에도로 가고 싶었지만 부모님은 보내주려고 하지 않으셨지요."[94]

2. 시골에서 보낸 반생

1816년,[1] 쓰네노는 태어나서 처음으로 린센지를 떠났다. 에도나 그만큼 흥미진진한 다른 곳으로 가는 게 아니었다. 북쪽 데와국에 있는 오이시다라는 내륙의 강변 소읍으로 가는 길이었다. 에도에서 완전히 반대 방향은 아니었지만, 딱히 그렇지 않은 것도 아니었다. 에치고 사람들 중에 오이시다에 관해 글로 접한 이는 아무도 없었다. 험한 산과 야생 숲, 곰에 흥미를 느꼈을 법한 지도 제작자나 모험가가 아닌 다음에야 누구도 데와에 가는 걸 꿈꾸지 않았다. 데와는 에치고보다도 훨씬 추웠다. 겨울이면 눈을 한껏 뒤집어쓴 전나무들이 찡그린 얼굴로 산비탈에 얼어붙은 괴물처럼 보였다.

이시가미 마을에서 오이시다로 가는 길은 290킬로미터가 넘는 힘든 여정이었다. 배를 타고 동해 연안을 따라 올라간 뒤 강 상류로 거슬러 갈 수 있었다. 아니면 걸어서 해안 도로를 따라 산

을 통과하면서 하이쿠 시인 마쓰오 바쇼松尾芭蕉의 발자국을 따라
갈 수도 있었다. 1689년에 바쇼는 같은 여정을 밟은 것으로 유
명했다. 그에게는 역시 시인인 동반자가 하나 있었는데, 깨달음
에 가까운 정처 없는 삶을 실천하는 셈이었다. "달과 날은 영원
한 여행자"라고 바쇼는 읊었다. "오고 가는 해도 항해자다."[2] 그
는 어디에도 얽매이지 않기를 원했기 때문에 거의 아무것도 지니
지 않았다. 낡은 삿갓과 비옷, 글을 쓸 붓과 먹뿐이었다. 쓰네노
의 여행은 달랐다. 기대로 내리누르는 짐과 동행인들과 함께 가
는 길이었다. 약속을 지키기 위해 가는 길이었다. 결혼을 하러 가
는 것이었다. 그때 나이가 열두 살이었다.

　　그전부터 쓰네노는 언젠가 시집을 가리라는 걸 알았다. 여
자라면 누구나 시집을 갔다.[3] 쓰네노는 또한 이 문제에 선택의 여
지가 없다는 걸 알았다. 자기와 같은 신분의 여자는 남편을 고르
지 않았다. 대신에 부모가 미래 계획을 세웠다. 쓰네노가 바느질
과 책에 몰두하는 동안 부모인 에몬과 하루마는 적당한 신랑감을
물색했다. 편지가 오고 갔고 중매를 썼으며 지불금을 교섭하고
선물을 교환했다. 그리고 거울과 화장품, 옷가지와 가구를 샀다.
쓰네노를 멀리 떨어진 곳으로 보내는 것이었기 때문에 꼼꼼하게
짐을 쌌다. 워낙 먼 곳이라 신부가 남의 집 식구로서 혼인 한 달
뒤에 친정을 처음 방문하는 관습에 따라 친정에 오지도 못했다.
집을 떠난 뒤로 편지를 보낼 수는 있었지만 낯선 곳에서 새로운
가족과 외롭게 살게 될 터였다.

　　쓰네노의 부모는 무심하거나 무정하지 않았다. 열두 살인

쓰네노는 결혼하기에는 어렸지만,[4] 고모 지사토는 열세 살에 신부가 되었다.[5] 그렇게 일찍 결혼을 한 소녀들은 나이 든 처녀들보다 향수병에 시달렸겠지만 대개 새로운 집안—과 새 남편—의 요구에 맞추기 위해 일정한 유예 기간을 받았다. 열두 살에는 대부분의 여자애가 아직 생리도 하지 않았고,[6] 열네 살이 되지 않은 여자애는 너무 어려서 잠자리를 갖기 어렵다는 걸 다들 이해했다.[7] 이런 점에서 에몬과 하루마는 제일 좋은 신랑감을 찾았다고 안심할 수 있었고, 쓰네노의 새로운 시부모를 믿었다. 신랑은 에몬과 같은 정토진종 승려였고, 두 절 집안은 여러 대 전부터 친구이자 연락을 주고받는 사이였다.[8] 쓰네노의 새 집인 조간지는 유명한 절이었고, 오이시다읍은 인구가 1,000명 정도 되는 분주하고 번창한 곳이었다.[9] 왕국의 대도시들에서 멀어지기는 했지만 어떻게 보면 린센지와 이시가미 마을에서 한 단계 올라간 셈이었다.

오이시다는 남쪽에 있는 선명한 황금색 밭으로 골짜기를 뒤덮은 홍화紅花로 유명했다.[10] 17세기에 이곳을 찾은 바쇼는 읍내에 사는 시인들이 반쯤 잊고 있던 씨앗에서 핀 꽃이라도 되는 양 고풍스러운 시구를 다듬는 모습을 묘사했다.[11] 실제로 홍화 재배는 외진 마을에 사는 농민들의 몫이었다. 초여름 이슬 내린 아침에 삐죽삐죽한 이파리가 이슬로 덮여 있을 때 거둬들였다. 꽃을 꺾어 작고 동글납작한 주황색 덩어리로 가공해서 중개상에게 팔았다. 중개상들은 짐 나르는 말에 싣고 오이시다의 창고로 돌아갔다. 읍내에서는 다른 일꾼들이 홍화 덩어리를 자루로 묶어서 배에 실었고, 배는 모가미강最上川의 뱃길을 따라 동해로 나갔다.

65

결국 홍화는 천황의 수도인 교토에 부려져서 화장품과 직물 염료로 사용되었다. 오이시다 주변의 밭에서 일하는 농민들은 노래를 불렀다. "나도 수도에 가고 싶네. 홍화를 싣고 검정말에 올라."[12]

쓰네노는 이시가미의 논에서 태어나 자랐지만 오이시다의 기와 창고와 흰 돛 한가운데서 성년을 맞았다. 당시의 기준으로도 어린 나이에 남편의 절에 와서 이윽고 어엿한 어른으로 변신했다. 남자들은 다를지 몰라도 여자들에게는 결혼이 어른이 되는 과정이었다.[13] 농가의 사내라면, 성년식이 아동기와 성인기의 경계를 이루었다. 머리를 짧게 자르고 옷차림도 달라지고 새 이름도 얻었다. 그때부터는 축제 중에 미코시神輿(축제인 마쓰리 때 신을 모시는 가마)를 메고 마을을 지나고 때로는 혼례식을 주재할 수도 있었다. 승려인 쓰네노의 남자형제들은 성인이 되는 시점이 달랐다. 승려가 되는 순간 어른이 되는 셈이었다. 하지만 여자—농민이나 사무라이, 승려나 상인의 딸—의 경우에는 혼례식이 보편적인 계기였다. 어떤 신분이고 어디 출신이든 간에 결혼을 하면 여자가 되었다. 쇠 맛이 나는 가루로 꼼꼼하게 칠해서 이를 검게 물들여서 새로운 지위를 드러냈다. 아마 옷소매도 짧아지고 머리 모양도 둥글어졌을 것이다. 결혼이 실패하더라도 전과 같을 수는 없었다.

표면 아래에서 다른, 똑같이 심대한 변화가 있었다. 처음에 쓰네노는 갑자기 남편이 된 낯선 사람에게 매혹되었던 게 분명하다. 종소리와 예불, 공양물의 익숙한 반복을 헤쳐가는 동안—어린 시절의 리듬이 새로운 환경으로 옮겨갔다—쓰네노는 남편이 어떻게 움직이고 먹고 코를 고는지를 눈여겨보았을 게 분명하다. 남편의 얼굴을 뜯어보고 그의 침묵에 귀 기울이면서 남편의 모든 선호와 습관을 두루 생각하고 아버지, 할아버지, 오빠들과 비교해 보았다. 쓰네노는 아무리 낯설고 불편하더라도 남편의 요구를 들어주려고 노력해야 했다. 젊은 신부는 원래 그래야 했다. 여자애들이 보는 책에서 다들 그렇게 이야기했고, 아무리 고집 센 열두 살짜리라도 거부하기는 어려웠을 것이다. 쓰네노는 분명 평범한 삶을 추구하면서 배우고 바뀌었을 것이다. 어머니의 삶보다 약간 거창한 삶이었다.

하지만 훗날 자신이 벌인 싸움에 관해 그토록 생생하게 글을 쓰게 되는 쓰네노는 가족과 멀리 떨어져 낯선 시골 읍에서 신부로 살던 그 시절을 거론한 적이 없다. 붓을 들고 글을 쓸 무렵이면, 이른 결혼은 너무도 옛일이거나 완전히 잊힌 기억이어서 겉으로 드러나지 않았다.

*

쓰네노가 오이시다에 사는 동안 형제자매들도 각자의 결혼으로 고심했다. 나이 차이가 제일 적게 나는 기요미도 정토진종 절에 시집을 갔지만, 그 마을은 걸어서 금방 갈 수 있는 곳이었다. 워낙 가까워서 어머니한테 양동이로 미소된장을 빌려갈 정도였다.[14] 기요미의 남편과 오빠 기유 사이에는 눈을 치우는 일꾼들에게 삯을 얼마나 줄지에 관한 편지가 오고 갔다.[15] 익숙한 생활이었다. 마을 절, 똑같은 친구와 이웃들의 관계망. 하지만 그래도

67

쉽지는 않았다.

　기요미는 입이 거칠었는데, 남편은 아내가 조금만 쓴소리를 들어도 성을 낸다고 불만을 토로했다.[16] 기요미는 남편이 만족할 만큼 불단을 돌보지 않았고, 교구민들을 환영하지도 않았다. 남편이 승려로서 책임을 다하는 게 점점 어려워졌다. 마을 절을 운영하는 것은 두 사람이 하는 일이었기 때문이다. 실제로 이런 상황이 되자 남편은 자신의 판단에 의문을 품게 되었다. 기유에게 편지를 보내 인내심이 바닥이 나고 있다고 설명했다. 기유가 여동생에게 사리에 맞는 말을 할 수 있었을까? 하지만 기유가 거절했거나 아니면, 이 편이 더 가능성이 높은데, 그가 끼어들었어도 별 효과가 없었다.

　마침내 은퇴한 시아버지가 문제를 해결하겠다고 나서서 편지를 썼다. "기요미가 하는 짓이 죄인 같으니 더는 참지 않겠소이다. 기요미를 철창에 가둘 생각이오. 벌써 짓고 있습니다."[17] 제멋대로 구는 부인을 바로잡기 위해 생각조차 할 수 없는 벌은 아니었다―비협조적인 다이묘라도 나무 감옥에 가둬져 문살 사이로 정찬을 넣어주면 웅얼거리며 사과를 하는 일이 생길 수 있다.[18] 하지만 이는 모욕적인 일이었다―개인에 대해 가족의 권력을 강제로, 공개적으로 행사하는 셈이었다. 감옥은 마당이나 방 앞에 만들어서 동네 사람들이 벌을 받고 있음을 알 수 있게 했다.[19] 실제로 이것이 중요했다. 가족의 결심을 내보임으로써 가족의 평판을 지켜야 했다.

　세월이 흐르면서 기요미는 자기 자리를 알게 되었다. 남편과 같이 살면서 적어도 두 아이를 낳았다. 아이가 태어나면 여기 저기서 축하 선물이 오고 널리 알려졌고, 기요미는 여전히 절의 안주인이었다. 하지만 남은 평생 기요미는 목수가 집에 올 때마다 오싹했을 것이다. 시아버지 생각을 하면서 감옥 문살을 떠올렸으리라.

　기유의 결혼생활도 마찬가지로 어렵고 모욕적이었다.[20] 처음 결혼한 직후인 1828년, 아버지 에몬이 긴 순례길에 나서면서 기유에게 린센지를 맡겼다. 그때 나이가 겨우 스물여덟이었지만 5년 전부터 가장이자 주지였다.[21] 자기 역할을 배우기에 충분한 시간이었다. 어디에 앉아야 하고, 어떤 말을 해야 하고, 누가 자기 말에 귀를 기울이는지를 알았다. 하지만 아직 권위에 익숙하지 않아서 자기주장을 하는 데 어려움을 겪었다. 특히 아버지가 출타 중이어서 아직 집에 같이 사는 어린 동생들을 혼자서 관리해야 할 때가 힘들었다. 동생들은 약점을 눈치채자마자 가차 없었다. 남동생들은 형 자리에 앉으려고 했고, 나가서 땔감을 사 오라고 말해도 듣지 않았다. 여동생 이노는 아직 아이였는데 교구민들 앞에서 오빠를 놀렸다. 한편 기유는 린센지의 새 안주인인 아내에게 살림하는 법도 가르쳐야 했다. 그는 막중한 책임을 온몸으로 느꼈다.

　결혼하고 첫 달은 기대한 대로 순조롭게 지나갔다. 적어도 여느 때와 다른 일은 전혀 없어서 기록해 둘 게 하나도 없었다. 그런데 아내가 관습에 따라 처음 친정에 다녀온 뒤로 갑자기 바뀌었다. 돌아온 아내는 전혀 다른 사람처럼 보였다. 기유의 지시를 하나도 따르려 하지 않았고, 불교와 유학의 도덕에 관한 그의 가르침을 대놓고 무시했다. 아내는 기본적인 집안일을 게을리하고 어린 시누이인 도시노와 이노를 따돌렸다. 도시노와 이노는 어머니에게 새언니에 대한 불만을 표출했다. 기유가 아내에게 따지자 뚱한 대답이 돌아왔다. "내 맘대로 할 거예요. 당신도 당신 맘대로 해요. 창녀를 구하든 첩을 얻든 상관 안 할게요."

기유는 깜짝 놀랐다. 원래 여자들은 이런 식으로 말하지 않았다. 분명 젊은 신부가 남편에게 할 말은 아니었다. 그가 부인이 살림의 의무를 제대로 하지 않는다고 말할 때는 잠자리를 암시했을지도 모른다. 분명 아내는 그 영역에서 남편의 요구를 들어주어야 했다. 이렇게 노골적이고 상스럽게 거절하는 것은 놀라운 일이었다.

기유는 비록 몇 가지 점에서 꺼려지긴 했지만 이혼을 해야겠다고 마음먹었다. 아버지가 여전히 출타 중이었고, 금세 이혼을 하는 것은 곤란한 일이었으며, 가족이 혼례식에 큰돈을 쓴 게 바로 얼마 전이었다. 게다가 아마 가장 중요하게도, 아내가 임신한 것처럼 보였다. 그러면 어떻게 해야 했을까? 무례하게 대드는 아내를 참고 견딜 수는 없었다. 마침내 기유는 한껏 용기를 내서 아내와 맞섰다. 아침에 중개인들에게 연락을 해서 처갓집에 통지할 계획이었다. 결혼이 끝났다고.

기유는 체념한 침묵이나 뚱한 묵인, 어쩌면 열심히 노력해보겠다는 성의 없는 약속을 기대했을지 모른다. 실제로 벌어진 일은 전혀 예상하지 못했다. 몇 달간 공공연하게 대들었던 아내

70

는 펑펑 우느라 말도 제대로 하지 못했다. 마침내 마음을 가라앉힌 아내가 입 밖으로 꺼낸 이야기는 너무도 끔찍해서 도무지 이해할 수 없었다. 아내가 친정에 가기 직전인 5월에 몸이 안 좋아서 방에 누워 있는데 어떤 남자가 갑자기 들어와서 강간했다는 것이었다.

깜짝 놀랄 고백을 하면서 아내의 분노는 절망으로 가라앉는 듯 보였다. 그리고 이틀 동안 아내는 식음을 전폐했다. 그 대신 흐느껴 울면서 용서를 구했다. 기유는 마음이 흔들렸다. 중개인들을 불러들이고 이혼 통보를 준비하는 대신 일단 기다렸다. 알고 보니 아내는 정말 임신한 상태였는데, 아이가 자기 자식인지 알 수 없었다. 임신한 날짜를 추적하는 정확한 방법이 없었기 때문이다. 기유 본인으로서는 별문제가 아니었다. 그 자신의 설명에 따르면, 아내가 아이를 배고 있다고 믿을 만한 이유가 충분했을 때에도 이혼장을 쓸 계획이었다. 그로서는 아내의 행실이 가장 중요한 요소였다. 어쨌든 그는 절을 생각해야 했다. 여동생 기요미의 남편과 마찬가지로, 그 역시 아내가 힘을 합치지 않으면 주지 노릇을 해나가는 게 어려울 터였다.

기유의 부인은 그해 가을과 겨울에 극심한 괴로움에 시달렸을 게 분명하다. 마당의 웅덩이가 하얗게 얼어붙는 가운데 그녀는 매일 오비를 갈비뼈까지 질끈 동여매면서 몸의 무게중심이 바뀌는 것을 느꼈다. 어쩌면 충동적으로 고백한 것을 후회하면서 그때 분노를 삼키고 가만히 있었으면 어땠을까 하고 생각했을지 모른다. 또는 계속 굼뜨고 화를 내면서 기유가 자기를 쫓아버리게 만들어서 새 출발을 할 수도 있었다. 하지만 부부가 불안한 평화를 유지하면서 기유가 적어두지 않았을 뿐 모종의 합의에 도달했을지도 모른다. 그녀는 린센지에서 지낼 날이 얼마 남지 않았다는 걸 알아차리고 때가 되기만을 기다렸을 것이다.

강간을 당하고 대략 아홉 달 뒤인 초봄에 기유의 부인은 아이를 낳으러 고향의 친정으로 갔다. 처음에는 누구도 뭔가 잘못됐다는 걸 알 필요가 없었다. 처음 아이를 낳으면 친정 부모님의 보살핌을 받으며 불안한 나날을 보내는 일이 왕왕 있었다. 하지만 며칠이 몇 주가 되고, 기유는 부인을 데리러 사람을 보내지도, 아기에 관해 한 마디 묻지도 않았다. 그제야 친정 부모는 뭔가 끔찍한 일이 생겼다는 걸 알았다. 두 사람은 여기저기 수소문을 하고 중개인을 쓰고 사과했다(정확히 알지도 못하는 일에 대해). 하지만 기유는 아무 말도 하지 않았다. 자기네 딸을 용서해 주려는 걸까? 자기 평판을 지키려는 걸까? 그는 최대한 모호한 말로 결혼이 실패로 돌아갔다고 말할 뿐이었다. 마침내 그는 이혼장을 보냈다.

기유는 아내를 강간한 남자를 찾지 않았다. 이미 정체를 알고 있었기 때문이다. 범인은 동생인 기린이었다. 하지만 기유는 차마 그 사실을 적어둘 엄두가 나지 않았다. 그 대신 자기만 보는 장문의 메모에 아내가 성폭행당한 사실과 동생을 벌한 것을 나란히 적으면서 두 사건 사이의 연결고리는 빈칸으로 남겨두었다. "지난해 5월에 기린이 범한 잘못은 여기서 이야기할 필요가 없다."[22] 동생들을 단속하는 문제를 길게 논한 다음 기린과 갈등이 생긴 건 "전부 아내의 사악한 행동 때문"이라고 편리하게 결론지었다. 그때쯤이면 아내는 이미 사라진 지 오래였고, 아내와 아이는 린센지의 기록에서 다시 언급되지 않았다.

기유는 이듬해에 재혼했다.[23] 두 번째 부인인 사노는 결혼 첫해를 넘기고 "절의 관리인" 역할을 맡았으며, 조용히 나무랄 데 없는 삶을 살았다. 문서 기록을 남길 만한 문제를 일으킨 적이 없고, 필시 글을 쓸 줄 알았을 텐데 어떤 글도 남기지 않았다. 1859년에 사망했을 때 기유 이름의 두 번째 글자를 받아서 내세로 가지고 갔다.[24] 분명 흠잡을 데 없는 짝이었다.

하지만 그 누가 무엇 때문에 결혼이 순탄하게 이어졌다고 장담할 수 있을까? 사노는 글로 남기지 않은 역사에 상처 입은 채 매사에 조심했을지 모른다. 또는 이야기가 있어야 하는 곳에서 침묵을 감지했을지 모른다. 시동생인 기린의 이름을 언급할 때 이상하게 한숨을 쉬고 눈길을 피하는 남편의 마음속에 감춰진 침묵을. 아니면 다른 사람들과 마찬가지로 첫째 부인에 관한 이야기를 들었을 것이다. 린센지의 여자들은 수다스러웠다.[25] 사노는 결혼할 무렵에 이미 스물다섯이었고,[26] 남자들과 그들의 충성심에 관해, 자신들을 보호하기 위해 어떤 일을 할 수 있는지에 관해 알 만큼 아는 나이였다. 너무 직접적으로 이야기를 하면 위험한 일이 생긴다는 걸 알 나이였다.

사노는 계속 입을 다물고 바쁘게 일했다. 1832년에서 1842년 사이에 아이를 다섯 낳았다.[27] 하인들과 쓰네노의 여동생들, 그리고 아직도 기운이 좋은 시어머니한테 도움을 받을 수 있었지만 젖먹이와 빨래, 아기의 열병과 짜증, 깨진 밥그릇과 콧물에 시달리느라 바쁜 나날이었다. 방을 쓸고, 하인들을 감독하고, 남편을 돌보고, 마을 여자들을 찾고, 항상 불단에 더 많은 공양물을 올려야 했다. 그 시절에 사노는 없어서는 안 될 집안의 중심이었고 모두가 그녀의 노력에 의지했다. 사노는 자신이 운이 좋다는 걸 알았던 게 분명하다. 결혼생활이 계속 이어졌고, 아이들도 전부 어려서 죽지 않았다. 집안에 우환이 없었고, 들에 일하러 나가지 않아도 되었으며, 미소된장이나 사케, 등잔 기름 살 걱정을 할 필요가 없었다. 모자란 게 있더라도, 그러니까 가끔 아미타불에 기도를 드릴 때 머릿속에 다른 험한 말이 메아리쳐도 입 밖에 내지는 않았다.

사노는 의무와 일상, 엄마를 필요로 하는 아이의 존재, 별 문제 없이 지속되는 결혼생활, 그리고 어쩌면 사랑에 묶여 있었다. 린센지에는 긴장된 침묵이 존재했지만 애정 표현도 있었다. 대개 형제들끼리, 그리고 부모와 자식 간의 애정 표현이었다. 쓰네노는 어머니에게 따뜻한 편지를 보내고 종종 사노의 안부를 물었다.[28] 식구에게 선물을 보내고 누가 아플 때는 걱정했다. 기유는 남동생들을 사랑했고, 또는 적어도 자기가 남동생들을 사랑하고 동생들도 자기를 사랑**해야 한다**고 주장했다.[29] 한참 나중에 쓴 편지에서 쓰네노도 여기에 동의했다. 기유와 얼마나 말다툼을 했든 간에 그는 여전히 큰오빠였다.[30]

하지만 사노와 기유가 서로 사랑했다 하더라도 이런 유대는 문서 공간 바깥에서, 그러니까 절을 지배하는 침묵 속 어딘가에서 단단해졌다.

＊

쓰네노가 결혼하고 13년이 지난 1829년 가을, 남동생 기린이 예고도 없이 오이시다에 찾아왔다.[31] 쓰네노는 뭔가 일이 생긴 것 같다고 의심했을 것이다. 기린은 결혼을 해서 독립을 할 만한 나이였지만 그 대신 쓰네노의 남편과 공부를 하고 조간지 일을 도우면서 세월을 보냈고, 아무런 계획도 없는 듯 보였다.

그런데 다시 쓰네노는 자기 문제에 몰두하게 되었다. 시어머니와 친정어머니하고 같이 교토에 갔던 긴 여행에서 돌아온 직후였다.[32] 거의 800킬로미터에 달하는 여정이었고, 도중에 이시가미 마을을 들렀다. 마침내 쓰네노는 도시를 보았다―산조바시 三条橋에 북적거리는 잘 차려입은 사람들과 정토진종의 본사인 화려한 히가시혼간지東本願寺를. 첫 번째 장거리 여행의 흥분을 가라앉힌 쓰네노는 기린이 자기혐오에 지쳐서 비참해진 것을 알아채지 못했을 것이다. 하지만 기린은 잊지 못했다. 린센지에 보낸 편지에서 그는 자기 삶―자기가 저지른 끔찍한 일들, 후회하는 일, 지금까지 한 거짓말―을 생각하면 머리카락이 곤두선다고 썼다.[33] 첫 번째 형수를 언급하지 않았지만 그럴 필요가 없었다. 기유는 무슨 말인지 알았다.

기린이 오이시다에 온 이듬해에 조간지에 불이 나서 건물이 전소되었다.[34] 사람들은 불이 어디서 처음 시작되었는지 알거나 의심을 품었을지라도 기록으로 남겨두지는 않았다. 화재 이후 어떤 비난이나 맞대응이 있었든 간에 그때뿐이었거나 조심스럽게 감춰졌고 피해 설명만이 남았다. 조간지 바로 옆에 있는 절도 본당과 가족이 사는 건물, 종각, 창고, 정원을 관통하는 통로, 심지어 바깥채까지 탔다. 감사하게도 불단의 황금색 부처님 그림과 절의 망자 명부, 잡다한 서류는 타지 않았다. 하지만 조간지에서는 쓰네노의 시집에서 여러 세대에 걸쳐 모은 불교 경전이 전부 소실되었다.[35] 속세의 물건은 덧없다는 것을 알려주는 완벽한 교훈이었지만 가슴이 무너지는 일이었다.

이후 몇 해 동안 절을 재건하고, 검게 그을은 묘비를 닦고, 조간지의 불경 소장본을 일부분이나마 수고스럽게 다시 모았다. 하지만 가족은 구제받지 못했다. 1831년 가을, 쓰네노의 남편이 조상 대대로 살던 집을 다시 지으려고 애쓰던 동안 쓰네노는 에치고로 돌아갔다. 그 후 공식적인 이혼장이 날아왔다.[36]

그 무렵이면 쓰네노는 반평생 넘도록 오이시다에 산 셈이었다. 15년 동안 축제와 기념식과 독경회에 참여했다. 교구민들의 이름을 익히고, 아이들에게 인사를 했으며, 장례식에서 애도를 표했다. 수백 명[37]이 남편의 책임이었고, 따라서 쓰네노의 책임이었다. 쓰네노는 계절마다 바뀌는 살림의 일상적인 일들을 모조리 익혔다. 설날을 앞두고는 매일 아침 언 손에 하얀 입김을 불면서 부지런히 일했다. 모가미강이 거세게 흘러서 절에서도 물소리가 들리는 봄날 밤이면 빗소리에 귀를 기울였다. 큰 새들이 들에 가만히 서 있고 나무에서 매미가 우는 낮에는 여름 채소를 선물로 받았다. 갑작스러운 손님을 맞이하고, 여행을 하고, 온갖 종류의 큰일을 치렀다. 하지만 이제 모든 게 추억이 되었다. 다시는 돌아가지 않을 터였다.

남편이 그렇게 먼 곳에 살지만 않았더라면 쓰네노의 가족은 결혼을 지키려고 더욱 애를 썼을 것이다. 하지만 워낙 멀다 보니 할 수 있는 일이 거의 없었다. 기유는 이혼장에 점잖게 인정하는 편지로 답했다. "부모님이 큰 충격을 받으셨지만 운명이려니 받아들이고 또 할 수 있는 일도 없습니다. 부모님께서 동생이 어릴 때부터 받아주고 지난 15년 동안 돌봐주신 데 대해 고마워하십니다."[38] 가족의 기록에 관한 한 그게 이야기의 끝이었다.

아마 쓰네노는 남편을 사랑했을 테고, 자신의 행운에 놀라워하는 어머니에게 편지를 쓰기도 했다. 어쩌면 유산을 거듭하면서 남편의 관심이 서서히 식는 것을 보았고, 남편의 최종적인 거부에 마음이 무너졌을 것이다. 또는 정반대였을 수도 있다. 쓰네노가 밤마다 무서워하면서 온갖 구실을 대며 남편을 밀쳐냈을지 모른다. 연인—젊은 승려나 하녀—을 만나서 불운하면서도 열렬한 사랑을 나누다 발각됐을 수도 있다. 아니면 15년간 욕설과 주먹질과 멍 자국을 참으면서 매일같이 멍하니 도망칠 궁리만 하면서 보냈을지도 모른다. 쓰네노가 불을 질렀을 수도 있다. 방에 혼자 있는 순간 부주의하게 무심코 초롱불을 넘어뜨리고는 조용히 나갔을지 모른다.

사실은 별일이 아니었을 가능성이 더 높다. 시어머니는 쓰네노에게 네가 참으라고 충고했지만 쓰네노는 입을 다물 수 없었다. 쓰네노가 담근 장아찌는 항상 너무 짜거나 싱거웠고, 하인들

77

을 따돌리고 이웃에게 불친절했으며, 남편이 마침내 말다툼에 진력이 났을 것이다. 무슨 일이 일어났든 간에 기록이 전혀 남아 있지 않다. 쓰네노조차 어떤 것도 기억할 만한 가치가 없다고 생각했을 것이다.

*

이혼이 꼭 재앙은 아니었다. 모든 여자가 결혼을 기대할 수 있었지만, 마찬가지로 모두가 결혼이 반드시 계속되는 건 아니라는 사실을 알고 있었다. 일부 계산에 따르면, 여자의 절반 가까이가 결국 첫 남편에게 이혼을 당했다.[39] 이혼은 현실적인 해법이자 젊은 부부의 호환 가능성에 크게 의존하는 가족 제도를 위한 안전판이었다. 신혼부부는 보통 시부모와 함께 살았고, 집안의 성공은 가족에 합류한 새신부(때로는 새신랑)의 노동과 선의에 의지했다. 신부나 신랑에게 큰 결함이 있는 게 밝혀지면 결혼을 취소하고 다시 시도하는 게 최선이었다. 딱 맞는 짝을 찾을 때까지 여러 파트너를 겪어보는 것이었다. 이 규칙은 남녀 모두에 적용되었다. 사람들은 쓰네노가 왜 친정으로 보내졌는지, 쓰네노의 성격에 기본적인 문제가 있었는지 궁금해할지 모른다. 또한 왜 아이를 낳지 않았는지 궁금해할지도 모른다. 어떤 가족에게는 마찬가지로 중요한 문제였을 테니까. 하지만 이혼을 했다고 반드시 다시 결혼할 수 없는 것은 아니었다.

어떻게 보면 쓰네노의 문제는 첫 번째 결혼생활이 너무 길었다는 사실이었다. 금세 이혼하고 열다섯 살이나 스무 살에 집

78

으로 왔다면 전망이 훨씬 좋았을 것이다. 20대에 이혼한 여자들
은 거의 모두 재혼을 했지만[40] 그보다 나이가 많으면 쉽지 않았
다. 쓰네노는 스물여덟로 아슬아슬한 나이였다. 아버지는 딸이
나이가 많아서 좋은 짝을 찾지 못할 것이라고 걱정했다.[41]

다시 혼처를 알아보는 데 1년 넘게 걸렸는데, 마침내 그 지
방의 좋은 집안에서 혼담이 들어왔다. 승려는 아니고 농민이었
고,[42] 그쪽 집이 사는 오시마 마을은 산 위에 있었다. 하지만 형편
이 넉넉하고 사회적 신분도 적당했다. 다행스러운 일이었다. 쓰
네노는 운이 좋았다.

1833년 선선한 초여름에 불안한 농부들이 구름이 걷히기
를 기다리는 가운데 기유는 여동생의 결혼에 맞춰 잔치를 준비하
고 구입할 물건을 정리하는 데 열심이었다. 쓰네노의 혼수는 특
별히 신경을 써야 했다. 한 가지 이유를 들자면 시부모 집 앞에
펼쳐 놓을 예정이었기 때문이다.[43] 기유는 항상 예절을 걱정했으
며 자기네 집안이 잘 보여야 한다는 걸 알았다. 물론 그는 남자이
고 승려이기 때문에 결혼한 여자가 어떻게 옷을 갖춰 입어야 하
는지 정확히 알지는 못했다. 그는 보통 칙칙한 승복을 입었고, 변
덕스러운 유행은 전혀 알지 못했다. 다행히도 옆에서 참견하면서
꼼꼼히 따지는 여자들—쓰네노와 사노, 어머니 등—이 주변에 있
었다. "안감을 대지 않은 기모노에 비단 크레이프천으로 줄무늬
를 넣을까, 아니면 잔무늬를 넣을까?"[44] 구입 목록의 가장자리에
누군가 적어놓았다. 단호한 답이 돌아왔다. "잔무늬가 낫지."

결국 새 옷을 사는 데 모두 합쳐 금화 12냥이 들었는데[45] 기

유가 2주에 걸쳐 나눠 냈다. 한참 어린 동생 도시노도 그해 여름에 결혼을 했는데,[46] 두 신부 옷을 동시에 맞추는 건 만만치 않은 부담이었다. 기유는 쓰네노의 시부모가 될 사람들이 선물로 보낸 금화 15냥을 감사히 받으면서 쓰네노의 혼수용으로 쓰겠다고 다짐을 주었다.[47]

날씨는 우중충했지만 상서로운 시작이었다. 농부들이 아직 솜 외투를 입고 논에서 일을 하는 가운데 기유는 잔치를 열었다.[48] 교구민 13명에게 사케와 간단한 음식을 나눠주고, 요리사에게 금화 한 냥을 팁으로 주었으며, 지역 걸인들에게 엽전 200문을 주었다. 혼례식이 열리면 걸인들이 구호금을 받으러 왔는데 푼돈을 주지 않으면 말썽을 부리기도 했다.[49] 올 사람은 다 왔다—물론 가까운 가족이 참석했다. 신생아와 유모를 데리고 나타난 쓰네노의 오빠 고토쿠의 부인, 궁지에 몰린 기요미의 남편(철창 사건은 다 지난 일이기를 기대했다), 결혼을 주선한 중매인들도 참석했다. 하인들의 수는 더 많았다—열 명이 훌쩍 넘었는데, 쓰네노의 가구를 새 집으로 옮기는 튼튼한 일꾼만 여섯이었다.

오시마의 신랑 집까지 걸어가는 데 하루가 꼬박 걸렸다. 계단식 논을 지나 계속 오르막인 미끄러운 흙길을 걸었다. 논에는 모가 산으로 이어지는 줄에 맞춰 두세 개씩 깊이 심어져 있었다. 어두컴컴한 논에 모 끝이 겨우 수면 위로 머리를 내밀고 있었다. 자라는 속도가 너무 느렸다—누구나 그걸 알 수 있었다. 수확이 좋지 않을 터였다. 그래도 결혼은 다행스러운 일이었고, 사람들은 신부 행렬이 지나가는 걸 보려고 길 위에 늘어서서 이따금 소

리를 질렀다. 행렬은 멈춰 서서 축하의 노래를 불렀다.[50]

오시마 마을은 외지지만 고립된 곳은 아니었다. 한 달에 세 번 장이 열렸고, 산간 지방을 관통하는 작은 간선도로의 정거장이었다. 쓰네노가 도착한 여름에는 여행자와 짐말들이 여전히 지나가면서 소식을 전해주었다. 겨울에는 도로 통행이 어려워서 한결 조용해질 터였다. 지방의 주요 간선도로인 홋코쿠카이도에도 눈이 쌓여서 통행이 어려웠지만 전략적으로 중요한 도로라는 이점이 있었다. 에도에서 동해 해안까지 전달되어야 할 공식 통신문이 있다면 농촌 일꾼들에게 평평하고 묵직한 신발을 신겨서 도로에 쌓인 눈을 다지게 했다. 그래야 배달부가 날쌔게 달려갈 수 있었다.[51] 하지만 오시마의 험한 작은 간선도로를 통해서는 중요한 게 전달되지 않았기 때문에 아무도 길을 치우지 않았다. 마을은 조용히 봄이 오기를 기다렸다.

가을이 되면 눈이 와서 길이 막히기 전에 오시마의 많은 젊은이들이 산에서 내려와 길을 따라 동남쪽에 있는 에도로 향했다.[52] 이 지역은 지루한 농사일 말고는 젊은이들이 할 게 별로 없었고, 에도에 가서 하인이나 막노동자로 일을 하면 돈을 많이 벌 수 있었다. 어떤 이들은 몇 년 동안 친척과 연락도 하지 않았다. 글을 몰라 편지를 쓸 수 없었기 때문이다.[53] 적어도 한 번씩은 마을 사람들이 돈을 모아 남자 하나를 사서 도시로 나간 이들이 잘 지내는지 찾아보게 했다.[54] 대부분은 가겠다고 한 곳에서 살고 있었지만 몇몇은 완전히 종적을 감춰서 다시는 소식을 들을 수 없었다. 마을로 돌아온 이들은 산사람들의 반사적인 의심의 눈길을 마주쳤다. 쓰네노가 오시마에 온 지 2년 뒤, 에도에서 겨울을 보내고 고향으로 돌아온 남자 일곱 명이 이상한 병을 들여와 이웃들에게 퍼뜨렸다고 고발을 당했다. 마을 촌장은 그들과 협의를 해서 병에 걸린 모든 사람의 치료비를 지불하게 했다.

오시마에서 쓰네노는 처음으로 농사꾼 집안에 속하게 되었다. 집안의 모든 사람이 어느 정도는 지루하게 흙을 파는 농사일을 했다.[55] 농사일은 근육에 압박을 가하는 동시에 정신도 소모시켰다. 매일같이 생각할 거리가 생겼다. 농부가 아무 생각 없이 작년에 거둔 씨앗을 흙에 심고, 잡초를 뽑고, 수확을 기대하면 재앙과도 같은 실패를 겪을 위험이 있었다. 그리고 농사에 실패한 이들은 아무런 보장이 없었다. 결국 세금을 내지 못하고, 집안이 결딴나고, 자녀를 매음굴이나 무용단에 돈을 받고 팔고, 걸인이 되어 길거리를 헤매는 처지가 되었다.

한 해를 시작하면서 농부는 어떤 품종을 심을지 먼저 결정해야 했는데, 여러 가지 선택지가 있었다.[56] 갖가지 판매용 종자목록마다 '노인'이나 '학공주' 같이 눈길을 끄는 이름이 붙은 여러 종자가 실려 있었다. 지난해의 수확량을 고려해 항상 흉작의 위험을 고려하면서 다양한 작물을 심는 게 최선이었다. 같은 이유로 벼와 다른 작물을 골고루 심는 게 현명한 방법이었다. "좋은" 밭에는 밀을, 그저 그런 밭에는 콩을, 다른 작물이 자라지 않는 밭에는 기장을, 높은 지대에는 메밀을 심을 것이 권장되었다. 일단 계획이 끝나면 성공이냐 실패냐는 시기 선택의 문제였다. 농부들은 종자를 얼마나 오랫동안 물에 담가놓아야 하는지, 언제밭 갈기를 시작할지, 모종을 언제 옮겨 심을지, 언제 논에 물을 댈지를 알아야 했다. 농사력農事曆과 설명서를 들여다보거나 구름을 살피고 흙을 만져볼 수 있었다.[57] 운이 좋게도, 글을 읽을 줄 아는 집안은 예전 일기를 뒤져보았다. 성공한 농민들은 좀처럼 운에 맡기는 일이 없었다.

하지만 쓰네노가 오시마에 온 1833년에는 아무리 계획을 잘 세워도 날씨를 이겨낼 수 없었다.[58] 장마가 예정대로 시작되어 옅은 안개가 끼고 폭우가 퍼부었고, 으레 그렇듯 들에 물이 범람했다. 하지만 안개가 걷히지 않았다. 농부들은 태양이 내리쬐는 뜨거운 여름이 와서 흙탕물 위로 초록 새싹이 솟아나기를 기다렸지만 헛된 바람이었다. 그 대신 비가 퍼부어서 연약한 어린 식물들이 한번에 며칠 동안 물에 잠겼다. 늦여름에는 기이한 눈 폭풍과 유례없이 때 이른 서리가 내렸다. 수확 철이 됐을 때 농부들은 벼의 3분의 1만 거둘 수 있었다. 쓰네노의 굶주린 이웃들은 산에 사는 사람들이라 바다를 본 적이 거의 없었는데, 해안까지 내려가 파도를 헤치면서 다시마를 뜯으려고 애를 썼다.

흉년이 한 번뿐이면 견딜 수 있었다. 사무라이 관리들은 세금 감면 청원을 들어주었고, 다이묘들은 사케를 양조하거나 곡물을 자기 영역 밖으로 반출하는 것을 금지했다. 소읍과 마을들은 쌀 창고를 열었고, 부유한 상인들은 이웃들에게 돈과 음식을 기부했다. 쓰네노의 새 가족은 돈과 영향력이 있었다. 아마 걸인에게 구호금을 주고 세금 감면 청원을 작성하는 것을 도왔을 것이다. 그런 다음 그들은 다음 파종기를 기다렸다. 조금 염려되었던

83

건 가난한 농민들이 돈을 먹거리에 다 써버리고 볍씨와 비료 구입용으로 남겨둔 게 거의 없었기 때문이다. 다행히도 1834년의 날씨는 따뜻하고 건조했다. 하지만 굶주린 농민들은 이미 모종을 일부 먹어버렸고, 가을도 오기 전에 기근이 닥칠 것처럼 보였다. 오시마 동쪽에 있는 마을들은 돈을 모아 서둘러 구호미를 사들였다. 선견지명이 있는 행동이었다. 수확량이 평년의 60퍼센트밖에 되지 않았다.

쓰네노는 오시마에서 두 번째 겨울을 나는 동안 이웃들이 분투하는 모습을 지켜보았다. 하지만 모두들 한 해만 풍년이 들면 기근 사태가 끝날 것이라고 생각했다. 농민들은 하늘을 살피고 날짜를 셈하면서 기다렸다. 계속 기다렸다. 1835년 봄은 날이 추웠고 눈이 늦게 녹았다. 농부들은 예년의 절반에도 못 미치는 쌀을 거두었고, 콩 수확이 너무 좋지 않아 미소된장도 담그지 못했다. 쓰네노와 가족들은 그래도 끼니를 굶지는 않았지만 밥을 짓는 게 어려워졌다. 쌀 한 되, 간장 한 종지가 소중했다. 가을에는 원래 큰 부농 집안은 겨울을 나기 위해 1,000개 가까운 무로 장아찌를 담갔는데, 이미 값이 올라 있었다. 새신부가 익숙하지 않은 부엌에서 일하다 보면 으레 실수를 하려니 넘어갈 수 있었지만, 쌀겨가 비싸고 미소된장을 구하기도 힘든 해에는 실수가 용납되지 않았다.

아주 운이 좋은 집에서나 전통적인 떡을 먹고 사케를 마실 수 있었던 1836년의 우울한 설날이 지나고 눈이 많이 내렸다. 오시마에서 3킬로미터 떨어진 미네 마을의 촌장은 허둥지둥 정신이 없었다.[59] 마을에 사는 가구의 절반 이상이 식량이 바닥이 났다. 산나물과 칡, 갈대, 줄[냇가에 자라는 벼목 여러해살이풀.- 옮긴이] 등을 뜯으려고 했지만 초봄에는 땅에 눈이 30센티미터 넘게 쌓여 있었고, 눈이 늦게 녹으면 굶어 죽기 전에 때맞춰 연한 이파리를 뜯을 수도 없었다. 아직 끼니를 굶지 않는 집에서도 남들에게 줄 것은 없었다. 파종기가 되어도 농민들이 전당포에 잡힌 농기구를 전부 찾아올 돈도 없을 터였다. 종자로 남겨 놓은 볍씨를 먹어 치우지 않더라도 농기구가 없어 심을 수가 없었다. 마을 사람의 절반이 굶어 죽을 지경이었다.

늦봄에 이르자 굶주린 농민들은 몸이 쇠약해져서 종자와 농기구가 있는 이들도 일을 할 수 없었다. 텅 빈 들에는 벌레들만 우글거렸다. 연말까지 오시마 인근의 다른 마을인 무로노에서는 80명이 굶어 죽었다.[60] 아찔한 숫자였다. 대개 몇백 명이 사는 농촌 마을에서 일어난 재앙이었다. 사망자 수는 마을마다 고르지 않았지만—일부 마을은 규모가 크고 비축해 놓은 식량이 있었고 다른 가난한 마을들은 더 취약했다—지역 전체로 보면 연간 사망자 수가 세 배 가까이 늘었다.[61] 무로노 촌장은 1836년 추수가 "역대 최악이었다"고 기록했다.[62]

쓰네노는 굶어 죽을 염려는 없었지만 그렇다고 아주 안전한 것도 아니었다. 남편인 야소에몬은 결혼생활 4년 동안 뭔가 바뀌기를, 날씨가 좋아지고 벼가 잘 자라기를 헛되이 기다리며 보냈다. 흉작은 그가 어찌할 도리가 없는 일이었다. 기근 시절에도 기회는 있었다—수중에 돈이 있으면 논밭과 산을 싸게 살 수 있었다. 하지만 그는 농부였고 쓰네노도 이제 농부의 아내였기에 어쨌든 부부는 땅에서 수확을 거둬야 했다. 남들은 더 심하게 고생을 한다는 사실이 작은 위안이었다. 가난한 농민들은 가족 전체가 논밭을 포기하고 오시마의 간선도로를 터벅터벅 걸었고, 산 깊은 마을들에서는 참혹한 이야기들이 흘러나왔다.

한편 린센지의 쓰네노 집은 허리띠를 졸라맬 수밖에 없었다. 기유는 나무가 300그루가 넘는 임야를 팔았고,[63] 돈을 빌린 지인에게 편지를 보내 빚을 갚을 수 없다고 사과했다.[64] 또한 오이시다에 사는 쓰네노의 전남편과 편지를 교환했는데, 그는 예전에 번창하던 읍내가 황폐해졌다는 소식을 전했다.[65] 모가미강이 범람해서 주택 17채가 떠내려갔고, 흉년이 이어지면서 교구민 가구 20곳 이상이 빈털터리 신세가 되었다. 사람들이 절망에 빠져서 읍내 근처에 있는 삼나무의 절반을 베어 냈다. 땔감으로 쓰거나 목재를 살 돈이 남은 사람들에게 팔기 위해서였다. 사람들의 고통을 목격한 기유는 불교의 기본적 가르침인 세상의 덧없음에 관해 생각하면서 기도에 전념했다. 그는 믿음에서 희망을 발견했다. 적어도 내세에는 모든 신자가 정토에 다시 태어날 수 있었으니까.

겨울이 가고 봄이 오는 가운데 모두가 산 자와—점차—죽은 자를 위해 기도했다. 일본 곳곳에서 훗날 덴포 대기근이라 불리게 된 사태가 정점에 달하면서 수십만의 사망자가 발생했다. 굶어 죽은 사람이 몇이고 쇠약해진 사람들을 덮친 전염병—티푸스와 이질—으로 죽은 사람이 몇인지 정확히 알기가 어려웠다.

에치고와 교토 사이의 산간 지방에서는 인구의 10퍼센트 이상이 사망했다.[66] 동북부 지방에서는 야만적인 소식이 전해졌다. 한 지역의 농민 절반이 사망하고 살아남은 일부가 식인에 의지했다는 것이었다. 믿을 만한 기록들도 사람들이 풀과 짚신을 뜯어먹고, 도로변에 뼈만 남은 주검이 뒹굴고, 무덤 파는 일꾼이 기력이 떨어져서 일을 계속할 수 없다는 소식을 전했다.[67]

1837년 여름, 풍년이 들 조짐이 보이는 가운데서도 오시마는 여전히 고통받고 있었다. 여러 집안이 풍비박산 난 해였는데, 단지 많은 이들이 굶주리고 병들고 죽었기 때문만은 아니었다. 가난한 집안은 한 입이라도 덜기 위해 며느리를 쫓아냈고,[68] 취약한 사람들은 종적을 감췄다.[69] 쓰네노의 시가는 가난하거나 살림이 빠듯하지 않았고, 남편 야소에몬은 형편이 팍팍하다고 4년을 같이 산 부인을 쫓아낼 만큼 절망적인 상태가 아니었다. 하지만 그 또한 어려운 결혼생활을 헤쳐나갈 의지는 없었다. 부부는 자식이 없었다. 야소에몬의 여동생 도시노는 겨우 열여덟이었는데 이미 1835년 서늘한 여름에 건강한 딸을 낳았다.[70] 하지만 서른셋인 쓰네노는 적어도 마을 기준으로는 이미 중년의 나이였다. 결혼 초에는 아이를 낳을 수 있으리라는 기대가 있었겠지만 그렇게 늦은 나이에 첫아이를 낳을 가능성은 무척 희박했다. 몇 달 동안 야소에몬이 비 오는 서늘한 들에서 땀 흘려 일하고도 손에 쥐여지는 게 없자 가족은 희망을 잃었다. 시절이 좋거나 사이가 좋은 부인이라면 야소에몬과 시부모는 대를 이을 아이를 입양하기로 마음먹었을지 모른다. 그런 일이 자주 있었다.[71] 하지만 1837

년의 섬뜩할 정도로 고요한 여름에 야소에몬은 손실을 줄이기로 결심했다.

기유는 작은아버지로부터 이혼 소식을 들었는데, 작은아버지는 쓰네노의 결혼을 이어준 중매에게서 이야기를 접했다.[72] 한창 모내기 중이던 야소에몬은 쓰네노의 물건을 전부 나중에 돌려주겠다고 말했다. 다음날 그는 직접 편지를 써서 보냈다. "특별히 나쁜 일은 없었지만 집안 일이 순조롭게 돌아가지 않는군요."[73]

기유는 전에 같은 이야기를 들은 적이 있었다. 거의 10년 전에 충격을 받은 임신한 아내와 이혼했을 때 자기가 한 말과 거의 똑같았다. 아마 쓰네노가 아이를 낳지 못한 게 문제였겠지만, 야소에몬은 눈치껏 그 이야기는 하지 않았다. 그는 심지어 전에 자기 집안에서 쓰네노의 혼수품을 사는 데 보태 준 금화 15냥도 기유가 가져도 된다고 했다.[74] 그가 쓰네노와 연을 끊을 수밖에 없었던 이유는 가난이 아니었다. 다른 문제, 그가 말하지 않은 어떤 일이 있었다. 기유가 사정을 알려고 했다면 누이동생한테 직접 들어야 했다. 하지만 기유는 때로 아무것도 묻지 않는 게 낫다는 걸 자기 경험을 통해 알았다.

쓰네노는 오시마를 떠나 황량하게 망가진 농촌을 가로지르면서 언덕을 내려왔다. 동네가 황폐해진 가운데서도 린센지는 쓰네노가 떠날 때와 크게 달라진 게 없었다. 물론 여동생 도시노가 시집을 갔고, 새언니 사노가 또 다른 걸음마쟁이를 쫓아다니고 있었다. 하지만 그해 절의 망자 명부에는 여느 때보다 더 많은 이름이 기록되었다. 네다섯 명이 아니라 열 명이었다.[75] 집안에 다른 압박의 징후들도 있었다. 쓰네노의 남동생 둘도 이혼을 했는데, 기린은 어쨌든 오이시다에서 집으로 오는 길을 찾아서 다시 가족의 환영을 받았다. 점점 기력이 쇠해지던 아버지는 쓰네노가 린센지에 돌아오고 몇 달 뒤인 초가을에 세상을 떴다.[76] 가족은 죽음을 애통해했고 기유는 앞일이 걱정이었다. 이제 그는 명목상으로만이 아니라 실질적인 가장이었고, 혼자서 책임을 짊어져야 했다. 흔히 그러하듯, 그는 글쓰기로 관심을 돌려 아버지의 죽음에 관한 서술을 고민거리의 목록으로 마무리했다. "올해 쓰네노하고 기린, 기센이 전부 이혼했다. 절은 힘겹게 애쓰는 중이고, 가난한 소작인들이 겨울을 나게 도와주어야 한다."[77]

가족의 걱정거리 가운데 얼마만큼이 기근 때문에 벌어진 것인지는 뚜렷하지 않았다. 에몬은 이미 늙고 병들었으며, 한 해에 셋이 이혼한 것은 수많은 이웃의 목숨을 앗아간 재앙보다는 에몬 일가의 특이한 점과 더 관계가 많았을 것이다. 지금 더 중요한 문제는 어떻게 헤쳐나갈까 하는 것이었다.

✳

쓰네노의 세 번째 새 출발은 아무도 상상하지 못할 정도로 일찍 찾아왔다. 집에 돌아오고 불과 몇 달 뒤, 기유는 남편감 넷으로부터 제안을 받았다.[78] 유명한 절과 손을 잡는 것은 매력적인 일임이 분명했고, 쓰네노가 애를 낳을 수 있는지에 관한 의문은 큰 문제가 되지 않았다. 쓰네노의 어머니는 기유와 의논하여 다시 농부를 쓰네노의 남편감으로 골랐다. 이번에는 다카다 성읍 근처 넓은 평야에 있는 마을 사람이었다. 지역 전체가 산간 지방보다 잘 살았고, 사케와 담배, 마른오징어, 짚신을 파는 잡화점이 있었다.[79] 몇 집에는 물레방아도 있었다. 호시절에는 동네 사람들한테 돈을 받고 쌀을 도정하게 빌려주었다.

처음에는 쓰네노도 재혼하겠다고 했다.[80] 하지만 이제 나이가 서른넷이었다. 어떤 일이 기다리고 있는지도 잘 모르면서 오이시다까지 먼 길을 나선 열두 살짜리가 아니었다. 가족의 뜻을 따랐다가 결국 두 번이나 같은 신세가 되었다. 이혼장이 날아오고 다시 결혼 계획을 짜는 신세였다. 이번에는 쓰네노가 짝을 고를 생각이었다. 약혼이 정해지고 일주일 정도 뒤에 작은아버지가 절에 들렀다. 마침 기유와 어머니가 둘 다 외출 중이었고, 쓰네노는 자기 운명을 바꿀 기회를 움켜쥐었다. 작은아버지에게 농부와 결혼하고 싶지 않다고 말했다. 다른 남편감인 승려가 훨씬 마음에 들었다.

쓰네노가 약혼을 취소할 속셈이었다면 성공한 셈이었다. 하지만 어떤 이유로 쓰네노는 결국 자기가 좋다고 한 승려와 결혼을 하지 않았다. 두 달 만에 기유는 다섯 번째 남편감으로 다카다의 남자를 찾아냈고, 완전히 새로운 배우자를 권했다.[81] 쓰네노도 동의했다. 그 시점에서는 아마 선택의 여지가 없었을 것이다.

기유는 다시 혼례식을 준비했다. 이번에는 굶주린 농부 스물세 명이 절에 몰려와서 사케 9리터를 들이마셨다. 고래고기 900그램에 두부 여덟 판까지 무장아찌를 곁들여 먹어 치웠다. 린센지는 많은 손님을 맞을 준비를 했다. 사노는 일반 사케를 따를 국그릇과 거르지 않은 탁한 사케를 따를 밥그릇을 준비했다. 재주가 좋은 안주인이었다. 주지의 부인으로서 원래 하던 일이었다. 하지만 며칠 뒤에 열린 본 혼례 잔치는 소박했다. 쓰네노와 기유, 중개인들, 하인 몇 명만이 참석했다. 일행은 다카다까지 짧은 거리를 걸어가면서 몇 차례 멈춰 서서 길가에 있는 사람들에게 사케를 나눠주었다. 여자들이 머리를 매만지기 위해서도 한 차례 멈췄다. 쓰네노를 남편에게 넘겨주려고 도착할 무렵이면 머리도 예쁘게 올리고 아마 약간 취했을 것이다. 고생했다고 금전 몇 푼을 받은 하인들은 또다시 결혼을 축하하는 게 언제나 즐거웠지만 기유는 이번이 마지막이기를 바랐다.

쓰네노의 세 번째 남편은 다카다의 나머지 지역과 좁은 강을 사이에 둔 변두리 동네인 이나다마치에 살았다.[82] 하지만 쓰네노가 살아본 집 중에 제일 세련된 곳이었다. 시골과 달리 성읍에는 목욕탕과 미장원, 심지어 극장도 있었다. 한겨울에 마을 사람들이 해동을 기다리면서 꾸벅꾸벅 조는 동안 다카다는 활기가 느껴졌다.[83] 가게들이 여전히 문을 열었고, 사람들은 눈을 밀어서 미로처럼 만든 길을 통해 종종걸음으로 여기저기 돌아다녔다. 산이나 별은 볼 수 없었다. 봄은 뿌연 빛 아래서 몇 달을 보낸 끝에 갑자기 햇볕이 눈부시게 쏟아지는 계절이었다. 그동안에 사람들은 누비옷을 꽁꽁 싸매고 추위는 아랑곳하지 않는다는 듯이 과감하게 외출했다.

하지만 쓰네노는 집 안에 갇혀 있었다. 결혼을 하고 6주도 되지 않아서 눈병이 생겨서 일상생활을 할 수 없었다.[84] 친정에서는 선물을 보내왔다. 미소된장 한 상자, 장아찌 몇 개, 쌀과자 등이었다. 배달부는 팥과 함께 쓰네노가 너무 아파서 자기가 무엇을 보내는지도 모른다는 괴로운 소식을 전했다. 몇 주 뒤 기유가 수고비를 건네려고 찾아왔을 때 중매인이 쓰네노가 괜찮은 건지 우려를 나타냈다. 기유는 걱정이 된 나머지 다카다로 달려가서 쓰네노의 남편에게 사케를 선물로 주고 결국 그날 밤을 보냈다. 며칠 뒤 쓰네노가 나아져 친정에 올 수 있었지만 가족은 계속 걱정이 되어 담요와 돈을 보내주었다.

결국 쓰네노의 세 번째 결혼은 앞이 보이지 않아 폐소 공포증에 시달리는 가운데 넉 달 만에 끝이 났다. 마지막 눈이 녹기 전에 이혼을 당했다. 한 해에 두 번째로 마을 남자들이 쓰네노의 가구를 집으로 가지고 왔다.

*

1838년의 나머지 몇 달과 1839년까지 쓰네노는 내내 절망에 빠져 있었다. 다카다에서 걸린 병이 전혀 낫지 않았고, 신체뿐만 아니라 마음과도 관련이 있는 듯했다. 훗날 쓰네노는 그때 죽을 작정이었다고 말한다.[85] 기유는 병에 걸린 게 쓰네노의 개인적 결함 때문이라고 여겼다. "그 애는 결혼을 했는데 이기심 때문에 결혼에 실패했고, 이혼당한 직후에 건강이 나빠졌다."[86] 기유는 여동생이 쇠약한 것을 두고 보지 못했다. 부인 사노가 여름이 끝날 때쯤 아이를 낳을 예정이었고, 집에 빈방이 없었다. 기유는 쓰네노를 멀리 보내버리려는 궁리를 하기 시작했다. 어딘가 집안일을 해줘야 하는 홀아비가 있을 테고, 그런 사람이라면 불운한 과거를 가진 나이 든 신부도 개의치 않을 것이었다.[87]

홋날 쓰네노는 편지에서 이렇게 말한다. "내가 집에 계속 살았더라면 식구들이 나를 홀아비한테 시집가라고 또 다른 끔찍한 곳으로 보내는 문제를 이야기했을 거예요. 나는 어머니와 오빠 말을 거역하기가 무서웠지만, 그래도 홀아비하고 결혼하고 싶지는 않았어요. 내가 바라지 않는 일을 강요받고 있었지요." 쓰네노는 문제를 일으키고 싶지 않았고, 어머니와 오빠가 자신의 행동거지를 참지 못한다는 걸 알았다. "용납할 수 없는 내 행실 때문에 가족의 인내심이 한계에 다다른 걸 알았어요." 쓰네노는 이미 세 번이나 결혼에 실패했고, 이렇게 거역을 하면 오빠의 깔보는 마음이 더 굳어지기만 할 터였다. 하지만 또다시 결혼할 수는 없었다. 지금이야말로 용기를 내야 했다. "그때 용감해지지 않았다면 내가 어떻게 해도 결국 불쾌한 상황에 빠졌을 거예요."[88]

쓰네노는 모든 혼담을 거절했다. 나중에 그녀는 쇠로 보강한 나무문처럼 버텼다고 그때 일을 설명했다.[89] 비유를 구사한 드문 사례 가운데 하나다. 쓰네노는 언제나 글자 그대로 설명하는 데 만족했다. 그런데 문의 이미지가 매력적으로 느껴졌던 게 분명하다. 문은 평범한 물건이지만 보이는 것보다 훨씬 강하고 몇 번을 두드려도 깨지지 않는다. 부딪히고 세게 닫아서 우그러져도 몇 년이고 멀쩡했다. 하지만 결국 심하게 비틀어져서 열리지 않게 되는 때가 오게 마련이다.

다른 방도가 있어야 했다. 쓰네노가 직접 제안을 할 수 있었다. 다른 선택지가 있으면 남은 평생 동안 안 하겠다는 말만 하면서 보내지 않아도 되었다.

에도로 갈 수 있었다.

여러 해 전부터 쓰네노는 에도로 가고 싶다고 부모님께 말했지만 부모는 들으려 하지 않았다.[90] 작은아버지와 다카다에서 의사로 일하는 좋아하는 오빠 고토쿠에게도 이야기했지만 그들도 귀담아듣지 않았다.[91] 친구들과 가까운 남에게도 이야기했다. 결국 군에 사는 모든 사람이 알게 된 것 같았지만 그래도 에도에 갈 방법을 찾을 수 없었다. 여자 혼자서 에도까지 가는 경우는 없었다. 쓰네노는 배달업체를 통해 동행자를 살 수 있다고 생각했지만 그러려면 돈도 필요하고 도망칠 기회도 잡아야 했다.

1839년 늦가을, 쓰네노는 기유와 어머니에게 고토쿠 오빠네를 가보고 그 김에 고즈케국上野国(지금의 군마현에 해당)에 있는 온천에 가고 싶다고 말했다.[92] 편리하게도 에도로 가는 방향에 있는 곳이었다. 온천을 하면 눈이 좋아질 것이라고 핑계를 댔다. 꼼꼼하게 짐을 싸면서 주로 늦가을 여행에서 입기 좋은 새 옷을 골랐다. 혼수품으로 가지고 있던 많은 물건을 이시가미 바로 옆의 이무로 마을에 사는 남자에게 팔았고,[93] 거기 사는 작은아버지에게 금화 석 냥을 맡겼다.[94] 작은아버지를 믿었다. 그러고는 기다란 검정색 외투를 챙겨 입고 다카다를 향해 길을 나섰다.

고토쿠의 집에는 가지 않았다. 그 대신 다카다의 상업 지구 중심부를 흐르는 작은 천에 걸쳐 있는 시모고마치 다리에 멈춰 섰다. 거기서 지칸이라는 젊은 남자를 만나기로 되어 있었다. 인근 마을 절에서 일하는 하급 승려로 이미 아는 사이였다—쓰네노 가족은 군 전역의 절에 친구와 지인들이 있었는데, 그가 며칠 전에 린센지를 찾아왔었다.[95] 당시 쓰네노는 에도에 가고 싶다고 말했다.[96] 남자는 아버지 형제 셋을 포함해 에도에 친척이 있다고 대꾸했다. 그 사람들이 쓰네노를 받아줄 것이었다. 어쩌면 자기가 쓰네노와 같이 에도로 갈 수도 있었다.

지칸은 다리에서 쓰네노에게 숙모와 함께 에도로 가려던 참이었다고 말했다.[97] 쓰네노도 에도로 갈 생각이었지만 그렇게 빨리 갈 예정은 아니었다. 원래 배달업체를 통해 동행자를 구할 생각이었다. 지칸이 그럴 필요 없다고 잘라 말했다. 그럴 필요가 뭐 있느냐면서 자기가 동행자가 되겠다는 것이었다. 문제가 생길 게 없다면서. 물론 에도까지 가려면 돈이 필요하겠지만 가지고 온 옷가지를 전당포에 맡기면 충분할 터였다.

쓰네노는 선택지를 놓고 머리를 굴렸다. 지칸을 믿지 않을 이유는 없었다. 어쨌든 그는 다른 국에서 온 모르는 사람이 아니었고, 자기와 마찬가지로 절 집안 출신이었다. 지칸은 쓰네노가 여동생이라도 되는 양 살갑게 이야기를 했다. 그는 숙모와 다니는 중이었고, 에도에 친척이 있다고 했다. 길을 아는 동행과 에도에 가면 머무를 곳도 생긴 셈이었다.

그때가 10월 첫날이어서 이미 산 뒤로 바람이 거세지고 있었다. 곧 첫눈이 내리고 다시 잿빛 겨울이 올 터였다. 몇 주 지나면 도로가 파묻힌다. 자기가 길을 나서도 누구든 뒤따라올 염려가 없었다. 반대로 집으로 돌아가기도 불가능할 것이었다.

남쪽으로 몇 블록 떨어진 곳에는 오빠 고토쿠가 부인, 가족과 함께 금방이라도 동생이 오기를 기다리고 있었다. 서쪽에 있는 린센지에는 어머니와 새언니 사노와 그 자식들, 끝없이 이어지는 혼담, 견딜 수 없어진 생활이 있었다. 주변에는 다카다의 여관과 가게들이 있었다. 짐 나르는 말과 여행자들이 다리를 건넜다. 모두들 어딘가 갈 곳이 있었다. 그들 너머에는 동북부 시골이, 자기가 반평생을 보낸 들과 산이 펼쳐져 있었다. 캄캄한 밤과 눈에 반사되는 눈부신 햇빛, 말리려고 걸어놓은 거대한 무 같이 굵은 고드름으로 둘러싸인 35년의 세월이. 이제 얼마나 많은 세월이 남아 있을까?

서남쪽에는 에도가, 바로 앞에는 답을 기다리는 남자가 있었다. 지금, 모든 걸 남겨 놓고 떠날까? 쓰네노는 다리 위에 서서 남자를 바라보았다.

문이 활짝 열렸다.

가요. 쓰네노가 말했다.

3. 에도로

처음에는 집을 떠나려고 궁리하는 과정이 일상적인 평범한 일들의 연속인 것 같았다.[1] 바깥에서 보면 어떤 여자든 평범한 날에 하는 일종의 심부름처럼 보였다. 하지만 쓰네노는 각각의 행동이 작은 배신임을 알았다. 이 행동들은 합쳐져서 다시는 되돌릴 수 없는 결정이 될 것이었다.

처음에 쓰네노는 재빨리 다카다까지 가지고 간 모든 물건의 목록을 만들었다. 줄무늬 명주 크레이프천과 면으로 된 누빔 겉옷, 진홍색 크레이프천에 갈색 조각보로 만든 안감 있는 중간 속옷, 조각보 속옷, 긴 겨울 외투, 반짝거리는 비단으로 만든 안감 없는 겉옷, 거울, 머리핀 한 상자, 문양 있는 손수건 한 세트 등이었다. 쓰네노는 안감 없는 겉옷에 검정색 외투를 입고 있었다. 이 옷은 챙겨야 했다. 긴 여정에 따뜻하게 입어야 하니까. 나머지는 처분해도 되었다. 꾸러미를 싸서 지칸에게 건넸다. 지칸이 전당포에 가져가서 돈으로 바꿔올 중개인을 구해놓은 상태였다.

쓰네노는 옷가지를 내주는 게 싫었다. 옷이 자기 정체성—
따뜻한 누빔 겉옷에 단정하게 핀을 꽂은 승려의 딸—을 확인해
주기 때문만은 아니었다. 이 옷들은 오랜 시간 동안 머리를 굴려
가며 꾸준히 일해서 자기가 만들어 낸 것이었다. 기유는 전부터
항상 쓰네노가 자기 물건에 지나치게 집착한다고 생각했다.[2] 두
사람은 쓰네노가 첫 번째 남편을 위해 만든 겉옷을 놓고 크게 다
툰 적도 있었다. 기유가 그 옷을 사려고 했었는데—매제에게 돈
을 주었다—쓰네노가 옷을 돌려주라고 말하자 믿을 수가 없었다.
쓰네노는 고집을 꺾지 않았다. "그건 내 솜씨로 만든 거예요." 기
유는 혼잣말을 끼적거렸다. "웃기는 애군." 뜻대로 일이 풀리지
않을 때면 으레 그렇듯 글쓰기에서 출구를 찾았다.

이제 10년이 흐르고 세 번의 이혼을 거친 뒤, 쓰네노는 옷
가지와 거울, 머리핀을 모르는 사람들과 거래하기 위해 내놓았
다. 그녀는 전당포 주인이 옷에 값을 매기는 걸 지켜보지 않았고,
주인도 누가 그 옷을 바느질하고 뜯어냈는지, 어디서 마지막으로
입었는지, 어떻게 해서 자기 손에 들어왔는지 신경 쓰지 않았다.
주인은 누가 어떤 목적으로 돈이 필요한지 묻지 않았다. 전당포
주인들은 질문을 하는 법이 없었다. 그냥 옷을 받고 돈과 영수증
을 내주었다.

쓰네노도 전당포에 관해 어느 정도 알았다. 남자 형제들이
돈을 쓰기 위해 물건을 잡히는 습관이 있었기 때문이다. 남동생
하나가 언젠가 기유의 은 담뱃대와 쓰네노가 오이시다에서 보낸

작은 가방, 아이러니하게도 공자의 오경을 비롯한 서재에 있는 책 몇십 권을 전당포에 잡혀서 큰 문제를 일으킨 적이 있었다.[3]

　　마을 여자들도 전당포를 이용했지만 사기를 당하지 않기 위해 각별히 조심해야 했다. 오시마 마을의 도와라는 여자애에 관한 유명한 이야기가 이를 잘 보여주었다.[4] 도와의 아버지는 마을에서 제일가는 부자였는데, 연줄을 총동원해서 다카다에서 유명한 상인의 아들에게 딸을 시집보내려고 했다. 잘 맞는 짝이었고, 농부 집안에서 할 수 있는 최선을 다해서 한껏 꾸며서 도와를 보냈다. 하지만 이내 도와는 혼수품으로 가져간 비단과 면 겉옷이 자기 마을에서는 그토록 인상적이었지만 다카다에서는 촌스럽고 구식으로 취급받는다는 걸 깨달았다. 열세 살 나이에 갓 결혼해서 집에서 멀리 떠나온 도와는 필사적으로 어울리려고 했다. 그래서 옷가지 몇 개를 헌 옷 업자에게 팔고 남는 돈으로 더 좋은 옷을 사려고 마음먹었다. 업자와 그의 어머니는 겁먹고 어색해하는 여자애를 꿰뚫어 보고 손쉬운 표적임을 알아챘다. 그들은 도와에게 약속한 돈을 다 내주지 않았고, 도와는 결국 빚을 진 채 새 옷을 사러 가게에 갔다. 남편과 시부모가 그 사실을 알고는 곧바로 이혼장과 함께 도와를 고향 마을로 돌려보냈다. 몰래 물건을 팔 만큼 교활하고 사기를 당할 만큼 멍청한 신부를 누가 믿을수 있었겠는가? 마침내 도와의 아버지가 에도까지 가서 헌 옷 업자를 법의 심판대에 올렸다. 도와의 가족은 모욕을 당했고, 도와는 다시는 그렇게 좋은 결혼을 할 가망이 없었다.

　　쓰네노는 누구나 그렇듯 사기당하기가 얼마나 쉬운지, 한 번의 그릇된 선택으로 여자가 어떻게 신세를 망칠 수 있는지 알았어야 했다. 그녀는 분명 옷이 사람을 어떻게 만들어 줄 수 있는지를 알았고, 옷이 없어지면 결혼과 정체성과 삶까지 순식간에 잡아먹힐 수 있음을 깨달았어야 했다. 하지만 이미 떠나기로 마음을 굳힌 상태에서 옷가지를 전당포에 잡히는 것은 그 대가였다.

전당포에 갔던 중개인이 전표와 금화 석 냥을 가지고 돌아왔다. 지칸이 돈을 챙기고—여비라고 말했다—중개인이 전표를 보관했다. 쓰네노는 목록만 기억한 채 빈털터리가 되었다. 갈색 조각보, 진홍색 크레이프천, 머리핀. 가을이 겨울로 바뀌는 동안 날마다 끊임없이 되뇌는 방정식의 시작이었다. 이것들이 쓰네노가 잃어버린 물건이었다. 이것이 그 물건들의 값이었다. 이것이 쓰네노가 치른 값이었다.

다카다를 떠나기 전에 쓰네노는 작은아버지에게 편지를 썼다. 작은아버지가 금화 석 냥을 보관하고 있었는데—먼저 판 물건 값—곧바로 전당포로 가면 이자가 붙기 전에 자기 물건을 찾을 수 있었다. 쓰네노는 자기 이야기를 풀어놓았다. 나중에 다른 사람들에게 편지를 쓰면서 세부적인 내용을 수정하게 되는 초안이었다. 몸이 좋지 않아서 다카다에서 만난 남자 다섯, 여자 여덟 명과 함께 온천에 가려고 한다고 썼다. 오랜 친구인 지칸도 그중 하나인데, 지칸이 여비가 없다고 해서 자기 옷과 머리핀, 거울을 전당포에 맡겼다고. 이렇게 거래하게 된 사정을 설명한 끝에 쓰네노는 언뜻 생각난 것처럼 한 마디 덧붙였다. "그런데 모두한테 몇 번이고 얘기한 것처럼 기회만 생기면 정말로 에도에 가고 싶습니다. 그래서 결국 거기에 가게 되면 곧바로 다시 편지할게요. 에도로 가는 사람들이 있는데 다들 정말 좋은 사람들이니까 제 걱정은 하지 마세요."[5]

물건을 모조리 전당포에 맡기고 모르는 남자와 떠나기로 한 결정을 용서받기를 기대하는 듯이, 쓰네노는 복잡한 한자로 자신만만하게 편지를 썼다. 작은아버지가 자기 돈을 찾아 곧바로 전당포로 가서 물건을 찾아올 것이라고 철석같이 믿었던 듯이. 모든 사람이 친절하고, 자기가 한 계산이 모두 정확하며, 모든 손실을 만회할 수 있다는 듯이. 쓰네노는 자기 계산이 아직 진행 중이고 결국 방정식이 균형이 맞지 않게 될지도 모른다고 의심했을지도 모른다. 하지만 당분간은 발설하지 않았다. 나중에 더 편지를 보낼 시간이 있을 테니까.

*

쓰네노와 지칸은 익숙한 길을 따라 다카다를 떠났다. 시골로 다시 돌아가더라도 같은 길로 갔을 것이다. 처음에는 보통의 하루와 같았다. 석등이 점점이 서 있는 널찍한 길은 다카다 남쪽 산맥으로 이어져서 묘코산 쪽으로 치달았다. 쓰네노의 어린 시절에 지평선에 보이던 가장 멀고 높은 봉우리였다. 산기슭에는 아카쿠라라는 작은 온천 마을이 있었는데, 쓰네노와 지칸은 거기서 며칠 머물면서 나머지 여정을 준비했다. 그곳에서 쓰네노는 작은아버지에게 다시 편지를 썼는데, 이번에는 반듯하게 쓴 글씨였다.[6] 나중에 쓰네노는 지칸이 어깨 너머로 지켜보면서 편지 내용을 불러주었다고 주장한다.[7] 편지는 같은 이야기를 형식만 다르게 한 내용이었는데 한 가지 차이가 있었다. 그녀는 이제 에도로 간다고 분명하게 말하면서 지칸의 친척 집에서 지낼 생각이라고 밝혔다. 편지를 부치면서 "아카쿠라에서 쓰네노 드림"이라고 겉봉을 쓰고는 다시 길에 올랐다.

아카쿠라는 번주나 막부가 고용한 사무라이 경비대가 여행자를 검문하는 많은 검문소 가운데 하나인 세키카와關川 관문에서 걸어서 금방이었다.[8] 도쿠가와 막부가 아직 허약한 태평太平 시대에 위협이 될 만한 사람들의 이동을 감시하기 위해 17세기에 세운 보안 기구의 일부였다. 세키카와는 왕국에서 가장 중요한 관문으로 손꼽혔다. 홋코쿠카이도가 에도로 방향을 트는 지점 바로 바깥에 자리한 곳이었기 때문이다. 동해 연안에서 반란을 계획하는 다이묘라면 누구든 병력을 세키카와로 통과시킬 테고, 에도에 인질로 살고 있는 다이묘의 여자들은 안전하게 고향 지방으로 도망치기 위해 반대 방향으로 통과하는 곳이었다. 따라서 세키카와 경비대는 통행증이 없는 여자들은 받아주지 않았고, 필요한 서류를 갖춘 이들도 꼼꼼하게 조사했다.

쓰네노에게는 통과하기 위한 좋은 변명거리가 있었다. 요양 때문에 온천에 가는 중이라는 게 구실이었는데, 그 정도면 다카다에서 행정관들에게 통행증을 받기에 충분했다.[9] 하지만 관문을 통과하는 것은 언제나 쉽지 않았다. 통행증이 있어도 쓰네노는 억류되거나 뇌물을 바치라는 요구를 받을 수 있었다. 그리고 지칸에게 어떻게 설명해야 했을까? 무장한 경비대와 관문을 우회하면 잡힐 가능성이 별로 없다는 걸 안 까닭에 그런 선택을 한 수많은 여자들이 닦아놓은 눈에 띄지 않는 길로 가는 게 더 쉬웠다.[10] 개구멍을 기어서 갈 생각만 있다면 관문을 통과하는 길이 있었고,[11] 밤에 경비병의 눈을 피해 관문을 통과할 수 있었다. 아니면 쇼군의 대로를 벗어나 산기슭을 지나는 길을 따라 걸으며 논과 숲을 통과하고, 풀밭을 가로지르고, 걸핏하면 화를 내고 의심 많은 농민들이 사는 마을을 관통할 수도 있었다. 어느 쪽이든 길잡이가 필요했고 최소한 엽전 몇십 문은 쥐여주어야 했다.[12] 또 다른 위험이었고, 계산에 포함시켜야 하는 또 다른 비용이었다.

다시 대로에 올라선 쓰네노와 지칸은 같은 방향으로, 그러니까 산을 넘어 수도로 향하는 다른 남녀들과 합류했다. 몇몇은 젠코지善光寺가 목적지였다. 수많은 순례자들이 모여드는 화려한 사찰이었다. 다른 이들은 기근 때문에 고향을 등진 최후의 필사적인 피란민이었다. 일상적인 여행자들과 계절에 따라 이동하는 사람들도 있었다. 가을에 떠났다가 봄에 돌아오는 에치고의 농민들이었다. 에도 사람들은 그들을 찌르레기라고 불렀다.[13] 칙칙하고 시끄럽고 굶주린 사람들이 겨울이면 에도로 몰려왔기 때문이다. 많은 이들이 하인으로 일했다. 몇 달간 주인집에서 주거와 식사를 신세지고는 금전 몇 푼을 손에 쥐고 고향으로 돌아갔다. 다른 이들, 그러니까 거칠고 억센 남자들은 목욕탕에 일자리를 구했다. 물을 나르고 불을 때는 일이었다. 아니면 쌀을 도정하는 일을 했는데, 거대한 절구에 벼를 빻는 힘이 많이 드는 일이었다.

도시 사람들은 에치고에서 처음 온 이들은 워낙 튼튼하고 순진해서 대로를 따라 에도까지 자기 돌절구를 끌고 온다고 농담을 했다.[14]

쓰네노와 지칸은 역참으로 연결된 길을 따라갔다. 여관이 정답게 줄지어 서서 창호지를 바른 창에서 빛이 새어 나오는 곳, 험하고 반쯤 버려진 곳, 야한 옷을 입은 여자들이 거리에서 줄지어 서서 남자의 소매를 잡아당기는 곳, 지평선이 쭉 뻗어서 에치고 쪽을 돌아볼 수 있는 곳 등이 있었다. 아직 많이 춥지는 않았지만, 밤은 길었다. 지칸이 방값을 내고 먹거리를 사고 조리도구와 침구를 빌렸다. 홋코쿠카이도가 에도까지 이어지는 나카센도中山道로 바뀌었고 돈은 꾸준히 줄어들었다.

같이 가던 나머지 일행이 떠난 뒤 길가 어딘가, 빌린 요나 지저분한 다다미나 차가운 바닥에서, 같이 쓰는 담요나 나뭇가지로 엮은 지붕 밑에서, 아직 이른 아침이라 조용한 가운데, 또는 밤늦은 잔치의 술 취한 음악 소리가 울려 퍼지는 가운데 쓰네노는 돈으로 값을 따질 수 없는 손해를 입었다. 이름 붙이기 어려운 일이었고, 자세한 내용을 기억할 필요도 없었다. 편지 말미에 무심코 덧붙일 수 없었고, 어쨌든 쉽게 잊을 수 없는 일이었다. 나중에 그 사건을 설명할 때 쓰네노는 자신이 잘 아는 결혼에 관한 어휘를 사용하면서 모호하게 이야기했다. 작은아버지에게 말했다. "도중에 지칸이 이렇게 말하더군요. '알다시피 에도에 친척들이 있는데 당신을 내치지는 않을 거예요—나하고 결혼하는 게 어때요?' 저는 거절하려고 했지만 우리는 여행 중이었어요. 그리

104

고 그이가 여자 혼자 길을 가면 어떤 일이 생길지 이야기하더군요. 진짜 경고를 하는 건 아니고 저를 놀리는 거였어요. 우리하고 같이 가던 사람들은 그때쯤이면 이미 떠난 상태라 달리 선택의 여지가 없었습니다. 그이가 하자는 대로 했습니다."[15] 편지를 쓰면서 쓰네노는 한층 더 신중을 기했다. 지칸이 "불순한 의도"를 품었다고 암시하면서 자기도 그를 그릇되게 믿었다고 한탄했다. "어쨌든 그이는 다른 지방 출신의 모르는 사람이 아니었으니까요."[16] 하지만 결국 "저는 그렇게 끔찍한 짓을 하려는 생각이 추호도 없었는데, 지칸이 저를 부인으로 삼으려고 책략을 꾸민 겁니다."

쓰네노는 정확히 이름 붙일 수 없는 고통 주변을 맴돌았다. 그녀에게는 스스로 통제할 수 없는 상황에서 자신이 택하지 않은 남자와 한 성관계를 설명할 단어가 없었다. 법적 정의를 따르자면 강간이 아닐 수도 있었다.[17] 쇼군의 법률은 강간을 물리력과 동일시했는데, 지칸의 무기는 언어였기 때문이다. 지칸이 한 짓은 익숙하고 용인할 만한 폭력, 그러니까 모든 중매결혼의 심장부에 자리한 것과 똑같은 가정과 권리 행사였다. 쓰네노가 에치고를 떠난 것은 다름 아니라 그런 짓을 피하기 위한 시도였다. 쓰네노는 또 재혼을 하느니 차라리 죽어버리겠다고 몇 번이고 다짐했었다. 하지만 지칸과 성관계를 하느냐, 아니면 길 위에 혼자 남는 불확실한 상황에 빠지느냐 선택의 기로에 서자 쓰네노는 계속 나아가기로 마음먹었다.

언뜻 보면 쓰네노가 변덕스럽게 행동한 것—반기를 들다가 이내 묵인하는 것—을 이해하기 어렵지만, 결국 모두 똑같은 계산의 일부였다. 어떤 위험은 받아들일 만했고 다른 위험은 그럴 수 없었다. 유일한 목표는 어떤 변화의 희망이 담긴 삶으로 나아가는 것이었다. 인적 드문 작은 마을에서 죽어가는 늙은 남자 밑에 산 채로 묻히는 일이 없는 삶으로.

하지만 비록 쓰네노가 그 순간을 넘긴다 할지라도 지칸이 한 행동에는 언제나 장기적인 대가가 따를 것이었다. 쓰네노는 모르는 남자와 도망을 쳤지만 만약 그를 친척이라고, 아마 오빠뻘이라고 여긴다고 주장한다면 형제들이 용서를 해주었을 것이다. 그리고 지칸이 그에 걸맞게 행동했더라면 쓰네노의 형제들도 그를 동료 승려로, 그러니까 적절한 동행자로 찾을 수 있는 가장 가까운 사람으로 인정해 주었을 것이다. 하지만 애인과 도망치는 것은 다른 종류의 저항이었고 쉽게 해명할 수 없는 일이었다. 지칸이 한 짓이 무조건 강간이 되지는 않았겠지만, 쓰네노가 그와 관계를 가진 것은 분명 간통이었다. 막부는 여자가 가장의 승인을 받지 않고 성관계를 갖는 것을 간통으로 규정했다. 엄밀히 말해서 이는 범죄였고, 막부는 쓰네노에게 추방의 벌을 내릴 수 있었다. 신고할 사람이 없었기 때문에 그럴 일은 없었지만 그보다 더 가능성이 높은 결과는 기유가 화를 내는 것이었다. 그는 동생의 행동이 집안의 평판에 누를 끼친다고 볼 터였다. 이미 동생 때문에 창피를 본 집안으로서는 또 다른 오점이었다.

쓰네노 입장에서 지칸이 한 짓은 자기가 그릇된 판단을 했다는 사실을 지속적으로 상기시키는 일이었다. 쓰네노는 믿음직스럽지 않은 사람을 믿은 셈이었다. 아마 이로써 기유의 생각이 옳았음이 입증됐는지 모른다. 쓰네노가 자기 뜻대로 하게 내버려 두어서는 안 된다는 생각 말이다. 쓰네노는 결혼을 해서 안전하게 누군가의 보호를 받으면서 에치고의 한쪽 구석에 처박혀 살아야 했다. 자기 자신과 가족에 해를 끼치지 않기 위해서라도. 대체로 여자는 약한 존재였고, 특별히 멍청하지 않은 여자라도 세상에 관해서 아는 게 하나도 없었다. 여자들이 소박하게 짜는 계획과 계산은 길 위의 혼란과 남자들의 예리한 머리에 비하면 아무것도 아니었다. 근심 걱정 없이 보호를 받던 승려의 딸이 에도 같은 도시에서 어떻게 헤쳐나갈 수 있었겠는가? 더군다나 단지 억양이 비슷하다고 무턱대고 남을 믿을 정도로 순진한 여자가? 쓰네노는 무슨 생각을 했던 걸까? 오랫동안 이 질문이 그녀의 머릿속을 맴돌게 된다. 쓰네노는 계속해서 답을, 아니 변명이나 이야기를 찾으려고 노력한다.

에도로 가는 길에 나카센도를 따라 펼쳐진 마지막 풍경 가운데 커다란 팽나무 한 그루가 보였다.[18] 이파리 끝이 노랗게 물들고 있었다. 나무 앞 표지판에 "연을 끊는 나무"라는 설명이 있었고, 옆에 있는 신사에는 작은 공양물과 소원을 적은 종이가 높이 쌓여 있었다. 전하는 이야기에 따르면, 관계에서 벗어나고 싶은 사람은 나무껍질을 한 조각 벗겨서 뜨거운 물에 담근 다음 이상한 낌새를 전혀 모르는 배우자에게 우러난 물을 먹인다. 그러면 마치 마법처럼 인연이 느슨해지고 단단하게 짜인 운명이 풀린다고 했다. 앞에 펼쳐진 길은 엉킨 게 풀린 명주실처럼 곧고 분명하게 쭉 뻗을 터였다.

　아마 쓰네노도 나무 앞에 멈춰 서서 나무껍질 한 조각을 소매에 넣었거나 엽전 몇 문을 올려놓았을지 모른다. 어쩌면 이미 끊은 연, 자신이 남기고 떠난 세 남편과 다시 보지 못할지도 모르는 가족을 기억하면서 신사를 돌아보았을 테지. 지칸에 대한 원한은 나중에 두 사람의 이야기의 끝을 보았을 때 커졌을 수도 있다.

　쓰네노는 자신의 과거를 어떻게 해석할지 마음을 정할 수 없었다. 감정을 숨길 이유가 있었고, 자신의 기억은 믿을 만한 길잡이가 아니었다. 쓰네노가 어떤 길을 갔는지는 알 도리가 없다. 숱하게 많은 선택지가, 둘러 가는 길과 마음을 뒤집는 방법이 있었다. 쓰네노는 나카센도를 따라갔거나 방향을 돌려서 전혀 다른 표시 없는 길을 갔다. 팽나무를 지나치거나 잠시 멈춰서 공양물을 바쳤다. 길을 내려다보거나 북쪽의 지평선을 돌아보았다. 앞에 놓인 도시를 생각하거나 남기고 온 고향을 떠올렸다.

　중요한 것—이 이야기에서 결정적이고 돌이킬 수 없는 부분—은 그녀가 앞으로 나아가고 있다는 것이었다. 마음속의 어떤 힘이 쓰네노를 밀고 갔다. 에도가 눈앞에 있었다.

＊

　거의 2주를 길에서 보낸 끝에 1839년 10월 6일 쓰네노와 지칸은 마침내 에도에 도착했다. 극적인 순간이었을지 모르지만, 어디서 시골이 끝이 나고 도시가 시작되는지는 분명하지 않았다.

108

에도에는 둘러싼 담장이 전혀 없었다. 통과하는 문도 없었고, 들어가기 위해 뇌물을 바치거나 빌어야 하는 경비병도 없었다. 에도를 계획한 쇼군은 돌을 쌓고 회반죽을 칠한 경계에 의존하는 대신 안에서부터 본거지를 강화하는 쪽을 선택했다. 해자와 곳곳에 문을 설치한 미로 같은 도로의 체계를 활용해서 성에 접근하는 것을 봉쇄했다. 쇼군은 도시계획을 철갑으로 삼았다.

도시 성벽이 없는 에도는 마음대로 확대되었다. 여러 세기에 걸쳐 나선형으로 바깥으로 퍼지면서 외딴 들판과 마을을 집어삼키고 수십, 수백 개의 도시 블록으로 바꿔놓았다. 그 결과 19세기 초에 이르러서는 쇼군의 부하들도 도시의 경계선을 식별하지 못했다. 1818년, 한 관리가 상관들에게 이 문제를 제기했다. "막부의 감찰관目付(메쓰케)들에게는 수도가 어디서 시작되고 어디서 끝나는지에 관해 답하기 위한 문서 자료가 전혀 없습니다. 우리가 조사를 해보았지만 합의된 바가 각각 다르고, 이 문제에 대한 뚜렷한 답을 얻기가 불가능했습니다."[19] 에도 전체가 쇼군의 것이었지만 쇼군은 시 정부의 세부사항에 별로 관심이 없었고, 다른 누구도 에도 전체를 관할하지 않았다. 시 행정관町奉行(마치부교)들이 서민 지구를 다스렸고, 절과 신사 행정관寺社奉行(지샤부교)들이 종교 기관과 그 토지를 책임졌으며, 막부의 대감찰관大目付(오메쓰케)이 번주의 공관과 사무라이의 병영을 지켰다. 하지만 일단 도시 전체의 경계선 문제가 제기된 이상 답을 찾아야 했기 때문에 쇼군 휘하의 원로 가신老中(로주) 한 명이 지도를 그릴 것을 주문했다. 지도에는 언제나 그렇듯이 에도성이 중심에 놓였다. 성은 도시의 중심이었고 쇼군의 부하들에 관한 한 에도가 존재하는 이유였다. 성 주변의 검은 선은 마치 부교들이 담당하는 영역의 경계를 표시했다. 붉은 선은 더 큰 원을 그렸는데, 그 경계선 안에 있는 영역이 에도라는 것이 지도의 핵심이었다.

쓰네노와 지칸이 나카센도를 따라왔다면 이타바시板橋 역참에 들어섰을 때 그 붉은 선을 지났을 것이다. 어떻게 보면 다카다에서 오는 도중에 보았던 다른 역참들과 똑같았을 게 분명하다. 줄지어 늘어선 여관, 지친 여행자들의 행렬, 짐말이 싼 똥 냄새, 짐을 메고 쏜살같이 달리는 배달부, 쇼군의 여러 가지 금지사항을 나열한 나무 표지판 등이 있었다. 하지만 오후나 저녁이면 뚜렷하게 차이가 났다. 여행자들은 샤쿠지石神井강을 따라 늘어선 찻집에서 흘러나오는 음악에서 그 차이를 들을 수 있었다. 찻집들마다 연회석이 3층 높이로 마련돼 있었다.[20] 안에서는 여러 무리의 남자들이 왁자지껄하게 웃고 소리치며 여종업원을 희롱했다. 여종업원들은 미닫이문을 들락날락하며 사케 쟁반을 끝없이 날랐다. 그중 일부는 다른 역참에서도 흔히 보이는 겁에 질린 어린 여자들이었는데, 밝은색 기모노와 두꺼운 화장에 본 모습이 가려졌다. 하지만 다른 이들은 우아한 게이샤였다. 가까이서 보면 약간 나이가 들고, 지치고, 어쩌면 바라던 대로 삶이 풀리지 않아 실망한 기색이 드러났을 것이다. 하지만 많은 이들은 에도의 기성 질서의 베테랑이었고, 여전히 자신들의 예술과 관객을 쥐락펴락했다. 게이샤들이 직접 샤미센三味線(일본의 전통 현악기) 반주를 하면서 최신 유행가를 연주할 때면 여행객들은 마침내 에도에 도착했음을 온몸으로 느꼈다.

쓰네오와 지칸이 수도의 경계에 당도했음을 보여주는 더 모호하고 미묘한 징후도 있었다. 기근 시기에는 퀭한 눈에 여윈 동북 지방 사람들이 비틀거리며 에도로 향했다. 쇼군의 도시에 가면 먹거리를 얻을 수 있으리라고 정확히 짐작하면서. 체제의 안전과 자비에 대한 평판을 염려한 막부는 이타바시에 그들을 먹이기 위한 구호 식당을 운영했다. 하지만 역참 주변의 산간 지방에서 이미 수백 명이 사망했고, 절망에 빠지고 기력이 쇠한 이주민들이 여전히 거리에서 쓰러졌다. 이타바시에서 가장 큰 정토진종 절의 주지가 직접 밖에 나가 주검을 수습했다. 주지는 이름 모를 사람들에게 불교식 이름을 지어주고, 장례를 치르고, 사찰 경내에 묻어주었다. 그 사람들의 묘비가 여전히 남아 있었고, 나중에는 주지와 그가 묻어준 사람들 모두를 기리는 기념비가 세워졌다.[21] 그것은 절망 상태의 이주민들이 마주칠 수 있는 친절의 표시였지만 또한 그들이 맞게 될 결말의 경고이기도 했다.

이타바시 역참을 지나자 에도는 다시 시골처럼 보였다. 길 양쪽으로 들이 펼쳐졌는데, 추수가 끝나 금빛으로 마른 땅에는 장식용으로 심은 나무들이 서 있었다. 이따금 신사 입구나 다이묘를 비롯한 번듯한 사람들이 새로 지은 창고가 눈에 띄었다. 이 장소들 가운데 일부는 실제로 마치부교가 관할하는 구역이었지만 몇몇은 에도 지도에도 표시되어 있지 않았다.[22] 직접 보면 마을 같았고, 주민들도 대부분 농부였다.[23]

점차 풍경이 바뀌었다. 나무와 키 작은 나무, 들판이 사라지고 삭막한 사무라이 병영이 나타났다. 기다랗게 이어진 낮은 건물들은 똑같이 보였고 얼핏 보면 누구 것인지 알 수 없었지만 소유자인 사무라이의 이름이 에도 지도에 적혀 있었고, 지붕 꼭대기 정면에 있는 기와에 각 가문의 문장紋章이 각인돼 있었다. 이 건물들 몇 개는 다이묘를 위한 예비 주거지와 저택이었지만, 대부분의 부지는 넓지 않았고 유명 인사의 소유도 아니었다. 막부의 하급 가신家臣들만이 시내 중심부에서 멀리 떨어진 이곳에 본 주거지가 있었다. 논과 과수원에서 돌을 던지면 닿을 만한 거리였다. 쓰네노는 고향에 살던 때 사무라이 집안에 일자리를 찾으러 에도에 간 이자와 형제를 알았다. 쓰네노는 아마 지나치면서 형제 생각을 했을 것이다. 비슷한 벽과 울타리 너머에 살고 있는지 궁금해하며, 또는 어딘가 더 흥미로운 곳에 더 나은 자리를 차지했기를 기대하면서.

얼마 뒤 이 모든 단조로운 거리 풍경이 에도에서 볼 수 있는 전부처럼 느껴지기 시작한 바로 그때, 왼편에 어울리지 않는 구조물이 나타났다. 가가加賀 번주 저택 앞에 세워진 화려한 붉은색 문이었다.[24] 칙칙한 잿빛 돌과 흰 벽, 흙을 배경으로 세워진 견고하고 육중한 문은 화려한 색채로 생동감을 더했다. 모든 건축적 특징에 상응하는 법률이나 규제가 존재하는 도시인 에도에서 붉은색 문은 지방 전체를 통치하는 번주와 쇼군의 딸과 결혼한 이들에게만 허용되었다. 가가 번주 마에다 나리야스前田斉泰는 둘 다에 해당되었다. 그가 다스리는 지방은 동해 연안을 따라 이어진 아름다운 땅으로 해마다 쌀 100만 섬 이상을 생산했다. 그는 쇼군의 딸과 결혼할 것을 예상하고 저택의 가장 인상적인 문을 의뢰했는데, 특별히 신부를 위해 마련한 것이었다.

쓰네노가 그 문을 통과했다면 무엇을 보았을까? 번주의 저택은 보통사람이 허락 없이 들어갈 수 없는 장소였지만 몇몇은 시도해서 성공했다. 그중 한 명이 쥐새끼라고 불리던 도둑이었는데, 쓰네노가 도착하기 15년 전에 그의 명성이 도시에 자자했던 적이 있었다. 붉은색 문이 아직 건설 중이던 시절이었다.[25] 쥐새끼는 담장을 오르거나 울타리의 틈새를 비집고 들어가는 식으로 저택에 침입했다. 때로는 한 번에 묵직한 금화를 100냥이나 훔쳐서 도망쳤다. 언젠가 당국이 그를 체포해서 문신을 새긴 뒤 에도에서 추방했다. 하지만 그런 조치로도 그를 막지는 못했다. 에도성 근처에 늘어선 다이묘 저택들이 전부 차례로 피해를 입자 모든 이가 쥐새끼가 돌아왔음을 알았다. 마침내 1832년에 쥐새끼가 현장에서 잡혔다. 이번에는 그에게 두 번째 기회란 없었다. 마치부교는 판결을 내렸다. 쥐새끼를 에도를 가로질러 끌고 다닌 뒤 처형한다는 것이었다. 병사 수십 명이 장창과 미늘창을 휘두르며 호송하는 가운데 도심을 가로질러 그가 죽으러 가는 모습을 운 좋게 볼 수 있었던 사람들은 아직도 그 이야기를 했다. 그들은 쥐새끼가 그냥 약간 왜소한 평범하게 생긴 남자라고 말했다. 그토록 많은 울타리 틈새를 비집고 들어간 것은 작은 몸집 덕분이었을 것이다.

쓰네노가 가가 번주 저택의 육중한 지붕을 올려다보았다면 담장을 기어오르는 것은 고사하고 저택을 엿볼 생각도 하지 못했을 게 분명하다. 울타리와 빗장을 지른 창문, 견고한 석재 기반은 난공불락으로 보였는데, 바로 그런 의도로 지어진 것이었다. 왕국을 지키는 다이묘의 의무를 널리 알리는 것이 목적이었다. 담장 바로 너머에 있는 저택 주변의 방들은 마에다 밑에서 일하는 일반 사무라이들의 것이었다.[26] 사무라이들은 말 수십 마리와 헤아릴 수 없이 많은 짐과 무기 상자를 가지고 고향 번에서 방금 도착한 이들이었는데, 에도의 주군에게 이듬해 여름에 돌아가도 좋다는 허가를 받을 때까지 함께 살 것이었다. 사무라이들이 하는 일은 그냥 거기 살면서 필요하면 관리 노릇을 하며 다이묘의 위신을 높이는 것이었다. 사무라이는 음주에 빠지고, 시를 짓고, 늦잠을 자고, 화투 놀이를 하고, 배급받은 쌀과 장아찌, 정어리 등으로 간단한 요리를 했다.

　저택의 중심부는 다이묘의 부하들도 절대 들어가지 못하는 수수께끼의 장소였다. 하지만 이런 공간은 쓰네노도 상상하기가 어렵지 않았다. 여자아이들은 그림책에서 이런 곳에 관해 읽고 보면서 자랐기 때문이다. 쓰네노는 환하게 빛나는 목재로 이루어진 긴 복도와 깨끗한 다다미가 깔린 널찍한 방, 옻칠한 쟁반과 자기 찻잔, 피어오르는 향 연기를 상상할 수 있었다. 미닫이문을 열 때도 덜컥거리는 소리가 나지 않았다. 소리를 낮춘 우아한 대화가 이루어졌다. 소설 이야기, 멋쟁이 배우들에 관한 뒷소문, 아무도 보지 못한 연극에 관한 긴 설명 등이. 지체 높은 부인들은 평민들처럼 극장에 가지 않았다. 그 대신 하루 종일 머리핀을 견줘보고, 실을 가지고 공을 만들고, 모형 바둑판 앞에 작은 인형과

골무 크기의 찻잔을 줄 세우며 시간을 보냈다.[27] 귀부인들은 놀이와 현악기를 즐기고 어쩌다 한 번 가는 사찰 여행을 강박적으로 계획했다. 그리고 빈틈 하나 없이 옷을 차려입었다. 에도의 최고급 의류상에게 수입산 벨벳 장식띠, 옥양목으로 지은 기모노, 손으로 그린 꽃과 수를 놓은 용으로 장식한 누빔 비단 잠옷 등 온갖 옷가지를 주문했다. 시골인 에치고의 기준으로는 눈길을 끄는 옷이 여러 벌 있었던 쓰네노도 이 모든 게 얼마나 비싼지 상상조차 할 수 없었다.[28]

가가 번주의 붉은색 문을 지나자마자 이제 도시 거리가 된 나카센도가 남쪽으로 이어지는 가운데 번지수가 붙은 혼고本郷의 블록(초메丁目)이 6에서 1까지 나타났다.[29] 여기서부터 사무라이 구역의 담장과 울타리가 거리를 등지는 대신 거리를 바라보는 다른 종류의 도시 풍경에 자리를 내주었고, 무사 구역의 깔끔한 선은 뒤죽박죽한 지붕과 도로 쪽으로 튀어나온 진입로로 모습이 바뀌었다. 각 블록이 자체적인 규제와 일꾼을 둔 하나의 사회적·행정적 단위였다. 그 성원들은 거리 양쪽에 건물을 소유한 집안의 사람들이었다. 한 무리의 블록은 동장(나누시名主)의 담당이었고, 동장은 마치부교소(시 행정관실)에 있는 사무라이의 지시를 받았다. 에도와 시골의 경계가 눈에 보이지 않는 것과 달리, 블록들 사이의 경계는 나무문의 형태로 풍경에 표시되었다. 이 문은 밤에는 닫혔는데, 이런 보안 장치 덕분에 도시의 외부 방어 시설이 굳이 필요하지 않았다. 아침이면 문이 활짝 열려서 에도—와 상업—의 생명의 피가 거침없이 흐를 수 있었다.

115

쓰네노를 비롯한 도로의 여행자들 눈에 혼고의 복잡한 여섯 블록은 하나의 간선도로처럼 보였다. 진한 단풍색 된장(아카미소)과 연한 황금색 된장(시로미소)을 채운 통을 늘어놓은 혼고 6가의 미소된장 도매상에서부터 어린이 치료약 전문인 혼고 5가의 유명한 약재상을 거쳐, 혼고 3가의 랜드마크로 여러 세대를 거쳐 치약 가루를 팔아 온 가네야스 상점까지 이어졌다. 이 상점의 광고 전략은 유명했다. 직원들이 도로에 서서 우렁찬 목소리로 "우윳빛 향긋한 가루"의 여러 장점을 외쳐 댔다.[30] 사람들은 가네야스가 에도와 시골의 경계선이라고 말하곤 했다. "가네야스에 갈 때까지는 혼고는 에도가 아니다." 하지만 그것도 도시가 급격하게 팽창하기 전의 이야기였다. 지도나 붉은 선이 없을 때에도 사람들이 도시의 경계선을 일상 대화 속의 이해에 의존하던 시절이었다.

혼고가 유시마湯島로 바뀌면서 사람들이 한결 많아졌다. 유시마는 사무라이 주거지와 상점, 사찰과 신사의 땅이 뒤섞인 곳이었다. 심부름을 가는 사무라이는 풀을 먹인 치마바지 차림에 어깨에 잔뜩 힘이 들어갔고, 양쪽 옆구리에 긴 칼과 단도를 찼다. 시종들이 종종걸음으로 따라갔다. 시골에서 방금 에도로 들어온 사람들은 어깨에 상자를 메고 수레를 끌었다. 일하는 짐승들도 있었다. 말과 거대하고 육중한 검은 소는 우마차를 끌었다. 교통의 흐름이 모두 남쪽으로 향했다. 간다강과 거대한 신사인 간다묘진神田明神을 향해.

쓰네노가 신사를 지나쳤다면 랜드마크로 인식했을 것이

다. 간다묘진은 에도의 명소를 보여주는 모든 안내서에 언급되었고, 하늘로 치솟은 상록수들은 에도에서 가장 경치 좋은 장소들을 담은 인쇄물에 단골로 등장했다. 이 신사에서는 2년마다 9월 중순에 축제인 간다 마쓰리를 열었는데, 쓰네노가 도착하기 불과 몇 주 전인 최근에 축제가 있었다. 주변 지역의 평민들이 북과 깃발을 들고 거리를 메웠다. 꼭대기를 붉은 꽃으로 장식한 밀짚모자를 쓰고 부채를 흔들고 피리를 불었고, 막부 창설과 신사에서 모시는 신들, 자신들이 살아남은 사실을 축하했다.[31] 블록마다 꽃수레를 앞세웠는데, 어떤 것은 3층 건물보다 높았다. 비단옷을 입은 고대의 신하들이 지붕 위로 나타났다. 수탉과 꼬리가 긴 봉황, 귀신들, 울퉁불퉁한 시퍼런 문어, 수많은 거대한 꽃, 환한 빛에 둘러싸인 채 떠오르는 태양 등이 나란히 보였다. 쓰네노가 수도에서 2년 동안 버틸 수 있다면 그곳에서 이 행진을 보게 될 테고, 간다 마쓰리는 그녀의 축제이기도 할 것이었다.

신사에서부터 나카센도는 간다강 강둑 쪽으로 휘어졌다. 에도 사람들은 유시마 쪽 강을 따라 난 도로를 만두 언덕이라고 불렀는데, 이는 또 다른 경고였다. 여행자가 도로에서 미끄러져 진흙 제방에 뒹굴면 결국 둥그런 군만두 모양이 된다는 것이었다. 하지만 쓰네노가 도착한 날은 해가 쨍쨍한 맑은 날이라[32] 굴러떨어질 위험은 전혀 없었다. 쓰네노가 아래를 내려다보았다면 도로 아래로 이어지는 강둑을 뚜렷하게 볼 수 있었을 것이다. 작은 배들이 달구지꾼에게 짐을 부리면 달구지꾼은 내륙 수로로 접근할 수 없는 다이묘의 저택과 창고, 상점으로 짐을 배달했다.[33]

달구지꾼들은 거친 남자들로, 대개 쓰네노와 함께 길을 따라온 이들 같은 이주자였다. 그들은 달구지 주인집의 뒷방에 몰려 있다가 일이 생기기만 하면 바로 나가서 일당을 받았다. 쓰네노는 달구지꾼을 일고의 가치도 없다고 생각했을 테고, 다른 에도 사람들도 그들을 거의 인정하지 않았다. 그들은 상종 못할 이들이었다. 임대인이나 지주가 아니고, 도제가 아니며, 심지어 세입자도 아니었다. 하지만 그들은 어디에나 있어서 거리에서 가마를 지고, 불을 끄고, 손수레를 끌고, 비계飛階를 올렸다. 이주민들이 흔히 겪는 운명이었다. 에도에 속하지 않은 채 에도가 작동하게 만들었다.

쇼헤이바시昌平橋를 건너면 나카센도는 여행자들을 버드나무가 심어진 높은 강둑으로 인도해 주었다. 이 아름다운 산책로는 간다강을 따라 죽 이어졌고, 낮에는 분간하기 어렵지만 밤에는 사람들이 자주 산책을 나서는 곳으로 소문이 자자했다. 버드나무를 지나면 작은 나무문이 하나 있었는데, 뒤이어 야쓰코지八ツ小路라는 거대한 광장이 나타났다.[34] 한쪽 모퉁이에는 소방관들의 감시탑이 있어서 막부의 하급 관리들이 기다란 갈고리와 사다리 사이에서 대기하면서 화재가 일어나면 곧바로 신고했다. 기와지붕 위로 몇 층이 높이 솟은 에도의 명소인 야쓰코지 화재탑에는 다른 관리도 배치되어 있었다. 그곳에 배치된 감시인이 화재를 목격하면 거대한 북을 두드리거나 종을 울렸는데, 불길이 가까워질수록 북과 종 소리도 빨라졌다.

에도 사람들은 누구나, 심지어 처음 온 사람이라도 도시에

118

얼마나 자주 막대한 피해를 입히는 화재가 일어나는지 잘 알았다.[35] 사람들은 숯을 피우는 화로에서 불꽃이 튀어서 바람을 타는 소리를 들은 적이 있었다. 부주의하게 초롱불을 기울어뜨려서 방을 태우는 일에 대해 경고를 받았다. 방화범에 관한 이야기도 익숙했다. 앙심을 품은 하인이 연기가 나는 잉걸불을 낡은 옷에 싸서 주인집 계단에 숨겨두었다는 이야기, 절망에 빠진 여자가 도망쳐서 애인을 만나기 위해 부모 집에 불을 질렀다는 이야기, 야망 있는 남자가 일자리를 기대하면서 불길을 잡은 공로를 인정받기 위해 가게에 불을 질렀다는 이야기 등. 또한 사람들은 춥고 건조한 겨울철에 조심하는 법을 배웠다. 복잡한 길을 따라 불길이 퍼지면서 주택과 상점의 목조 골조를 태우고 대나무 울타리와 비계를 따라 번지고, 회반죽 담장을 넘고, 지나는 길의 모든 걸 태웠기 때문이다. 그리고 화재가 남긴 흔적을 알아보는 법도 배웠다. 주검과 연기가 피어오르는 잔해, 사람들이 끄집어내서 도로 한가운데에 쌓아 놓은 가구 더미, 방화선을 만들기 위해 무너뜨린 집들에서 나온 목재 더미 등이었다.

쓰네노가 도착하기 전해에 에도성의 일부가 불에 탔고, 시내 지구인 간다도 넓은 땅이 전소되었다.[36] 몇 주 뒤에는 서민 동네인 고지마치麴町의 10개 블록이 잿더미가 되었고, 늦겨울에는 사무라이 저택에서 불이 나서 서민 주택 수백 채를 휩쓸고 마치 부교소 관공서 한 곳도 불에 탔다. 그해에는 아직 조용했지만 10월은 불이 나는 계절의 시작일 뿐이었다. 야쓰코지 화재탑은 북과 종 소리가 들리지 않는 맑고 조용한 날에도 위험을 상기시키는 존재이자 그 자체가 일종의 경고였다.

흙먼지 이는 광장을 건너면 도심으로 이어지는 도로가 간다 시장의 북쪽 가장자리를 둘러 갔다. 시장의 가게들은 계란과 다시마뿐만 아니라 엄청나게 다양한 과일과 채소를 팔았다. 에치고 산간 지방을 덮친 덴포 대기근에서 살아남은 쓰네노가 보기에 풍요로운 시장은 기적처럼 느껴졌을 것이다. 상인들은 나가노산 감과 와카야마산 감귤을 진열해 놓았다. 값비싼 송이버섯과 겨울 채소도 바구니에 담아놓고 팔았다.[37] 그리고 계절에 맞지 않게 따뜻한 날씨 때문에 몇 년 만에 물가가 가장 쌌다.[38] 하지만 간다는 도매시장이었기 때문에 쓰네노는 잠시 멈춰서 감이나 겨울호박 한 개도 살 수 없었다.[39] 에도 사람들은 동네 가게에서 농산물을 사거나 이따금 도시에 와서 노점을 차린 농민들에게 직접 샀다.

사실 진열된 상품이 인상적이긴 해도 간다 시장은 몸부림치는 중이었다. 100년 넘게 도시에서 자리를 지켜왔지만 에도의 경제가 빠르게 변화하고 있었다. 쓰네노로서는 외부에서 이런 사실을 알 도리가 없었다. 더군다나 초겨울의 첫 번째 화창한 날에 지도에서 보던 장소들이 갑자기 떠들썩한 소음과 화려한 색채로 눈에 들어왔으니 말이다. 도시에 있는 모든 게 새로웠고, 더 긴 안목을 가지기란 불가능했다. 하지만 간다의 노점상들은 변화가 닥쳐옴을 알았다. 도매상 연합회의 긴장된 모임에서 그 소식을 들을 수 있었다. 도매상들은 연합회의 규칙을 따르거나 세금 부담을 지려고 하지 않는 벼락출세한 공급업자들과 어떻게 경쟁할지를 토론했다. 경험 많은 여행자들도 그런 사정을 알았다.

그들은 도로에서 서서히 모습을 드러내는 위기를 눈치챌 수 있었다. 도시를 떠나는 사람보다 들어오는 사람이 더 많았다. 그리고 뒷골목 셋집 거주자들도 설명까지는 아니더라도 변화를 느낄 수 있었다. 날이 갈수록 팽팽한 긴장이 깨지지 않은 채 점점 높아져 갔다.

에도성에서 쇼군의 고위 관리들도 이 문제를 인지했다. 에도는 마치부교들이 필사적인 노력을 기울여서 기근에서 살아남았다. 그들은 서민 인구의 절반―30만에 육박하는 수―이 긴급 구호를 필요로 한다고 추산했었다.[40] 이제 물가는 안정되는 듯 보였지만 굶주린 이주민들이 여전히 도시로 들어오고 있었다. 다시 흉년이라도 들면 어떻게 될까?

에도의 전통적인 엘리트들―성에 사는 사무라이, 서민 동네 동장, 간다 시장의 도매상―에게는 도시가 익숙했다. 덜거덕거리는 달구지와 어렴풋이 보이는 화재탑들은 놀라울 게 없었다. 사람들이 커다란 익명의 장소에 와서 결국 맞이하는 나쁜 결말에 대해 경고를 들을 필요도 없었다. 하지만 그들은 다른 위협을 감지했다. 엘리트들에게 위험은 하나의 형태와 모양을 지녔다. 정확히 쓰네노 같은 모습이었다. 굶주리고 해진 옷차림이지만 마치 줄곧 여기에 오고 싶었다는 듯이 날카로운 눈매로 도시를 돌아보는 지친 이방인 말이다. 그 경고는 쓰네노의 에치고 억양처럼 쉽게 눈에 띄고, 화재 종소리처럼 분명하고 끈질기게 위기가 조성되고 있고 계속해서 가까이 다가오고 있음을 알렸다.

　　　　　　　　　　＊

　쓰네노의 눈앞에 다가온 종착지는 간다 중심부의 서쪽 외
곽에 있었다. 에도성의 해자를 등지고 있는 별 특징 없는 혼잡한
동네였다. 정오에 일부 상점이 문을 열어 진열된 사탕이나 연장
을 보려는 방문객을 맞이했다. 다른 상점들은 굳게 닫히거나 반
쯤 닫힌 채 호기심 어린 눈길을 차단했다. 초저녁이면 입구 양옆
으로 밝혀진 커다란 등불이 아늑하게 주변을 비췄다.

　상점 주인과 직원들이 앞에 자리를 차지하고 앉아 거리
를 내다보았다. 몇몇은 여러 대째 그 블록에 살았지만 거의 전부
가 임차인이었다. 건물과 토지를 소유한 사람들은 다른 동네, 심
지어 다른 도시에 살았다. 에도의 일부 지역에서는 대규모 회사
들이 몇 블록에 걸쳐 뻗은 관련 건물과 부동산으로 둘러싸인 주
력 상점을 소유했다. 하지만 간다 중심부는 그런 곳이 아니었다.
1843년 200명에 달하는 에도에서 가장 부유한 평민 순위에서 그
동네 출신은 한 명뿐이었다.[41] 산모지야 이치베이라는 고급 의류
상이었다.[42] 그의 이웃들은 평범한 가게 주인들로, 사탕, 차, 약
재, 이를 검게 물들이는 붓, 자잘한 금속 제품을 팔았다.[43]

　지칸의 친척들은 미나가와초의 두 번째 블록에 살았다. 수
백 년 전부터 쇼군을 모신 의사 집안의 땅을 등지고 선 막다른 골
목이었다.[44] 이 블록에 사는 몇 안 되는 지주들도 그와 같은 이들
이었다. 쇼군에게 봉사하는 대가로 부동산과 급료, 명목적인 사
무라이 신분을 받은 숙련된 평민들이었다. 그중에는 금박과 칠기
를 전문으로 만드는 장인들도 있었는데, 몇몇은 에도성 구내에

있는 해자 바로 건너편에 작업장을 유지했다. 워낙 무명이라 대다수 사람들이 들어본 적도 없는 미나가와초에서 그나마 흥미로운 광경이었다. 미나가와초를 가본 적이 있는 사람들도 가끔 더 잘 알려진 동네인 미카와초와 혼동했다.[45]

지칸과 쓰네노는 다이코쿠야라는 쌀집을 찾고 있었다. 주인인 소하치는 지칸의 먼 친척이었다.[46] 그는 적어도 에치고 출신 이주민의 기준으로 보면 혼자 힘으로 꽤 성공한 인물이었다. 쌀 도정꾼으로 출발한 많은 남자들은 소하치처럼 자기 가게를 여는 게 꿈이었다. 그들은 달랑 절구와 공이만 가지고 시작해서 돈을 모아 거리에 면한 가게를 빌릴 수 있었다. 가게가 성공을 거두면 그릇과 통, 바가지, 짚으로 엮은 쌀통까지 들여놓았고, 달그락거리고 쿵쿵거리는 도정기 소리로 시끄러웠다.

쌀집 주인이 되면 처음에 도정기를 직접 작동하는 법을 배워야 했다. 고된 일이었지만 절구와 공이로 하는 것보다는 수월했다. 조립된 도정기는 나무로 만든 기린을 약간 닮은 모습이었다. 곧게 뻗은 긴 목이 허공을 돌면서 단단한 대가리가 바닥을 거듭해서 내리쳤다. 그게 공이였다. 절구는 바닥에 고정시킨 거대한 사발 모양이었다. 노동자는 기계에 올라가서 페달을 세게 밟는 식으로 작동시켰는데, 마치 기린을 타는 모양새였다. 고되고 천한 노동이었기 때문에 결국—주인이 기대하는 대로—다른 사람이 해야 했다. 아마 직업소개소에서 보내준 젊은 남자가 제격이었을 것이다.[47] 그러면 쉽고 즐거운 일이 주인과 부인 몫이 되었다. 널찍한 광주리에 쌀을 씻고 깔때기로 쌀을 작은 나무 상자에 담는 일이었다. 주인이 사교적인 사람이라면 저녁마다 뒷골목을 한 바퀴 돌면서 바가지로 쌀을 팔고 온갖 소문에 귀를 기울였다.

대기근 시절에 소하치 같은 쌀장수들은 압박을 받았다. 작은 쌀집들은 시장 가격을 청구하기를 원하는 대규모 쌀 도매상들과 굶어죽을까 겁을 집어먹은 에도 사람들 사이의 긴장이 집중되는 지점이었다. 쌀값이 지나치게 오를 때마다 동네 가게 주인들은 폭동을 걱정했다. 1780년대 덴메이天明(1781~1789) 대기근이 닥쳤을 때, 쌀값이 급등해서 노점상이나 삯일꾼이 꼬박 하루를 일해도 쌀 4인분을 살 돈만 겨우 벌어서 집세나 연료, 그 밖에 먹거리를 살 돈이 한 푼도 남지 않았다.[48] 1787년 여름에는 며칠 동안 계속해서 폭도들이 에도의 쌀 도매상과 소매점, 사케 양조장, 그 밖에 물품 부족과 높은 물가에 책임이 있다고 여겨지는 사람들을 닥치는 대로 표적으로 삼았다. 폭도들은 절구를 깨뜨리고, 가구를 부수고, 옷가지를 진흙 바닥에 짓밟고, 부엌세간을 하수구에 던져버렸다. 쌀 양동이를 거리에 내동댕이쳐서 깨뜨렸다. 부주의한 행동 그 자체가 중요했다. 매점매석에 항의하는 것이지 훔치려는 게 아니었다. 낟알이 골목 곳곳에 쓸데없이 굴러다녔지만 셋집의 솥단지는 여전히 텅 비었다. 결국 며칠 동안 난장판이 벌어진 끝에 수백 곳의 상점이 박살 났다. 대부분 도매상과 사케 양조장이었지만 쌀 소매점도 몇십 곳이 피해를 보았다.

덴메이 폭동으로 알려진 1787년의 소요를 겪으면서 쇼군의 관리들은 이미 도시 장악력을 상실했음을 깨달았다. 평범한 농민 봉기가 아니었다. 한 세기 이상 만에 처음으로 자신들의 통치에 반발하는 진정한 민중의 위협에 부딪힌 것이다. 2년 뒤 파리에서는 빵값 폭등에 분개한 한 무리의 시장 여자들이 시청을 습격해서 상점 문을 열게 만든 다음, 계속해서 베르사유로 몰려가 수천 명의 동료 시위대와 함께 국왕을 압박해서 수도로 돌아오게 했다.[49] 바스티유가 함락되고 불과 몇 달 뒤에 벌어진 이 봉기는 프랑스 구체제를 무너뜨리는 데 기여한 대규모 도시 소요 물결의 일부였다. 유럽에서 벌어진 이런 사태 전환을 에도에서 내다보기는 불가능했지만, 성난 도시 폭도들의 혁명적 잠재력을 파악한 것은 쇼군의 신하들만이 아니었다. 도시가 평정된 뒤 쇼군의 원로 가신들은 간세이 개혁寬政改革이라고 알려진 일련의 새로운 행정 조치에 착수했다.[50] 도시 저축조합 설치도 그중 하나였다.[51] 1787년에서 1793년 사이에 도입된 개혁은 "쇼군에 복종하는" 에도가 다시 비슷한 위기를 겪는 사태를 막기 위해 고안된 것이었다.

1830년대의 덴포 대기근은 이 전략을 심각하게 시험하는 무대였다. 쌀값이 오르자 에도의 부유한 평민들은 폭동에 대비했다.[52] 건축 계획도 연기했는데, 막노동자들이 가게 근처에 모이는 것을 원하지 않았기 때문이다. 세입자들이 집세를 내지 않으면 문과 담장에 위협적인 신호가 나타났고, 폭력 사태에 관한 소문이 뒷골목에 퍼졌다.[53] 대상인 저택은 창고를 열어 쌀과 돈을 나눠줄 수밖에 없었다. 한편 쇼군의 가신들은 도시의 평온을 유지하기 위해 열심히 일했다.[54] 관리들은 무료 급식소를 개설하고 수십만 명에게 쌀을 배급했다. 또한 아직 수중에 돈이 있는 사람들이 쌀을 살 수 있게 가격을 낮추려고 노력했다. 쌀값이 급등할 때면 소매가격을 낮추도록 지시하고 에도의 기성 도매상들의 옥죄기를 깨부줬다. 1836년부터 1839년까지 3년 동안 누구든 에도로 쌀을 들여와서 팔 수 있었다.[55] 하지만 소하치의 가게 같은 곳들은 공급자를 찾는 데 애를 먹었고,[56] 막부는 이런 소매상점들에 긴급 자금을 빌려줄 필요가 있음을 깨달았다. 그러면서 이런 가게들이 문을 닫으면 소요가 뒤를 이을 것이라고 경고했다.

　막부와 주요 대상인 가문이 힘을 모아 노력한 덕분에 염려했던 폭동은 현실화되지 않았다. 쌀값은 다시 대기근 이전의 저점으로 복구되었고, 1839년 쓰네노가 소하치네 가게에 당도할 즈음이면 노점상이 하루 꼬박 일해서 쌀을 20인분 넘게 살 수 있었다.[57] 최악의 상황은 넘긴 것 같았지만 에도 사람들은 그래도 경계를 늦추지 않았다. 그해 가을, 달을 보는 철에 사람들이 농담을 했다. "우리는 달을 쳐다보는 동안에도 쌀값을 이야기하는구려."[58]

　소하치가 친절을 베풀려고 했을지라도 쌀장사를 하는 사람이 예고도 없이 찾아온 손님들, 더군다나 일자리를 구할 가능성이나 계획도 없이 시골에서 온 사람들을 재워주기에는 좋은 때가 아니었다. 그는 폐를 끼치려는 것에 분개하면서 쓰네노와 지칸을 자기 가게에 재울 수가 없음을 분명히 했다.[59] 그러면서 쓰네노에게는 다른 데 갈 곳을 찾지 못하면 하녀 일을 찾아 보내겠다고 말했다. 그가 생각하기에는 하나의 제안이었지만 쓰네노 입장에서는 위협과 다름없었다.

앞서 지칸은 쓰네노에게 자기 가족이 그녀를 환영할 것이
라고 약속했다. 자기와 함께 에도로 가면 "아무 문제가 없을 것"
이라고 말했었다. 자기 친척들이 쓰네노를 노숙자 신세로 내버려
두지 않을 것이라고 말했다. 하지만 그런 확언은 그가 말한 숱한
호언장담들과 마찬가지로 거짓임이 드러났다.

*

그날 밤, 그러니까 1839년 10월 6일, 쓰네노는 자신의 시
계를 거꾸로 돌려서 다카다로 돌아가 다른 동행과 다른 날짜, 탈
출할 수 있는 다른 기회를 선택하기를 바랐을 것이다. 한동안 그
녀는 린센지까지 거슬러 올라가서 다른 결정을 내리고, 집에 그
냥 살거나 결혼을 하기를 원했을 수도 있다. 하지만 돌아갈 방법
은 없었고 에도는 누군가를 위해 멈춰서 기다려 주지 않았다.

이타바시 역참에서는 매춘부들이 화장으로 멍을 감추고 옻
칠을 한 뻣뻣한 머리에 핀을 꽂았다. 운이 좋으면 잔치에 불려가
기 전에 먹거리를 몰래 챙길 수 있었다. 정말로 운발이 좋으면 손
님이 너무 취해서 정신을 잃고 고꾸라졌다. 여느 때처럼 음악이
강물 쪽으로 흘렀다. 어제 게이샤가 연주했고 내일도 다시 연주
할 똑같이 구슬픈 노래였다. 떠들썩한 손님들이 손뼉을 치고 발
을 구르며 야유를 질러댔다─술 마시기 놀이였다. 여자들은 예상
대로 웃음을 터뜨렸고, 낄낄거리는 소리가 역참 대로를 따라 메
아리쳤다.

가가 번주의 저택은 고요했다. 정원에서 낙엽을 쓰는 일을 맡은 일꾼들이 북적거리는 휴게실로 돌아왔고, 다른 일꾼들이 밤 경비를 서려고 나갔다. 시녀들은 번주의 부인이자 쇼군의 딸이 누빔 비단 잠옷으로 갈아입는 것을 도와주었다. 하녀들은 가구 배치를 바꾸고 요를 펴고 물주전자를 채웠고, 부엌 하인들은 불이 꺼졌는지 확인했다. 몇 시간 안에 다시 활활 불을 지펴야 했다.

병영에 있던 남자들은 방으로 돌아와서 회계 장부를 놓고 걱정하거나 최신판 에도 무사 명부를 뒤적거렸다. 숱하게 많은 모르는 얼굴들 사이에서 자기 위치를 파악하기 위해서였다.[60] 다른 이들은 고향에 장문의 편지를 보냈다. 부인과 아이들의 안부를 묻고 에도가 더럽다고 불만을 토로했다. 장아찌가 고향에서 먹던 것과 다르고, 감이라곤 하나같이 작고 흠집투성이라고 했다. 그리고 가나자와에서 사람들이 하는 "에도 스타일" 머리는 왜 에도에서 실제로 하는 머리와 전혀 닮지 않았는지? 무사들은 다음 몇 주 동안 계획하고 있는 외출에 관해 썼다. 히카게초日陰町에 있는 헌 옷 가게에 가서 모자를 좀 구경할 생각이었다. 어쩌면 에도 전체가 내려다보이는 아타고산愛宕山에 가서 정말 모두들 말하는 대로 도시가 평평한지 볼 수도 있었다.

간다묘진에서는 신관과 하인들이 북새통 같은 마쓰리를 치르고 아직 평온을 되찾는 중이었다. 신사의 고요한 경내에서 쇼헤이바시까지 훤히 보였다. 그곳 강둑 위의 버드나무 아래서 매춘부들이 손님을 기다리고 있었다. 일부는 삐삐 마르고 병약했고, 일부는 주름과 마맛자국이 있었다. 하지만 워낙 화장을 두텁게 한지라 보름달에 가까운 달빛 아래서도 분간하기가 어려웠다.

야쓰코지에서는 화재 감시원이 화재탑 꼭대기에 올라가서 긴 밤을 지새기 위해 자리를 잡았다. 맑은 날씨였고 화재 철의 시작이었다. 바짝 경계해야 할 때였다. 몇 블록 떨어진 곳에서는 간다 시장에 포도를 납품하는 상인들이 다음 선적물을 기다렸다.[61] 몇 년간 포도가 운송 중에 상해서 쇼군에게 진상할 수 없었다. 때로는 간선도로가 더 나았고, 어떤 때는 해로가 빨랐다. 화물이 언제 도착할지 알지 못했다.

간다 동네의 다른 곳에서는 가게 주인들이 늦은 시각까지 잠자리에 들지 않고 앉아서 수익과 손실을 생각했고, 하인들은 뒷방과 셋방에서 잠을 잤다. 부모들은 아기를 재우려고 애를 썼다. 동장이자 유명 작가인 사이토 유키나리斎藤幸成는 간단한 일기를 끼적였다.[62] 어느 게이샤가 계절에 딱 맞게 감과 포도를 선물로 보내왔다는. 그런 일 말고는 달리 적을 내용이 없었다. 멀리서 떠돌이 개들이 짖었고, 야식을 파는 노점상이 노점을 차리고, 블록 경비원들이 나무문을 닫았다.

미나가와초의 두 번째 블록 어딘가에서 쓰네노는 에도에서의 첫날 밤을 보냈다. 에도 곳곳에서 사람들이 겨울을 나기 위해 서서히 준비를 시작하고 있었지만[63] 쓰네노는 잠옷도 요도 없었다. 여벌 옷가지도 없었다. 돈도, 친구나 어떤 전망도 없었다. 지칸은 아무 짝에도 쓸모없는 거짓말쟁이였고, 소하치는 쓰네노를 하녀로 보낸다고 을러대고 있었다. 에도에서 보내는 첫날인데 아

129

무엇도 계획대로 진행되지 않았다. 에치고에 사는 가족들은 얼마 안 있어 자신이 길에서 보낸 편지를 받을 터였다. 이미 쓰네노가 도망친 것을 알아채고 형제들이 불같이 화를 낼 게 분명했다. 어머니는 억장이 무너질 터였다. 아예 답장을 보내오지 않을 수도 있었다. 쓰네노는 에치고에서 자신이 처한 상황을 견딜 수 없다고 생각했지만 그 대가로 얻은 게 무어란 말인가? 훗날 쓰네노는 이렇게 말한다. "저는 정말로 애를 썼어요. …… 뭐라 설명할 말도 찾지 못하겠네요."[64]

4. 셋방에서 보이는 풍경

수중에 돈도 없고 바로 일자리를 구할 가능성도 없었던 쓰네노는 에도에서 처음으로 보내는 날들 동안 할 수 있는 게 많지 않았다. 환경에 익숙해지는 데에도 쉽지 않았다. 간다 시내의 대로에서 바라보는 도시의 질서는 한눈에 들어오지 않았다. 인쇄물로 본 지도와 어느 정도 비슷해 보이기는 했다. 문과 울타리로 구분되는 블록들이 줄줄이 이어졌다. 하지만 뒷골목은 달라서 어둡고 예측할 수 없었다. 상점들 사이로 난 통로로 들어가면 완전히 다른 세상이 펼쳐지는 것 같았다.

쓰네노는 워낙 좁아서 마주 보는 건물의 처마가 서로 닿을 지경인 통로를 따라 걸었다.[1] 성인 둘이 간신히 지나칠 수는 있었지만, 한 명이 어깨에 바구니를 짊어진 행상이라면 반대쪽 사람이 옆으로 비켜주어야 했다. 발밑에는 다져진 흙에 울퉁불퉁한 판석이 깔려 있었다. 연립주택을 따라 미닫이문이 줄줄이 이어졌

131

고, 담장과 문에는 표지판과 간판이 어지러이 붙어 있었다. 직업소개소 안내문, 연극 전단, 불조심 경고문, 치질에 효과가 좋은 특허약 광고 등. 관에서 붙인 것은 하나도 없었고 계속 붙어두는 것들도 아니었다. 몇 개는 해지고 반쯤 찢겨나갔다.

　도시계획이 전혀 작동하지 않는 게 분명했다. 모든 길이 길게 이어지기 전에 갑자기 막혀서 직각으로 꺾어졌다. 방향을 틀면 새롭게 문들이 이어지고 다시 어리둥절한 표지판과 간판이 나타났다. 또는 갑자기 대로에 있는 상점이 소유한 높다란 창고가 나왔다.

　이따금 좁은 길 한가운데 아무렇게나 우물과 변소가 자리를 차지했고, 어떤 곳에서는 흘러넘치는 쓰레기통과 나란히 자그마한 빈터를 차지하고 서 있었다. 이런 곳에서만 고개를 들어 조각보다 넓은 하늘을 볼 수 있었다. 하지만 계속 바닥만 보는 게 나았다. 발밑에 온갖 식물과 바구니, 걸음마쟁이, 개가 있었고 사람들이 빨래를 해서 바닥이 언제나 흥건했다.

　아무도 실내와 실외를 구분하지 않는 것 같았다. 좁은 길로 연장, 소음, 냄새가 쏟아져 나왔고, 빤히 보이는 곳에서 사람들이 개인 용무를 보았다. 거의 발가벗은 채로 목욕탕을 오갔다. 그리고 일부 변소는 문이 반쪽밖에 없었기 때문에 남자들은 오줌을 누면서 이웃과 이야기를 나눴다. 혼돈이 지배하는 가운데 쓰네노가 에도에 있다는 건 분명했지만—달리 어디가 이렇게 혼잡하고 시끄러울 수 있겠는가?—정확히 어디에 있는지, 어떻게 빠져나가야 하는지 분간하기가 어려웠다.

에치고에서부터 먼 길을 온 게 이런 풍경을 보기 위해서였던 걸까? 지칸은 신경 쓰지 않았다. 그는 돈이 거의 바닥났고(적어도 그의 이야기로는), 이곳이 그의 형편에 살 수 있는 에도의 유일한 지역이었다. 소하치가 그를 환영하지 않자 그는 뒷골목 셋방을 하나 빌렸다. 촉박하게 큰돈 없이 쉽게 구할 수 있는 방이었다. 에도 시내 어디서든 방을 빌리려면 지칸의 신분을 입증하고 불법적인 행동을 하지 않을 것이라고 약속하는 문서에 서명해 줄 보증인이 필요했다.[2] 세입자가 마치부교소와 문제가 생기면 집주인이 불려가서 해명해야 했기 때문에 그런 위험을 혼자서 떠안으려 하지 않았다. 이론상 지칸의 보증인은 친척 중 한 명이거나 그의 가족과 가까운 관계여야 했다. 하지만 에도에서 일어나는 많은 일이 그렇듯이, 실제로 그런 식으로 일이 진행되지 않았다. 새로 들어오는 사람들이 너무 많았기 때문이다. 지칸과 쓰네노가 에도에 도착할 무렵에는 전문 보증인 집단이 셋방 임대 거래를 중개했다. 그들은 똑같은 서류에 몇 번이고 서명하면서 안전과 책임에 관한 표준 문안에 도장을 찍었다. 수수료를 매기긴 했지만 별로 질문도 하지 않았다. 세입자가 문제를 일으키거나 월세를 내지 않아도 쉽게 찾을 수 있을 거라고 자신했기 때문이다. 대체로 보증인들은 에도를 너무 잘 알았고 대략적인 연줄이 있었다.

서류가 모두 준비되자 지칸은 진스케라는 남자와 거래를 했다.[3] 셋방 관리인[4]인 그는 집주인이 없는 상황에서 골목의 작은 구역의 대장이었다. 이 블록은 좁고 깊숙한 부지로 나뉘어 있

었다. 부지마다 거리에 면한 건물 세 채 정도가 있었다. 큰 상점
과 주택들이었는데, 주인이 그곳에 살면 그와 가족이 한 곳을 차
지했다. 이런 큰 집들 뒤로는 셋방 10~20개 정도로 이루어진 기
다란 연립주택이 대로와 직각을 이루면서 부지 끝까지 뒤로 뻗어
있었다. 지주들은 대부분 그 블록에 살지 않거나 개인이 아닌 대
규모 사업체였기 때문에 마치 부교와의 문제를 처리하는 동시에
집세 징수를 비롯해 세입자와 관련된 따분한 일들을 맡기기 위해
관리인을 썼다. 관리인들은 주거의 형태로 보수를 받았기 때문에
대개 뒷골목에 직접 살았다. 때로는 마을 지도자, 심지어 대리 부
모 노릇까지 했다.[5] 일부 관리인은 세입자가 월세를 늦게 내면 대
신 내주기도 했다. 하지만 진스케는 그런 관리인이 아니었고, 쓰
네노는 그를 지긋지긋하게 싫어했다.[6]

　셋방 자체는 "다다미 석 장", 즉 가로, 세로 6자, 9자(1.8×
2.7미터)였다.[7] 키가 큰 사람은 팔을 뻗으면 양쪽 벽이 닿았고, 어
른 둘이 겨우 나란히 요를 깔고 누울 수 있는 정도였다. 그다음으
로 큰 방—다다미 넉 장 반—도 두 명이 살기에는 너무 좁았다.
쓰네노가 에도에 도착하기 몇십 년 전에 작가 시키테이 산바式亭
三馬는 우스갯소리를 했다. "다다미 넉 장 반짜리 방에 사는 사람
은 흡사 자벌레 같다고들 말한다. 지금은 잔뜩 구부렸다가 나중
에 활짝 핀다는 것이다."[8] 에도의 셋방살이들로서는 일종의 야망
이 있었다. 나중에 부자가 되리라는 희망 속에 지금은 불편을 견
디는 것이었다. 쓰네노의 경우에는 다다미 석 장짜리 방이 정반
대였다. 급격한 내리막길의 끝이었다. 쓰네노가 살아본 집 가운

134

데 가장 작고 아마 가장 더러운 집이었다.

단단히 다져진 입구 통로는 딱 짚신 두 켤레만 벗어놓을 만
한 공간이었는데, 안방으로 올라가는 단이 있었다. 방 안에는 다
다미 한 장을 세로로 깔 만한 공간이 있었고, 그 너머에 뒷벽 쪽
으로 두 장을 나란히 깔 자리가 있었다. 방에는 다른 게 하나도
없었다. 셋방은 대개 가구가 없었지만, 아무튼 가구를 놓을 자리
도 없었다. 만약 쓰네노에게 여벌의 옷이 있었다면 벽에 걸거나
바구니에 쟁여두어야 했을 것이다. 또한 요가 있었다면 둘둘 말
아서 구석에 밀쳐두어야 했을 것이다. 낮 시간에 이 방 하나가 생
활하고 밥을 먹을 공간이 되어야 했다. 쾌적한 곳은 아니었다. 유
일한 빛은 골목 쪽으로 난 창문에서 들어오는 것이었다.[9] 셋방은
대부분 반대 방향을 보는 2열로 이루어졌기 때문에 옆벽과 뒷벽
을 다른 집과 공유했다. 촘촘한 창살로 된 창을 통해 빛이 들어오
려면 태양의 각도가 정확히 맞아야 했다. 방 뒤쪽은 항상 어둠에
잠겨 있었다.

방문 옆으로 같은 높이에 물 양동이를 놓는 조그마한 나무
바닥 자리가 있었다.[10] 그 옆은 조리 공간이었는데, 제대로 된 부
엌이라고 하기에는 너무 좁았다. 아주 작은 숯 화로 하나에 쌀통
하나 겨우 들어갈 자리였다. 한 번에 밥 한 솥 이상 조리할 공간
이 없었기 때문에 다른 반찬은 전부 미리 준비하거나 반찬 행상
에게서 사야 했다. 그리고 화로에도 부속품이 필요했다. 안에 숯
을 넣고 불을 붙인 다음 관을 이용해서 바람을 불어넣어야 했다.
이 모든 것—화로, 솥, 관, 숯, 통과 양동이—을 돈 주고 사야 했

다. 문 옆의 벽에 선반이 있어서 그릇과 쟁반, 젓가락이 있으면 요긴하게 쓸 수 있었다. 바닥에 놓을 수는 없었으니까. 다다미 석 장짜리 방에는 한 사람이 겨우 화로 옆에 웅크리고 있을 만한 공간밖에 없었다.

한참 뒤에야 쓰네노는 에도 뒷골목의 생활에 익숙해질 것이었다. 이웃들을 알게 되고 벽을 뚫고 메아리치는 떠들썩한 다툼 소리를 무시하는 법을 알게 될 터였다. 우물에서 줄을 서는 법, 모르는 사람 수십 명과 변소를 같이 쓰는 법, 바가지로 숯을 사는 법을 알게 될 것이다. 에치고의 편안한 생활보다 에도의 삶이 더 좋은 지경에 이르게 될지언정 미나가와초에서 처음 몇 주는 얼마나 끔찍한지 한숨을 토하는 것 말고는 달리 자신의 상황을 설명할 길이 없었다.[11]

쓰네노는 아마 대부분의 이웃들보다 형편이 더 어려웠을 것이다. 이 남녀들은 에도 하층계급 가운데서 그래도 안정된 축에 속했다.[12] 몇 명은 출퇴근하는 하인으로 일했고, 다른 이들은 가마꾼으로, 일이 없을 때에는 문 앞에 가마를 세워놓았다. 행상인이 많았다. 그들은 아침마다 집을 나섰는데, 화창한 날에는 비 오는 날보다 즐겁게 일을 나갔다. 오랫동안 돌아다니면서 초나 사탕, 고추 같은 물건을 팔았다. 다른 뒷골목 거주자들은 좁은 방에서 장사를 했다. 중고 그릇 판매상은 문간에 그릇을 펼쳐놓았고, 교사는 학생들을 불러서 책상을 펴고 가르쳤으며, 직업소개인은 훌쩍 찾아오는 손님을 접대했다. 하지만 대부분의 세입자는 소규모 장인이었다. 뒷골목 셋방에서 얼마나 많은 종류의 물건을 만들어 내는지 놀라울 정도였다. 옷감을 염색하고 스텐실로 무늬를 찍었고, 인쇄용 목판을 새겼다. 나무 연장과 안경을 만들었다. 또한 다다미를 짜고, 대패로 판자를 다듬고, 악기를 조립했다. 골목이 훤히 보이는 곳에서 빛을 받기 위해 미닫이문을 활짝 열어놓고 이 모든 작업을 했다.

이 분주한 사람들은 이웃들을 예의주시했다. 언제나 우물과 목욕탕, 이발소에 사람들이 모였다. 일하면서 골목 맞은편에 있는 이들과 잡담을 나누기도 했다.[13] 남자들은 좁은 공간에서 허세와 욕설을 주고받았고, 혹사당하는 할머니들은 며느리 욕을 했으며, 젠체하는 늙은 남자들은 짜증 섞인 불만으로 모든 이를 지루하게 만들었다. 언제나 할 이야기가 있었다. 물건을 빌려가는 건 좋아하는데 좀처럼 돌려주지 않는 사람들이 있었다. 어른들의 기모노 소매에 슬쩍 코를 닦는, 징징대고 손버릇이 나쁜 아이들, 윤락가에서 집안의 돈을 탕진하는 못된 남자들, 남편한테 우물에서 물을 떠오라고 시키는 게으른 여자들, 어머니 옷차림을 흉보는 콧대 높은 여자애들도 있었다. 어느 누구도 비판에서 자유롭거나 어림짐작에서 예외가 되지 않았다. 에도의 사무라이인 부요인시武陽隱士는 뒷골목 여자들이 남자들이 일하러 나갈 때까지 기다리지 못하고 "동네나 같은 연립주택에 사는 다른 부인들하고 모여서 자기 남편이 얼마나 쓸모없는지 수다를 떤다"고 주장했다.[14]

미나가와초 사람들은 아마 쓰네노와 지칸의 관계를 놓고 입방아를 찧었을 것이다. 하지만 대단한 추문은 아니었을 테고,

인구를 기록하고 마치부교소에서 일하는 사무라이와 연락하는 책임을 맡은 동장이 특별한 관심을 기울이지도 않았을 것이다. 해마다 인구 등록부를 정리할 때까지 누가 누구하고 왜 같이 사는지가 항상 분명한 것은 아니었다. 또한 상주 거주자와 그냥 몰래 들어오거나 지나치는 사람을 구별하기도 어려웠다. 간다의 셋방에는 대부분 3~5명이 살았다. 부부, 가족, 소수의 독신남, 과부, 홀아비 등이었다.[15] 때로는 삼대가 한 지붕 아래 살거나 미혼 고모나 삼촌이 어린 자녀가 있는 가족에 붙어살았다. 하지만 특이한 조합도 있었다. 다 큰 남매가 같이 살면서 혈연관계가 아닌 딸린 식구가 있는 경우도 이례적인 일이 아니었다. 이런 상황에서 쓰네노와 지칸이 결혼하지 않은 것도 이상한 일이 아니다. 어쨌든 아무도 혼인 증명서가 없었기 때문에 쓰네노는 자신이 원하는 대로 주장할 수 있었다.

쓰네노와 지칸에 관해서 더 이상한 일은 하는 일이 없다는 것이었다. 직업도 없고, 파는 것도 없고, 두 사람이 무슨 일을 하는지 도무지 알 수 없었다. 미나가와초에서 지내기 시작한 처음 며칠 동안 쓰네노는 여전히 눈병으로 괴로워했는데, 아마 골목이 어떤 식으로 교차하는지를 파악하고, 우물과 변소를 찾고, 블록에서 자주 보는 사람들의 얼굴을 익히는 데에는 충분했을 것이다. 거기엔 물론 관리인인 진스케와 지칸의 친척인 쌀집 주인 소하치가 있었다. 그리고 블록에서 급여를 받는 문지기가 있었다.[16] 문지기는 동네에서 가장 공적인 인물에 가까웠다. 그는 문지기 자리를 관리하는 협회에서 성姓과 함께 자리를 돈 주고 샀다. 수입과 생활공간이 따라오는 소중한 자리였다. 그러고는 블록의 정문 바로 옆에 있는 오두막에 가족과 함께 들어와 살았다. 거기에 앉아 있으면 들고나는 사람을 모두 볼 수 있었다. 그게 문지기의 공식 임무였고, 그밖에 싸움을 말리고 잃어버린 물건을 찾아주고 전반적인 질서를 유지했다. 하지만 봉급은 많지 않기 때문에 그와 같은 사람들은 대개 부업으로 물건을 팔았다. 정문이 보이는 작은 창에 물건을 진열해 놓고 갑자기 필요하거나 예고 없이 고장 나거나 동나는 물건을 팔았다. 짚신, 빗자루, 휴지, 초, 기와(지붕 수리용이 아니라 생선 굽는 용), 화로 등이었다. 쓰네노가 에도에 도착한 초겨울에는 구운 감자도 팔았다.

골목이 온통 정신없이 굴러가는 가운데 쓰네노는 고향에 편지를 쓰는 데 몰두했다. 이사를 온 지 이틀 뒤인 10월 10일, 한꺼번에 몇 통을 썼다. 하나는 오빠 고토쿠에게 보내는 짧은 편지로 새 주소를 알려주는 내용이었다.[17] 다른 긴 편지도 동봉했다.[18] 주소는 정확했지만 편지는 정확하지 않았다. 쓰네노는 굉장히 춥다면서 아직 안감이 없는 겉옷 하나만 입고 있다고 불만을 토로했다. 아마 앞의 말은 사실이지만 뒤의 말은 사실이 아니었을 것이다(나중에 쓰네노는 외투가 한 벌 있다고 말했는데, 늦가을에 산악지대를 통과했으니 이 편이 훨씬 그럴듯한 이야기다). 하지만 이런 과장은 본론을 강조하기 위함이었다. 산간 지방에 눈이 와서 길이 막히기 전에 옷가지를 보내달라는 것이었다. 쓰네노는 특송 배달이 다카다에서 에도로 언제 출발하는지 정확히 알았다. 번의 업무용인 공식 특송은 1일, 11일, 21일에 출발했다. 분명 11일에는 맞추기 어려울 테지만 21일에는 꼭 보내달라고 말했다. "거긴 눈이 올 테니 가급적 빨리 제 물건을 보내주세요. 길이 아직 괜찮을 때 서둘러 주세요. 여긴 매일같이 추워지는데 입을 옷이 하나도 없어요."[19]

다음에는 기유에게 냉랭하면서도 정확한 편지를 썼다. 에도로 오는 도중에 전당포에 맡긴 옷을 찾는 방법을 구체적으로 적어놓았다. "돈은 …… 규하치로 작은아버지한테 조금 맡겨두었어요. 그걸로는 모자랄 테니 제 함하고 옷장을 팔아주세요."[20] 쓰네노에게 혼수품으로 사준 것 중에 제일 값이 나가는 두 개였지만 에도로 보내는 것은 불가능했다. 워낙 무거워서 두 번째 이혼을 할 때 장정 한 무리가 떠메고 집으로 가져와야 했다. 기유에게 그것들을 팔아달라고 한 것은 다시는 그의 집에서 살 생각이 없다는 분명한 메시지였다. 쓰네노는 계속해서 대나무 상자에 두고 온 요와 누비이불, 그리고 옷장에 걸어 놓은 솜누빔 겉옷도 보내달라고 했다. 긴 함에는 앞치마 두 벌, 거울 몇 개, 베개 하나, 어깨심도 있었다. 그것들도 보내달라고 했다. 나머지 물건들은 대신 보관해 주면 필요할 때 기별을 보내겠다고 했다. 또한 에도에 있는 가족 지인들의 주소도 알려달라고 했다. 편지 말미에 쓰네노는 추신을 덧붙였다. "언젠가 다이묘 집에 들어가 일하면서 상류층의 예절과 관습을 배우고 싶어요. 그렇게 되면 대나무 함하고 여기로 보내준 물건이 전부 필요할 거예요."[21]

허세를 앞세웠지만 쓰네노의 상황은 점점 나빠지고 있었다. 지칸이 셋방을 빌리고 일주일 정도 지난 그달 14일인가 15일에 그가 떠났다.[22] 에도 북쪽에 있는 시모쓰케국下野国(지금의 도치기현에 해당)으로 간다고 했다. 아마 친척인 소하치가 자기를 반기지 않자 화가 난 것 같았다. 쓰네노가 여행길에서보다 에도에 와서 고분고분 말을 듣지 않자 실망했을지도 모른다. 어쩌면 애당초 쓰네노를 에도에 데려다주고 바로 버릴 생각이었을지 모른다. 또는 정말 시모쓰케에 알 수 없는 급박한 일이 있었을 수도 있다. 쓰네노는 가본 적이 없는 낯선 곳이었다. 지칸은 떠나기 전에 금전 한 푼을 주었다. 쓰네노가 다카다의 전당포에 옷을 맡기고 받은 돈에서 수중에 남은 전부였다. 쓰네노는 다시는 지칸을 보지 못했다.

쓰네노가 울부짖거나 웃음을 터뜨리거나 시끄럽게 소리를 질러서 이웃들이 맞받아 고함을 질렀을지 모른다. 아니면 지칸이 사라지자 마음이 놓여서 조용히 앉아 있었을 수도 있다. 어떤 일이 있었는지에 대해서는 아무 편지도 남기지 않았다. 하지만 그건 중요한 게 아니었다. 진짜 문제가 있었다. 지칸이 남기고 간 금전은 에도의 일반적인 셋방 거주자에게는 많은 액수였다.[23] 행상이 그만큼을 벌려면 최소한 3일을 꼬박 일해야 했다. 잘 따져서 구입하면 2~3주 동안 먹을 식재료를 살 수 있었다. 하지만 집을 정해 살기 시작하기에는 충분하지 않았다. 안감이 없는 쓸 만한 겉옷 한 벌도 살 수 없는 돈이었다. 그런데 쓰네노는 무엇보다 입을 옷이 필요했다. 옷이 없는데—돈이 없고, 가족이 없고, 미나가와초에 자기가 어디서 왔는지를 아는 사람이 하나도 없는데—이제 무엇을 해야 하는지 어떻게 알겠는가?

셋방에서 사는 몇 주 동안 쓰네노는 인생에서 처음으로 익명의 존재가 되었다. 주변에 같은 나이대의 여자들을 지켜보아도 아무도 알아볼 수 없었다. 에치고에 살 때는 반달 모양으로 그린 눈썹이나 이마의 헤어라인만 보아도 그 여자가 대를 이어 서로 이름을 알고 살아온 사람들의 은하계 속에 있는 마을과 친척들의 별자리 속에서 정확히 어느 집안 사람인지 알 수 있었다. 마주치는 사람들은 할아버지 사촌의 이웃이거나 여동생의 시댁 사람, 남편 집안 사람이었다. 다들 어린 시절 친구였고, 누구 어머니가 어떤 장아찌를 잘 담그는지 알고, 누군가의 집에 안감 있는 겉옷을 벗어두고 와도 바로 알아볼 수 있는 여자들이었다. 목소리만 듣고도 자기 남자 형제들을 알아보고 누구를 제일 좋아하는지 아는 이들이었다. 나이 든 여자들 가운데는 쓰네노가 젊은 시절의 할머니보다 더 예쁜지, 못생겼는지를 단호하게 말할 수 있는 이들도 있었다.

하지만 이곳 미나가와초에서는 쓰네노의 이름이 아무 의미가 없었다. 그녀가 구사하는 억양만이 에치고의 어딘가를 떠올리게 했다. 목욕탕 종업원들에 눈이 많이 오는 에치고 출신이 많았고 농장 일꾼들은 여름마다 에치고로 간다며 떠났다. 쓰네노는 평생을 논에서 허리를 굽히고 일한 농부처럼 보이지 않았을 테지만, 아무도 한 번 보고 그녀가 승려의 딸이거나 수백 킬로미터 떨어진 집에 있는 함에 비단 겉옷을 수십 벌 쟁여두고 있다는 걸 알지 못했다. 그런데 그게 뭐 중요한 일이란 말인가? 에치고나 더 가까운 시골―고즈케上野, 시모쓰케, 무사시―억양을 구사하는,

비단옷은 입어 본 적이 없는 여자들이 있었다. 그들 대부분은 편지를 쓸 줄도 몰랐다. 하지만 그들에게는 줄무늬가 곱고 선명한 깨끗한 솜 누비옷이 있었다. 설령 그들의 이름이 지어낸 것이고 유일한 친척이라곤 황량한 마을에서 늙어가는 부모나 셋방에 꾸역꾸역 모여 사는 이들뿐일지라도 순백의 칼라와 꼼꼼하게 꽂은 머리핀은 에도 사람이라는 일종의 신원 보증이었다. 그리고 그들은 적어도 매일 갈 곳이 있었다.

쓰네노는 아무것도 없었다. 하지만 다른 이점은 있었다. 그녀는 정토진종 승려의 딸로 자랐는데, 자기 경험상 이 종단의 사찰이라면 승려의 딸을 외면하지는 않았다. 린센지가 아무리 작은 절이고 멀리 떨어진 곳에 있더라도 누군가는 그 절의 이름을 알 터였다. 그리고 쓰네노의 겉모습이 아무리 궁색해도 행동거지는 반듯했다. 쓰네노는 비록 데와국의 작은 강변 마을에 있는 곳이었지만 중요한 절의 안주인이었던 적이 있었다. 그리하여 쓰네노는 10월 중순에 미나가와초를 떠나서 남쪽으로 갔다. 에도에서 정토진종의 가장 큰 사찰 단지인 쓰키지築地 혼간지本願寺를 향해서.

＊

미나가와초에서 쓰키지로 가는 대로는 간다 시장 뒤로 해서 이마가와바시今川橋 너머 니혼바시日本橋 쪽으로 이어졌다. 에도의 상업 중심지인 이곳에 비하면 간다 시내의 서쪽 지역은 다카다만큼이나 무미건조해 보였다. 거리 양쪽으로 거대한 상점이 늘어서 있었다. 가장 큰 곳은 미쓰이三井의 에치고야越後屋(1673년 처음 가게를 연 뒤 1876년에 미쓰이 물산과 미쓰이 은행을 설립한 미쓰이 그룹의 전신.-옮긴이)로, 이시가미 같이 작은 마을 출신 사람들도 아는 곳이었다.[24] 쓰네노가 살던 시절에 미쓰이 재벌은 몇 가지 자산과 부속 사업이 있었다. 돈을 빌려주고 간다 시내의 여러 셋집을 비롯한 부동산을 소유했으며, 막부를 위해 환금 주문을 관리했다. 하지만 본업은 여전히 소매점으로, 기와지붕과 선명한 파란색 현수막, 상품 꾸러미를 들고 가게를 잰걸음으로 들락날락하는 단정한 제복 차림의 수습 점원들로 유명한 랜드마크였다.

에치고야는 온갖 최신 유행과 재질의 기모노와 오비를 팔았다. 비단, 마, 면, 심지어 수입산 옥양목과 비로드 제품도 팔았다. 상점은 경쟁자들보다 한참 전에 당일 현금 구매를 허용했다. 다른 상점들은 신용 판매를 하면서 계절이 끝날 때 정산했다. 이런 관행 덕분에 에치고야는 더 낮은 가격에 물건을 팔면서 외상 장부가 없거나 평판이 확실하지 않은 사람들을 만족시킬 수 있었다. 팽창하는 익명의 도시에 딱 들어맞는 전략이었다. 설립한 지 100여 년 뒤에도 상점은 충동구매의 즉흥적인 흥분에 의존하는 사업체였다. 1층 본 매장에는 언제나 새로운 물건들이 들어와 쌓였고, 거리를 향해 활짝 열려 있어서 지나가는 사람들이 바로 들어와서 충동구매를 하도록 유혹했다.

상점 안에는 점원 수십 명이 주문을 받고 외상 장부를 정리하면서 주판을 튕기고 영수증을 작성했다. 점원들의 이름이 서까래에 걸어놓은 특대 현수막에 붓글씨로 쓰여 있어서 고객들은 좋아하는 판매원과 그 조수들을 쉽게 찾을 수 있었다. 하지만 도시에서 손꼽히게 유명한 상점에서 눈에 띄는 자리를 차지하고 있다고는 해도 점원들의 처지는 겉으로 보이는 것보다 불안했다. 에치고야 에도점은 수백 명을 고용했는데, 대부분은 어린 시절부터 일하는 이들이었다. 그들은 오랫동안 만능 심부름꾼이자 조수로 일하다가 성년이 될 무렵에 겨우 절반 정도가 자격을 제대로 갖춘 점원이 되었다. 그때부터 다시 승진을 향한 고된 사다리를 기어올라 갔다. 가장 높은 직급까지 올라가는 것은 극소수였는데, 그래 봤자 겨우 가족을 제대로 부양할 만한 봉급을 받았다. 그동안 중간급 점원들은 회사에서 제공하는 숙소에서 살면서 번드르르한 옷장에 자부심을 느끼며 싸구려 매음굴에 놀러 가기 위해 봉급을 모았다.

미쓰이 에치고야의 파란색 현수막 너머에서는 다른 유형의 상업이 이루어졌다. 그만큼 조직적, 위계적이지 않은, 금화보다는 엽전으로 이루어지는 장사였다.[25] 거리를 가득 메운 행상들은 등에 진 불쏘시개 더미 때문에 잔뜩 허리가 굽거나 기다란 대나무 장대를 땅에 질질 끌었다. 푸성귀 바구니나 굵직한 은어가 담긴 대나무 채반을 머리에 인 시골에서 온 거무스름한 남자들이 있었다. 아무 장식이 없이 모양과 크기가 다양한 하얀 등을 파는 이들도 있었다. 약삭빠른 젊은 남자들이 그 옆에 앉아 있다가 누군가 등을 사면 재빨리 붓과 먹으로 등의 한지에 이름을 써주었다. 놀라울 만큼 매력적인 여자들이 춤을 추고 노래를 하면 주변에 작은 무리가 모여들었는데, 알고 보면 알사탕을 파는 장사

145

꾼들이었다. 가죽끈을 맨 원숭이를 데리고 다니는 말쑥한 남자들이 사람들의 관심을 놓고 여자들과 경쟁했다. 늙고 지친 여자들이 등에 무겁게 숯을 지고서 지나갔는데, 검댕 때문에 얼굴이 까맸다. 나이 든 남자들이 비틀거리면서 끄는 새장과 곤충장을 높이 쌓은 수레에서 덜컥거리는 소리가 울렸다. 머릿수건을 쓴 여자들이 화분에 심은 식물과 꽃을 늘어놓고 가만히 앉아 있었다. 이따금 멀리서 보면 스모 선수 같이 육중한 덩치로 느릿느릿 움직이는 사람이 있었는데, 대개 짚바구니와 체, 거품 내는 기구 수십 개를 짊어진 보통 몸집의 행상이었다. 어떤 때는 진짜 스모 선수였다.

쓰네노는 계란이 먹고 싶었을까? 다다미에 계란 수십 개를 깔아 놓은 남자가 있었다. 사탕은? 겨울 햇볕을 가리기 위해 우산을 편 노점을 찾을 수 있었다. 짚신이 떨어졌을까? 경비 초소에 있는 노인에게서 새 짚신을 살 수 있었다. 물 한 잔 먹고 싶었을까? 애완용 금붕어는? 새 빗은? 잠깐만 기다리면 누군가 찾아왔다. 그 사이에 쓰네노는 순례 중인 아이에게 보시를 주었을까? 걸인에게 쥐여줄 엽전이 몇 문 있었을까? 장님 음악가가 연주하는 노래를 듣고 싶었을까? 그렇지 않으면 헌 옷을 팔고 싶었을까? 버리는 종이가 좀 있었을까?[26] 그런 게 있으면 머리 모양이 이상한 남자들한테 줄 수 있었다. 동네 부랑자 집단에 속한 이들이었다. 그들은 폐지를 고물상에 팔았는데, 고물상은 폐지를 재활용해서 다시 쓰네노에게 휴지로 팔았다.

모두들 자기가 어디로 가는지 아는 것처럼 보였다. 막노동자는 손수레를 끌고, 사무라이는 무예 훈련하러 칼과 창을 들고 가고, 보모는 등에 아이를 업고 있었다. 수업을 받으러 가는 아이들은 머리에 책상을 이고 있었다. 여종들은 안주인을 위해 싼 꾸러미를 들고 갔다. 청소부도 여러 가지 바구니를 들고 있었다. 어떤 이는 장대에 매달고 어떤 이는 허리춤에 찼다. 하지만 쓰네노는 빈손이었다. 지닌 거라곤 입고 있는 옷가지와 금전 한 푼에서 남은 잔돈, 어디로 가는지 막연한 생각뿐이었다.

간다에서 쓰키지로 가는 길은 니혼바시강 위로 이어졌다. 주요 상업 지구의 남쪽 경계선이자 에도에서 가장 분주한 수로 중 하나였다. 시골에서는 강에서 제일 중요한 게 물이었다. 강물은 느리고 황토빛이거나 거세게 흐르고 맑은 빛이었다. 쇠나 흙, 빗물 냄새가 났다. 범람하는 위험한 사태가 벌어지기도 하고 널따란 뻘을 통해 조금씩 흐르기도 했다. 하지만 여기서는 물 때문에 강이 생겼다 할지라도, 그 덕분에—성의 해자와 스미다강과 바다를 이어준 덕분에—도시 전체가 존재할 수 있다 할지라도 물은 관심의 대상이 아니었다. 군중의 고함 소리에 묻혀 강물 소리가 들리지 않았고, 반짝이는 물결은 강물을 뒤덮은 거룻배 때문에 보이지도 않을 지경이었다. 배들은 대부분 일본에서 제일 큰 새벽 어시장과 관련이 있었다. 새우나 조개, 장어 무더기를 나르는 배들이었다. 강물이 넘실대서 물고기가 쏟아질 뻔하다가 이내 니혼바시 다리의 말뚝에 부딪혀 물살이 가라앉았다.

니혼바시 다리를 건너는 건 마치 사람들로 빽빽한 작은 언덕을 오르는 것 같았다. 다리는 단순한 이동의 장소가 아니었다.

상업과 구걸, 절도, 그리고 생소한 억양으로 다급하게 이루어지는 토론의 장소이기도 했다. 햇볕에 그을린 농부들이 꼼짝도 않고 서서 마을에서 가져온 채소를 팔았다. 다른 사람들은 전부 걸음을 재촉했다. 가던 길을 멈춰서 도시를 굽어보는 사람은 거의 없었다. 멀리 우뚝 솟은 쇼군의 성이나 맑은 날이면 후지산이 보이는 서남쪽, 강물을 등지고 널찍한 흰 벽이 늘어선 창고들이 있는 강둑에 눈길을 주는 이는 별로 없었다.

다리 건너편에는 도시가 처음 세워졌을 때 할당받은 장인 집단을 따서 이름을 붙인 서민 동네가 있었다. 다이쿠마치大工町(목수 동네), 다다미마치畳町, 게다마치下駄町 등이었다. 오래전에 평범한 시내 동네로 바뀐 상태였다. 남쪽에 있는 미나미-덴마초南伝馬町는 가장 오래되고 유명한 서민 동네 중 하나로 집세가 비쌌는데, 이 동네 지주들은 막부에 역마駅馬와 짐꾼 용역을 제공하는 부담스러운 의무를 떠안았다. 거리는 교바시京橋에 있는 널찍한 광장으로 이어졌다. 원래 화재를 차단하는 용도로 만들어진 광장은 이제 상설이 된 "임시" 노점을 위한 장소였다. 교바시 다리를 건너면 도시의 남쪽 변두리였는데, 전부 매립지에 지어진 곳이었다. 이곳은 에도가 처음 만들어질 때는 존재하지 않았다. 이제는 다이묘들이 창고를 두는 곳이자 정토진종의 사찰 단지인 쓰키지 혼간지가 항구의 흰 돛 위로 우뚝 솟은 장소였다.

쓰키지 혼간지는 사찰 하나가 아니라 지붕이 뾰족하게 솟은 본당을 둘러싸고 여러 종교 기관이 모인 곳이었다. 본사의 주지는 쇼군조차 부러워할 정도의 자원을 거느렸다.[27] 수만 명의 평신도로 이루어진 조직이 계란과 양초, 꽃, 돈을 바쳤다. 교토에 있는 정토진종 불교 니시혼간지西本願寺의 주지가 쓰네노가 도착한 해에 이 단지를 방문했다. 그는 본사가 일상적인 상업에서 분리되어 에도 상공을 맴도는 듯하다고 묘사했다. 남쪽으로는 시나가와品川 역참의 지붕과 항구를 들락거리는 배들이 보였다. 밤에는 치어잡이 어부들이 불을 놓아 물살을 환하게 비추었다. 동쪽으로는 멀리 보소 반도의 산들이, 서쪽으로는 후지산 정상이, 북쪽으로는 에도성의 흰 벽이 어렴풋하게 보였다. 하지만 거리에서 보이는 풍경은 전혀 달랐다. 본당의 그림자 속에 모여 있는 작은 절들을 드나드는 신자들의 인파와 시장이 눈에 들어왔다.[28]

쓰네노는 그중 한 절에 들렀다. 엔쇼지円正寺라는 절이었다. 당시에 이 절은 대부분의 에도 시지도에 나오지 않는 호젓한 곳이었다. 하지만 쓰네노는 기유가 절의 주지와 서신을 교환한 까닭에 이곳을 알고 있었다.[29] 쓰네노는 에치고국에 있는 린센지 집안 딸이라고 자신을 소개하면서 도움을 청했다. 주지 가족이 숙박을 제공하는 대가로 가벼운 집안일을 시키기를 기대했을 것이다. 에치고에서 자라면서 익숙하게 접한 일이었다. 하지만 대신에 그들은 서쪽으로 불과 몇 블록 거리에 있는 데포즈 지켄초鐵砲洲十軒町에 사는 미쓰 고모를 찾아가 보라고 했다. 쓰네노는 고모가 거기 사는지 몰랐거나 너무 당황해서 찾아가 볼 생각도 못했을지 모른다.

쓰네노는 지켄초까지 걸어갔다. 에도 변두리에 자리한 호젓하고 바람 부는 길쭉한 땅이었다.[30] 도시보다는 만灣에 속한 곳

149

이었다. 태풍이 불면 블록 전체가 통째로 집어삼켜질 만한 곳이었음이 분명하다. 그곳 사람들은 대부분 원양 선박의 짐을 부려서 에도의 내륙 수로를 왕복하는 작은 배에 싣는 일에 종사했다. 쓰네노의 고모부 분시치는 지켄초에 사는 가장이었는데, 해운업과 관계가 있었을 것이다. 그곳에는 다른 가게가 거의 없었고, 외딴 이즈 제도에서 오는 사람들이 마른 생선과 해조류를 배달하는 관청이 하나 있었을 뿐이다.

　　쓰네노는 10월 마지막 날에 고모부 분시치의 가게인 모리타야에 들렀다.[31] 에도에서 4주 가까이 지낸 끝이라 예전의 모습과는 많이 달랐다. 분시치가 쓰네노를 친척이라고 생각하기는 어려웠을 것이다. 그는 깜짝 놀라서 쓰네노가 "헐벗었다"고 편지에 썼다.[32] 쓰네노는 전에 에도에 간 적이 없었고, 가족의 연줄은 부인인 미쓰쪽에 있었으며, 미쓰는 도시 바깥에 있는 마을에 일하러 간 상태였다. 그래서 분시치가 볼 때는 얼굴도 본 적이 없는 (그리고 아마 들어본 적도 없는) 산발한 여자가 느닷없이 문간에 나타나서 믿기 어려운 이야기를 들려준 셈이다. 내용인즉 잘 알지도 못하는 남자하고 도망치면서 옷가지를 전부 전당포에 맡기고 일자리를 찾아 혼자서 에도를 돌아다니고 있다는 것이었다. 아마 어떻게 생각해야 할지 마음을 정하지 못했을 성싶다.

　　며칠 뒤 기유에게 보낸 편지에서 분시치가 나름대로 풀어 쓴 쓰네노의 이야기는 분명했다.[33] 가족의 돈을 노리는 어떤 불한당한테 꾐을 당했다가 버려졌다는 것이었다. 지칸은 "부도덕"한 놈이고 그의 친척들은 죄다 "나쁜 사람들"이었다. 린센지에서는 간다의 미나가와초에서 보내는 편지를 기다리고 있을 텐데 지칸의 친척들이 음흉한 수작을 부리는 것이니 그 편지를 무시해야 했다. 확실히 기유는 전당포에 잡힌 옷을 찾아오라는 쓰네노의 요청에 일절 응하지 않아야 한다. 실제로 그는 다음 소식을 받을 때까지 쓰네노에게 어떤 것도 보내서는 안 되었다. 그동안에 분시치는 쓰네노가 겨울을 지낼 자리를 잡도록 최선을 다해 도울 것이었다. 그는 미쓰와 의논했으며, 미쓰도 자기가 일하는 집에 적당한 일자리를 주선해 달라고 요청하는 데 동의했다.

분시치는 애타게 답장을 기다렸지만 그가 보낸 편지는 거의 두 달 동안 린센지에 도착하지 못했다. 흔히 있는 일이었다. 보통 편지가 산악지대를 넘어가는 데 3~4주 정도 걸렸다.[34] 하지만 알고 보니 분시치의 편지는 곧바로 예상치 못한 눈보라에 부딪혔다. 그가 편지를 부친 11월 초에는 산간 지방에 눈이 한 자(약 30센티미터) 정도만 쌓여 있었다. 에치고 사람들은 안심하면서 대기근 시절의 끔찍한 겨울을 몇 년 겪은 끝에 이제 한숨 놓겠거니 생각했다. 하지만 마침내 11월 말에 눈이 내리기 시작해서 갑자기 며칠 동안 폭설이 쏟아졌다. 눈이 그칠 즈음엔 온 세상이 눈에 덮였다. 이시가미 내륙의 한 동네에서 소식을 전한 작가 스즈키 보쿠시에 따르면, 사람들이 가까스로 집을 드나들 수 있을 정도였다.[35] 분시치의 편지는 한참을 기다려야 했다.

*

이시가미 마을에 눈이 내리기 한참 전에 기유는 이미 골칫거리 여동생을 처리할 준비를 하고 있었다.[36] 쓰네노가 9일 동안 사라진 9월 말, 기유는 총무인 덴파치에게 고토쿠네 집에 들러서 여동생의 안부를 확인해 보라고 청했다. 예상보다 오랫동안 집을 비웠기 때문이다. 덴파치는 쓰네노가 거기에 온 적이 없다는 사실을 알고 깜짝 놀랐다. 고토쿠도 당황했지만, 이내 배달부가 쓰네노가 에도로 떠난다는 소식을 전한 편지를 가져왔다.[37] 쓰네노가 작은아버지 주소로 보낸 것으로, 작은아버지가 편지를 읽고 고토쿠에게 알려야겠다는 생각에 전달한 것이었다(작은아버지는 쓰네노가 편지에 동봉한 쪽지를 완전히 무시했다. 에도에 있는 자기 주소 말고는 형제들과 어머니한테 말하지 말아달라는 내용이었다).[38] 깜짝 놀란 덴파치는 편지를 린센지로 가져왔고 기유에게 전후 사정을 이야기했다.

기유는 융통성 없는 사람으로 종종 남들의 행동에 실망했지만, 또한 예민하기도 했다. 여자들 마음은 도무지 알 수 없었지만 그는 여자들의 동기를 이해하려고 애썼다. 어쩌다 의견 충돌에 휘말릴 때면 그는 이따금 마치 내면적인 공정 의식에 사로잡혀 있는 것처럼 이야기의 반대쪽을 빈틈없이 설명하는 편지를 썼다.[39] 그는 쓰네노의 행동에 분개했는데, 굴욕적인 내용일 뿐만 아니라 첫 번째 결혼이 실패로 끝난 뒤 자신이 집안을 다스릴 수 없다는 비판에 민감했기 때문이다. 다른 한편, 그는 동생이 떠난 이유를 정확히 알 수 있었다. "우리로서는 동생이 알지도 못하는 승려와 도망쳤다는 사실을 받아들이기가 어렵습니다. …… 그 애는 가족을 등지고 온 세상 앞에서 우리 면목을 잃게 했습니다."[40]

하지만 기유는 한 마디 덧붙였다. "그 애는 전에 결혼을 했는데 이기적으로 처신해서 이혼을 했습니다. 달리 어떻게 해야 할지 알지 못해서 누구한테도 말하지 않고 도망친 것 같습니다."

기유는 쓰네노가 정말 에도에 있는지 확인하기 위해서라도 찾기를 원했지만 쉽지 않은 일이었다. 직접 에도까지 먼 길을 갈 수는 없었다. 미쓰 고모와 분시치 고모부를 떠올렸지만 두 사람한테 먼저 편지를 보내지는 않은 것 같다. 대신에 린센지의 총무인 덴파치에게 에도의 신바시新橋에서 일하고 있는 그의 친척 이소가이 야스고로한테 편지를 보내보라고 청했다. 야스고로는 린센지의 교구민으로, 쓰네노가 두 번째 결혼을 할 때 배달업체를 통해 말린 도미를 선물로 보낸 적이 있었다.[41] 세 번째 결혼식 때는 하객으로 왔다.[42] 그의 어머니는 린센지 여신도 모임의 충실한 일꾼 가운데 하나였다.[43] 다시 말해, 그는 절의 비밀을 입 밖에 내지 않을 믿을 만한 사람이었다. 기유는 덴파치를 통해 야스고로에게 미나가와초로 가서 쓰네노가 잘 있는지 확인하고 소식을 알려달라고 청했다.[44] 극히 신중하게 일을 처리해 줄 것을 당부했다.

한편 기유는 아버지 친척들, 그러니까 에치고의 이자와 가문 사람들을 상대로 굴욕적인 면담을 준비했다. 보통 먼 친척은 절을 어떻게 운영하는지에 대해 발언권이 없었다. 하지만 기유는 그들에게 빚이 있었다. 대기근 시절에 사찰 운영을 위해 친척들한테 금화 200냥을 빌린 것이다.[45] 그래서 쓰네노가 에도로 도망쳤다는 것뿐만 아니라 모르는 사람과 같이 갔다는 사실, 그리고 그만큼 나쁜 소식으로 자기 물건을 전부 전당포에 잡혔다는 사실

153

까지 당혹스러운 사정을 전부 설명해야 했다. 아니나 다를까, 이 자와 가문은 기유가 여동생과 연을 끊어야 한다고 결정했다.

기유가 쓰네노에게 보낸 편지는 몸은 괜찮냐는 의례적인 인사도 없이 무뚝뚝하게 말문을 연다. "10일에 보낸 편지들은 받았다."[46] 그러고는 쓰네노가 도망친 사실을 어떻게 알게 됐는지 긴 이야기를 늘어놓고는 마침내 그녀의 인성에 대해 비난을 퍼부었다. "너는 고토쿠네 집에 간다고 거짓말을 하고는 에도로 가버렸다. 정말 못된 짓이지. 너는 부모 형제를 버렸다. 아녀자로서 참으로 이기적이고 가증스러운 행동을 한 것이다. 친척들한테 상황을 설명하니 다들 네가 정말 그런 사람이라면 너한테 혼자 힘으로 살게 내버려 두겠다고 말해야 한다고 하더구나. 네가 이 절하고만 연을 끊은 게 아니라 친척들과 마을하고도 연을 끊은 셈이라는 걸 알아야 한다. 네가 전당포에 맡긴 물건을 찾아달라고 했지만 그건 어렵겠다." '어렵겠다'라는 말은 그렇게 해줄 생각이 없다는 뜻이었다. 기유는 혼용체에서 흔히 쓰이는 동사로 편지를 마무리했는데, 사람들이 지나친 요청을 거절하고 싶을 때 자주 쓰는 표현이었다. 쓰네노는 충분히 이해할 수 있었겠지만, 조금 복잡한 글자를 큰소리로 읽고 바른 순서로 정리해 달라고 누군가에게 부탁했을지도 모른다.

기유는 잘 알려진 말로 편지를 마무리하면서 유교 경전 『효경孝經』의 유명한 문구를 인용했다. 교양 있는 아이들이라면 글 읽기를 배울 때 처음 접하는 문구 중 하나였다. "신체발부는 수지부모라, 불감훼상은 효지시야라身體髮膚 受之父母 不敢毀傷 孝之始

也.""이 말을 무시하는 사람과는 더는 말을 섞지 않겠다."

쓰네노는 아마 이 구절을 알아보았겠지만, 오빠의 메시지에 담긴 이중적 의미는 몰랐을지도 모른다. 기유가 『효경』에서 따온 마지막 문장은 불효한 행동을 비난하면서도 또한 자기를 돌보라고, 즉 머리카락 하나라도 "감히 훼손하지 말라"고 권하는 내용이었다. 기유는 화가 났지만 그래도 오빠였고 동생을 포기할 마음이 없었다.

❋

편지가 도착한 11월 말 무렵에는 쓰네노가 오빠의 충고를 한참 무시한 상태였다. 기유는 이미 얼마나 많은 훼손이 이루어졌는지 알지 못했다. 쓰네노는 고모부 분시치에게 지난 몇 주간 무슨 일이 있었는지 혼란스럽게 설명한 바 있었다. 옷가지를 전당포에 맡긴 일, 지칸이 "결혼하자"고 한 일, 소하치가 냉랭하게 맞이한 일, 지칸이 떠난 일에 대해. 하지만 쓰네노는 또한 지칸이 친구가 되어주었다고 주장했다. 몇 달이 지나서야 쓰네노는 이야기의 그 부분을 바꾸었다. 아니 그동안 벌어진 일을 스스로 인정할 수 있었다.

고모부 분시치는 이미 많은 이야기를 들어서 충격에 빠졌다. 그는 쓰네노에게 절실하게 필요한 옷가지를 비롯해서 짐을 한 보따리 준비했다.[47] 쓰네노는 여전히 겉옷과 외투 한 벌씩밖에 없었다. 하지만 조건이 하나 있었다. 미나가와초에 있는 셋방으로 짐을 가져가서는 안 된다는 것이었다.

155

쓰네노는 둘 중 하나를 선택해야 했다. 어느 순간 분시치가 자기를 고향집으로 보내리라는 걸 알면서 고모부 집에서 살거나 빈손으로 셋방으로 돌아가는 것이었다. 그 시점에서 쓰네노는 이미 인생에서 한 가지 중대한 결정을 내린 상태였다. 대부분의 여자들—대다수 사람들—은 생각도 못한 일이었다. 사람들은 대개 부모가 정해준 상대와 결혼을 하고, 집안의 농사나 사업이나 절을 물려받았다. 쓰네노와 형제자매들은 제아무리 반항적이고 욱하는 성질이 있더라도 자리를 잡은 곳에서 살면서 이미 가진 것을 지키려고 애썼다. 쓰네노가 고모부의 훌륭한 판단에 고개를 숙이고 그가 정리한 대로 자기 이야기를 받아들였다면 어려운 일이 없었을 것이다. 쓰네노는 에도를 전혀 알지 못했다. 가족이 그녀를 돌보게 내버려 두고, 입을 옷을 조금 주고, 안전하게 집으로 돌아갈 수 있을 때까지 할 만한 남 부끄럽지 않은 일을 찾아주더라도 나쁜 일은 아니었다. 다른 사람이라면 누구나 그렇게 했을 것이다.

하지만 쓰네노는 너무 멀리 와버렸고, 고집을 꺾지 않았다. 에치고로 돌아가면 식구들이 다시 시집을 보내려고 할 게 분명했다. 쓰네노는 동생 기요미나 새언니 사노처럼 운이 좋아서 절의 안주인이 되어 아이를 돌보고, 불단을 정리하거나 다른 동생 도시노처럼 남편 마을에서 평온하게 살기에는 나이가 너무 많았다. 쓰네노의 과거를 아는 사람이 누가 결혼하려 하겠는가? 쓰네노에게 놓인 선택지는 애당초 도망을 쳤을 때보다 조금도 나아진 게 없었다. 사실 더 나빠졌다.

쓰네노는 이미 시모고마치 다리에서 에도로 가자는 지칸의 말에 고개를 끄덕인 그날 결정을 내린 상태였다. 후회는 했을지 언정—위험을 무릅썼고 거의 모든 것을 잃었다—그래도 자신이 무엇을 원하는지 알았고, 에치고에는 미래가 전혀 없었다.

쓰네노는 빈손으로 쓰키지를 떠났다. 여전히 에도에 남았다. 다른 무언가가 닥칠 것이었다.

✻

스스로 헤쳐나가야 하는 처지가 된 쓰네노는 곧바로 일자리를 찾아야 했다. 돈은 이미 바닥이 났고, 진스케에게 벌써 빚을 졌다.[48] 집세가 밀렸거나 진스케가 세간살이를 갖추라고 돈이나 물건을 빌려주었을 것이다. 문제는 쓰네노에게 아무런 특별한 기술이 없다는 것이었다. 전에는 막연하게 다이묘 저택에 일하러 들어가서 "상류층의 예절과 관습을 배울" 수 있겠거니 생각했었다.[49] 하지만 주변에 그런 자리를 주선해 줄 사람이 없었다. 촉박하게 그런 자리를 찾기란 불가능한 일이었다. 면접과 심사가 있었고 경쟁이 치열했다. 에도의 뒷골목에 사는 야심 있는 어머니들은 딸이 커서 그런 자리에 들어갈 수 있게 몇 년 동안 준비했다.[50] 셋집에 사는 예쁜 여자들이 훈련과 규율을 익히면 다이묘의 저택에 들어갈 수 있다는 걸 아는 어머니들은 푼돈을 아껴가며 음악과 춤, 서예 강습을 시켰다. 긴 하루를 보내고 지친 아이가 집에 돌아와 노래하느라 목이 쉬고 샤미센을 연주하느라 손가락에 못이 박혔다고 불만을 늘어놓으면, 어머니는 서둘러 저녁을 차려주면서 아무튼 연습을 게을리하지 말라고 다그쳤다. 어머니는 교양 있는 숙녀가 되면 평생 더러운 셋집에서 빨래를 걷거나 구멍가게를 하면서 살지 않아도 된다고 딸에게 상기시켰다. 부유한 상인의 첩이 되거나 자영업자 게이샤가 되어 혼자 먹고살 수 있었다. 가장 좋은 경우에는 번듯한 집안에 시집을 갈 수 있었다. 어머니의 천박한 예절에 당황하는 낯선 고상한 처녀가 된다고 해도 이 모든 분투와 희생은 값진 것이었다.

쓰네노는 그런 식의 헌신과 경쟁할 수 없었다. 그녀는 솜씨 좋은 연주자가 아니었고, 설상가상으로 변변한 옷도 없었다. 최근에 보낸 편지에서 쓰네노는 가족에게 "싸구려 오비"와 거울, 빗, 머리핀, 앞치마, 면 안감을 댄 겉옷을 보내달라고 간청했다.[51] 하지만 식구들은 그녀와 말을 섞으려고 하지 않았고, 아무것도 보내오지 않았다. 쓰네노는 재주도 없고 유행과도 거리가 멀고 혼자였다. 쌀집 주인 소하치는 지방 고용청에 가서 아무 일이나 구해보라고 조언했다.[52]

쓰네노는 고용청에 가서 동네에 사는 흔한 여자처럼 자기를 소개했다. 하지만 구할 수 있는 일자리라곤 몇 블록 떨어진 곳에 있는 사무라이 저택에서 온갖 허드렛일을 하는 하녀 자리뿐이었다. 단순한 가사노동 자리로 화려할 게 전혀 없었다. 전에 상상한 것과는 전혀 딴판이었다. 하지만 쓰네노가 거절하려 하자 고용 담당관은 다른 일자리는 없다고 단언했다. 쓰네노는 편지에서 하소연했다. "더 나은 자리가 없어서 정말 걱정이 됐어요."[53]

같은 무렵에 쓰네노에게 깜짝 놀랄 만한 손님이 찾아왔다.

린센지 총무의 친척인 야스고로가 기유의 부탁을 받고 살펴보러 온 것이었다. 전에 쓰네노는 그가 이시가미 마을에 어린 가족을 남겨놓고 겨울 동안 에도에 일하러 온 것을 알았기 때문에 도시에 도착하자마자 오빠한테 그의 주소를 물어본 적이 있었다.[54] 그런데 답은 듣지 못했었다.

쓰네노는 야스고로를 만나서 안도했음이 분명하다. 생판 모르는 사람들로 가득한 도시에서 마침내 친구를 만난 것이다. 게다가 야스고로는 자기보다 아랫사람이었다. 자기보다 나이가 조금 많고 확실히 자리를 잡은 기혼자였지만, 그는 언제나 자기 가족을 따랐다. 그는 쓰네노의 신분과 교육 수준을 알고 있었다. 쓰네노가 어떤 사람인지 알고 있었다. 어쩌면 고용청 담당자에게 그가 소개한 일자리가 적합하지 않다고 설명해 줄 터였다.

혹시라도 쓰네노가 그런 기대를 했다면 터무니없는 오산이었다. 야스고로가 교육을 제대로 받거나 세련된 사람이 아니었던 것은 분명하다. 그는 공들인 흔적이 보이는 뭉툭한 글씨를 썼고, 강한 에치고 억양을 구사했다.[55] 에도에서 그는 평범한 하인이었다. 하지만 그는 도시를 알았기 때문에 쓰네노가 처한 곤경을 다른 관점에서 볼 수 있었다.

야스고로는 에도의 노동 시장이 지독하다는 걸 알았다. 물론 아직 어떤 경우에는 신분이 중요하기는 했다. 쓰네노가 보이는 태도와 말투에서는 신분이 드러났을 것이다. 사람들이 그녀가 주지 집안의 딸이라는 걸 알면 약간 고상한 언어를 구사하고 좀 더 깊이 허리를 숙였을지 모른다. 하지만 아무리 흠잡을 데 없는

159

집안 출신이라도 기술이 있는 건 아니었고, 현지의 연줄과 그것을 뒷받침하는 돈이 없이는 아무런 의미가 없었다. 쓰네노에게는 어느 것도 없었다.

이런 상황에서 야스고로는 쓰네노가 괜찮은 자리를 소개받았다는 걸 듣고 기뻤다. 곧바로 소하치에게 가서 약속을 확인했다. 그러고는 쓰네노의 가족에게 편지를 써서 그녀의 운명이 정해졌다고 알렸다.[56] 쓰네노가 11월 말에 하녀 일을 시작한다는 소식이었다.

5. 사무라이의 겨울

1839년 11월은 날씨가 굉장히 포근했다. 잔잔한 햇살이 뒤덮은 가운데 날이 흘러갔고 땅도 얼지 않았다. 에치고에서 평생을 보낸 쓰네노로서는 보통 설피를 챙겨야 하는 계절에 평소대로 나막신을 신고 진창이 된 거리를 걷는 게 이상했다. 고향 출신 사람들은 가벼운 눈보라가 날려도 환호성을 지르는 에도 사람들을 비웃었다. 삽질을 할 필요가 없으면 내리는 눈을 감탄하며 바라보기 쉬웠다. 에도 사람들은 또한 바늘처럼 가는 고드름을, 너무 연약해서 한 손가락으로도 분지를 수 있는 고드름을 사랑했다. 스즈키 보쿠시는 에도의 고드름은 고향에서 생기는 고드름에 비하면 "오리 방귀만큼 보잘것없다"고 썼다.[1]

물론 그는 그만큼 허세를 떨 여유가 있었다. 그는 유명한 작가들의 작업실에서 화로를 끼고 앉아 에도의 겨울을 나는 잘 차려입은 상인이었다. 혼자 사는 여자, 그것도 웃풍이 숭숭 들어

161

오는 셋방에 앉아 겨울이 닥치는 것을 바라보는 여자로서는 자기가 강인하다고 큰소리를 치기가 어려웠다. 쓰네노는 이제 원한다고 해도 고향에 갈 수 없다는 걸 알았다. 산악지대를 관통하는 도로가 눈에 파묻혔기 때문이다. 또한 언제 다시 가족이 소식을 전해올지, 아니 과연 전하기나 할지도 알지 못했다.

지금까지 평생 서른여섯 해 동안 쓰네노는 혼자 산 적이 없었다. 형제자매가 일곱이었고 남편이 셋이었다. 에도까지 오는 길에도 지칸이 계속 동행했다. 셋방 벽이 얇고 골목이 혼잡해서 항상 주변에 사람이 있는 느낌이 들었지만 모두 낯선 이들이었다. 밤에 구역질 때문에 잠들지 못하고 앉아 소중한 먹과 종이를 써가면서 답장 없는 식구들에게 편지를 썼다. "이 방에서 벗어나고 싶은데, 뭔가 바뀌지 않으면 절대 빠져나가지 못하겠죠."[2]

그러고는 아침마다 셋집 문을 나서서 사무라이 동네로 짧은 거리를 걷다가 에도의 많은 신세계 중 한 곳에 들어갔다.

✻

에도 인구의 절반가량은 사무라이와 그 가족들이 차지했다. 그들은 무사라고 자칭했고, 남자들은 사무라이 복장을 갖춰 입었다. 가문의 문장을 선명하게 새긴 치마바지를 입고 허리춤에 칼을 두 개 차고 다녔다. 머리 가운데를 밀고 나머지 머리카락은 광이 나게 상투를 틀었다. 표면상은 투구가 딱 맞게 한 머리였지만 대개 삿갓을 쓰거나 맨머리로 다녔다. 사무라이가 의식 행사에 나갈 때는 군사 대형을 이루어 이동했다. 무리 중 가장 높은 이는 말에 타고 창과 활, 기를 든 부하들이 주변을 에워쌌다. 사무라이가 일상적인 업무로 외출을 할 때에도 가장 중요한 인물은 종자를 곁에 두고 다녔다.

이 남자들 가운데 전투에서 총이나 활을 쏘거나 칼을 휘둘러 본 이는 하나도 없었다. 도쿠가와 막부의 태평 시대는 왕국에 안정을 가져다주었지만, 사무라이들은 그 때문에 전쟁에서 자신의 능력을 입증할 기회를 빼앗겼다. 그들은 그저 자기들끼리 조상들이 용감하게 싸웠다고 이야기했다. 그 사실을 증명하는 족보가 있었고, 없으면 날조했다. 사무라이들은 대대로 내려오는 전쟁 이야기에 귀를 기울였고, 학교에서 무술을 연구했다. 하지만 왕국이나 자기 집안, 다이묘를 지키라는 요청을 받으면 정말로 어떻게 행동해야 하는지 알기란 불가능했다. 그래서 그냥 칼에 번쩍번쩍 광을 내고 겉모습을 유지했다. 그들은 돈과 상업이라는 더러운 세계와 거리를 두는 초연한 태도를 열망했다. 낯선 이들 사이에서나 대중 앞에서 그들은 조금만 모욕을 받아도 바로 칼을 뽑을 듯한 기세를 보이려고 애썼다.

실제로 에도의 거리를 걷는 많은 사무라이들은 어색하고 인기 없고 주눅이 들어 보였다. 그들은 도시의 풍경을 멍하니 바라보았고, 노점에서 간식을 사려고 엽전을 하나씩 셀 때면 확신이 없어 보였다. 대부분 지방에서 온 이들이어서 시골 사무라이라고 놀림조로 불리고 순진하다고 조롱을 당했다.[3] 에도 시대 내내 도시에는 사무라이가 20만 명 가까이 있었는데, 1840년 영국 해군 전체보다 다섯 배 많은 규모의 전투 인력이었다.[4] 일본 각지

163

에서 미늘창을 들고 번주의 가마를 지고서 행군해 온 이들이었다. 번주는 쇼군에게 충성심을 보이기 위해 한 해 걸러 에도에서 살아야 했다.

이런 하급 시골 사무라이들은 번주의 소유지에 있는 병영에서 생활했는데, 대부분의 시간을 작은 방에 갇혀 지냈다. 물건을 사거나 구경을 하러 하루 휴가를 나가면 어떻게 처신해야 할지 확실히 알지 못했다. 쓰네노도 그들보다는 편안하게 에도를 돌아다녔다. 적어도 그녀는 스스로 원해서 에도에 온 것이었고, 도착하고 3주 뒤에 이미 셋방에서 살고, 방세를 내고, 필요한 물건을 사는 법을 깨우쳤다. 이 남자들은 그냥 배치받은 것이었다. 번주가 기본적인 가구에서 쌀 배급에 이르기까지 모든 것을 제공했다. 에도에서 스스로 생존하는 법을 배울 필요가 없었다. 에도가 진짜 자기 집이 아니었기 때문이다.

다른 사무라이들은 그래도 자신만만했다. 그들은 번주를 위해 복무하는 이들과 반대로 쇼군의 직속 부하였고, 내외의 위협에 맞서 에도성을 지키는 상비군을 이루었다. 이 집단은 대략 5,000명에 달하는 하타모토旗本〔일본 에도 시대의 쇼군 가문 직속의 가신단 중에서 고쿠다카石高(성인 1명이 1년에 먹는 양)가 1만 섬 미만이면서, 쇼군이 의식 등에 출석할 때 참석하여 알현이 가능한 가격家格을 가진 이들을 가리킨다.-옮긴이〕로 이루어졌다. 하타모토는 대개 초대 도쿠가와 쇼군을 섬긴 이들의 후손이었다. 그 조상들은 에도에 처음 자리 잡은 사무라이 정착민에 속했는데, 에도성 해자 바로 건너편의 높은 대지에 가장 좋은 부지를 배분받았다. 대부분 처음에 정착한 동네에 여전히 살고 있었다. 반초番町, 스루가다이駿河台, 고이시카와小石川 등이었다. 하타모토 아래에는 2만 명 정도 되는 고케닌御家人이 있었다. 그들 또한 쇼군의 직속 가신이었지만 에도성에서 쇼군을 직접 알현하는 특권이 없었고, 막부에서 최고위 직위에 오르지 못했다. 고케닌의 주거지는 더 작고 흩어져 있었다. 고케닌과 하타모토는 가족 및 종자들과 함께 에도 사무라이 인구의 절반에 약간 못 미치는 수를 이루었다.

일부 하타모토는 인근 번에 봉토가 있었다. 대체로 이 정도는 인상적인 규모가 아니었고 마을 몇 개가 모인 정도에 해당했다. 하타모토가 자신의 봉토를 찾는 일은 거의 없었다. 봉토에 관심을 기울이는 경우에는 촌장의 아들을 관리인으로 고용하거나 신분이 높은 농민들이 설날에 인사를 하러 오게 했다.[5] 그렇지 않으면 봉토는 그저 하나의 수입원에 지나지 않았다. 그들은 도시인, 즉 에도에서 나고 자란 이들이었다.[6]

대부분의 하타모토와 모든 고케닌은 아사쿠사에 있는 쇼군의 곡창에서 녹봉을 받았다.[7] 지면에 바짝 붙어 줄줄이 이어진 창고들이 스미다강으로 톱니처럼 튀어나와 있었다. 하루가 멀다 하고 기다란 평저선들이 곡창 운하의 부두에 들어와서 쇼군의 직할령에서 가져온 쌀을 부렸다. 해마다 대략 50만 섬에 이르는 양이었다. 쌀은 불에 잘 타는 재산이었기 때문에 창고 경비가 삼엄했고, 주변에 우물과 커다란 물통이 있었다. 최고 품질의 쌀은 쇼군의 오오쿠大奥〔쇼군의 어머니와 미성년 자녀, 부인과 첩실이 거주하는 에도성의 금남의 공간. 내전 또는 중궁전에 해당.-옮긴이〕에 사는 여자들에게 보내졌다. 나머지는 쇼군의 가신들에게 배분되었다. 신분이 높을수록 좋은 쌀을, 낮은 고케닌일수록 나쁜 쌀을 받았다.

1년에 세 번, 하타모토와 고케닌은 곡창에서 녹봉을 징수하기 위해 청구서꽂이札差(후다사시)라고 불리는 평민 대표를 보냈다. 이 사람들은 곡창 바깥에 거대한 섬 가마니가 쌓여 있던 17세기에 녹봉을 징수하는 절차를 따서 이름이 붙여졌다. 사무라이가 자기한테 배당된 쌀을 받으러 올 때쯤, 후다사시는 대나무 꼬챙이 사이에 끼워 넣은 종이 쪼가리에 이름을 적어서 가마니에 꽂아두었다. 곡창에서 일하는 사람들은 이름을 모은 뒤 후다사시를 불러 각자의 몫을 주었다. 하지만 쇼군의 가신이 저녁밥을 기다리는 개들마냥 곡창 앞에 둘러앉아 있는 것은 체신 없는 일이었기 때문에 평민에게 돈을 주고 이 일을 대신하게 했다. 이런 식으로 후다사시의 업무가 시작되었다. 녹봉을 징수하는 일이었다.

그런데 사무라이가 쌀 수백 섬이나 심지어 수천 섬으로 무엇을 할 수 있었을까? 자신과 가족이 먹을 수 있는 양에는 한계가 있었다(대략적으로 계산해서 한 사람이 1년에 한 섬을 먹었는데, 그나마도 충분한 양이 아니었다). 사무라이에게 정말로 필요한 것은 돈이었다. 간장, 사케, 숯, 채소, 미소된장, 의복, 가구, 갑옷과 투구, 그밖에 도시 생활에 필요한 크고 작은 필수품을 사려면 돈이 필요했다. 땅과 분리된 사무라이들은 이 중 어느 것도 직접 생산할 수 없었다. 그리하여 이제 중개인이 된 후다사시가 해법을 내놓았다. 후다사시가 소액의 수수료를 받고 쌀을 돈으로 바꿔주었고, 하타모토와 고케닌은 체면을 구기면서 상업에 종사할 필요가 없었다. 그 대신 쌀이 지급되는 날에 강둑에 늘어선 찻집에서 중개인과 만나서 깔끔하게 싼 금화를 받으면서 애용해 주어 감사하다는 아부의 말을 들었다.

쇼군의 부하들은 부득이하게 버는 것보다 지출이 많았다. 단순히 사무라이가 돈 관리하는 법을 모르는 문제가 아니라 구조적인 문제이기도 했다. 녹봉은 어느 정도 고정돼 있었고, 특별히 임명을 받아야만 벌이가 나아질 수 있었다. 하지만 대부분의 일상 생필품과 서비스 가격은 항상 올랐고, 쌀의 기본 가치는 점점 내려갔다. 농민들이 새로운 농사 기법—비료 사용, 돌려짓기, 식물 육종—을 배워서 생산량을 늘릴 수 있었기 때문이다. 쇼군의 가신들이 아버지 대의 생활 수준을 유지하려고 하면 돈을 빌려야 했다. 중개인들은 기꺼이 이런 서비스를 제공했다. 하지만 해가 갈수록 녹봉으로 받는 쌀과 맞바꾸는 돈이 줄어들자 에도의 하타모토와 고케닌들은 점점 빚의 수렁에 빠져들었다. 평범한 상인으로 시작한 중개인들은 이제 대저택에 살면서 이루 헤아릴 수 없는 재산을 보유했다. 대금업자들은 사무라이 채무자를 직접 만나는 것을 거부하고, 대신에 곡창 정문 옆에 있는 조합 사무실에 머무르면서 쌀 청구서를 처리하고 막대한 액수를 점심 주문에 썼다. (소문에 따르면, 이 중개인들이 한 달에 먹는 점심값이 1인당 금화 100냥이었다고 한다—하급 하타모토의 1년치 녹봉에 맞먹는 액수였다.[8]) 막부는 이 문제를 인정하고 이따금 일괄적으로 대출을 탕감하라는 지시를 내렸다. 그렇다 하더라도 19세기 초반에 하타모토가 중개인에게 1년치 녹봉의 무려 3배의 빚을 지는 것은 드문 일이

아니었다.[9]

　고위 하타모토의 경우에는 벌충할 수 있는 방법이 있었다.
쇼군의 측근들은 쇼군가에서 하사품을 받았다. 쇼군의 오오쿠에
서 여자들의 문제를 관리하는 하타모토의 부인 이세키 다카코井
関隆子는 일기에 이런 하사품을 기록했다. 능직 겉옷, 상자에 접
어 넣은 두꺼운 흰 비단 필, 칠기 먹함, 갖가지 생선과 과일 등이
었다.[10] 어느 가을 보름달이 뜬 날에는 쇼군의 부인이 "팥밥과 전
통적인 반찬뿐만 아니라 과일, 도미, 새우, 도다리까지" 보냈다.
"그리고 감하고 배가 커다란 고리버들 바구니에 차곡차곡 쌓여
있었다."[11]

　하지만 이세키의 집안은 특별히 운이 좋은 경우였다. 집안
남자들이 성에서 높은 자리에 있었고, 모두 합쳐서 해마다 녹봉
으로 1,000섬을 받고 하사품까지 받았다.[12] 대다수의 하타모토는
녹봉으로 받는 쌀이 1년에 200섬이 되지 않았고, 고케닌은 훨씬
가난했다.[13] 그래도 심각한 생계 불안에 시달리는 작은 가게 주인
이나 셋방 거주자들은 이 정도의 수입도 부러워했다. 쓰네노는
하급 하타모토의 녹봉에 해당하는 돈을 손에 넣으면 정말 기뻐했
을 것이다. 번듯한 집을 구해 살림을 차리고 남편과 자식들까지
부양했을 것이다. 하지만 문제는 하타모토들이 큰 빚을 지면서
까지 항상 하인과 종자들을 거느려야 했다는 것이다. 직책이 없
어서 쇼군의 예비군에 배당된 하타모토와 고케닌들은 실제로 아
무것도 하지 않는 특권을 누리는 대가로 막부에 수수료를 내야
했다.

168

　　1849년, 한 중간급 하타모토의 부인이 이런 처지에서 살림을 꾸리는 힘겨운 문제에 관해 솔직한 글을 남겼다. 부인은 이런 다양한 곤경에 익숙하지 않은 부유한 농민인 친정 부모에게 이렇게 말했다. "옷가지를 깁고 수선해서 절약을 해도 하인 다섯의 월급을 줘야 합니다. 정해진 녹봉으로 살기 때문에 일상생활의 비용을 전부 치르고 나면 아무것도 먹지 않아도 은전 100~200 돈만 남는답니다."[14] 1년에 100섬의 녹봉으로 살아야 하는 최하급 고케닌의 경우에는 상황이 훨씬 열악했다. 수공품을 만들어서 수입에 보태야 했다.[15] 고케닌은 붓, 대나무 꼬치, 머리끈, 등롱, 나막신 가죽끈 등을 만들었다. 때로는 진달래와 나팔꽃을 재배하거나 애완용으로 파는 금붕어와 귀뚜라미를 길렀다.[16] 이와 대조적으로, 에치고에 사는 쓰네노 가족은 비록 엄밀히 말하면 하층 신분이었지만, 삯일이나 물고기 기르기 등으로 모자라는 수입을 보충할 필요는 없었다.

　　사무라이가 지옥이라고 부르는 빚에서 탈출하는 방법은 두 가지뿐이었다. 첫 번째는 허리띠를 졸라매는 것이었다. 아낄 수 있는 것은 모조리 전당포에 맡기고, 최대한 하인과 종자를 줄이고, 채권자들에게 이자를 깎아달라고 조르고, 모든 것을 절약하는 방법이었다. 다른 하나는 가계 수입을 늘리는 것이었다. 전도가 유망한 아들을 돈을 가져올 수 있는 여자와 결혼시킬 수 있었는데, 사무라이의 경우에는 쉽지 않은 일이었다. 때로는 부유한 평민의 딸과 짝을 지어주는 게 좋은 방법이었다. 만약 쓰네노가 에도 가까이에 살았거나 가족이 승려보다는 사무라이 친구가 많았더라면 그녀도 이런 운명을 맞았을지 모른다. 이따금 마을을 떠나 높은 사회적 신분으로 올라가기를 바라는 처녀라면 이것이 좋은 선택지였다. 하지만 하타모토의 문제는 부잣집 신부를 맞이해도 돈이 한 번 유입될 뿐이라는 점이었다. 막부에 자리를 얻어 승진하는 게 훨씬 좋았다. 그러면 통상적인 녹봉 외에 추가로 직급 수당이 나왔다. 다른 사무라이에게 자리를 나눠주는 책임자나 부유한 평민과 거래를 하는 직급 등 가장 좋은 직책에 오르면 선물이나 뇌물을 받을 기회가 생겼다.

　　승진은 쉽지 않았다. 쇼군의 가신은 대부분 할 일이 많지 않았고,[17] 모든 자리마다 지원자가 너무 많았다. 설상가상으로 능력을 바탕으로 후보자를 가려내는 방법이 전혀 없는 경우가 많았다. 자리 자체가 의례 담당이었기 때문이다. 에도성의 화려한 방에서 우두커니 서 있는 경비원은 위협에 맞닥뜨리는 일이 거의 없었고, 규모는 거대하지만 대개 별 의미가 없는 관료제의 중간 관리자도 크게 할 일이 없었다. 보기 드물게 결원이 생기는 경우에 고위 관리가 자기 심복을 집어넣기 위해 막후에서 공작을 했다. 이렇게 영향력 있는 이들이 누구인지 쉽게 알아볼 수 있었다. 그들의 저택 정문 앞에는 자리가 없는 고케닌들이 우글거렸기 때문이다. 필사적인 이들은 동이 트기 무섭게 선물을 들고 와서 아첨을 늘어놓았다. 기강이 잘 잡힌 한결같은 모습을 보이면 깊은 인상을 줄지 모른다는 기대에서였다. 하지만 이런 식으로 자리를 구하는 것은 "등롱 심지로 대나무 속을 파내는 것"과 같이 거의 가망 없는 시도였다.[18]

몇 사람은 더욱 창의적인 방법을 시도했다. 글재주로 유명한 하타모토인 네기시 야스모리根岸鎭衛는 150섬이라는 비참한 녹봉으로 시작해서 마치부교에 임명되어 1,000섬의 녹봉을 받는 정도까지 올라섰다.[19] 그가 대단한 능력자라는 것은 누구도 의심하지 않았지만 그렇게 기적적으로 출세를 한 것에는 모종의 설명이 필요했다. 후대의 어느 작가는 네기시가 일부러 술에 취해 비틀거리며 쇼군의 원로 가신이 사는 저택을 찾아가서 도랑에서 기절했을 때 예상치 못한 행운을 얻었다고 주장했다. 한 부하가 그를 발견해서 갈아입을 옷을 주었고, 네기시는 이후 3년 동안 매일 찾아가서 감사 인사를 했다. 결국 집안 가장에게 기별을 받고 자리를 얻었는데, 이 자리가 화려한 경력으로 나아가는 발사대가 되었다는 것이다.

그만큼 영리하거나 운이 좋지 않은 다른 하타모토와 고케닌들은 자기 신분으로 돈을 벌려고 노력했다. 사무라이 지위 덕분에 그들은 무기와 갑옷의 세계에 접근할 수 있었다. 일부는 칼 감정인으로 일했고, 다른 이들은 무술 지도자로 일하면서 농민과 평민의 아들들에게 유도와 승마를 가르쳤다. 그들의 토지가 막부의 하사품이었기 때문에 임대료를 낼 필요가 없었다. 그래서 이 땅에 작은 주택을 지어서 세를 주는 식으로 수익을 올리려고 했다. 공식적으로는 금지된 행위였고 위험이 따랐다. 1825년, 한 하타모토가 자기 사유지에 불법 매춘업소를 둔 사실이 발각되어 커다란 추문에 휩싸였다.[20] 그는 현금 융통 문제를 해결하기 위해 사유지에 막사를 지어 주군 없는 사무라이를 감독으로 고용했다.

나중에 세입자 중 하나가 진취적인 평민 여자임이 밝혀졌다. 종자 하나와 공모해서 매춘부를 한 명만 쓰는 작은 매춘업소를 운영했는데도 사업이 번창해서 몇 명을 더 고용할 수 있었고, 하타모토 사유지의 옆문으로 들고나는 고객들의 숫자가 눈에 띄게 많아졌다. 그 시점에서 평민 여자와 공모자는 하타모토에게 사실을 털어놓고 묵인의 대가로 돈을 주었다. 하타모토는 돈을 받으면서 가외 소득이 생겨서 안도했다. 하지만 그만한 가치가 없는 일이었다. 문제가 밝혀지자 그는 외딴 섬으로 추방당했다.

생활이 어려운 하타모토의 둘째나 셋째 아들로 태어나는 경우는 사정이 훨씬 좋지 않았다. 아버지의 신분과 녹봉을 물려받을 가능성이 전무하고, 자기 몫으로 받을 집안의 재산이 있는 것도 아니어서 이 지위의 젊은이가 기대할 수 있는 최선은 좋은 집안에 양자로 가는 것이었다. 어딘가에 집안의 먼 친척으로 자식이 없는 하타모토가 전도유망한 상속자를 원하는 경우가 있었다. 또는 하타모토가 딸을 시집보내야 하는데, 사위가 집안의 성을 따르기를 바라는 경우도 있었다. 이 경우에 젊은 신랑은 처가에서 살면서 다른 집안의 생활방식에 적응하고, 성을 바꾸고, 부인과 처가의 기분을 헤아려야 했다. 최소한 몇 년은 편치 않은 생활인데다 성공이 보장된 것도 아니었다. 양자로 간 신랑이 이혼을 당하고 상속권을 상실하는 일이 다반사였다. 일을 쉽게 하려면 두 번째, 세 번째 기회를 돈 주고 살 수 있을 만큼 결혼에 큰돈을 끼워넣는 게 최선이었다. 그런데 그 돈은 어디서 구할 수 있었을까?

하타모토의 아들로 태어나면 두 가지 이점이 있었다. 사무라이 신분과 에도에 대한 지식이었다. 그들은 뻔뻔스러우면서도 가차 없이 두 이점을 활용하면서 돈을 벌기 위해 무슨 일이든 했다. 일부는 금전 강탈로 악명을 떨쳤다. 1850년대에 어느 하타모토의 둘째 아들이 고지마치 상업 지구에서 전당포 주인을 상대로 사기를 쳤다.[21] 연자주색 명주 크레이프천과 샛노랑 면포로 싼 오동나무 상자를 들고 전당포에 나타난 그는 희귀한 보물이 안에 들어 있다고 말했다. 조상들이 황궁을 섬긴 공로를 인정받아 하사받은 암수 한 쌍의 살아 있는 용이라는 것이었다. 그러면서 쇼군이 집안에 봉토를 내리면서 발행한 문서보다도 훨씬 더 값지다고 말했다. 그런데 집안에서 최근에 돈이 필요해서 믿음직한 동네 전당포에 보물을 (물론 비밀로) 담보로 돈을 융통해 달라고 청했다. 바보가 아닌 전당포 점원은 하타모토의 아들이 뭔가 꾸미고 있다고 의심했고, 주인 가게의 규칙을 따라야 한다고 고집했다. 전표를 쓰기 전에 물건을 봐야 한다는 것이었다. 하타모토의 아들은 항의했다. "그런데 알다시피 살아 있는 용이란 말이오. 상자를 열면 날아가 버릴 게 분명하다니까." 그래도 점원은 고집을 꺾지 않았고 결국 하타모토의 아들도 동의했다. 점원이 포장을 풀어서 뚜껑을 열자 커다란 도마뱀 두 마리가 튀어나와 잽싸게 도망쳤다. 하타모토의 아들은 이런 일이 벌어질 걸 알았다. 미리 열흘 동안 도마뱀을 굶겼기 때문이다. 하지만 한껏 위엄 있는 표정을 하고서는 옆구리에 찬 짧은 칼에 손을 뻗으며 지나칠 정도로 정중한 언어로 읊조렸다. "예상대로 끔찍한 일이 발생했군.

173

당장 이 자리에서 할복을 해야겠네." 그가 그 자리에서 일어서서 배에 칼을 들이대자 점원이 도움을 청해서 온 가족이 달려 나왔다. 전당포 주인, 안주인, 직원 몇 명과 이웃들까지 모였다. 마찬가지로 상인인 이웃들은 하타모토의 아들이 현장에서 자살을 하면 전당포가 추문을 견디지 못할 테고, 블록 전체가 마치부교의 관심을 끌어서 좋지 않은 결과가 생기리라는 것을 알았다. 이웃들은 전당포 주인에게 천문학적인 액수인 금화 500냥을 주고 합의를 보라고 설득했다.

또 다른 하타모토의 아들인 가쓰 고키치勝小吉는 회고록에서 자기가 이룬 업적을 자세하게 설명했다.[22] 그는 쓰네노와 같은 나이였는데, 쓰네노처럼 30대 중반까지 몇 가지 다른 삶을 살았다. 청년일 때는 집에서 도망쳐 나와 간선도로를 방랑하면서 걸인처럼 몇 달을 살았다. 어선에서 일을 하고 평민 가정에 입양될 뻔했다. 에도로 돌아왔을 때 형의 중개인에게 많지 않은 돈을 빌려서 매춘업소에서 한 달 반을 살았다. 그러고는 칼 감정인으로 자리를 잡고 검술을 배웠다. 괜찮은 집안의 여자와 결혼을 한 뒤에도 검객 무리와 에도를 배회하면서 도박과 갈취로 먹고 살았다.

남자인 동시에 사무라이였던 가쓰는 쓰네노와 달리 여러 이점이 있었다. 한 번에 몇 주씩 부인을 내팽개치고 윤락가에서 돈을 펑펑 썼지만 이혼의 수치를 겪지 않았다. 워낙 행실이 나빠서 언젠가는 아버지가 우리에 3년 동안 가둬두었지만 그래도 의절을 당하지는 않았다. 거리에 나서면 에도 억양과 훈련된 무술 실력 덕분에 거리낄 게 없었다. 시비가 붙어도 말로나 싸움으로

나 가볍게 빠져나왔다. 어떤 방법도 통하지 않으면 이발소에 가서 머리를 깎고 사무라이 바지를 입고서 하타모토의 아들이라는 타고난 권리를 행사할 수 있었다. 쓰네노가 1839년 겨울에 셋방에 앉아서 일하러 가야 하는지 궁리하고 있을 때, 가쓰 고키치는 에도의 번주를 위해 돈을 수금하는 임무를 받아 시골을 돌아다녔다. 상식이라곤 없고 낭비벽에 빠진 하타모토였다. 하타모토의 봉토에 사는 농민들이 납부를 거부하자 가쓰는 달래고 으르고 겁을 주어 결국 받아냈다. 그는 순식간에 요구한 대로 액수를 모아서 영웅 행세를 하며 에도로 돌아왔다.

가쓰 고키치는 스스로 인정하듯이 쇼군의 부하들이 떠받든다고 주장하는 가치의 초라한 모범이었다. 그는 정직하거나 근면하지 않았고, 상관으로 섬겨야 하는 사람들에 대해 충성심이나 심지어 책임감도 없었으며 분명 검소하지도 않았다. 하지만 그에게는 행운이 있었다. 마흔두 살이 되어 회고록을 쓸 때, 그는 자신이 누린 행운을 뻐기지 않고는 배길 수 없었다. "평생 동안 말도 안 되는 온갖 어리석은 일에 탐닉했지만 하늘은 아직 나를 벌하지 않는 것 같다."[23]

쓰네노가 하녀로 들어갈 준비를 하고 가쓰가 불운한 농민들에게 마법을 걸던 1839년 겨울, 쇼군의 하타모토들에게 남은 시간은 30년도 채 되지 않았다. 하타모토의 손자들이 성인이 될 무렵이면 에도는 더는 그들의 세상이 아니었다. 심지어 에도라고 불리지도 않는다. 하지만 아직은 아무도 그 사실을 알지 못했다. 쇼군이 에도성에서 다스리지 않는 날을 상상할 수 있기까지는 아직 20여 년이 남아 있었다. 그 사이에·다른 문제들에 관심을 기울여야 했다. 보초를 충원하고, 칼을 감정하고, 뇌물을 바치고, 세금을 징수해야 했다. 아들 결혼, 늦겨울 청소, 한해 결산 마무리 등 눈앞에 닥친 미래를 대비한 계획을 세워야 했다. 그리고 일상생활의 평범한 일을 계속해야 했다. 불을 피우고, 물병을 채워놓고, 밤마다 요를 폈다가 아침에는 개야 했다. 심부름을 다니고 하녀를 고용해야 했다.

✻

쓰네노의 고용주는 마쓰다이라 도모사부로라는 이름의 하타모토였다.[24] 그는 아주 운이 좋거나 흔치 않게 매력적이거나 어쩌면 둘 다였다. 10대 후반 무렵에 이미 녹봉으로 쌀 2,000섬을 받았기 때문이다. 연소득으로 따지면 금화 700냥으로 대다수 하타모토의 기준으로 보면 엄청난 액수였다.[25] 어린 시절 도모사부로는 쇼군의 후계자로 대략 비슷한 나이였던 도쿠가와 이에사다德川家定의 시동(심부름꾼)이었는데, 1839년에 상급 수행원으로 승진했다. 특권적인 자리는 아니었다. 젊은 주군의 마구간지기들을 감독하고, 식사를 준비하고, 머리를 손질하고, 의관을 챙기는 일을 하는 상급 수행원이 100명 정도 있었다. 하지만 상당한 녹봉을 받는 좋은 일자리였고, 무엇보다도 쇼군에게 직접 말을 하면서 총애를 얻을 기회를 누렸다.

대다수 사람들, 심지어 대부분의 사무라이도 그런 기회를 꿈도 꾸지 못했다.[26] 에도 주민의 대다수에게 쇼군의 성은 기묘하고 신비로운 공간이었다. 쓰네노가 살던 서민 동네에서는 성 자체가 거의 보이지 않았다. 한때 우뚝 서서 도시를 내려다보던 본성은 오래전에 화재로 사라졌고, 막부는 경비가 많이 든다면서 재건을 사양했다. 본성이 사라지자 바깥쪽 해자에 접한 쓰네노의 동네 사람들 눈에는 성의 방어 시설만 보였다. 석벽, 육중한 나무문, 으리으리한 망루, 잔디로 뒤덮인 가파른 둔턱 등이었다. 상업용으로 인쇄된 에도 지도에도 성은 거의 언제나 빈 공간으로 그려졌다. 존경의 표시로 비워둔 것이었다. 글에서 막부를 언급하기 전에도 비슷하게 빈 자리를 두었다. 보통사람이 그렇게 무시무시한 권력을 마주할 때 느낄 법한 주저를 나타내는 표시였다.

모든 사람이 위압된 것은 아니다. 1838년 에도성에 불이 나서 평민 소방대의 내부 진입이 허용됐을 때, 그들은 닥치는 대로 물건을 훔치고 자질구레한 장신구를 기념품으로 가져왔다.[27] 하지만 대다수 사람들에게는 성 자체가 일종의 추상 개념으로, 절대 대중 앞에 모습을 드러내지 않는 쇼군과 흡사했다. 소문은 많았지만 아무도 쇼군이 어떻게 생겼다거나 목소리가 어떻다고 확실히 말할 수 없었다.

쇼군을 알현하는 특권은 번주와 하타모토의 몫이었다. 매달 1일과 15일에 성에서 해당 직급의 가신들을 소집했다. 가신들은 말을 타고 창과 도끼창, 육중한 상자를 든 수행원들을 대동해서 현란하게 등장했다. 성문인 오테몬大手門에 다다른 그들의 모습은 여행자의 눈길을 사로잡을 정도로 화려했지만 쇼군이 아니라 도시를 돋보이게 하기 위한 것이었다.[28] 소집된 가신들은 말에서 내려 최소한의 수행원만 거느리고 성내에 들어갔다. 말과 나머지 인원은 성문 앞의 넓은 광장에서 몇 시간이고 대기해야 했다. 마치부교소에서 나온 관리들이 지켜보는 가운데 시간을 보냈다. 지루함에 지친 수행원들이 싸움이라도 벌일까 봐 감시하러 나온 관리들이었다.

한편 번주와 하타모토들은 어전에 들어가서 지위 순으로 자리를 잡았다. 가장 중요한 지위일수록 쇼군 가까이에 앉았다. 가신들을 수용할 수 있는 방들로 이루어진 공간의 존재 자체가 인상적이었다.[29] 쇼군이 에도에서 가장 사치스러운 것, 즉 공간을 소유하고 있음을 보여주는 장치였다. 수백 명의 인원이 들어갈 만한 다다미 수십 장의 공간이 있었고, 벽에 그려진 그림에는 황금 잎사귀를 배경으로 소나무와 강의 풍경이 펼쳐졌다. 새 떼가 날아가는 그림에는 깃털과 부리 하나하나가 정교하게 그려져 있었다.

참석한 가신들은 또한 흐트러진 모습을 보이지 않으려고 매무새를 잘 정돈했다. 경외감을 불러일으키는 성의 공간에 들어갈 때면 평범한 날에 작은 방에 들어가더라도 사무라이는 꼼꼼하게 옷을 차려입어야 했다. 모든 것에 규칙이 있었다.[30] 버선은 겨울 몇 달간에만 신을 수 있었고, 여름에 버선을 신으려면 만성적으로 발이 차서 고생을 한다는 이유를 들어 예외를 허용해 달라고 청원해야 했다. 머리는 밀어야 했다(머리가 차다고 예외를 허용해 달라고 청원한 한 사람만 면제를 받았다—실은 보이지 않는 커다란 흉터를 감추기 위해서였다). 상투도 틀어야 했는데, 대머리가 된 사람

178

들은 쉽지 않았다. 그런 사람들은 가짜 상투를 사서 아교로 머리에 붙여야 했다. 쇼군이 등장해서 자리에 앉은 사람들이 절을 할 때면 하얗게 민 머리 위로 솟은 상투가 먹물로 세로로 그은 집계 표시처럼 보였다.

에도성에서는 별일 없는 평일에도 항상 이런 격식과 의례를 지켰다. 가령 그해 11월 초에는 쇼군이 겨울을 맞아 처음으로 화로에 불을 붙이는 의식이 진행되었다.[31] 행사는 달력에 표시된 입동(겨울의 시작)에 맞춰 날짜가 정해졌다. 계절이 절기보다 빨리 바뀌면 모두들 추위를 견뎌야 했다. 화장실을 갈 수 있는 휴식 시간도 문제였다.[32] 가신들이 소매가 긴 정식 의복을 입는 의례 행사 때면 성의 별채 중 한 곳의 영역에서 겹겹이 입은 옷을 전부 벗는 게 거의 불가능했고, 물론 쇼군의 정원에서 바지를 내리고 오줌을 눌 수도 없었다. 번주들과 쇼군 자신은 구리로 된 소변 대롱을 지닌 수행원이 있었다. 매듭을 약간만 풀어서 의복 사이 틈새로 조심스럽게 대롱을 넣으면 깔끔하게 문제를 해결할 수 있었다. 하지만 수행원 없이 성에 들어온 하타모토들은 의지할 데가 없었다. 의식이 진행되기 전 몇 시간 동안 물을 많이 마시지 않으려고 했고, 그래도 소변이 마려우면 옷을 갈아입을 수 있을 때까지 이를 악물고 버텼다.

마쓰다이라 도모사부로도 쇼군을 알현할 만큼 출세한 다른 이들과 마찬가지로 공식 예법과 대단히 복잡한 절차에 익숙했다. 추위와 더위를 견디는 법, 허리부터 깊숙이 절을 하는 법, 무릎이 아프고 발에 쥐가 나도록 몇 시간 동안 꼼짝없이 앉아 있는 법을 알았다. 하지만 사무라이의 규율을 과시하는 것으로도 억누를 수 없는 지저분한 현실을 암시하는 표시가 여기저기에 있었다. 때로는 누군가 정신줄을 놓고 목소리를 높였고, 아주 가끔이지만 싸움도 벌어졌다. 때로는 아교로 붙인 가짜 상투가 늙은 남자의 머리에서 마룻바닥에 툭 하고 떨어지는 소리가 나서 당혹스러운 상황이 벌어졌다. 그리고 모두들 최선을 다했지만, 성 중심부의 화장실은 에도에서 가장 더러운 곳이라는 소문이 파다했다.[33]

도모사부로의 저택은 성 바로 바깥에 간다神田 문 반대쪽에 있었다.[34] 조상들이 막부에서 받은 그의 땅은 그렇게 넓지 않았다. 확실히 그의 수입이나 지위에 걸맞지 않았다. 하지만 하타모토는 자기 마음대로 거주지를 정할 수 없었고, 같은 동네에서 새집을 찾으려면 몇 년간 끈질기게 문서를 작성해야 했다. 막부에서 허가를 받아야 하고 또한 적당한 부지를 찾아야 했다. 에도는 인구 밀도가 높았기 때문에 대기 명단에 올라도 10년 동안 기다릴 수 있었다. 1824년에 한 자리가 났을 때, 하타모토 집안 11곳이 권리를 주장하려 했다.[35]

적어도 도모사부로의 저택은 유명한 동네인 스루가다이에 자리하고 있었다. 250명이 넘는 하타모토와 가족들이 사는 곳이었다.[36] 에도 지도에는 하타모토들의 이름이 알아보기 힘든 작은 글씨로 차례로 쓰여 있었고, 동네 전체가 사무라이의 땅을 나타내는 흰색으로 표시돼 있었다. 스루가다이는 쓰네노가 사는 동네인 간다와 붙어 있었지만 두 지역은 아주 달랐다. 간다의 블록들은 혼잡하고 시끄러운 반면 스루가다이는 사람이 없고 조용했다.[37] 나막신이나 떡을 파는 간이 노점이 하나도 없고 그보다는 한결 조용한 행상도 지나다니지 않았다. 스루가다이의 사무라이 주거지는 담장으로 둘러싸여서 안이 거의 보이지 않았다. 이따금 혹이 많은 나무가 한쪽 담장 위로 가지를 뻗어서 흙바닥에 이파리를 떨구곤 했다. 저택 안에 있는 나무 몸통은 소유주인 사무라이의 것이었다.[38] 도로 쪽으로 넘어온 가지들은 일종의 무인지대였는데, 가지가 사람 위로 떨어지거나 또는 누군가 가지에 목을 매 죽으면 소송과 문서 업무가 야기되었다.

비교적 넓지 않은 도모사부로의 저택에도 쓰네노가 간다의 서민 지구에서 느낄 수 있는 것보다 많은 빛과 공기가 존재했다.[39] 거리에서 멀찍이 물러나 있는 정문 안쪽에는 나무가 심어진 마당이 펼쳐졌다. 거기서 조금 걸으면 응접실로 이어졌다. 하타모토는 여기서 서신을 처리하고 손님을 맞이했는데, 아마 줄줄이 이어진 방들 중 한 곳에서 접대했을 것이다. 가로, 세로 여섯 장과 열 장의 다다미가 깔린 널찍하고 호화스런 방들이었다. 쓰네노는 그곳에 아무 볼일이 없었다. 대지 주변에 펼쳐져 있는 건물들도 낯선 영역이었다. 시종, 보병, 그리고 쓰네노가 구분하지 못하는 갖가지 종류의 무사 등 도모사부로의 종자들이 사는 곳이었다. 그중 일부는 돈이 거의 없었지만—급여가 얼마 되지 않았다—그래도 간다의 골목에서 소리를 질러대는 행상인이나 삯일꾼, 가게 점원, 부랑자들과는 전혀 달랐다. 제복과 상투 때문만은 아니었다. 그보다는 서로 지시에 따르는 모습과 예의 바른 태도 때문이었다. 도모사부로의 집안에는 쓰네노가 자란 시골의 반듯한 가정처럼 익숙한 일종의 질서가 존재했지만 낯선 모습도 있었다. 투구와 칼, 에도 억양을 구사하는 공식적인 언어가 그것이었다.

쓰네노의 목적지는 별도의 입구로 들어가는 이 저택의 안채였다. 그중 일부는 도모사부로가 생활하는 공간이었고, 나머지는 집안의 여자와 아이들이 지내는 곳이었다. 책을 읽고, 아이들을 꾸짖고, 기모노와 앞치마를 꿰매고, 심부름과 먼 외출을 계획하는 등 일상생활의 많은 평범한 일들이 이뤄지는 공간이었다. 평범한 사무라이 집안에서는 가족의 남자와 여자가 하인들과 함께 일했다.[40] 안주인은 수선과 옷감 짜기, 물레질, 빨래를 하며 많은 시간을 보냈고, 하녀 한두 명과 분담해서 밥을 하고 집을 청소했다. 남편과 하인, 종자들은 집 곳곳의 힘이 드는 청소나 수리를 도왔다. 하급 사무라이는 가정의 우두머리라고 해도 집안일에서 손을 놓을 만큼 수입이 많지 않았다. 하지만 하타모토는 달랐고, 1년에 금화 700냥을 벌어들이는 집에서는 여가시간이 많았다. 여자들은 집에서 옷을 만들어 입을 필요가 없었고, 하녀를 고용할 돈이 충분했다.

쓰네노는 온갖 잡일을 하는 하녀로 뽑혔기 때문에 아마 요리나 바느질을 하지 않을 것이었다. 요리는 대개 남자인, 돈을 많이 받는 하인의 몫이었고 쓰네노가 바느질을 할 줄 알았다 하더라도 침모로 고용된 것은 아니었다. 그 대신 쓰네노는 도모사부로 집안의 여자 아홉 명의 시중을 들었다—도모사부로의 어머니와 부인, 할머니, 누이 한두 명, 몇몇 종자나 상급 하인 등이었다.

이상적인 비율은 아니었다. 쓰네노는 집안일에는 익숙했지만 그 전까지 언제나 하인을 고용하는 계층에 속해 있었지 자기가 하인이 된 적은 없었다. 여자들은 참으로 요구사항이 많았고 겨우겨우 시키는 대로 따를 수 있었다. 오빠 고토쿠에게 쓴 편지에서 이렇게 말했다. "여섯 시쯤 일어나서 바로 방 다섯 곳의 불을 켜고 목욕 준비를 해요. 그다음에는 작은 방 몇 개를 쓸고 여자 아홉 명의 잠자리를 정리하고 나서 방 다섯 곳의 물병에 물을 채우지요. 그러고는 안주인 방에 있는 쟁반을 치우고, 가구를 정돈하고, 아홉 여자의 물건을 챙기고 씻고 옷 입는 걸 거든답니다."[41] 농가나 번창하는 절의 안주인이라기보다는 여관을 운영하는 일에 가까웠다.

쓰네노가 그보다 소박한 사무라이 가정에서 일했더라면 어쨌든 더 수월한 시간을 보냈을지 모른다. 물론 평범한 사무라이 집안의 하녀들도 할 일이 많았다.[42] 가벼운 청소 외에도 밥과 빨래를 하고, 심부름을 다니고, 실을 잣고, 아이 보는 일을 돕고, 부인이 외출할 때는 따라다녔다. 하지만 적어도 날마다 변화가 있었다. 쓰네노는 똑같이 바빴지만 하는 일의 범위가 좁아서 똑같은 일을 아홉 번씩 해야 했다. 잡일을 다 하는 말단 하녀로서 온갖 일을 책임지면서 여주인들의 요구를 물리칠 수 없었다. 1년 단위로 받는 급여는 비교적 낮아서 금화 두 냥에 불과했다.[43] 전에 일하던 사람들이 고용청에 속았다고 불만을 토로하면서 전부 예고도 없이 갑자기 일을 그만두었다는 사실을 알게 됐을 때 쓰네노는 놀라지 않았다. 쓰네노는 종종 한밤중까지 도모사부로 저택에서 일해야 했는데, 아직 갈아입을 옷이나 솜을 넣은 겉옷이 없었기 때문에 몹시 추웠다.

어느 날 밤 쓰네노는 지친 몸으로 셋방에 돌아와서 자리에 앉아 고토쿠 오빠에게 편지를 썼다(기유는 여전히 답장을 보내지 않았다). "일이 힘들고 손과 발이 곱을 지경이에요. 거기서 4~5일 동안 일할 때면 너무 고돼서 쉬고 싶고 그만두고 싶다고 말했어요."[44] 하지만 기분 좋고 놀라운 일도 있었음을 인정해야 했다. 마침내 한계점에 다다랐을 때 동료 하인들이 동정 어린 반응을 보였다. 동료들은 이불을 한 채 빌려주었고, 안주인은 셋방에 가져가라고 요를 하나 내주었다. "혼자서 여기 왔는데, 수많은 사람들이 자리 잡고 살게 도와주었어요." 하지만 이런 친절 때문에 나름의 문제가 생겼다. 호의를 받아들일 때마다 갚을 마음이 없어도 고마운 빚이 쌓였다. "휴가를 좀 달라고 하고 싶은데, 모든 이를 위해 일을 하러 가는 거고 다들 너무 잘해주셔서 계속 시중을 들어야지 달리 어쩔 도리가 없네요." 유일한 선택지는 먼저 일하던 사람들처럼 때가 되면 그냥 떠나버리는 것이었다.

흔히 있는 일이었고 어려운 일도 아니었다. 하인들은 이세伊勢나 곤피라金比羅 같이 다른 지방에 있는 큰 신사까지 순례를 떠난다고 주인에게 말하고는 슬쩍 다른 집으로 옮기곤 했다.[45] 쓰네노와 동시대 사람인 에도의 작가 다키자와 바킨滝沢馬琴[본명은 다키자와 오키쿠니滝沢興邦, 필명은 교쿠테이 바킨曲亭馬琴. 메이지 시대 이후에 다키자와 바킨이라는 이름으로 알려졌다.-옮긴이]은 한 해에 하녀가 일곱 명이나 바뀌었다고 불만을 토로했다.[46] 상황이 워낙 심각해지자 충성의 덕을 장려하는 데 항상 관심을 기울이던 막부가 오랜 기간 동안 한 주인을 섬기는 이례적인 에도 하인들에게 상을 줄 정도였다. 쓰네노가 에도에 온 해에 마치부교는 나이토신주쿠內藤新宿 역참 근처에 있는 약방에서 일한 겐지로라는 남자를 칭찬했다.[47] 마치부교의 설명에 따르면, 겐지로는 소년 시절에 일을 시작해서 금세 부지런히 일하는 모습으로 이름을 떨쳤다. 어느 정도 그의 노력으로 약방이 번창했을 때에도 그는 여전히 매일 떨어진 짚신을 신고 한밤중까지 잠을 자지 않고 약을 준비했다. 일하기로 한 기간이 끝났을 때에도 목돈을 받고 그만두는 것을 거부하고 계속 남아서 주인의 병든 아내를 돌보았다. 그 대가로 어느 정도 보답을 기대할 만도 했지만 주인이 그를 무시하고 다른 상속자를 사위로 삼아서 약방을 맡겼을 때에도 전혀 분한 기색을 보이지 않았다.

겐지로는 성실의 대가로 은화 다섯 냥을 받았지만 대다수 에도 사람들은 그처럼 충성을 다하는 데 아무런 관심이 없었다. 쓰네노도 다르지 않았다. 그녀는 이미 세 번의 결혼과 한 가족, 마을, 지방 전체를 두고 떠나온 처지였다. 친절한 말을 받아들이고 침구를 빌린 것과는 무관하게 다른 계획이 있었다. 분명 하타모토는 자기 혼자서 꾸려갈 수 있었다.

＊

따지고 보면 쓰네노는 몇 주를 일한 셈인데, 동료 하인들의 이름과 집안 부인들의 취향을 익히기에 딱 맞는 시간이자 두부와 숯을 팔러 오는 행상 몇 명을 알아볼 만큼 긴 시간이었다. 날마다 방을 돌면서 가구와 침구를 정돈하는 일에는 익숙해졌겠지만, 이른 아침의 냉기에는 절대 익숙해지지 않았다. 밤에는 어둠 속을 걸어 미나가와초에 있는 집으로 돌아왔는데, 저녁 노점상들이 노점을 정리하고 한참 뒤였다. 블록의 정문은 굳게 닫혀 있고 문지기들은 초소에서 졸고 있었다. 몇 시간 동안 쓰네노가 사는 도시의 귀퉁이는 쥐 죽은 듯 고요했다. 셋방에 돌아와도 아직 갈아입을 옷이 없었기 때문에 빌린 이불로 몸을 감싸고 빌린 요에 몸을 눕혔다.

한겨울인 그해 11월 마지막 날, 마침내 눈발이 약간 휘날렸다. 에치고의 기준에서 보자면 눈이라고 하기도 어려운 싸리눈이었지만 에도 사람들은 큰일이라고 생각하는 것 같았다. 밤중에 눈이 녹지 않고 마당에 난 작은 길에 하얀 흔적이 남아서 다들 한마디씩 했다. 다음날인 12월 1일, 거센 바람이 도시를 휩쓸었고 그날 밤 쓰네노는 에도에서 처음으로 큰 화재를 보았다.[48] 에도 성내 반대편에 있는 요쓰야四谷에서 시작된 불이었다. 불길이 간다까지 퍼지지는 않았지만 어쨌든 모두들 조마조마했다. 미나가와초에서 몇 블록 떨어진 곳의 동장인 사이토 유키나리는 사무실로 달려가서 모든 상황을 점검했다.

언젠가 마쓰다이라 도모사부로의 저택도 불에 탈 것이었다. 빤히 예견되는 재앙이었다. 에도의 건물이 영원히 존재할 것이라고 생각하는 이는 아무도 없었다. 남는 것은 도시의 제도적 건축 양식뿐이라고 사람들은 생각했다. 역시 남는 것은 하타모토 자신이 아니라 그의 관념이고, 성 자체가 아니라 성의 이념이며, 하녀 자신이 아니라 다른 하녀를 고용할 수 있는 능력이었다. 그것은 이미 200년 넘게 지속된 구조였다. 에도의 중심에는 쇼군이 있고, 해자 주변에 사무라이가 배치되어 있으며, 왕국의 중심에는 무사들이 있었다.

그들이 무슨 수로 알 수 있었을까? 극복할 수 없는 재난이 대양 반대편에서 조용히 끓어오르는 중이었다. 낯선 사람들이 새로운 하녀만큼이나 정체를 알 수 없는 계획을 꾸미고 있었다. 아직 얼마 동안 하타모토들은 집안 문제에 몰두하면서 이따금 일을 멈추고 겨울 같지 않게 따뜻하고 조용한 겨울에 관해 이야기할 수 있었다.

6. 도시 생활을 위한 복장

새해 첫날은 경사스럽고, 둘째 날은 흥미진진했다.[1] 토박이나 이주민이나 다 같이 열렬하게 기다리는 에도 명절의 시작에 관해 사람들이 하는 말이었다. 섣달그믐은 정신없이 바쁜 날이었다. 오랜 전통에 따라 한 해 동안 쌓인 미지불 청구서를 자정 전에 처리해야 했기 때문이다. 상점들은 문을 활짝 열고 채무자가 쉽게 찾을 수 있도록 커다란 간판과 등롱을 매달았다. 주인들은 책상에 앉아 영수증을 쓰면서 도시 곳곳에서 들어오는 수금을 처리하는 동안 다른 가게에서 온 점원들이 기다리게 했다. 하루 종일 젊은 남자들이 조마조마한 마음으로 거리를 뛰어다니면서 주인의 채무자가 속한 가게들로 쏜살같이 내달리고, 현금 잔고를 전달하기 위해 서둘러 집으로 가고, 다시 다른 장부를 처리하는 일을 시작했다. 자정이 되어 마지막 종소리가 울리면 주인들은 받아야 할 돈 일부를 수금하는 것을 포기한 채 잔금 수금을 미루고 장부를 접었다. 이제 새해 청소를 마무리할 시간이었다. 새해 첫날이 밝고 나서 비질을 하면 의도치 않게 그해의 행운을 쓸어낸다고 해서 재수가 없었기 때문에 밤새 청소를 끝내야 했다. 정리정돈이 끝나고 동이 틀 무렵이 되면 모두들 지친 점원과 주인들을 기다리느라 밤새 문을 열어놓은 목욕탕으로 갔다. 그리고 아침에 잠을 잤다. 간판을 내려서 종이 끈으로 묶고 문을 닫았다. 채소 시장과 어시장도 문을 닫았다. 1년 중에 모든 사람이 쉬는 유일한 휴일이었다.

상인들이 잠을 자는 동안 골목길은 동물 모양 연과 요란하게 칠한 나무채와 깃털공〔나무채 하고이타羽子板로 깃털공 하고羽子를 치며 노는 배드민턴 비슷한 전통 놀이를 하네쓰키羽根突き라고 한다.-옮긴이〕을 가지고 나온 아이들 차지였고, 대로에서는 무사들의 행렬이 이어졌다. 최고위 사무라이 집안은 이른 아침에 쇼군에게 문안을 드리러 성에 대표단을 보냈다. 무사들이 걸어가는 블록은 텅 비워졌고 아무도 알지 못했다. 행상 무리가 사라지고 노점도 깨끗이 정리되었다. 가게 앞에는 커다란 소나무 가지를 묶어두었는데, 노끈으로 종이 장식과 함께 매달았다. 거리는 한결 깨끗했고—더 넓어 보이기까지 했다—항상 들리는 장사 소리 대신 하네쓰키 치는 소리, 아이들이 즐겁게 뛰노는 소리, 얼어붙은 거리에 울려 퍼지는 말발굽과 나막신 소리만 들렸다.

둘째 날에는 어른들이 큰마음을 먹고 나왔다. 사람들은 아침 일찍 혼잡한 이발소에 가서 머릿기름을 발라 머리를 정돈하고 턱수염과 이마를 깨끗이 면도했다. 그런 다음 새해맞이로 고객과 이웃들 집을 찾아갔다. 새로 산 겉옷과 외투가 워낙 뻣뻣해서 움직일 때마다 버석거리는 소리가 날 정도였다.[2] 하녀 딸을 둔 어머니들은 셋집을 박차고 나가 큰집으로 가서 딸을 고용한 주인에게 존경의 뜻을 표했다. 가부키 배우들은 가마를 타고 도시를 돌면서 찻집, 단골 고객, 스승의 집을 찾아서 새해에도 계속 관심을 가져달라고 청했다.

하타모토 마쓰다이라 도모사부로는 둘째 날 아침에 에도성으로 갔다. 그는 첫날의 행렬에 낄 만큼 지위가 높지 않았다. 집안의 남녀들은 주인이 쇼군을 알현하는 것을 준비하느라 바빠서 명절을 즐길 시간이 많지 않았다. 남들은 잠을 자거나 스루가다이의 언덕에 올라가 해돋이를 보는 정월 초하루에도 이 집안 사람들은 충절을 보여야 했다. 집안 성원들이 마당에 지위 순으로 모이는 것이 하타모토 저택의 관습이었다. 부하들은 소매 없는 뻣뻣한 치마바지로 된 정식 의복을 입었는데 모두 가문의 문장이 박혀 있었고, 여자들은 공식 예절을 갖춰야 할 때처럼 하인까지도 긴 머리를 여러 갈래로 말총 모양으로 묶었다. 새해 인사로 절을 드리면서 새해에도 계속 주인을 섬기겠다고 약속했다.

도시 반대편에 있던 쓰네노는 그 자리에 있지 않아도 되어 기뻤다.

*

쓰네노는 아직 하녀였지만 간다의 비참한 셋방에서는 벗어났다. 쓰네노가 찾은 새 주인은 굉장한 부자로, 교토 출신 게이

190

샤인 새 첩이 쓸 공간을 개조하는 데만 금화 300냥을 썼다.[3] 아직 공사가 진행 중이었지만 설계 자체가 인상적이었다. 차 마시는 의례를 치르는 방이 따로 있었는데 사방이 연두색으로 장식되었다. 쓰네노는 절연을 당한 것을 알고는 기유나 어머니에게 몇 달간 편지를 보내지 않았는데 이 소식은 전하지 않을 수 없었다. 에도에 도착한 지 9주가 지나서 마침내 자리를 잡았다는 소식이었다.

쓰네노의 새 주소인 스미요시초는 극장가 한가운데에 자리했다. 쓰네노가 사는 블록은 한때 사창가였는데, 지금은 동네의 중심 도로가 인형 거리人形の街라고 불렸다. 수많은 인형 제조업자와 판매업자들의 본거지였기 때문이다. 정교하게 장식된 기모노차림으로 가게와 노점에 세워진 인형들은 값비싼 장난감 같았다. 하지만 에도의 유명한 꼭두각시 극장에서 무대에 오르면 오싹할 정도로 사람 같았다. 입을 다문 주인의 손길에 따라 조각된 작은 손이 편지를 펼치고 등롱을 들었고, 축 처진 몸이 웃을 때는 들썩거리고 노여워할 때는 떨렸다. 울음을 터뜨릴 때면 반질반질한 검은 가발을 소매에 파묻었고, 움직임 없는 얼굴에 표정이 살아나는 듯 보였다.

에도의 3대 가부키 극장이 인형 거리 바로 맞은편에 있었다. 화려한 색으로 칠한 극장에는 등롱이 주렁주렁 걸려 있었고, 커다란 나무 간판과 극적인 장면을 실물 크기로 그린 그림이 장식돼 있었다. 극장 안은 덥고 혼잡했다. 천장에는 등롱 수십 개가 걸려 있었고, 관객들은 무대보다 낮은 다다미 관객석을 빼곡하게

191

채우고 2층 좌석도 가득 메웠다. 극장에서 가장 좋은 자리는 주인공 배우들이 입장하는 좁은 나무 통로 바로 옆이었다. 배우들은 극장 뒤편에서 등장해서 군중 사이를 헤치고 걸어갔는데, 등롱에 환하게 비친 배우들을 만질 수 있을 만큼 가까운 거리였다. 무대에 오른 배우들은 북과 현악기, 흐느끼는 피리 소리에 맞춰 노래하고 춤을 췄다. 사자(인형)가 기다란 갈기를 세우고, 오만한 젊은 무사들이 발을 구르고 힘을 뽐냈으며, 영웅들이 거대한 칼을 기품 있게 휘둘러 적을 무찔렀다. 아리따운 여자들—항상 남자가 연기했다—이 꼬리를 치며 춤을 추고 눈물을 흘렸다. 하얗게 칠한 얼굴과 멋진 가발, 세심한 여성적 몸짓 때문에 관객석의 누구보다도 매력이 넘쳐흘렀다.

무대 바깥을 보아도 극장가는 해 질 녘까지 분주했다. 해가 지면 관객들도 극장가를 나서야 했고 문이 닫혔다. 대작이 상연되는 시기에는 사람들을 극장으로 불러 모으는 북소리가 새벽 네 시부터 울리기 시작했고, 동이 트기 한참 전에 첫 공연—웃기는 단막극과 춤사위—이 시작되었다. 하루 종일 막과 장, 편을 이어가며 연극이 계속되었고, 관객과 구경꾼이 인형 거리를 줄지어 걸으면서 가뜩이나 붐비는 극장가로 몰려들었다. 극장가 한복판인 스미요시초에 사는 쓰네노의 귀에 거리의 소음과 북소리가 들려왔다. 쓰네노가 사는 블록에 있는 가게들에서는 무대와 관련된 제품을 팔았다.[4] 머리에 광을 내는 기름, 얼굴을 하얗게 칠하는 가루, 흰 얼굴에 도드라지는 밝은색으로 입술을 칠하는 붉은 가루 등이었다. 어떤 꾸러미에는 유명한 배우의 이름이 상표로 붙

192

어 있었다.

쓰네노는 몇 가지를 샀다. 도저히 참을 수가 없었다. 머릿기름은 올케인 사노에게 보냈다. "에도에서 제일 좋은 거예요"라는 말과 함께.[5] 여덟 살짜리 조카인 기하쿠에게는 손수건을, 구운 김을 비롯한 이국적인 것들은 어머니에게 보냈다. 주인에게 요청해서 받은 은전 한 돈도 어머니 선물이었다. 동전에 새겨진 미소 짓는 행복의 신 이름(다이코쿠텐大黑天)을 딴 "다이코쿠大黑" 동전이었다. 하지만 이 이름은 또한 에도 안에서 통하는 농담으로 일종의 말장난이었다. 다이코쿠 조제大黑常是는 에도의 은화 주조를 책임지는 관리의 이름이었다.[6] 그는 신과 아무 관계가 없었지만, 어쨌거나 은전은 행복의 원천이었다.

그전에 쓰네노는 적어도 돈으로 처리할 수 있는 빚은 일부나마 갚으려고 했다.[7] 예전 관리인인 진스케에게 금화 석 냥을 갚았고 린센지 교구민인 야스고로에게는 선물과 편지를 전달해 준 대가로 엽전 100문을 주었다. 하지만 그래도 야스고로에게 500문의 빚이 남았고, 에도에서 사는 데는 엄청난 비용이 들었다.[8] 찻잔 하나와 젓가락 한 벌 값까지 내야 했다. 겨우겨우 베개 하나와 신발 한 켤레는 샀지만,[9] 여전히 에치고에서부터 가져온 검은색 겉옷과 외투를 입었기 때문에 거리에서 아는 사람을 만날 때마다 부끄러웠다.[10] 작은아버지가 아직 갚지 않은 금화 석 냥을 갚으면 얼마나 좋았을까? 그러면 새 옷을 사고도 돈을 남겨서 새로운 이웃들에게 한턱낼 수도 있었으리라.

하지만 그때 사정으로는 3대 극장에서 하는 연극 표 한 장도 언감생심이었다. 무대 근처에 있는 특별석 표 값이 금화 한 냥 반으로, 보통 하녀가 1년에 받는 급여의 절반에 육박했다.[11] 맨 뒷자리 염가 좌석도 한 달치 급여에 맞먹었다.[12] 하지만 작은 극장에서 여름 작품을 올리는 무대 가장자리 입석 자리는 국수 두세 그릇 값이면 볼 수 있었다.[13] 그리고 절 경내에서 열리는 공연이나 비공식적인 거리 공연도 항상 있었다. 때로는 극장에 출연하는 배우가 나오기도 했다.[14]

표만 살 수 있다면 쓰네노도 더 밝고 시끌벅적하고 화려한 세상에 들어갈 수 있었다. 공연이 끝나는 순간까지 몇 시간 동안 황홀경에 빠져 머무를 수 있었다. 하지만 에도의 다른 공간은 그에 비해 재미가 없었다. 사무라이 부요 인시는 가부키 때문에 여자들이 현실 감각을 상실한다고 말했다. "실제로 연극을 한 번 본 여자는 정신을 못 차려서 하루 세 끼 먹을 돈으로 연극을 다시 본다. …… 젊은 여자들이 극장에 가면 완전히 휩쓸려 버린다."[15]

다행히도 큰돈을 들이지 않고도 극장에 참여하는 방법이 있었다. 쓰네노는 목욕탕이나 거리에 붙은 포스터 앞에서 얼쩡거리면서 시즌에 상연되는 연극의 삽화를 꼼꼼히 들여다보고 출연진 중에 좋아하는 배우의 이름을 찾을 수 있었다.[16] 그리고 골목에서 연극 광고 전단을 파는 행상의 목소리가 들리면 뛰어나가서 한 부 살 수도 있었다. 활판 인쇄기에서 바로 나온 전단에서는 싸구려 잉크 냄새가 났다. 발효 감즙과 유채 기름 검댕을 섞은 잉크로 새 시즌을 알리는 선명하고 시큼한 냄새였다. 쓰네노는 전단을 몇 번이고 읽을 수 있었다. 이웃들이 돌려보는 전단도 볼 수 있었다. 마음에 드는 전단은 붙여놓고 매일 밤마다 자기 전에 볼 수 있었다. 굵은 글씨로 찍힌 유명 배우들과 작은 글씨로 예명이 찍힌 신예 배우들이 꿈에 나왔다.

제일 인기가 좋은 이름인 한시로는 어떤 전단에도 등장하지 않았다. 순진하지만 용감한 처녀 역을 맡아서 이름을 떨친 뒤 원한에 찬 반反영웅 역할로 옮겨간 5대 이와이 한시로岩井半四郎는 오래전부터 새로운 예명으로 공연을 하고 있었다.[17] 하지만 "이와이 한시로"는 극장가에서 오가는 언어 속에 당당하게 한 자리를 차지하고 있었고 에도의 다른 곳에서도 유명했다. 게이샤들이 별명으로 그 이름을 일부 차용했기 때문이다.[18] 여자들은 바닥에 홈이 거의 파이지 않은 "한시로 게다"라는 이름의 나막신을 신었다. 한시로가 무대에서 신던 신발과 비슷해서 붙여진 이름이었다.[19] 심지어 에치고 사람들도 연극에 관심 있는 이라면 한시로라는 이름을 알았다. 아마 한시로가 언제나 화려한 옷을 차려입고 육감적이고 여성적인 모습으로 등장하는 공연 홍보 인쇄물을 보았을 것이다.

쓰네노는 고향에서 도망치기 전에 한시로의 인쇄물을 보면서 자기가 전혀 갖지 못한 모든 것, 그러니까 세련되고 멋진 에도를 나타낸다고 생각했을지 모른다. 하지만 이제 이 모든 게 익숙하고 거의 손에 잡힐 듯 보였다. 이제 쓰네노는 고향에 보내는 편지에서 무심코 이름을 들먹일 수 있었다. 마치 아는 사람 이야기를 하듯 성도 붙이지 않고 "한시로"라고 말했다. 어떻게 보면 거의 안다고도 할 수 있었다. 가족에게 자랑스럽게 말한 것처럼 그

의 집에서 살고 있었기 때문이다.[20]

정확히 말하자면, 그곳은 그의 본 집이 아니었고 그는 거기 살지도 않았다. 5대 이와이 한시로가 어디에 살았든 간에 그곳은 특별한 저택이었다. 쓰네노는 평범한 저택, 스미요시초에 있는 한시로의 "별채"에 살았다. 한시로의 아들이 그 집에 살다가 갑자기 세상을 떠났고, 이제 쓰네노의 새 주인이 첩을 위해 저택을 빌려 쓰고 있었다.[21] 어쩌면 이 집이 첩에게 좋은 인상을 줄 것이라고 생각한 듯하다. 첩은 게이샤로서 예술가였고, 세련되기로 유명한 교토 출신이었기 때문이다. 쓰네노도 좋은 인상을 받았는데, 또 한편으로는 저택의 거의 모든 것이 그러했다—엄청난 돈 씀씀이, 머릿기름, 특히 음식이 인상적이었다.

쓰네노는 에도 음식은 전부 맛이 좋다고 생각했다.[22] 북부 시골에서 평생을 산 까닭에 압도당하지 않을 도리가 없었다. 에도에서는 논에 피가 자라듯이 식당이 생겨났다. 1830년대에 에도의 동장들은 대로에만도 7,000명에 가까운 노점상이 도시락과 식사를 판다고 집계했다.[23] 뒷골목 싸구려 술집과 행상, 임시 노점 등은 전부 헤아릴 수도 없었다. 아무 데서나 종을 울리고 애처로운 가락을 읊으면서 찐만두나 차게 식힌 두부를 팔았기 때문이다. 동장들이 집계할 수 있는 가게 중에 대부분은 한입 크기의 사탕이나 군것질거리, 사케를 곁들인 따뜻한 음식을 팔았고, 700곳 이상이 국수, 즉 우동이나 소바를 팔았다. 국수는 에도의 오랜 특산물로, 사람들은 국수에 양념을 얼마나 진하게 넣어야 하는지, 얼마나 빨리 후루룩 먹어야 하는지, 심지어 얼마나 씹어야 하는지를 놓고 열띤 설전을 벌였다.[24] 진짜 미식가들은 일반 식당이 문을 닫고 한참 지난 시간에 어두운 길모퉁이에 있는 이름 없는 "야간" 노점에서 사서 그 자리에서 후루룩 먹어야 맛이 제일 좋다고 큰소리를 쳤다. 스시에 관한 토론은 그만큼 고급스럽지 않았다. 생선을 얹은 니기리즈시[손으로 밥을 쥐어 생선을 얹는, 오늘날 가장 일반적인 스시의 형태.-옮긴이]는 쓰네노가 에도에 도착하기 불과 몇십 년 전에 창안된 음식이었다.[25] 그런데도 특히 여름철에 인기가 점점 좋아지고 있었다. 싼값에 즉석에서 집어먹기 편했기 때문이다. 새우와 참치 요리는 각각 엽전 몇 문밖에 하지 않았다(맛 좋은 계란은 두 배 비쌌다).

에도의 정식 식당은 쓰네노 형편에는 엄두도 못 낼 곳이었지만, 새 주인은 몇몇 식당에 자주 드나들었을 것이다. 내실과 정원에서 화려한 연회를 위해 모인 상인과 쇼군의 관리, 다이묘의 대표들이 반짝이는 쟁반에 색색으로 담겨 나오는 코스요리를 즐겼다. 에도의 유행을 선도하는 야오젠八百善의 요리사들은 달착지근한 사케를 무를 씻는 데 쓰고, 감자와 장아찌, 차로 이루어진 평범한 식사도 엄격한 지침에 따라 만든다고 말이 많았다.[26] 유명한 요리사들은 전투의 비결을 통달했다고 자랑하는 검객만큼이나 어느 모로 보나 극적이고 자기를 아꼈다. 『전국 각지의 특산무요리 비전서』, 『고구마 요리비결 백선』, 『정확한 음식 준비와 자르기에 관한 비전서』 등 과장된 제목을 내세운 베스트셀러 요리책을 펴냈다.[27]

하지만 유명 음식점에서도 요리가 대표적인 인기거리인 경우는 드물었다. 보통 게이샤가 있어서 노래와 춤으로 흥을 돋우고 술 마시기 게임을 했다. 쓰네노의 주인도 아마 이런 자리에서 새 첩을 만났을 것이다. 때로는 음식점에서 열리는 잔치가 일종의 특별한 공연예술을 위한 무대가 되었다. 유명한 예술가와 가부키 배우들이 보기 드물게 장르를 비튼 공연을 선보였다.[28] 서예가들은 종이부채 수십 개를 최대한 빨리 글씨로 장식했고, 배우들은 시를 지었다. 유명한 화가들이 필사적인 경쟁을 벌이면서 두 손으로 동시에, 또는 거꾸로 그림을 그렸다. 이미 〈파도〉로 유명세를 떨치던 노장 화가 가쓰시카 호쿠사이葛飾北斎도 입으로는 오래전에 이런 보여주기 쇼에 신물이 난다고 말했으면서도 자주 모습을 드러냈다. 다들 그러하듯 그도 돈이 필요했다.

쓰네노의 일상생활은 화려하지 않았지만 하타모토의 저택에서 요를 질질 끌고 다니고 물병을 채우는 일을 한 몇 주보다는 나았다. 주인이 새로 차린 다실에서 차를 준비했는데, 적어도 어느 정도는 익숙한 일이었다.[29] 에치고의 세간에 다기는 없었지만 제대로 교육을 받은 젊은 여자라면 다도의 기본은 익혀야 했다.[30] 누구나 할 수 있는 심부름도 다녔고, 나머지 시간에는 바느질을 했다.[31] 두꺼운 명주 크레이프천으로 주인이 입을 겉옷을 짓기도 했는데, 꽤 까다로운 일이었다. 바느질은 쓰네노가 가장 자부심을 가진 기술이었고, 바느질을 잘해서 다행이었다. 바느질을 할 줄 아는 하녀는 다른 하녀에 비해 돈을 많이 벌었는데, 때로는 거의 사무라이를 수행하는 남자들만큼 받았다.[32]

쓰네노는 어머니에게 집에서 자를 보내달라고 했는데, 에도에서 새 자를 사는 게 더 쉬웠을 것이다. 아마 아끼는 자였으리라. 아니면 그냥 손에 익은 것이었거나. 바느질을 하는 방법은 어디서 하든 똑같았다. 쫑긋 튀어나오게 작은 바늘땀을 만들고, 잘 드는 칼로 비단을 주욱 잘랐다. 오래전에 어머니와 기요미하고 바느질 연습을 하면서 긴긴 겨울 시간을 채우노라면 정원에는 눈이 쌓여갔다. 그때는 다른 삶을 준비하고 있었다. 필시 언젠가 자기 딸한테 바느질하는 법을 가르쳐야겠다고 생각했으리라.

그런 식으로 일이 풀리지 않았지만 그래도 감사해야 할 이유가 있었다. 극장가에서 들리는 북소리. 다듬고 잘게 썰어서 바로 조리하면 되는 채소를 파는 노점상.[33] 나무로 된 작은 머리를 까딱거리는 인형. 우아한 다실과 자기 주소에 적힌 이름. 손아귀에 든 차가운 엽전.

그리고 에치고에 있는 그 모든 불쾌한 나이 든 남자들. 목소리만 크고 머리숱은 빠진 이 남자들 가운데 어느 누구도 쓰네노의 남편이 아니었다.

✳

겨우내, 그리고 봄까지 쓰네노는 다른 사람들의 빨래를 마주쳤다. 볕이 좋은 날이면 한겨울에도 뒷골목에는 겉옷, 외투, 종류도 다양한 속옷이 가득 널렸다. 긴 빨랫줄에 걸린 겉옷은 뜯어서 다시 꿰매야 하는 상태였고, 외투는 소매가 펼쳐지게 옷걸이를 끼워서 차가운 바람에 살랑살랑 나부꼈다. 정원의 화분에서 꽃이 만발하는 늦봄까지 흙투성이 골목에서 빨랫줄만이 유일하게 다채로운 색을 드러냈다. 빨래는 대부분 줄무늬와 꽃무늬 면 직으로, 끝부분이 바래고 해져 있었다. 하지만 비단도 있었다. 10년 전에 출간된 어느 책에서 지적한 것처럼 옷감의 기준이 높 아지고 있었다. "원래 시골 사람들은 사무라이 빼고는 문양이나 줄무늬가 있는 가가加賀 지방 비단으로 지은 외투를 입는 일이 드 물었다. 그런데 지금은 뒷골목 직공들도 그런 외투를 한 벌 가지 지 않은 사람이 없다."[34] 과장된 말이었다. 가령 쓰네노는 가가 비단옷이 없었다. 그래도 줄에 널린 빨래는 놀라운 광경이었다. 쓰네노에게는 아직 없는 작은 사치품을 갖고 있다고 여 봐란 듯 이 과시하는 모습 같았다. 옷가지를 빨아서 말리는 동안 갈아입 을 다른 옷이 있다는 뜻이었으니까.

　　한편 총천연색으로 인쇄된 이름 모를 아리따운 여자들의 초상화와 가부키 공연 광고를 보면서 쓰네노는 에도에서 유행을 선도하는 사람들이 어떤 옷을 입는지 조금 알 수 있었다. 물론 많 은 연극은 역사적 인물과 관련된 내용이었고, 중세 무사들의 의 상은 쓰네노의 관심 밖이었다. 하지만 다른 연극들은 현대 여성 을 바탕으로 한 인물을 내세웠다. 게이샤나 상점 주인의 딸이 등 장했다. 쓰네노는 무늬의 모양이나 칼라의 선, 허리띠의 정교한 주름, 나막신의 높이를 눈여겨보면서 1주일이나 한 달 뒤에 무엇 이 유행할지 직감할 수 있었다. 이미 몇몇 무대의 연기가 패션의 역사를 만든 바 있었다.[35] 5대 이치카와 단주로市川団十郞가 하녀 역 할을 하자 "단주로 갈색"이 유행했고, 사노가와 이치마쓰佐野川市 松가 불운한 젊은 연인 연기를 하자 "이치마쓰 문양"이라는 이름

200

으로 흑백의 체크무늬 열풍이 불었다. 5대 한시로 역시 자기만의 스타일이 있었다. 대마 잎을 겹쳐서 배열한 모양의 한시로 가노코鹿の子가 그것이다.[36] 쓰네노가 1840년 정월에 연극 광고 인쇄물을 보았다면 위대한 배우 오노에 에이자부로尾上榮三郎가 게이샤 옷을 입은 모습을 보았을 것이다.[37] 오노에는 자주색, 주황색, 녹색으로 된 격자무늬 이불을 뒤집어쓰고 등장했는데, 흰색 반점무늬로 된 장미색 속옷 차림이었다.

쓰네노의 검정색 옷은 때가 타지 않는다는 장점이 있었지만 비참할 정도로 멋과는 거리가 멀었다. 다른 겉옷이나 외투가 있었더라면 갈아입을 수 있었을 것이다. 고위 사무라이도 전당포를 이용했는데, 멋진 옷에는 꽤 좋은 값을 쳐주었다.[38] 구멍이 숭숭 뚫려서 거의 입을 수 없는 옷도 돈 주고 사는 사람이 있었다. 넝마주이들이 항상 제멋대로 싼 더러운 보따리를 지고 골목을 돌아다니면서 아무거나 가져가곤 했다.[39] 쓰네노는 넝마주이한테는 아무것도 사고 싶지 않았지만 어쨌든 거리에서 그냥 팔지도 않았다—넝마주이들이 그날 모은 옷가지를 간다 강가에 늘어선 노점으로 가져가면 그곳에서 헌 옷을 빨아서 다시 팔았다. 일종의 염가 소매 시장으로, 되는 대로 옷을 사는 사람들한테는 편리한 곳이었지만 예쁜 옷에 익숙한 쓰네노에게는 어울리지 않는 곳이었다.

인형 거리에서 불과 몇 블록 떨어진 도미자와초에는 유명한 헌 옷 시장이 있었다.[40] 이 동네는 17세기 초 대도大盜로 손꼽히는 도비자와 간조의 이름을 딴 곳이었다. 검거되어 사형을 받을 위험에 처한 그는 목숨을 구하기 위해 거래를 맺었다. 쇼군은 합법적 직업—헌 옷 거래—에 종사하면서 불가피하게 이 사업에 꼬여드는 다른 도둑들을 주시한다는 조건으로 사면해 주었다. 그와 이름이 같은 시장은 비교적 질이 좋은 옷을 손에 넣은 거래업자들이 옷을 매입해서 재판매하는 중개인과 만나는 곳이었다. 어떤 옷들은 결국 에도의 옷가지 행상의 손에 들어갈 운명이었다. 넝마주이와 비슷한 이 행상들은 어깨에 걸친 장대에 헌 옷을 걸고서 도시를 돌아다녔다.[41] 다른 품목들은 동북부 지방에 기반을 둔 회사들에 팔렸다. 이곳 농민들은 에도에서 버린 헌 옷을 열심히 사 입었다. 쓰네노의 고향 이웃 몇 사람은 도미자와초를 거쳐 간 헌 옷을 입었을지 모른다. 쓰네노는 옛날에도 그 사람들보다는 옷을 훨씬 잘 입었지만, 지금은 따뜻한 옷을 입을 형편도 못 되었다. 오빠 고토쿠에게 사정을 했다. "제 좋은 물건은 하나도 필요 없어요. 그런데 추위를 막아야 하니 제발, 제발 두꺼운 외투하고 솜 누비 겉옷 두 벌은 꼭 보내주세요."[42] 어머니에게는 앞치마와 머리를 고정시킬 수 있게 거울, 머리핀, 빗을 부탁했다.[43]

적어도 쓰네노가 처한 상황은 일시적인 것이었다. 극빈층은 항상 입을 옷이 없어 고생했고, 일부 가정은 사람 수보다 옷가지 수가 적었다. 막부는 심지어 착한 딸은 부모가 자기 겉옷을 입을 수 있도록 한겨울에도 옷을 걸치지 않고 외출하라고 권했다.[44] 한편 남자가 대다수인 육체노동자들은 거의 헐벗고 일을 하는 데 이골이 났다.[45] 그들은 옷을 살 형편이 되지 않았고, 옷이 필요하지 않은 일을 했다. 노동자들은 훈도시만 걸친 채 수레를 끌고,

가마를 메고, 소포와 편지를 들고 도시 곳곳을 뛰어다녔다. 사무라이가 허리춤에 찬 칼 두 자루처럼 노동자의 맨살 차림은 낮은 신분을 더없이 분명하게 나타내는 표지였다.[46] 옷을 못 입는 걸 보상이라도 하듯 노동자들은 색색의 문신으로 몸을 장식했다. 등에서 시작된 문신은 허벅지까지 이어졌는데, 두꺼운 겉옷과 갑옷, 반짝이는 물고기와 용 비늘, 곤두선 호랑이 털 등의 이미지로 드러난 맨살을 가렸다.[47] 이런 표지는 막부가 죄인에게 문신을 새긴 관행에서 빌려온 반항의 상징이었고, 또한 에도에서 오래 살아남으면서 꾸준히 푼돈을 모아 몇 년 동안 매주 문신 화가를 찾아간 남자들의 자부심의 표현이었다.

어떤 사람들은 두꺼운 종이 몇십 장으로 만든 겉옷을 입었는데, 먼저 구겨서 부드럽게 만든 다음 감즙으로 일종의 표면 처리를 했다.[48] 이상한 냄새가 났지만 그래도 꽤 따뜻했다. 새 종이로 만든 옷은 어떤 색으로든 염색할 수 있었지만 세탁은 절대 할 수 없었다. 헌 종이로 만든 싸구려 옷도 있었는데 인쇄된 글자와 그림, 잉크 자국 등의 희미한 흔적이 남아 있었다. 가부키 의상으로 종이옷이 잠깐 유행했을 때 사람들이 좋은 비단옷을 낙서처럼 휘갈긴 글씨로 장식해서 유행을 흉내 냈다. 도시의 화려한 옷차림을 흉내 낸 절망적인 거리 패션 스타일의 고급 버전이었다.

*

쓰네노가 사는 동네에서는 모두들 옷차림과 환상의 원리를 꿰뚫고 있었다. 연출가, 목수, 인형 조각공, 미용사, 화가, 작가,

무대 디자이너 등은 모두 눈을 현혹하는 술책을 떠받치면서 벌어
먹고 살았다. 하지만 이런 술책도 해가 갈수록 버티기 어려워졌
다. 돈 씀씀이를 과시하는 것은 여전히 놀랄 만한 일이었다. 가와
라자키 극장河原崎座이 1839년에 제작한 〈정성공의 전투国性爺合戦〉
에 등장하는 주연 배우 셋의 의상비가 금화 1,000냥으로, 대다수
하타모토의 연 급여를 훌쩍 뛰어넘는다는 소문이 돌았다.[49] 하지
만 그만큼 성공을 거두지 못한 많은 다른 연극들의 경우에는 배
우들이 멀리서 봐야만 호화스러워 보이는 의상을 입었다.[50] 스타
들은 금실로 수를 놓은 중국산 비단옷을 입었다. 하지만 이 의상
은 새 옷이 아니라 극단이 작품이 개봉하기 전에 전당포에 맡겼
던 헌 옷이었다. 새 연극을 올릴 때면 전당포에서 찾아다가 수선
해서 입혔다.

　　5대 한시로를 비롯한 주연 배우들은 여전히 1년에 금화
1,000냥을 넘게 받는다고 소문이 자자했지만, 극장들은 출연료
를 감당하느라 가랑이가 찢어질 정도였다. 극장들은 빚에 허덕였
고 거듭 재건축을 하느라 진이 빠졌다. 가뜩이나 등롱을 밝혀 놓
은 곳에 저녁마다 군중이 몰렸으니 극장가는 화재에 취약했다.
주요 극장 한두 곳이 불을 꺼서 캄캄해진 시절도 이미 있었다. 가
부키는 여전히 광고 전단을 사서 비좁은 쥐구멍(네즈미키도ねずみ木
戸)으로 입장하려고 줄을 서는 극성팬이 있었지만 전반적으로 관
객이 감소하는 추세였다. 극장표는 비쌌고 다른 볼거리들이 있었
다. 천막쇼見世物小屋는 엽전 몇 문이면 볼 수 있었는데, 이국적인
새, 산미치광이, 악취를 풍기는 죽은 고래, 빗자루로만 만든 거대

한 조각상 등이 볼거리였다.[51] 천막쇼의 스타는 여자 씨름꾼과 뱀 부리는 사람, 기계 마네킹, 어마어마한 뚱보, 거인, 부랄 달린 여자, 비늘로 덮인 사내아이 등이었다. 자기 눈알을 뽑아서 사람들에게 건네는 반半야만인 아이도 있었다.[52]

대규모 가부키 극장은 천막쇼의 구경거리를 일부 빌려오려고 애를 썼다.[53] 19세기 초 몇십 년간 극장 공연은 현란한 착시물과 그로테스크한 구경거리를 흥행물로 내세웠다. 쓰네노가 에도에 살 무렵이면 에도에서 가장 더러운 모퉁이를 연극의 무대로 삼아 하층계급 도시민들을 주인공으로 내세웠다. 주군을 위해 모든 것을 희생하는 사무라이들이 여전히 무대에 등장했지만, 부모를 알지 못하는 버려진 아이, 떠돌이 산적, 흉측한 혼령 등 다른 유형의 사람들도 같이 나왔다. 전통주의자들은 절망에 빠졌다. 한 극작가는 가부키가 "완전히 나락에 빠졌다"고 개탄했다.[54]

하지만 새로운 연극들은 에도 생활에서 중요한 어떤 것을 포착하고 있었다. 이 연극들은 기만의 역학에 관심을 기울였는데, 모든 사람들이 살아남기 위해 갖가지 방식으로 활용하는 역학이었다. 사람들은 비단 저고리와 돈, 또는 종이 겉옷과 문신을 활용해서 아무도 자신을 해치지 못한다는 이미지를 투사했지만 곧이곧대로 통할 리가 만무했다. 어쩌면 에도에 사는 사람은 누구든 겉에 걸친 옷 안을 보면 가부키 연극인 〈요쓰야 괴담四谷怪談〉의 여주인공 같았다. 욕심 많은 남편이 전당포에 맡겨서 돈을 얻으려고 기모노를 찢고 머리핀을 잡아 뜯자 흉측한 광인으로 전락하기 시작하는 순종적인 부인 말이다.[55] 어쩌면 에도 사람들은 전부 옷과 머리핀으로 자신이 제정신이라는 환상을 유지하고 있었다. 또 어쩌면 다들 처음에는 고결한 사람이었는데 자기 것이라고 여기는 것들을 결코 지키지 못한다는 것을—몇 번이고 거듭해서—깨달으면서 괴물로 바뀌었는지도 모른다.

새해 초에 마침내 쓰네노의 어머니가 보낸 소포가 도착했다. 솜 누비 겉옷 두 벌이었다.[56] 린센지 총무인 덴파치는 가족이 여전히 공식적으로 쓰네노와 연을 끊은 상태임을 분명히 했다. 이 물건은 그냥 어머니가 추울까 봐 걱정해서 보내는 비공식적인 선물이었다. 쓰네노한테 꼭 필요한 옷이었고, 얼마 뒤 안감 없는 겉옷과 자잘한 물건들이 담긴 한결 반가운 소포가 왔다.[57] 하지만 두 소포 모두 예전에 살던 셋방 관리인인 진스케 앞으로 갔다. 진스케의 부인이 전부 챙겼는데, 안감을 대지 않은 기모노는 끝까지 돌려주려고 하지 않았다.[58] 쓰네노에게는 아직도 진스케한테 빚이 있었는데, 그는 아마 그렇게 보상을 받을 자격이 있다고 생각했을 것이다. 쓰네노가 보기에 그는 그냥 혐오스러운 인간이었다. 가족이 다시 진스케 편으로 소포를 보내면 협박하는 편지를 같이 넣어야 한다고 당부했다.

하지만 편지로는 문제가 해결되지 않았다—어떤 수단으로도 통하지 않았다.

에치고에 사는 사람들은 전부 쓰네노가 마음을 접고 고향으로 돌아오기를 바랐다. 이시가미 마을 출신의 친구로 린센지 교구민인 야스고로가 아직 에도에 살 때, 봄에 수확하러 떠나기 전만 해도 항상 그 이야기만 했다.[59] 쓰네노는 실망할 수밖에 없었다. 야스고로는 이시가미 마을과 연결된 유일한 지인이었고, 그가 자기가 새 삶을 산다는 소식을 어머니한테 전해주기를 기대했었기 때문이다. "편지에 쉽게 쓰지 못하는 많은 이야기를 야스고로한테 하고 싶었는데, 만날 때마다 항상 똑같은 말만 했어요. '집에 가!', '고향으로 가라고!' 그래서 결국 하고 싶은 말이 많았는데 한 마디도 못했고, 창피스러운 일이라고 생각했죠."[60]

이제 계절이 여름이어서 도로가 깨끗했고, 쓰네노의 가족은 이제 그녀가 집에 올 때라는 데 생각을 모았다. 쓰네노는 덴파치로부터 이제 돌아오라고 간절히 청하는 편지를 받았는데, 몇 번이고 눈물을 흘리며 읽었다. 오빠 기유는 여전히 편지 한 통 없었지만 어쨌든 쓰네노가 가족과 마을을 완전히 잃은 것은 아니었으리라. 그렇지만 쓰네노는 가족을 실망시켜야 했다. 에도를 떠나 린센지의 숨 막히는 삶으로 돌아가지 않을 것이었다. 그 점에 관해서는 아무것도 변한 게 없었다. "18일이나 19일까지는 집에 와야 한다고 생각하시겠지만 저는 가지 않을 거예요. 그리고 저 때문에 얼마나 화가 나실지 알지만, 홀아비한테 시집갈 생각은 추호도 없어요."[61] 도전적인 말투이긴 했지만 가족과 멀어질까 걱정이 들었다. 쓰네노는 자기 말이 어떻게 들릴지, 익숙한 필체로 쓴 편지일지라도 불손한 태도가 얼마나 충격적일지 알았다. "이 편지를 쓰면서도 다시 쓰다가 옆으로 치워두고 하기를 열 번인가 열다섯 번 했는데, 그래도 어쨌든 간에 곤혹스러워서 몸이 떨릴 지경이에요." 이렇게 스스로도 인정했지만 어쨌든 단호했다. "아무튼 제가 무슨 이야기를 하든 전부 제 마음속에서 나온

말이니 제발 그런 마음으로 읽어주세요." 쓰네노는 여전히 필요
한 물건들을 나열하면서 편지를 맺었다. 옷가지와 손수건, 자투
리 옷감과 자 등이었다.

쓰네노에게는 몸을 감쌀 겉옷 한 벌, 두려운 마음을 가릴
자신감, 일상을 채울 일자리가 있었다. 그럭저럭 살기에 충분한
옷과 역할이었다.

✳

에도의 뒷골목에서 봄이 가고 여름이 오는 가운데 1840년
은 여느 해와 별반 다르지 않았다. 소년의 날[5월 5일. 소녀의 날은
3월 3일임.-옮긴이]을 축하하기 위한 잉어 깃발(고이노보리鯉のぼり)
이 처음 내걸린 직후에 우기가 되어 도로가 진흙탕이 되었다. 우
산 수십만 개가 한꺼번에 펼쳐진 듯 보였다. 이윽고 구름이 걷히
자 종이부채 100만 개가 우산 대신 등장했다.

여름철 더위가 극성을 부리는 날에는 여력이 있는 사람은
전부 장어를 먹었다. 낮 시간이 한계점까지 늘어났고, 자정 전후
의 자시子時(오후 11시부터 오전 1시까지)는 사실상 사라졌다. 극장
들은 싸구려 공포극을 상연했고, 전어 스시를 팔던 행상들은 그
대신 살아 있는 금붕어를 팔기 시작했다.

에도에 도는 잡담은 여느 때처럼 소름 끼치는 간통과 살인
이야기로 가득했고, 마치부교가 곳곳의 문과 게시판에 붙인 통고
에는 온갖 통상적인 내용이 담겨 있었다.[62] 봄에 마치부교들은 직
업소개소들이 사람들의 출신 배경을 제대로 조사하지 않는다고

질책했다. 몇 달 뒤 여름이 시작되면 사람이 붐비는 장소에서 불꽃놀이를 하지 말라는 포고문이 나붙었다. 늦여름에는 마치부교들이 사지가 마비된 늙은 아버지를 헌신적으로 돌보는 어느 정숙한 미용사의 아들을 칭찬했다. 약간이나마 흥미로운 포고문은 거리에서 칼을 뽑아 사람들을 위협하는 정신질환자의 칼을 용감하게 빼앗은 파수꾼과 문지기를 칭찬하는 내용이었다.

어느 한여름 축제 날, 료고쿠両国 다리 근처에 군중이 모여들었다.[63] 다리 아래에 있는 광장에는 시끄러운 노점상과 북을 두드리며 노는 사람들이 가득했고, 등롱이 워낙 많아서 밤인데도 낮처럼 환했다. 강 위에서는 평저선에 탄 두 무리의 남자들이 하늘에 불꽃을 던지면서 누가 더 장관을 연출하는지 겨뤘다. 잠시 동안 공중에서 밝게 빛나는 불꽃이 행상들과 북, 에도 위에 머물다가 이내 연기가 되어 사라졌다. 이윽고 반짝이는 강물 곳곳에 재가 눈처럼 떨어졌다.

쓰네노는 에치고 생각에 젖었다. 여름이 되면 그 설국이 더 가깝게 느껴졌다. 많은 계절 이주민이 수확 일을 하러 도시를 떠나긴 했어도 도로가 말끔해지고 편지가 더 빨리 도착했기 때문이다. 쓰네노는 에도에 남기로 마음먹었고 이자와 히로스케라는 남자도 마찬가지였다. 이시가미 바로 옆에 있는 마을에서 온 남자였다. 에도에서 우연히 그와 만날 때까지 쓰네노는 24년 동안 그를 본 적이 없었다.[64] 어린 시절 쓰네노가 절집 딸이고 그는 가모다 마을 촌장의 아들이었을 때 알기는 했었다. 그 시절에 히로스케는 쓰네노의 오빠들과 놀곤 했다. "오빠가 동생처럼 같이 놀았으니까 그 사람을 잘 아시겠죠."[65] 이제 어디서 만나든 간에 두 사람은 에치고에 관해 이야기를 나눴다. 히로스케는 여전히 고향에 자주 편지를 해서 쓰네노가 아는 사람들에 관한 소식을 전해줄 수 있었다. 기유가 여전히 묵묵부답이었기 때문에 쓰네노로서는 이런 친절이 더더욱 고마웠다. 쓰네노와 히로스케는 나이가 들면 에치고로 돌아가자고 뜻을 모았다. 둘 다 고향에서 평생 동안 알고 지내던 사람들과 함께 살다 들과 산에 둘러싸여 죽고 싶었다.

쓰네노와 마찬가지로, 히로스케도 시골의 안전한 삶 대신 에도의 모험을 택했다. 그는 하타모토 밑에서 잠깐씩 일했는데, 고용이 되면 그 자신이 사무라이 자격을 얻었다.[66] 때로는 주인 없는 사무라이, 즉 낭인浪人(로닌)이라고 불렸다. 엄밀히 따지면 그의 신분은 임시적인 것으로 후손들에게 물려줄 수 없었다. 그는 사무라이 신분을 자처하는 남자일 뿐이었다. 그래도 고용이 되면 가문의 문장이 장식된 무사 특유의 치마바지를 입었고, 사람들은 그가 대표하는 고귀한 가문에 경의를 표했다. 때로는 무기를 휴대하기도 했다. 히로스케는 글을 읽고 쓰는 데 아주 능통하고 가문의 자원을 어느 정도 뒷배로 가지고 있었기 때문에 일반 수하들보다는 한 급 위였다. 그들을 사무라이 막사에 파견한 우두머리(오야카타親方)는 그들을 소처럼 다루면서 급여 일부를 떼어갔다.[67] 에도에서 계속 살려고 마음먹은 사람에게는 생계를 유지하기에 충분한 액수였고 꽤 유망한 자리여서 촌장 아들이 선택하기에 충분했다.

히로스케는 쓰네노에게 결혼하고 싶다고 말했다.[68] 그는 적어도 이런 생각을 가진 아홉 번째 남자였다. 쓰네노는 세 번 결혼을 하고 구혼자 다섯 명을 거절했다. 이는 집안 문서 기록에 나타난 인물만 따진 숫자로, 아마 더 많았을 것이다. 하지만 부모나 오빠를 거치지 않고 쓰네노에게 직접 청혼한 인물로는 두 번째였다. 첫 번째는 지칸으로, 근 1년 전에 같이 에도로 올 때 쓰네노가 거절하려고 애쓴 사람이었다. 히로스케는 경우가 달랐다. 그는 쓰네노 가족과 아는 사이였고, 가족의 기분을 상하게 하고 싶지 않다고 말했다. 일종의 공식적인 제안이었다.

마음을 정할 시간이 많지 않았다. 히로스케는 조바심을 냈다. 쓰네노가 거절하면 다른 여자하고 결혼할 생각이라고 말했다. 하지만 쓰네노는 지금까지 겪은 일이 있는지라 신중을 기해야 했다. 잠깐 시간을 갖고 가끔 만나면서 다시 서로 알아가야 한다고 생각했다. 24년 만에 만난 사이라 서로 아는 게 많지 않았다. 그리고 지금 당장은 에도에 사는 자기 상황이 그래도 안정적이었다. 주인과 이웃, 하는 일이 좋았다. 조언을 구하고 옷을 빌리면서 의지하게 된 동료 하녀들은 쓰네노의 상황을 현실적으로 판단했다. "지금 당장은 가난해도 급여가 그렇게 나쁘지 않잖아. 그리고 다른 사람한테 의지하는 대신 직접 벌이를 하면 성공을 하든 알거지가 되든 중요한 게 아니지. 일도 익숙해질 테고."[69] 에도에서 혼자서 생활을 꾸릴 수 있는데 남편이 왜 필요한가?

하지만 자기 미래가 좀 더 뚜렷하게 눈에 들어오자 에도까지 기를 쓰고 오게 만들어 준 자신감이 흔들렸다. 재정 상황이 불안했고, 아직 관리인 진스케에게 빚이 있었다. 오빠 기유에게 보낸 편지에서 쓰네노는 이렇게 말했다. "오빠도 알다시피 지금 당장은 생활을 꾸려가고 있지만 젓가락 한 벌, 찻사발 하나까지 사야 해요. 그런데 물건값이 너무 비싸요. 열심히 살고 있고 어떻게든 긁어모으면 금화 넉 냥이 되지만 진스케에게 갚아야 해요. 그 때문에 너무 가슴이 아프고 걱정이 된답니다."[70] 한편 지칸의 정체를 제대로 파악하지 못한 일이 여전히 가슴을 짓눌렀다. 린센지 총무 덴파치에게 처음에 에도에서 보낸 편지를 전부 어머니한테 전달해서 잘 보관하게 해달라고 요청했다. "사무실에 두는 건 너무 부끄러우니까요."[71] 지칸과 보낸 몇 주일 동안 겪은 일은 잊어버리고 싶었다. 자기가 수치를 당한 기록을 남기고 싶지 않았다.

히로스케는 쓰네노의 빚을 대신 갚아 주는 식으로 재정 문제를 해결해 줄 수 있었다. 그리고 히로스케보다 더 나은 남편감이 줄을 서 있는 것도 아니었다. "히로스케하고 내가 잘해보기로 뜻을 모으면, 내가 결국 에도에서 부자를 만나 부인이 되지 않는 한은 지금처럼 어쩔 줄 모르겠는 이 상황보다는 훨씬 나을 거예요."[72] 히로스케는 또한 오빠 기유하고 끝없이 이어지는 다툼을 끝내줄 수도 있었다. 이미 남편이 생겼는데 오빠가 다시 결혼을 시킬 수는 없을 테니까. 쓰네노는 자기 문제의 핵심을 간단하게 정리했다. "평생 고향에 머물러 살더라도 절대 홀아비하고 결혼하고 싶지는 않았을 거예요."[73]

그리고 기유와의 형세를 역전시키는 것도 얼마간 만족스러운 일이 아니었을까? 쓰네노의 가족은 세 번이나 어떤 남자를 선택하고 어디로 가야 하는지 말해주었다. 매번 가족이 신랑 이름을 말하고 그 집안에 관해 이야기를 해주었고, 쓰네노는 사찰 안주인, 농민, 읍내 사람 등으로 자신의 미래가 펼쳐지는 것을 지켜보았다. 이제는 자신에게 선택권이 있었다.

＊

이번에는 잔치가 열리지 않을 것이었다. 잔치를 열 안주인도 없었고 초대할 사람도 없었다. 무엇보다도 잔치 비용을 댈 사람이 없었다. 고래 고기를 주문하거나 사케 잔을 정리할 사람도 없고, 일할 사람 명단을 만들거나 혼숫감 목록을 작성할 사람도 없었다. 이웃과 친구가 모여 노래를 부르는 혼례 행진도 없고, 신혼집으로 나를 가구도 없었다. 그냥 머리 회전이 빠르나 눈은 좋지 않고, 생존 본능으로 똘똘 뭉친 쓰네노 혼자였다.

어느 이웃이 린센지에 들러서 소식을 전하고서야 기유는 쓰네노가 결혼한 것을 알았다.[74] 가족이 전부 놀라면서 기뻐했지만, 어머니는 그래도 쓰네노가 고향으로 돌아오기를 기대했다. 어쨌든 집안의 책임자인 기유는 히로스케에게 그가 어떤 짐을 떠맡은 것인지 경고해야 한다고 생각했다. "자네도 알다시피, 그 애는 아주 이기적이니까 혹시라도 일이 잘못되면 쓰네노를 우리한테 돌려보내게."[75] 하지만 기유는 또한 정중하게 부부에게 행운을 기원했다. "우리는 자네 가족에게 애정과 동정을 느끼면서 같이 행복하게 살기를 진심으로 바라네. 덕분에 우리 가족 모두, 특히 어머니가 마음의 평화를 찾으셨어."

그런 마음의 평화가 절실하게 필요했다. 그해는 불행한 시기였다.[76] 기유와 쓰네노의 어린 여동생 이노가 세상을 떠났고, 어머니는 병이 들었고, 임신한 사노는 몸이 좋지 않았다. 총무인 덴파치는 눈병에 걸려서 글을 읽거나 쓰는 데 애를 먹었다. 기유도 몸이 좋지 않아서 편지에 답장을 쓰는 것도 쉽지 않았다. 히로스케에게 답장을 보내, 그러니까 결국 여동생에게 편지를 써서 안도하는 것 같았다. 쓰네노에게 소포도 보냈다. 옷가지와 침구, 그리고 옷을 지어 입으라고 비단을 좀 보냈다. 이제 쓰네노는 필요한 살림살이를 다 갖추게 되었다.

쓰네노는 히로스케가 그냥 평범한 남자인 줄 알았지만 그가 기꺼이 남편을 자처하고 나서자 일종의 마법이 일어났다. 쓰네노는 집안의 수치이자 골칫거리로 사실상 버린 자식이었고, 호의를 누릴 자격도 없고 무능하고 믿을 만하지도 않고 게다가 외톨이였다. 근 1년 동안 고향에 편지를 보내봐야 마지못해 조금 도와주거나 은근히 모욕을 주었다. 하지만 "결혼"이라는 한 단어로 지위가 바뀌었다. 이제 다시 가족의 일원이 된 것이다.

쓰네노의 삶을 단번에 바꿔버린 확약을 한 히로스케를 원망하기는 쉬웠을지 모른다. 쓰네노가 그렇듯 그도 쉴 새 없이 바빴다. 그 역시 에치고를 떠나 산악지대를 통과하고 같은 거리를 돌아다니면서 일자리를 찾았다. 하지만 그는 마치 에도에 살 자격이라도 있는 사람처럼 도시를 종횡무진으로 누볐다. 그리고 쓰네노처럼 취약한 사람도 아니었다. 그는 지칸 같은 남자가 불쾌하게 관심을 기울일 사람도 아니었고, 굴복하지 않으면 버려지는 선택을 해야 한 적도 없었다. 그 결과를 떠안고 살아야 하는 것도 아니었다. 그가 속임수에 당하거나 상처를 입더라도 적어도 그는 변명을 할 필요가 없었다.

다른 한편, 쓰네노는 평생을 살면서 남자와 여자는 다르다는 걸 알게 되었다. 남자와 여자는 같은 기술을 배우지도, 같은 언어를 쓰지도, 같은 옷을 입지도 않았고, 맞닥뜨리는 운명도 달랐다. 정토에서 다시 태어나는 것도 남자보다 여자가 훨씬 어려웠다. 일부 법사들은 여자는 월경과 출산으로 흘리는 피로 땅을 더럽힌 이들에게 정해진 지옥에 빠질 운명이라고 가르쳤다.[77] 많은 여자들이 회개하고 돈을 바치면서 구제를 기대했다. 쓰네노는 자라서 아버지 같은 승려가 된다는 생각을 해본 적이 없었다. 오빠처럼 한시를 쓰고, 마을 회의에서 절을 대표하고, 쇼군 관리들에게 공식 청원서를 쓰거나 세금 납부를 계산할 것이라고 기대한 적도 없었다. 그런 기대는 머리를 미는 것만큼이나 우스꽝스러운 일이었다.

『여대학』의 첫 구절은 다음과 같이 말한다. "모름지기 여자는 자라서 다른 집안으로 떠나는 운명이다." 쓰네노는 어린 시절에 그 책이나 다른 소녀용 독본에서 그런 관념을 접한 적이 있었다. 모든 책에서 대동소이한 이야기를 했다. 그리고 불과 열두 살에 오이시다로 떠났던 쓰네노에게는 맞는 말이었다. 하지만 시간이 흐르면서 모든 여자가 훨씬 더 많은 문제들이 얽혀 있음을 알게 되었다. 여자가 되는 것에는 수치와 자기의심, 그리고 무엇보다도 제약이 따랐다. 다른 머나먼 곳에 사는 여자들이 뼈가 부러진 두 발로 걷거나 몸통을 죄는 코르셋에 숨을 불어넣거나 때로는 심지어 제약을 이점으로 생각하는 법을 스스로 깨우치는 것처럼, 자신에게 허락된 공간을 차지하는 법을 배우는 것이 요령이었다. 어쨌든 무거운 짐을 지는 여자는 코르셋을 입거나 발을 꽁꽁 싸매는 전족을 할 수 없었다. 극빈층 여자들은 재산이 없었고, 배우지 못한 여자들은 사죄하는 편지를 쓸 수 없었다.

쓰네노의 붓은 일본 문자의 우아한 모양을 따라갔다. 그녀는 부드럽고 여성적인 언어를 구사했다. 숱하게 많은 일에 분노했지만 그녀의 분노는 추상적인 관념이 아니라 사람을 겨냥했다. 쓰네노는 방세를 낸다는 사실이 아니라 관리인인 진스케에게 분노했다. 가부장적 가족이라는 제도가 아니라 오빠에게 화를 냈다. 자기가 여자라는 사실에 어떻게 화를 낼 수 있었겠는가? 쓰네노는 다른 어떤 존재가 되는 법을 알지 못했다.

※

가와라자키 극장의 무대 뒤편에서 배우인 5대 이와이 한시로가 무대 분장 도구함을 열었다. 으깬 홍화로 만든 진한 연지, 하얀 분가루, 유명한 부릅뜬 눈매를 그리는 검은 먹물, 다양한 크기의 붓과 스펀지, 흡수용 천이 있었다. 1840년 11월에 한시로는 두 역을 동시에 맡았는데, 매춘부와 노파로 둘 다 여자 역이었다.[78] 당시 나이 65세로, 처음 무대에 오른 지 50년째였다. 공주와 방화범, 여신과 게이샤 등 여러 역을 했다. 1840년 11월에 시작하는 연극은 최초 개봉이었기 때문에 배역 자체가 새로운 것이었다. 하지만 변신하는 행위는 언제나 똑같았다.

턱수염을 깨끗이 밀고 세안제를 발랐다.[79] 분가루에 기름을 섞어서 두껍게 바른 다음 가장 큰 평붓을 집어서 목과 어깨를 가로지르고, 이마와 감은 눈, 코와 분홍색 입술 위로 널찍하게 흰선을 그었다. 그런 다음 눈썹 가운데에서 아래로, 그리고 양쪽 뺨을 가로질러 가장 연한 분홍색 선을—거의 보이지 않게—긋고 또다른 흰색 층으로 마무리했다. 눈 양쪽 끝에는 빨간 분을 두드려칠하고 속눈썹 라인은 짙은 흑색으로 그렸다. 분필처럼 하얀 원래 입술 위에는 강렬한 붉은색을 칠했다. 도시민의 딸을 연기할때는 선을 약간 넓게 그리고, 게이샤를 할 때는 약간 작고 뿌루퉁하게, 노파를 할 때는 길고 가늘게 그렸다. 기혼 여성을 연기할때는 쓰네노와 똑같이 이빨마다 검은색 풀로 칠했다.

머리에는 가발을 썼다. 그는 여자 옷을 어떻게 입는지, 어떻게 종종걸음을 걷고 목소리 톤을 높이는지, 어떻게 웃고 몸짓을 하는지, 어떻게 머리를 꼿꼿하게 치켜세우는지를 알았다. 하지만 한시로로서도 여자가 되는 것은 역할에 몰입해 대사를 읊으면서 바라는 대로 의상과 분장이 맞아떨어질 때까지 가장하는 것처럼 간단하지는 않았다. 여자 노릇은 그의 정체성이자 그의 공적인 얼굴이었다. 집에서 시를 쓸 때처럼 평범한 면직 겉옷을 걸친 노인의 모습이 찍힌 인쇄물을 보고 싶어 하는 사람은 아무도없었다. 때로 사람들은 젊고 사나운 사무라이 곤파치〔17세기 중반의 실존 인물로 가부키의 주요 등장인물이 된 '도망자 검객' 시라이 곤파치를 카리킨다.–옮긴이〕를 원했다. 하지만 대개 자두색 겉옷 차림에

217

진홍색 입술, 짙은 갈색머리가 수북한 아리따운 여자를 원했다. 추모 초상화에서도 5대 한시로는 젊은 여자로 그려질 것이었다.[80]

　　에도에서 살아남은 대다수 사람들은 변신에 능해야 했다. 어떤 이들은 한시로처럼 공적 얼굴과 사적 얼굴을 유지했다. 다른 이들은 직업과 사는 동네를 바꿨다. 하인은 새로운 주인을 찾았고, 세입자는 이사를 다녔다. 봄에 전어알을 파는 남자들은 겨울에 감자를 팔고 다녔다. 셋방살이 처녀들은 게이샤로 다시 태어날 때까지 샤미센을 연습했다. 사업에 실패한 상인들은 고리버들 바구니를 빌려서 쓰레기를 주우러 나갔다.[81] 행상들은 장대를 내려놓고 조개와 굴을 팔기 시작했고, 갑자기 남편을 잃은 젊은 부인들은 삯일을 시작했다. 그리고 모두들 이름을 바꿨다. 한시로는 도자쿠가 되었고, 한자에몬은 야카라가 되었다. 긴시로는 가게모토가, 기스케는 기엔이 되었다.

　　고향에서 보내준 옷을 입은 쓰네노는 여전히 전과 같은 사람처럼 보였다. 지방의 잘사는 집안 출신의 괜찮은 여자 말이다. 기유는 마침내 동생의 물건을 보내주었다. 비단 속옷에 이어 속옷을 묶는 끈, 늦가을용 솜누비, 오비도 보내주었다. 쓰네노는 매일같이 거울—마침내 거울도!—을 보면서 이를 검게 물들였다. 첫 번째 결혼을 했을 때처럼. 워낙 오래 이를 물들여서 칠을 하지 않아도 잿빛 물이 들어 있었다. 얼굴은 그대로에 조금 나이가 들어 보였다. 에몬의 딸이자 기유의 여동생인 쓰네노가 자신을 들여다보고 있었다. 하지만 에도에서 다시 결혼을 한 그녀는 새로운 사람이 될 기회를 맞았다.

에도에는 쓰네노의 가족과 그녀의 전력을 아는 사람이 언제나 있겠지만, 그녀와 마주치는 사람들은 대부분 평범한 여자인 30대 후반의 기혼녀를 마주하는 셈이었다. 그들은 지금까지 쓰네노가 어떻게 속고 배신을 당했는지, 남자 형제들이 어떻게 그녀를 집안의 수치로 여기는지 알지 못했다. 쓰네노가 얼마나 자주, 얼마나 크게 실패했는지 전혀 몰랐다.

쓰네노는 부모가 지어준 이름을 버리고 편지에 "킨"이라는 새로운 이름으로 서명하기 시작했다. 짧고 간단한 이름이고, 상서로운 "금"과 발음이 비슷했다. 기유도 개명을 인정했다.[82] 신혼부부에게 보낸 편지에서 히로스케한테 "오킨"에게 안부를 전해 달라고 요청했다. 새 이름을 정중하게 불러준 것이다. 직접 기록하는 글에서 기유는 언제나 예전처럼 동생을 쓰네노라고 지칭했다. 하지만 겉으로는 동생이 새로운 사람이 되었음을 기꺼이 인정했다.

"오킨"은 점잖게 들렸다. 이름을 바꾸면서 쓰네노가 살아온 삶의 극적인 부분이 끝이 날 수도 있었다. 그렇지 않은가? 오킨은 남은 생애 동안 에도에서 조용히 살 수 있었고, 아무도 그녀가 어떻게 결혼에 실패하고 도망쳤는지 알 필요가 없었다. 어느 누구도 쓰네노가 지칸과 보낸 몇 주일이나 셋방에서 떨며 지샌 밤들, 옷도 갈아입지 못하고 지낸 몇 달에 관해 알지 못할 것이었다. 오킨은 다른 사람이 될 수 있었다. 아무도 걱정시키지 않는 사람, 오빠들과 입씨름하지 않는 사람, 다시 문제를 일으키지 않는 사람이 될 수 있었다.

7. 집에서 벌어지는 문제들

　　왕국의 동란은 덴포 대기근이 정점에 달한 1837년
의 절망적인 봄철에 오사카에서 시작되었을 수도 있다. 오사카는
인구가 40만에 육박하는 일본 제2의 도시이자 열도의 어떤 사람
들보다도 더 잘 먹는다고 소문이 자자한, 떠들썩하고 활기가 넘
치는 상인들이 지배하는 도시였다.[1] 에도, 교토와 나란히 오사카
는 번주가 지배하는 도시와 반대되는 의미로 쇼군이 다스리는 영
역이었다. 쇼군은 전략적 중요성 때문에 오사카를 차지했다. 일
본의 3대 도시 가운데 에도는 쇼군의 본거지, 교토는 천황의 본
거지였지만 오사카는 둘 다를 지탱하는 경제적 원동력이었다.

　　오사카를 둘러싼 지역은 덴포 대기근 시절 동북부만큼 고
통을 겪지 않았지만 쌀값은 여전히 무척 비쌌고, 막부가 수도에
서 폭동이 일어나는 것을 미연에 방지하기 위해 곡물을 에도로
끌어모으는 정책을 펴면서 상황이 악화되었다. 그 결과 오사카

의 빈민들은 기본 생필품도 구하지 못했다. 전직 막부 관리이자 유학자인 오시오 헤이하치로大塩平八郎는 인명 손실 규모에 오싹함을 느꼈다.[2] 부유한 상인들이 쌀과 돈을 매점하는 한편에서 왜 빈민들이 굶어죽어야 하는가? 왜 의로운 사람들이 뇌물이나 챙기면서 밤이고 낮이고 방탕한 생활을 하는 오만한 관리들의 의견을 따라야 하는가? 사실 쇼군의 가신들은 대부분 강도, 그러니까 거리에서 애들 군것질거리를 뺏는 흔한 범죄자나 다를 바가 없었다. 1837년 여름, 오시오는 깃발—"백성을 구제하라"—을 치켜들고 300명의 무리를 끌어모았다. 자신들이 하늘의 심판을 내리고 있다고 확신한 그들은 막부로부터 오사카의 지배권을 빼앗으려 했다. 하지만 이 반란은 불과 12시간 동안 지속되다가 쇼군의 군대에 격렬하게 진압되었다. 건물 수천 채와 도시 전체가 불에 탔다.

오시오는 몸을 피해 잠시 숨어 살았지만 피난처가 포위되자 집에 불을 지르고 화염 속에서 죽어갔다. 생포된 동료 반란 음모자들은 고문을 당하고 결국 처형되었다. 심문 중에 사망한 이들은 주검이 소금에 절여진 뒤 나중에 다른 이들과 함께 십자가에 매달아졌다. 하지만 까맣게 숯이 되고 훼손되어 아무 말도 하지 못하는 주검들의 모습을 보고도 막부 관리들은 안심하지 못했다. 쇼군의 부하들 가운데 하나가 왕국의 3대 도시 중 한 곳에서 반란을 일으킬 수 있다면, 다른 곳에서 도쿠가와 가문에 충성을 맹세하지 않은 이들 가운데서 어떤 다른 종류의 폭력적 저항이 일어날지 누가 알겠는가? 그것은 막부의 가장 중요한 업적인 태평太平에 어떤 징조였을까? 일본 각지에서, 심지어 이시가미같이 외딴 작은 마을에서도 사람들은 봉기 소식을 듣고 이야기를 나누었고, 스스로 똑같은 질문을 던졌다.

오사카 반란 소식을 접한 에도에서는 쇼군의 수도에 깔린 잠재적 소요에 관한 우려가 고조되었다. 에도 마치부교는 부유한 평민 도매상 및 동장들과 함께 대기근 중에 도시에 물자 공급을 유지하기 위해 애썼고, 그들의 노력 덕분에 수도는 가까스로 폭동을 면했다. 하지만 경제는 여전히 취약했고, 에도의 빈민들은 아직도 굶주렸으며 이루 헤아리지 못할 정도로 수가 많았다. 1780년대 덴메이 대기근 직후처럼 빈민들이 들고일어나면, 특히 오시오 같이 불만을 품은 사무라이들의 지지를 받으면 막부를 무너뜨릴 수도 있었다. 에도에 있는 오시오 동조자들이 봉기를 시작하는 신호를 기다리고 있다고 경고하는 불길한 통지문들이 거리에 뿌려지고 벽에 나붙기 시작한 것은 도움이 되지 않았다. 마치부교들은 니혼바시 다리 밑에 오시오를 비난하는 통지문을 붙이는 전례 없는 조치를 취했다.[3] 사람들이 기억하는 한 480킬로미터 떨어진 오사카에서 일어난 범죄를 에도에서 공식적으로 인정한 첫 번째 사례였다.

나중에 어떤 이들은 오시오 반란이 하나의 전환점이었다고, 즉 덴포 대기근 때문에 야기된 사회적 소요가 불꽃이 되어 서서히 불이 커지고 결국 이 정치적 대화재가 일본을 집어삼켰다고 주장하게 된다. 하지만 다른 이들은 진짜 위기는 나중에, 그러니까 1839년에 에도에서 3,200킬로미터 떨어진 시끄럽고 혼잡한 도시인 광둥에서 시작되었다고 주장한다. 영국과 프랑스, 미국의 상관商館〔대항해 시대를 전후로 원거리 무역 거점으로 설치한 시설. 일종의 자유무역지대에 해당한다.-옮긴이〕이 광둥에 자국 국기를 내걸었고, 인도 사업가들이 무역을 하러 왔으며, 포르투갈어, 힌디어, 영어, 광둥어가 떠들썩하게 뒤섞여 들렸다. 광둥은 동아시아의 상업 중심지로서 급변하는 경제·정치 질서에서 영향력을 차지하기 위해 다투는 여러 제국과 기업의 후원을 받았다.[4] 하지만 쇼군의 신하 중 그곳에 가본 이는 한 명도 없었다. 류큐 제도와 동중국해 바깥으로 나가는 게 금지되었기 때문이다.

쓰네노가 광둥에 관해 조금이라도 들어보았다면 놀랄 일이겠지만, 대다수 일본인들처럼 그녀도 오랜 지혜의 원천이자 이야기책 속 주인공들의 고향인 중국에 관해 막연하게나마 알고 있었다.[5] 지식인, 그리고 특히 나가사키에 주재하는 막부 관리들은 중국 문헌을 탐독했지만 보통 사람들은 대양 건너편에 있는 나라에서 현재 벌어지는 정치 상황에 관심이 없었다. 대부분 한시를 끼적이거나 "중국 상품"을 다루는 특설 상점에서 비단과 도자기를 사는 것으로 충분했다. 그나마도 진짜 중국산이 아닌 경우도 많았다. 1839년 봄, 린쩌쉬林則徐라는 중국 관리가 광둥에 있는 영국 무역업자들에게서 아편 상자 2만 개를 몰수했을 때에도[6] 일본 사람들은 1년 가까이 그 소식을 듣지 못했다.[7] 쓰네노가 설령 그 소식을 접했다 할지라도 관심이 없었을 것이다. 머나먼 땅에서 아편을 둘러싸고 벌어진 충돌이 자신과 아무 관계가 없다고 잘못 생각했을 테니까.

아편 2만 상자는 무게가 1,000톤에 값으로 치면 1,000만 달러어치였다. 린쩌쉬가 아편을 몰수한 것은 아편 수입이 불법이고 광둥에서 이뤄지는 아편 무역을 뿌리 뽑으라는 황제의 명을 받았기 때문이다. 무엇보다도 린쩌쉬는 아편 중독 때문에 중국인이 어떻게 황폐해지는지를 직접 보았고, 관리로서 황제의 백성들을 타락하고 탐욕스러운 외국인들로부터 보호해야 한다는 도덕적 의무를 느꼈다. 그는 단호한 결심과 덕성을 과시하면서 관리 60명과 노동자 500명을 동원해서 끈적끈적한 검은 공 모양의 아편을 깨뜨리고 소금으로 녹여 강물에 흘려보냈다. 일을 마무리한 그는 바다의 신에게 기도를 올리면서 물을 더럽힌 것을 사죄했다.

영국 상인들은 자신들이 황제의 법을 어기고 밀수품을 거래했다는 사실을 알았지만 또한 중국 관리 하나가 보상도 제시하지 않고 자신들의 재산 1,000만 달러를 물에 흘려보낸 것에 격분했다. 상인들은 영국 정부에 손해를 앙갚음하고 아편 무역에 대한 국가의 이해를 보호해줄 것을 요청했다. 영국 정부는 잃어버린 화물에 대해 배상을 해주지는 않았지만 의회에서 논쟁이 벌어진 뒤 기선 4척과 군함 16척으로 구성된 함대를 급파했다. 함대는 에도에서 쓰네노가 히로스케와 결혼한 꿈결 같고 조용한 계절인 1840년 여름에 광둥에 도착했다. 함대가 공격을 개시하자 대양 건너편에서도 그 충격파가 느껴질 정도였다.

청나라는 전혀 상대가 되지 않았다.[8] 무기 자체가 녹슨 상태였다. 일부 총기는 200년 넘게 묵은 것이었다. 지휘관들은 병사들이 도망치는 것을 막으려고 항구 안에 가둬두어야 했다. 한편 영국인들은 동아시아에 모습을 드러낸 최초의 원양항해 철제 기선과 세계 최강의 해군을 자랑했다. 유혈 전투가 이어지면서 중국의 피해가 커지자 일본의 식자층이 주목하기 시작했다.[9] 공포가 점점 커지면서 그들은 사실을 깨달았다. 청나라의 강력한 군대가 패배할 수도 있다면, 서구의 포함들이 에도 항구에 나타나는 경우 일본이 맞서 승리할 가능성은 전무했다.

마침내 "국내의 소요"와 "해외의 위협"으로 제기되는 위험에 대한 일본 지도자들의 인식이 교육받은 농민과 도시 셋집에 사는 평민들에게까지 다다랐다.[10] 이런 불길한 예감은 에도성에 있는 쇼군에서부터 에치고의 논에서 일하는 농민들에 이르기까지 모든 일본인에게 영향을 미치게 된다. 하지만 처음에는 에도를 집어삼켰다.

＊

1840년 늦겨울, 은퇴 후 불평만 많던 쇼군 도쿠가와 이에나리가 에도성에 누워 죽어가고 있었다.[11] 50년 동안 다스리면서 수십 명의 자식을 둔 그는 여전히 왕국에서 가장 영향력이 큰 인물이었다. 47세의 아들 도쿠가와 이에요시德川家慶가 이미 쇼군 지위를 승계했지만 그는 아버지만큼 강력한 존재가 아니었다. 이에나리의 사무라이 종자들은 몇 달간 그의 상태를 비밀에 부쳤다. 그 소식이 널리 퍼지면 권력 공백이 생길까 우려했기 때문이다. 마침내 1841년 정월 7일에 선대 쇼군이 세상을 떠났을 때에도 종자들은 그가 아직 살아 있는 것처럼 평상시대로 업무를 계속했다.

마침내 이 소식이 발표되자 충격이 컸다. 하타모토의 부인인 이세키 다카코는 이렇게 썼다. "100년을 살 수 있는 보통 사람도 있지만, 그는 쇼군으로 무엇이든 자기 마음대로 했기 때문에 70년보다 더 오랜 시간을 누렸다는 생각이 든다. 쇼군으로서 그는 왕국에서 가장 영향력이 큰 사람이었다. 그는 정치 외에도 많은 것을 책임졌다. 사람들은 활력 넘치는 그를 두려워했다. 허나 수명이란 아무도 알지 못한다."[12] 이어진 상중에 이세키 집안 남자들은 50일 동안 수염이나 정수리를 밀어서는 안 되었다.[13] 고작 3주가 지나자 얼굴이 전혀 딴판이 되었다. 죽음이 그런 일을 했다. 가족을 낯선 사람으로 만드는 일을.

이듬해 여름 쓰네노의 어머니가 린센지에서 세상을 떠났다.[14] 어머니 또한 몇 달간 몸져누웠고, 가족은 어머니가 겨울을 버틸 수 있을지 알지 못했다. 기유는 에도에 소식을 전하면서 막냇동생 이노가 세상을 뜬 뒤로 어머니의 상태가 계속 나빠졌다고 설명했다.[15] 고열과 심장 두근거림, 호흡 곤란 등에 시달렸다. 형제들이 절에 모여들어 교대로 밤새도록 어머니를 들여다보았다. 이따금 상태가 호전되는 듯하다가 다시 쇠약해지곤 했다. 병상에서 어머니는 히로스케에게 보내는 짧은 편지를 받아쓰게 했다. "딸애 오킨에 대해 말하자면, 천성이 기대에 어긋나서 마음이 아프다네. 미안하네. 그래도 자네가 그 애랑 혼인을 해서 마음을 놓았네. 제발 부탁이니, 앞으로도 아이를 계속 보살펴 주게."[16]

어머니가 돌아가셨다는 소식을 들었을 때 쓰네노는 놀라지 않았다. 고향에서 320킬로미터 떨어진 곳에서 쓰네노와 히로스케는 린센지 교구민들이 보낸 조문 편지를 받았다.[17] 부부는 어머니를 기억하며 향을 피웠다. 쓰네노는 고향에 보내는 편지에서 어머니의 죽음을 짧막하게만 언급했다. "어머니가 돌아가실 때 멀리서 일하고 있어서 정말 마음이 아파요."[18] 달리 어떤 말을 할 수 있었을까? 어머니는 집에서 딸을 세 번 내보냈다. 처음에는 겨우 열두 살 때로, 딸의 인생을 살게 해주려고, 낯설지 않은 환경에서 자리 잡고 살게 하려고 내보냈다. 하지만 쓰네노가 자기 뜻대로 고향을 떠나자 마음이 심란했다. 쓰네노는 사탕과 안심시키는 편지를 부치면서 남자형제들에 대해 분노나 노여움을 전혀 드러내지 않았다. "돈을 쓰고 먹는 건 괜찮은데 문제가 있다면 옷가지뿐이에요."[19] "여기 에도에서 잘 버티고 있으니까 제발 제 걱정은 하지 마세요."[20] "여기서 일하는 고참 하인들이 아주 친절하답니다. 감사의 선물로 미소된장에 절인 무장아찌 좀 보내주실래요?"[21] 어쩌면 쓰네노는 어머니의 심판을 차마 견딜 수 없었거나 더 많은 고통을 야기하기를 꺼렸을 것이다. 쓰네노는 어머니가 살아 있는 한 고향에 언제나 편지를 보내는 사람, 항상 자기를 걱정하는 사람이 있다는 걸 알았다.

어머니가 세상을 떠났을 때 에도에서는 공개적인 추도식이 전혀 없었다. 사찰의 종소리가 중단되지 않았고 극장도 문을 닫지 않았다. 어떤 축제도 취소되지 않았고, 사무라이들의 수염이 덥수룩해지지도 않았다. 통상적인 불교 의식만 진행되어 향과 공양물을 올리고 49일째에 기도만 드렸다. 쓰네노가 기억하는 한 어머니는 남들을 위해 이 모든 일을 했다. 사찰 안주인이었기 때문에 이런 일이 천직이었다. 에도 전체가 은퇴한 쇼군의 추모에서 벗어나 앞으로 나아가는 가운데 어머니를 기억하고 향을 피우고 기도를 드리는 일은 쓰네노의 몫이었다.

*

1841년 여름에 새로운 포고문들이 등장하기 시작했다. 때로는 경비원으로 일하는 할아버지들이 짚신과 금붕어를 파는 동네 문 옆 벽에 포고문이 붙었다. 언제나 통고문이 붙어 있었는데, 마치 부교가 사람들에게 규율을 주입하기 위해 엄격한 지시를 내리는 내용이었다. 대체로 사소한 상징적인 문제들—가령 제철이 아닌 비싼 채소를 먹는 것—을 호되게 비난하는 내용이었다. 하지만 이제는 포고문이 더 자주 나붙었고, 어조가 이례적으로 단호했다. 평민은 명주 크레이프천으로 된 옷이 금지되었고, 심지어 겉옷 안감이나 소맷부리에도 그 천을 쓰면 안 되었다.[22] 비로드도 금지되었고, 금이나 은, 거북 등딱지로 된 머리 장식도 마찬가지였다. 산노 축제(산노 마쓰리山王祭)에서 쓰는 등롱은 너무 밝고 화려했다.[23] 크기를 줄이고 흐릿하게 바꿔야 했다. 주민들이 칠석 축제(다나바타 마쓰리七夕祭)에 내거는 조릿대와 종이 장식도 지나치게 길었다. 짧은 장식만 허용되었다.[24] 간다 축제(간다 마쓰리神田祭)에서 선물을 주고받는 것도—장아찌 정도라도—쓸데없는 사치이므로 하면 안 되었다.[25]

228

이런 위협적인 통고문은 덴포 개혁天保改革이라고 알려진 장기에 걸친 행정 구조 개혁 캠페인의 시작을 알리는 선제사격이었다. 캠페인의 설계자는 쇼군 자신이 아니라 정무수석老中首座(노중수좌)인 미즈노 다다쿠니水野忠邦였다. 미즈노는 국내의 소요와 외국의 침략이라는 이중 위협에 맞서기 위해서는 막부에 강한 힘과 새로운 일련의 정책이 필요하다고 믿었다. 선대 쇼군 이에나리는 변화를 흔쾌히 받아들이지 않았지만 미즈노는 은퇴한 쇼군이 서거한 뒤 좋은 기회를 감지했고, 이어진 혼란을 활용해서 옛 쇼군의 유력한 시녀들을 포함한 측근들을 숙청했다. 그리고 현 쇼군인 이에요시를 설득해서 개혁 시대의 개시를 발표하게 했다. 개혁은 전통에 대한 승인이었다. 선대 쇼군들은 재정을 강화하거나 번주들에 대해 권위를 높이고자 할 때 "개혁"이라는 똑같은 언어를 구사했다.

이전의 막부 행정가들의 경우처럼, 미즈노가 보기에 "개혁"이란 행정적 명령만이 아니었다. 그것은 또한 도덕적 의제이기도 했다. 평민이 통치자를 존경하고 검약과 근면을 통해 복종을 드러내는 이상화된 과거로 돌아가야 한다는 주장이었다. 따라서—쇼군의 이해를 열렬하게 옹호하는—미즈노는 자신을 도덕적 심판자로 자리매김했다. 마치부교소에 있는 부하들을 괴롭히면서 더 가혹한 통고문을 더 많이 발표하라고 재촉했다.

아이러니한 것은 미즈노의 개인적 품행이 악명 높았다는 사실이다.[26] 그는 술고래에다가 들개처럼 미친 듯이 먹었다. 행동거지가 부처님과는 거리가 멀었는데도 전설의 불상이라도 되는 양 금은 공양물을 챙겼다. 뇌물을 바치지 않는 사람은 절대 도와주지 않았고, 밤 외출을 할 때마다 유곽에서 아침을 맞았다. 그에 관해 좋게 이야기하는 사람은 아무도 없었다.[27] 에도 사람들은 그의 머리카락조차 끔찍하다고 농담을 했다. 입 밖으로 꺼내지는 않아도 미즈노가 실제로 노리는 목적은 권력을 수중에 틀어쥐는 것임을 사람들은 알았다.

처음에는 시민의 덕성에 대한 미즈노의 주장이 지나가는 말처럼 들렸다. 어쨌든 에도 사람들은 이런 식의 열성적인 캠페인을 전에도 본 적이 있었다. 50년 전, 덴메이 대기근과 잇따른 폭동에 대한 대응으로 막부가 비슷한 개혁 시도에 착수한 적이 있었다. 시 행정의 구조적 변화는 살아남았지만 도덕 개혁법령은 불과 몇 년 만에 의미를 잃어버렸다. 이번이라고 다를 것이라 생각할 이유가 전혀 없었다.

에도 사람들은 또한 지나치게 많은 권력을 틀어쥔 야심 찬 막부 관리가 몰락을 향해가고 있다고 믿을 만한 이유가 있었다. 공교롭게도 쓰네노 가족은 불운한 막부 개혁가들의 역사와 미약하나마 개인적인 연계가 있었다. 쓰네노의 막내 남동생 기센이 정토진종의 유서 깊은 사찰인 도쿠혼지德本寺에서 일하러 에도에 와 있었다.[28] 도쿠혼지는 암살자인 사노 마사코토佐野政言의 마지막 안식처로 유명했다.[29] 18세기 말, 사노는 혐오의 대상인 다누마 오키쓰구田沼意次라는 정무관의 아들을 살해했다. 덴포 시대의 개혁가 미즈노처럼, 다누마도 부패와 교만 때문에 사람들에게 미움을 샀다. 평민들은 아들이 살해된 뒤 그가 권력에서 밀려나

자 기뻐했다. 살인자 사노는 죄에 대한 벌로 할복을 강요받았지만 에도 사람들은 그를 영웅으로 치켜세웠다. 사람들은 그를 세상을 바로잡은 신世直し大明神이라고 부르며 그의 무덤에 꽃을 바쳤다. 기센이 편지에서 언급한 적은 없지만 1841년 당시 그 무덤은 미즈노 다다쿠니의 몰락을 예고하는 징조로 보였을 게 분명하다.

보통 기센은 정치만이 아니라 논쟁적인 것으로 여겨질 수 있는 모든 문제와 거리를 두려고 애썼다. 그는 자라면서부터 잘 알지 못한 누나 쓰네노와 가깝지 않았다. 린센지 형제들 중 막내였는데, 기센이 아직 어린 시절에 쓰네노가 첫 번째 결혼을 하면서 집을 떠났기 때문이다. 훗날 쓰네노와 기센이 둘 다 이혼해서 덴포 대기근이 최악으로 치닫던 시절에 집으로 돌아왔을 때 같이 살았다. 하지만 쓰네노가 거듭된 이혼으로 실패한 인생 때문에 괴로워한 반면, 기센은 부지런하고 책임감 있는 사람으로 다시 태어나서 가족의 축복 속에 에도로 갔다.

기센은 반역자 성향은 전혀 아니었지만 욱하는 성질이 있는 누나와 약간 성격이 닮은 점이 있었다. 제일 손위의 기유가 쉽게 상처받고 자신을 의심하고 자제심이 많은 것과 달리, 기센과 쓰네노는 둘 다 자기주장이 강했다. 아마 어린 형제들이었기 때문이리라. 둘 다 책임을 맡은 적이 없었던 탓에 외교적인 협상력을 요구받은 적도 없었다. 기센은 세련된 어휘로 아름다운 편지를 썼지만 어떤 사람이 어리석다고 생각하면 거리낌 없이 노골적으로 "천치"라는 단어를 구사했다.[30]

기센은 자신이 에도에서 쓰네노의 대리인이자 보호자라

고 생각했다. 남자의 특권이자 책임 가운데 하나였다. 누나와 달리 그는 마을 관리나 재산 처분 문제에서 린센지를 대표할 수 있었고, 실제로 예전에 쓰네노가 두 번째 이혼을 한 직후에 전 남편과 교섭하러 간 적이 있었다.[31] 에도에서도 확인차 누나 집에 들러서—때로는 생강 같은 작은 선물을 가져왔다—형 기유에게 소식을 전했다.[32] 처음에는 쓰네노가 네 번째 결혼 후 처음 몇 달 동안 아무 문제 없이 잘 산다고 기쁜 마음으로 소식을 알렸다. "마을에 있는 히로스케 가족이 그를 걱정한다는 걸 알지만 여러 사람하고 일하면서 돌아다니고 있으니까 크게 걱정할 필요가 없어요. 누나도 행복하고 좋아 보입니다."[33]

하지만 늦여름에 마치부교에게 전달된 비밀 보고서는 경제적 파국이 엄습하고 있다고 경고했다.[34] 큰 옷가게들은 장사가 부진하다고 불만을 토로했다. 아무도 옷을 사지 않는다는 것이었다. 목수들은 사람들이 계획을 재고하면서 건축 공사가 중단된 상태라고 투덜거렸다. 장인들도 일감이 별로 없었고 유흥가는 지나칠 정도로 고요했다. 개혁 포고령은 이례적으로 가혹했다. 소비를 심하게 억눌러서 극빈층조차 다음에 무슨 일이 생길지 걱정할 정도였다.

하지만 미즈노 다다쿠니는 박차를 가했다. 가을에 마치부교는 평민 동장들을 "개혁 단속원" 집단으로 조직하고 사회 질서를 통제하기 위한 추가 정책을 제안하라고 요구했다. 당연히 동장들은 지시에 따랐다.

동장들은 **온갖 부류의 사람들이 머리와 얼굴을 가리고 걸**

어다닌다고 불만을 토로했다. 이 낯선 사람들을 멈춰 세워 머리에 쓴 것을 벗기고 이름을 적어야 한다. 조금이라도 수상한 자면 경비초소에 가둬야 한다.[35]

여자들이 남자용 짧은 상의를 입는 데 익숙해졌다. 일부는 가난한 여자라 달리 입을 게 없어서 추위를 막으려고 남편의 상의를 빌려 입는다. 그건 괜찮다. 하지만 다른 여자들은 잘못된 유행에 따라 남자 상의를 호화롭게 개조해서 입는다. 이런 상의를 금지하는 새로운 포고령을 반포해야 한다.

"노래 선생"을 자처하는 많은 여자가 실제로는 불법 매춘부나 다름없어서 평범한 소녀들에게 음악을 가르치며 넉넉하게 산다. 에도의 부모들은 딸을 이런 사람들과 어울리게 하는 걸 부끄럽게 여겨야 한다. 여자애들도 부끄러운 줄 알아야 한다. 이런 교습을 즉시 중단하고, 만약 계속 교습을 하더라도 선생과 학생 모두 경비소番所(반쇼)에 신고해야 한다.

보통 사람들이 금과 은으로 된 곰방대로 담배를 피운다. 터무니없이 사치스러운 이런 일을 즉시 멈춰야 한다.

스모 선수, 매춘부, 가부키 배우 같은 하찮은 사람들의 이름이 담긴 지도와 안내서가 계속 나오고 있다. 이런 책자를 금지해야 한다.

목록은 계속 이어졌다.

＊

9월에 간다 축제가 여느 때처럼 진행됐지만 평민 여자들은 전부 밋밋한 나막신을 신고 단색의 머리핀을 꽂았다. 하타모토 부인인 이세키 다카코는 사무라이 집안의 젊은 남자들이 칙칙한 단색의 외투만 입는데, 축제에 맞게 치장한 멋진 모습을 보고 싶다고 불평했다.[36] 그녀가 보기에 매력적인 것은 전부 금지된 것 같았다.

그런데 불과 몇 주 뒤에 극장가가 불에 탔다. 불은 나카무라中村 극장에서 시작되어 옆 블록에 있는 가와라자키 극장까지 번졌다. 이 동네는 화재가 너무 잦아서—목재 건물에 등롱이 잔뜩 걸려 있고 사람들이 빽빽했기 때문에 불을 피하기 어려웠다—처음에는 이 불이 특별히 큰 재앙이 아닌 것처럼 보였다. 에도에서 가장 유명한 일기 작가도 간단하게 언급했을 뿐이다.[37] 작가는 이 극장들이 화재가 나면 항상 임시로 무대를 만드는 아사쿠사로 옮겨갈 것이라고 언급했다. 하지만 미즈노 다다쿠니는 화재를 기회로 여겼다.

미즈노는 극장을 혐오했으며 더군다나 에도에서 이 극장들이 좋은 자리를 차지하고 있다고 괘씸해했다. 그의 논리는 세습 특권과 자산에 관심이 있는 사무라이의 주장이었다. 유명한 배우들은 엄밀히 따지면 평민보다도 아래에 있는 천한 신분이었는데, 대다수 하타모토가 시샘할 법한 급여를 받았다. 배우들은 터무니없이 비싼 패션을 따라 하도록 에도 사람들을 부추겼다. 동장들이 불만을 토로한 여자들의 짧은 외투는 사실 배우들의 잘못이었다.[38] 가부키 배우들이 천박한 거리 유행을 모방하면 사무라이 집안 여자들도 그대로 따라 했다. 그리고 쓰네노를 비롯한 도시 여자들을 매혹시킨 극장가 전체가 공공 무질서가 판을 치는 악몽의 장소였다. 문제는 화재만이 아니었다. 거리를 어슬렁거리는 소규모 사채업자들은 터무니없는 이자를 매기고는 제때 갚지 못하는 사람들에게 깡패를 보내 협박했다.[39] 남자들이 소년 "배우"의 성을 사는 찻집도 문제였다.[40] 극장가의 시끄럽고 무질서하고 방탕한 분위기 자체가 문제였다.

미즈노는 극장가를 완전히 폐쇄하는 것을 고려했지만, 결국 주변의 설득으로 극장가를 도시 변두리로 옮기기로 했다. 마치 부교가 그의 의견을 전달해서 인형 극장과 가부키 극장이 하나씩 이전했다.[41] 쓰네노가 사는 오래된 동네는 텅 비어버렸다. 찻집들도 극장을 따라 이전했다. 인형 노점상들은 그대로 남았지만 인형 극장들이 사라지자 생뚱맞은 존재가 되었다. 이제 북소리가 들리지 않았다. 군중은 사라지고 없었다.

*

한편 더 많은 통고문이 등장했다. 키가 23센티미터가 넘는 인형은 금지되었다.[42] 원래 아이들은 그런 세련된 장난감을 가지고 놀 필요가 없는데 어울리지 않게 사치에 물들었을 뿐이었다. 여자들은 멋진 자수를 걸칠 수 없었다. 불꽃놀이가 금지되고 값비싼 화분은 판매할 수 없었다. 남자들은 비가 와도 우산을 쓰면 안 되었다.[43] 두부 값이 너무 비쌌다. 그렇지 않으면 두부 한 모가 터무니없이 작았다. 두부 값은 한 모에 엽전 8문으로 정하고, 정해진 규격대로 두부를 잘라 팔아야 했다.[44] 동네 경비소는 짚신과 등롱 같은 품목을 빌려주는 것에 대한 방침을 뚜렷이 하고 담벼락에 분명한 규칙 목록을 게시해야 했다.[45]

여자 미용사는 영업을 하는 게 금지되었다.[46] 날품팔이 여자 일꾼과 하녀도 미용실에서 돈을 내고 머리를 다듬었는데, 이는 "수치스러운 돈 낭비"였기 때문이다. 직접 올림머리를 하고 머리가 지저분해지면 스스로 다듬어야 했다. 규칙을 따르지 않고 유행에 따라 기름을 발라 멋을 부린 머리로 다니다가 발각되면 거리에서 체포되었다.

한편 남자들은 도시 상점의 뒷방이나 쇼군의 곡창 근처에 있는 호화로운 찻집, 니혼바시 다리 가까이에 있는 부둣가, 그리고 간다 시장에서 감과 포도를 파는 노점 등에서 모였다. 팽팽한 긴장 속에 대화가 오갔다. 장사를 하는 사람은 누구나 걱정했다. 도시 경제가 힘이 부치고 있었고, 물가를 끌어내리려는 미즈노의 시도는 기대만큼 신속하게 성공을 거두지 못했다. 과격한 정책 변화가 이루어질 것이라는 소문이 자자했다.

포고령은 늦가을에 나왔다. 막부는 여러 세대에 걸쳐 도시 경제의 뼈대를 만든 다양한 업종의 이해당사자들이 모인 유력 집단인 도매상 협회株仲間(가부나카마)를 폐지했다.[47] 미즈노는 협회들이 가격을 올리려고 공급망을 옥죈다고 비난했었다. 이런 협회에 속한 가문들은 에도에서 가장 신분이 높고 번성하는 상인들이었다. 상인들이 사업을 하는 사무실이 도시 지도에 표시될 정도였다. 하지만 정책이 바뀌자 개혁 단속원들이 협회원 명부를 압수해서 폐기하라는 지시를 받고 사무실에 급파되었다. "도매상"

이라는 단어도 금지되어 공식 사전에서 삭제되고 상점 앞에 내거
는 것도 금지되었다. 한 세기가 넘도록 에도에서 가장 큰 상점들
은 협회원 지위를 알리는 현수막을 내걸고 장사했었다. 이제 이
런 표시가 전부 내려졌다.

　　그로부터 몇 주 뒤 민요를 연주하는 여성 음악가 수십 명이
단속으로 일제 검거되었다.[48] 1842년 초봄, 그들은 공중도덕을
해쳤다는 유죄판결을 받고 수갑이 채워졌다. 마치부교소에서 그
들의 악기를 부수고 불을 질렀다.

*

　　쓰네노와 히로스케는 극장가가 이전한다는 소문을 듣고
"도매상" 현수막이 내려지는 모습을 보았다. 처음에 부부는 이런
소요를 꽤 잘 헤쳐나갔지만 경제가 더 추락하자 히로스케가 꾸
준한 일을 찾는 데 어려움을 겪었고 두 사람은 금세 돈이 떨어졌
다.[49] 기센은 누나와 매형이 가난하게 사는 걸 알고 깜짝 놀랐지
만 에도를 떠나도록 쓰네노를 설득할 수 없었다. 피곤한 기색으
로 형한테 편지를 보내 소식을 알렸다. "갑자기 큰일이라도 생기
면 바로 알릴게요."[50]

　　쓰네노는 다른 사무라이 집안에서 일하게 됐는데, 이번에
는 아사쿠사 동네였다. 주인이 양초와 숯, 등롱을 주었고, 통상적
인 급여로 금전도 몇 푼 받았을 것이다. 하지만 이제는 히로스케
도 먹여 살려야 했다. 쓰네노는 개인 물건을 전당포에 맡기고 돈
을 빌리기 시작했다. 깜빡하고 편지를 넣어둔 작은 가방까지 전

237

당포에 맡겼다. 속달 우편 기한을 놓쳐서 바로 부쳐야지, 하고 들고 다니던 편지였는데 실수를 깨달았을 때는 이미 늦은 상태였다.[51]

고향에 무사히 도착한 그다음 편지에서 쓰네노는 같은 에도 이주민들에 관한 이야기를 들려주었다. 이스케라는 남자는 고향 근처의 마을 출신으로 점원으로 일했다. 그는 살 곳을 찾지 못해서 도시 곳곳을 옮겨 다니며 친구들 신세를 졌다. 일흔 살의 어느 할머니는 에도에 시집을 왔는데 나중에 무일푼 신세가 되었다. 할머니는 1년 동안 일했지만 사실상 헐벗은 상태였다. 차마 보기 안타까운 모습이었다. 하쓰라는 뚱뚱한 여자는 쓰네노가 아는 지인의 어머니였는데, 자기 집에 와서 밥을 얻어먹고는 쌈짓돈까지 요구했다. 쓰네노는 편지에서 투덜거렸다. "폐를 끼쳐 미안하다고 사과도 안 해요."[52] 한편 쓰네노는 금화 70냥을 빚진 사람들도 알았다. 좀처럼 믿기 힘든 일이었다. "저는 전당포에서 겨우 금화 한 냥하고 금전 두 푼 빌렸는데, 그 빚 때문에 얼마나 고생했는지 좀 보세요!"[53]

쓰네노가 목격한 절망적인 빈곤은 주변 곳곳에서 보이는 부와 생생하게 대조를 이루었다. 에치고에서는 상상도 할 수 없는 어마어마한 부였다. "시골 사람들은 에도가 어떤지, 대저택들이 어떻게 생겼는지 전혀 몰라요."[54] 하지만 빈민이라고 해도 체면을 유지해야 했다. 늘 그렇듯이 쓰네노는 적당한 옷이 없는 것을 사회적 불이익으로 여겼다. "동료 하인이 넷 있는데, 내가 뭔가 잘못하고 있다고 지적할 때 말고는 말을 걸지 않아요. 다들 서

238

로 경쟁하고 고집도 세답니다. 지금 당장은 옷가지를 전부 전당포에 맡기고 고생하고 있지만 조금만 더 버티면 아마 좋아질 거예요."[55] 그러면서 혹시 형제들이 오해하지 않도록 한 마디 덧붙였다. "시골하고는 완전히 달라요. 추레한 몰골로 돌아다닐 수가 없다고요."

과소비를 제한한다는 명분을 내건 개혁의 잔인한 아이러니 가운데 하나는 개혁 때문에 가난한 사람들이 최소한의 체면도 유지할 수 없게 되었다는 사실이다. 쓰네노가 돈이 필요할 때 최후의 수단으로 흔히 의지하는 전당포조차 몇 년 전만큼 옷을 잘 받아주지 않았다. 마치부교소의 정보원들은 전당포에 물건이 넘쳐나고 헌 옷 가게들이 밀려나고 있다고 기록했다.[56] 아무도 옷가지에 좋은 값을 받지 못했는데, 어떤 종류의 옷이 받을 만한지 누구도 몰랐기 때문이다. 여자들은 튀어 보이는 게 두려워서 싸구려 머리 장신구도 하지 않았다.[57] 쓰네노보다 돈이 많은 사람들은 혼란스러웠고, 돈이 없는 사람들은 아예 걸칠 옷가지가 없었다.

한편 쓰네노에게는 다른 문제도 여럿 있었다. "히로스케가 성격이 정말 안 좋고 지난해부터 항상 화를 내요. 하는 일이라곤 저하고 싸우는 것뿐이고, 정말 화가 나면 우리 조상을 싸잡아 욕하면서 고향 가족한테 가버리라고 한답니다."[58] 결혼생활이 이렇게 어려울 것이라고는 전혀 예상하지 못한 일이었다. "완전히 무방비로 이런 상황에 처하게 된 건 아는데, 그이 친척들은 전부 점잖은 사람들이고 그이가 결국 이런 상태에 빠질 거라고 생각할 만한 이유가 전혀 없었거든요. 또 마치 제가 우리 미래를 신중하게 생각해 보지 않은 것 같지만 애정 때문에 결혼한 거고, 설령 문제가 생기더라도 함께 견딜 거라고 생각했어요. 그리고 결국 고생이 끝이 나면 나이도 먹었을 테니 고향에 가서 죽을 생각이었죠."

그런 미래는 결코 이루어지지 않을 것처럼 보였기 때문에 쓰네노는 이미 다음에 어떻게 해야 할지 생각하고 있었다. 심지어—네 번째—이혼 가능성까지 내비쳤지만 히로스케는 귓등으로도 들으려 하지 않았다. "여러 번 갈라서고 싶다고 말했지만 제가 말한다고 되는 게 아니잖아요."[59] 엄밀하게 따지면 이혼은 남편 쪽에서 이혼장을 작성하는 것으로 시작해야 했다.[60] 그렇지 않으면 아무런 법적 효력이 없었다. 쓰네노는 기유를 비롯한 남자 형제들에게 히로스케나 그의 가족하고 말을 해서 결혼을 끝내줄 수 있을지 요청하면서도 에도를 떠나고 싶지는 않다고 말했다. 봄에 고향에 찾아갈 것 같다고 편지에 쓰면서도 그래도 아직 희망을 품은 듯 보였다. 지금은 그냥 조금 더 버텨야 했다.

✻

1842년 여름, 청나라가 마침내 강력한 영국 해군에 항복했다. 난징 조약의 조건에 따라 중국은 배상금 2,100만 달러를 내고, 홍콩 섬을 할양하고, 무엇보다도 파괴적인 조치로 중국 항구를 영국과의 무역에 개방하는 데 동의했다. 관세가 고정되어 중국인들이 국내 산업을 보호하기 위해 변경할 수 없었고, 중국 땅에서 범죄를 저지른 영국인은 현지 법의 적용을 받는 대신 자국

240

동포들에게 재판을 받을 권리를 보장받았다.

일본에서는 막부 관리들과 방위에 관심이 있는 사무라이들이 이 사태가 중국뿐만 아니라 어쩌면 결국은 자국에도 엄중한 패배라는 데 뜻을 모았다. 일부 강경파 지식인들은 영국이 일본으로 관심—과 함대—을 돌릴 수도 있는 가능성을 포함해서 이 문제와 그 긴급성을 백성에게 알려야 한다고 생각했다. 하지만 막부는 이에 반대하면서 통상적인 비밀 방침을 고수했다. 하지만 에도의 평민들 사이에서도 소문이 퍼졌다.

정무수석 미즈노는 일본의 국방을 강화하기 위한 계획을 세웠다. 막부의 군대가 에도 근처 시골에서 훈련을 했는데, 서양식 군복을 입고 네덜란드어로 명령을 받았다.[61] 외국 선박을 보면 발포하라는 지시는 철회되고 그 대신 물과 땔감을 주어 돌려보내라는 지침이 내려왔다.[62] 이런 방침 변경은 막부가 외국인을 환영하기로 결심한 때문이 아니었다. 그보다는 압도적으로 우월한 외국 해군을 도발하는 것은 자살 시도에 가까운 끔찍한 전략이라는 게 분명했기 때문이었다.

한편 에도에서는 5대 이와이 한시로의 상대 남자 역을 단골로 맡았던 가부키 배우 5대 이치카와 에비조市川海老蔵가 아직 극장가에서 이전하지 않은 주요 극장에서 끌려 나오는 사건이 있었다.[63] 그는 수갑을 찬 채 마치부교소로 끌려가서 죄에 대한 심문을 받았다. 후카가와深川에 있는 화려한 저택이 제일 문제가 되었다. 정원이 거대한 석등으로 뒤덮이고, 격자로 된 천장은 황금색 페인트로 빛이 났으며, 정교하게 조각해서 무늬를 새긴 가구

241

에는 절묘한 인형 수집품이 올려져 있었다. 몇 달 전부터 마치부교가 기회를 엿보면서 정보를 수집하고 있었다. 에비조의 할아버지가 후손들에게 글로 남긴 지침까지 입수해서 베껴놓은 상태였다. 겸손하고 검소하게 살라는 내용이었다. 마치부교는 겁에 질린 배우를 정면으로 마주 보았다. "쇼군의 법을 뒤엎을 뿐만 아니라 할아버지의 뜻도 따르지 않는군!"[64]

결국 마치부교는 에비조를 에도에서 쫓아냈다.[65] 으리으리한 저택은 철거되고 각종 보화는 몰수되었으며 수집품은 산산이 흩어졌다. 이제 더는 에도의 극장에서 그의 우렁찬 목소리가 울려 퍼지지 않았다. 에비조는 몇 년 뒤 결국 돌아오지만 그가 연기한 주인공들—용감하고 잘생긴 젊은 남자들—은 다시는 같은 모습으로 그려지지 않았다.

✻

1843년 설날이 지나갔다. 에도의 거리는 여느 때처럼 한산하고 깨끗했지만 장식은 많지 않았다. 사케가 너무 비싸서 부유한 사무라이의 부인들도 불만이 많았다.[66] 봄에는 20대 평민 여자 넷이 벚꽃 구경을 나갔다가 체포되었다. 넷 다 금지된 옷감—비로드, 양단, 비단—을 걸치지 않았는데도 복장이 개혁 시대에 맞지 않게 "지나치게 화려하다"고 간주되었다. 이 소식이 퍼지자 사람들은 불의를 개탄했다. "하찮은 사람들한테는 무거운 벌을 내리는구나. 전부—안감까지—무명옷에 비단 빛깔도 하나 없는데."[67]

　　1843년 3월, 막부는 다시 새로운 포고령을 발표해서 에도 빈민들에게 더욱 직접적인 타격을 가했다. "최근 들어 시골에서 점점 더 많은 사람들이 에도로 들어오는데, 에도의 관습에 익숙해져서 고향으로 돌아가려고 하지 않는다. 이 때문에 극심한 문제가 생겨난다. 앞으로 완전히 새롭게 인구조사를 시행해서 이 사람들을 전부 고향 마을로 돌려보내려고 한다."[68] 막부는 포고령의 나머지 부분에서 약간 얼버무리면서 가게나 부인, 가족이 있는 이들에게는 관용을 베풀 수도 있다고 말했다. 하지만 마지막 문장은 분명했다. "최근에 에도에 온 사람, 부인과 자식이 없는 사람, 뒷방에 세 들어 살면서 임시직으로 일하는 사람은 당장 고향 마을로 돌려보내야 한다."

　　쓰네노는 걱정할 이유가 있었다. 자기와 히로스케는 결혼했지만 아이가 없었고, 둘 다 최근에 에도에 왔으며, 어떤 종류의 생산적 일에도 종사하지 않았다. 한편 히로스케는 계속 하급 사무라이 행세를 유지할 만큼 충분한 일을 찾지 못했다. 그와 쓰네노는 도시 곳곳을 전전하다가 결국 신주쿠에 자리를 잡았다. 에도 서쪽 경계에 여관과 식당, 윤락가가 모여 있는 황무지였다.

　　신주쿠는 여행자들이 잠깐 거쳐가는 곳으로 무정하고 무자비한 남자들이 모여드는 장소였다.[69] 폭력배와 문지기 깡패, 그보다 심한 무뢰한도 있었다. 동네에서는 또한 합법적인 매춘부 150명과 법적으로 인정받지 못하는 그보다 몇 배는 많은 매춘부가 몸을 팔았다.[70] 매춘부들은 찻집에서 고객을 만나고, 거리를 돌아다니고, 격자창 뒤에서 손님을 기다렸다. 몇몇은 에치고 출신으로, 비록 쓰네노보다는 훨씬 어리고 가난한 집 출신이라 할지라도 거의 낯이 익었다. 남자와 여자 게이샤는 더 위협적이고 세련된 모습을 보였지만 1843년에는 여느 때보다 풀이 죽은 상태였다. 18세기 초 쇼군이 처음 개혁을 추진한 시기에 역참 전체가 폐쇄된 것을 누구도 잊지 못했다. 여관, 윤락업소, 식당이 50년 넘도록 버려진 상태였다.[71] 동네는 미즈노의 임기가 2년째 되도록 상대적으로 별 탈이 없었지만 확실히 그런 행운도 바닥이 날 것이었다.

역시 운이 다한 쓰네노와 히로스케는 히로스케의 남동생 한자에몬에게 몸을 의탁했다.[72] 그는 온갖 감언이설로 이상한 일자리를 전전하는 수상쩍은 인물이었고, 이름을 몇 번이나 바꿔서 추적하기가 불가능하다. 어쩌면 이런 사실 자체가 중요한 것일지 모른다. 합법적인 직업을 갖고 있을 때는 식당을 운영했는데, 노동자가 싸구려 윤락업소에 가는 길에 들러서 저녁을 먹는 일반적인 "음식점"이었다. 적어도 그 덕분에 쓰네노가 할 일이 있었다. 시골에서 어머니한테, 그리고 젊은 신부이던 때 배운 것 말고 특별히 요리 경험은 없었지만 하녀 일을 하면서 정중하게 손님을 맞고, 주문을 받고, 그릇 치우는 법은 익힌 상태였다.

식당은 잘되지 않았다. 대기근을 거치면서 식당의 수가 줄었고, 덴포 개혁이 한창인 가운데 식당 장사는 훨씬 어려웠다.[73] 당연한 얘기지만, 미즈노 다다쿠니를 제외한 거의 모든 사람들 입장에서는 극장을 에도 변두리로 옮기고, 일하는 사람들을 고향으로 돌려보내고, 물가를 강제로 낮춘다고 해도 경기가 전혀 살아나지 않았다. 한자에몬의 식당이 망한 것은 그의 잘못이 아니었고, 히로스케와 쓰네노가 끝없이 분투한 것은 히로스케의 잘못이 아니었을 테지만 그래도 견딜 수 없는 일이었다.[74]

※

1843년 여름, 쓰네노와 히로스케가 신주쿠에서 분투하는 가운데 쇼군은 에도 지역에 보유지가 있는 번주와 하타모토 가문에 보내는 일련의 통지문을 발표했다.[75] 쇼군은 그들에게 이 토지를 당장 포기할 것을 요구하면서 그 대가로 정당한 절차를 거쳐 다른 영지를 할당해 주겠다고 말했다. 곧이어 오사카 인근에 영지를 가진 번주들도 비슷한 메시지를 받았고, 쓰네노의 고향 지방인 에치고의 니가타항을 통치하는 영주도 메시지를 받았다. 어떻게 보면 이런 움직임은 일종의 방위 조치로, 외국 해군의 잠재적 공격에 맞서 일본을 보호하는 막부의 역량을 강화하기 위한 일련의 개혁 조치 가운데 하나였다. 하지만 또한 재정적 동기도 있었다. "번들이 막부보다 더 수확량이 많은 토지를 갖고 있는 것은 부적절하다."[76]

표적이 된 번주와 하타모토들은 어쩔 줄을 몰랐다. 쇼군이 자신의 권한을 이렇게 거대한 규모로 행사한 것은 거의 유례가 없는 일이었다. 200년 동안 누구도 이런 사태를 목격한 적이 없었다. 새로운 땅은 어디서 나오는 건가? 그리고 어떻게 할당되는 걸까? 번주들은 몇 년간, 어쩌면 영원히 기다려야 할지도 모르는데, 그 사이에 수입이 끊기거나 적어도 대폭 축소된 상태로 어떻게 살아야 할까?

한창 소란이 이는 가운데 간다 축제가 돌연 취소되었다.[77] 아마도 쇼군의 스물세 번째 자식이 채 자라지도 못하고 죽었기 때문일 것이다. 상류층 동네에 사는 사무라이 집안 처녀들은 이 미 목욕탕에 갔다가 머리를 매만지고 옷을 펼쳐놓고 고르던 중에 그 소식을 들었다. 이제 기쁜 마음으로 축하할 일이 아무것도 없 었다. 도시의 분위기가 가라앉았다.

가을이 한창일 때 막부는 마침내 한계점에 다다랐다.[78] 뒤 죽박죽인 규제와 경제적 혼란에 좌절한 에도 평민들의 분노는 폭 동이 일어나지 않는 한 어쩌면 무한정 버틸 수 있었다. 하지만 에 도에 체류하던 번주와 하타모토들이 격분하는 것은 다른 문제였 다. 그들은 자신들의 토지를 재할당하게 내버려 두지 않았고, 이 런 비타협적 태도 때문에 쇼군의 입지가 위태로워졌다.

쇼군은 압력에 굴복하면서 정무수석 미즈노의 선도를 계속 따를 수 없음을 깨달았다. 그리하여 윤달인 1843년 9월 13일에 미즈노를 해임했다.

이 소식은 곧바로 퍼져나갔다. 미즈노는 저택의 문을 모조 리 걸어 잠갔지만 하루 종일 사람들이 모여들었고, 저녁이 되자 고함을 치며 환호하기 시작했다. 문에 돌멩이가 날아들었다. 워 낙 수가 많아서 도시의 작은 구역에 갑자기 우박 폭풍이 쏟아지 는 것 같았다. 에도에서 가장 미움받는 사람의 저택 위를 뒤덮은 검은 구름에서 내리는 우박 같았다. 군중이 동네 경비소를 습격 하자 사무라이 경비대원들이 도망쳤다. 사람들은 다다미와 가구를 닥치는 대로 끄집어내서 저택의 배수로에 내동댕이쳤다. 마침내 인접한 영주들이 병사들을 급파해서 치안을 유지해야 했다. 하급 사무라이 수백 명이 가문의 문양이 적힌 등롱을 들고 집결하자 얼마 지나지 않아 큰불이 난 것과 똑같은 광경이 펼쳐졌다. 여기저기 세간이 나뒹굴고, 사람들이 거리를 뛰어다니고, 병사들이 군중을 통제하려고 했다. 사무라이들은 아침이 되어서야 난장판을 끝장냈지만 젊은 남녀들은 여전히 모여서 그 여파를 구경했다.[79]

그해 가을 내내 사람들은 거리에서 쎄쎄쎄 놀이를 하면서 사악한 정무수석의 몰락을 조롱하는 노래를 불렀다.[80] 군중의 목소리로 내려지는 하늘의 심판이었다. 미즈노 다다쿠니는 다시는 에도 사람들에게 자신의 뜻을 강요하지 못했다.

❋

미즈노 다다쿠니가 극적으로 몰락하고 며칠 뒤, 쓰네노는 도시를 가로질러 하염없이 걸었다. 미로 같은 사무라이 지구를 에워싼 흰 벽을 지나고 에도성의 바깥 해자 북쪽 가장자리를 지나쳤다. 계속 걷다 보니 가가 번주 저택과 붉은 문이 나왔는데, 거의 4년 전에 에도에 처음 온 날 지나친 곳이었다. 당시에는 지칸이 옆에 있었다—좋지 않은 기억이었다. 히로스케와 결혼하면서 그 실수를 지우고 자신의 평판을 회복해야 했다. 하지만 스스로 운을 시험해 보라고 조언한 동료 하녀들의 말이 옳았다.

쓰네노는 시노바즈 연못不忍池 가장자리에 있는 교쇼지敎證

寺에 들렀다.[81] 여름에는 진녹색 연잎이 수면을 가득 메웠지만, 늦가을이 되자 지푸라기 같은 줄기와 말라붙은 꽃잎만 남은 가운데 작은 오리들이 사이를 헤치며 돌아다녔다. 벌써 날이 찼고 해가 일찍 졌다. 남동생 기센이 일을 해서 쓰네노도 아는 절이었다. 몇 달간 기센을 만나거나 이야기를 나눈 적은 없었지만—히로스케와 신주쿠로 이사할 때 일부러 새 주소를 알리지 않았다—동생의 이름을 써먹을 수 있다고 생각했다. 물론 효과가 있었다. 언제나 그랬다. 번듯한 집안과 추레하기 짝이 없는 자신의 모습이 합쳐지자 동정심이 유발되었고, 절의 승려는 며칠간 머물러도 된다고 말했다.

교쇼지 주지의 부름을 받고 나온 기센은 넝마 차림의 누나를 보자 당황했다. 누나는 다시 결혼생활에 문제가 생기면서 가족의 지인들을 등에 업고 의지할 곳을 찾고 있었다. 기센은 누나가 처한 상황을 볼 때 에도에서 계속 살지 못하겠다고 판단했는데, 놀랍게도 쓰네노도 그 말을 받아들였다. 비용 때문에 잠깐 머뭇거리긴 했지만 기센은 배달업체를 통해 누나와 동행해서 산악지대를 넘어갈 사람을 구했다. 하지만 출발하기로 예정된 하루 전날 밤늦게 쓰네노가 마음을 바꿨다. 식당을 운영하는 시동생 한자에몬이 순순히 보내주지 않을 것이기 때문에 갈 수 없겠다고 말했다.

사실상 한자에몬에게는 쓰네노에 대한 권리가 전혀 없었다. 물론 살 곳과 일자리를 제공하긴 했지만 그는 남편이 아니었다. 특별한 지위나 권한이 전혀 없었다. 그런데 그가 협박을 하고 있었다. 기센은 한자에몬이 모종의 불법적인 활동을 벌이고 있다고 확신했다. 확실히 그의 말투는 폭력배처럼 들렸다. 교쇼지 주지가 한자에몬을 불러서 왜 쓰네노를 보내주려고 하지 않는지 묻자 충격적인 대답이 돌아왔다. "여기에 쓰네노를 잡아두는 한 형수의 오빠를 시작으로 형수 가족한테서 계속 돈을 받을 수 있는데, 그거면 술값으로 충분하거든요."[82] 기센은 격분했다. 쓰네노는 어떻게 해서 다시 수상쩍고 파렴치한 남자와 엮이게 된 걸까? 누나가 부주의한 탓에 가족의 평판이 위험에 처한 것이 처음이 아니었고, 물론 누나가 곤경에 빠졌다는 소식은 에치고에 사는 친구들과 가족에게 전해질 것이었다. 언제나 그랬던 것처럼.

기센은 쓰네노가 정말 역겨워서 당장이라도 연을 끊을 기세였다. 형 기유가 이제 쓰네노는 자기 책임이 아니라고 말하기를 기대했다. 쓰네노는 어쨌든 그의 말을 들으려 하지 않았고, 자기로서는 누나가 없는 셈 치면 되었다. "정말 세 명 다—쓰네노, 히로스케, 한자에몬— 바보 천치예요."[83]

하지만 기센은 이런 제대로 된 판단과 달리 쓰네노가 다른 살 곳을 찾는 일을 도와주기로 했다.[84] 침술사인 야도 기스케라고, 자기가 일하는 도쿠혼지에 와서 승려들을 치료해 주는 사람과 아는 사이였다. 야도 기스케는 원래 데와국 출신인데, 쓰네노가 첫 번째 결혼 당시에 15년을 산 곳이었다. 그래서 "북부의 동향 출신인" 쓰네노에게 동정심을 느꼈다.[85] 두 사람은 꽤 잘 지냈는데 어쩌면 놀랄 일이 아니었다. 쓰네노는 남자의 마음을 끄는 데 전혀 문제가 없는 사람이었으니까. 어쩌면 두 사람은 모가미

강에 있는 읍내와 홍화, 흰 돛단배에 관해 이야기했을 것이다.

침술사는 돈이 많지 않았지만 기꺼이 쓰네노를 하녀로 채용했다. 시험 삼아 하는 것이지만 최소한 몇 달은 써보겠다고 했다. 쓰네노는 아직 결혼한 여자였지만 기센은 침술사에게 저의가 있는 건 아닌지 굳이 의심하려 하지 않았다. 다만 누나를 책임질 사람을 찾았다는 것이 안도되었을 뿐이다. 형에게 쓴 편지에서 이렇게 투덜거렸다. "적어도 지금은 우리가 자기를 위해 아무것도 해준 게 없다고 말하지는 못할 거야."[86] 그는 도쿠혼지 승려들에게 누나한테 침구를 좀 빌려달라고 요청하고는, 누나에게는 다시 곤란한 상황에 빠지면 곧바로 고향으로 보내겠다고 경고했다. 사실 그는 낙관적이지 않았다. "실은 여자가 곤란한 상황에 빠지는 걸 피하기는 어렵잖아요. 누나가 히로스케나 한자에몬과 관계를 끊는다고 해도 이 도시에는 끔찍한 남자들 천지니까요. 아마 결국 어딘가에서 길거리 매춘부가 되고 말 겁니다."[87]

침술사 기스케하고 같은 집에 사는 건 확실히 길거리 매춘보다는 한 단계 위였지만, 쓰네노가 생각할 때는 그래도 솔깃한 전망이 아니었다. 침술은 가난한 사람들, 흔히 장애인이 다른 일을 찾지 못할 때 마지막으로 기대는 직업이었다. 기스케는 워낙 빈털터리라 여분의 침구도 없었다.[88] 그리고 침술사 하녀가 하는 일이 정확히 무엇인지도 분명하지 않았다. 1729년 에치고에서 당국은 극빈층 사무라이 집에서 일하는 하인인 하치조에게 특별한 상을 준 바 있었다.[89] 사무라이가 입에 풀칠이라도 하려고 침술 공부를 시작했을 때 하치조는 자신을 실습용 환자로 제공했다. 주인은 배가 빨갛게 부풀어 오를 때까지 하치조에게 계속 침을 찔렀다. 막부는 이 행동을 칭찬할 만하다고 보았지만 누구도 기쁜 마음으로 그런 일을 하려고 하지 않았다.

다행히 쓰네노는 더 나은 선택지를 발견했다. 침구를 빌리러 갔던 도쿠혼지에서 하녀를 찾고 있었던 것이다.[90] 쓰네노가 그 동네에서 산 적은 없었지만 아사쿠사에 있는 절 경내는 익숙한 곳이었다. 이전한 극장가가 근처에 있었다. 한때 도쿠혼지의 어느 사무라이 교구민이 소유했던 부지였다.[91] 거리는 달랐지만 극장들은 대부분 같은 이름과 모습으로 장식돼 있었다. 분위기가 그때만큼 활발하지는 않았으나 적어도 숙청에서 살아남은 극장 사람들이 여전히 에도에 존재하면서 어떻게든 새 출발을 시도하고 있었다.

쓰네노가 생각하기에 도쿠혼지에서 일하는 건 새로운 출발이라기보다는 과거로 돌아가는 것에 가까웠다. 절은 어린 시절을 보낸 세상이었고, 그 시절을 통과할 때마다 계속 자기 존재가 줄어들었다. 처음엔 소중한 딸이었다가 며느리가 되었고, 이혼한 골칫거리 누이였다가 이제는 하녀였다. 염주알 같이 차갑고 단단한 겨울의 나날이 지나는 동안 쓰네노는 청소를 하고 시키는 일을 했다. 기센은 에도에서 처음 일한 절인 도쿠혼지와 긴밀한 연계가 있었는데도 소식이 거의 없었다. "그 애는 잘난 체만 하고 정이 없어서 화가 나요." 쓰네노가 고향에 보내는 편지에서 불만을 토로했다. "절 찾아올 때마다 거들먹거리고, '이제부터는 누나를 모르는 사람처럼 대할 거야' 같이 끔찍한 말을 한답니다."[92]

히로스케도 기센에게 화를 냈는데 전혀 놀랄 일도 아닐 것이. 히로스케는 누구한테나 화를 냈다.

쓰네노는 비록 따로 살기는 해도 여전히 형편이 닿는 한 히로스케를 먹여 살리려고 애썼다. 기유에게 보낸 편지에서 이렇게 말했다. "여기 에도에서는 하인한테 침구를 빌려주는 데가 없어요. 그래서 기센한테 물어봤죠. '그이는 내 남편인데, 네가 좀 빌려주지 않겠니?' 기센이 들은 체도 하지 않자 물론 히로스케는 불같이 화를 냈어요."[93]

쓰네노가 도쿠혼지에 머무른 것은 그래도 지낼 만한 곳이었기 때문이다. 방에 요, 담요, 화로가 있었다.[94] 기센의 설명에 따르면 쓰네노는 도쿠혼지 사람들에게 자기가 거기 사는 건 동생이 자기가 열심히 일하는 걸 보고 전당포에서 옷을 찾아다 주기를 기대했기 때문이라고 말했다. "누나가 떠날 때쯤에는 절 사람들이 전부 학을 떼더군요."[95]

*

설날 직후에 쓰네노는 도쿠혼지를 떠나 히로스케에게 돌아갔다.[96] 유감스럽게도 그의 상황은 조금도 나아진 게 없었다. 쓰네노는 다시 하녀 일을 구했지만 받는 돈이 많지 않았다.[97] 쓰네노는 전당포에 물건을 잡히려고 해보았지만 가망이 없었다. 겨우 절반 값만 받을 수 있었다. 옴짝달싹할 수 없는 처지였다. 늘 그렇듯 편지에 불만을 토로했다. "에도 사람들은 교만하고 콧대가 높은데다가 단지 제가 다른 지방 출신이라는 이유로 이상하다고

252

생각해요."[98] 워낙 옷차림이 추레해서 아무리 화가 나도 말대꾸를 할 수 없다는 사실도 도움이 되지 않았다. 쓰네노는 워낙 꾀죄죄하게 보여서 방을 나설 때마다 당혹스러웠다.[99]

이후 몇 달간 쓰네노와 히로스케는 실직과 일을 오갔다. 히로스케는 두어 달 자리를 찾았다가 이내 실직 상태가 되었고, 쓰네노는 입에 풀칠이라도 하려고 삯일을 했다. 어느 순간 두 사람은 겉옷 한 벌을 돌려 입는 지경에 이르렀다.[100] 기유에게 보낸 편지에서 신세 한탄을 했다. "이런 말하면 화를 내겠지만 히로스케도 고생하고 있고 그이한테는 미안해요."[101] 편지의 어조가 180도 바뀐 상태였다. 3년 동안 도전적이던 어조가 이제 성찰적이고 겸손하고 거의 패잔병 같이 바뀌었다. 쓰네노는 나이 들어 더러운 구덩이에서 죽어갈까 두려웠다. "계획한 대로 되는 일이 하나도 없어요. 그렇게 고생만 할 생각은 전혀 없었는데 말이죠."[102]

한편 히로스케는 점점 불안해 보였다.[103] 엽전 몇 문이 생기면 좋아하는 음식을 사서 자기 배만 잔뜩 채웠다. 돈이 떨어지면 하루 종일 잠만 잤다. 가을이 되자 이제 일자리를 찾으러 다닐 생각도 없었다.

"그이 성격을 조금이라도 알았더라면 저를 아무리 설득한다 하더라도 결혼하는 일이 없었을 거예요."[104] 쓰네노는 사람이 어떻게 그렇게 괴팍해질 수 있는지 상상할 수 없었다. "나도 성질이 나쁘다는 건 알지만, 그이만큼 성질 나쁜 사람은 한 번도 본 적이 없어요. 정말 이렇게 나쁜 인간은 천 명에 한 명 나올까 말까예요."[105] 히로스케는 남들의 약점을 계속 들추면서도 자신의

253

단점은 절대 눈치채지 못하는 것 같았다. 친구인 마사요시가 들렀을 때, 둘이 한목소리로 쓰네노를 꾸짖으면서 부자 형제들한테 돈 좀 받아 오라고 재촉했다. 뜻대로 되지 않자 둘은 상속권도 빼앗겼다고 쓰네노를 조롱했다. 그러면서 기유에게 욕을 퍼부었다. "중은 아무 쓸모가 없어."[106] 좀 의욕이 생기면 노상강도 짝패처럼 음모를 꾸몄다. "너네 집안 땅을 전부 차지할 거야. 이시가미 마을 옆에 있는 들은 죄다 우리 게 될 걸."[107]

쓰네노는 가족 대부분과 사이가 나빴고, 그것도 오래전부터 그랬지만, 린센지는 자기가 태어난 곳이고 형제들은 피를 나눈 관계였다. 오빠와 동생의 조상이 자기 조상이었다. 히로스케는 그 사람들이 적이라도 되는 것처럼 말할 권리가 없었다. "내가 오빠하고 싸우고 우리 사이가 좋지 않은 건 알아요. 하지만 그래도 내 오빠라고요! 히로스케가 낮이고 밤이고 오빠에 대해 끔찍한 말을 할 때마다 너무 바보 같은 인간이라 화가 나요."[108]

"이제 질렸어요. 정말 그이한테 철두철미하게 질려버렸어요."[109]

✻

히로스케와 쓰네노가 싸우던 그 어려운 몇 달 동안 그는 여섯 번이나 이혼장을 작성했다.[110] 다 쓴 걸 쓰네노에게 건네기까지 했지만 매번 도로 가져갔다. 1844년 9월 1일 일곱 번째 이혼장을 받은 쓰네노는 그걸 들고 집을 나섰다. 편지는 짧아서 세 줄 반뿐이었는데, 히로스케가 최대한 알아보기 쉽게 써서 도장까지 찍은 상태였다.[111] 쓰네노가 마음에 차지 않는 부인이라는 내용이었다. 또한 이제 쓰네노가 자유라는 내용이었다.

기센이 일하는 도쿠혼지에서 돌아올 수 없는 다리를 건넌 뒤, 쓰네노는 막내 남동생한테 도움을 청하러 갈 만큼 어리석지는 않았다. 그 대신 히로스케의 오랜 친구인 후지와라 유조에게 의지했다. 가가 번주 저택의 붉은 문에 가까운 혼고에 사는 사람이었다.[112] 유조는 사무라이 밑에서 번듯한 일을 하면서 작은 방도 있었는데, 한동안 쓰네노를 돌봐주겠다고 했다.

쓰네노는 어느 직업소개인의 도움을 받아 임시직을 전전했다. 월급은 원래 금전 한 푼에 엽전 200문이었는데, 절반 조금 넘는 액수만 받았다.[113] 한편 히로스케가 여전히 돈을 요구했기 때문에 매달 엽전 500문을 보내주었다. 직업소개인 수수료를 지불하고 나면 300문밖에 남지 않았다. 행상이 하루 일해서 버는 돈에도 미치지 못하는 액수였다.[114]

쓰네노는 형제들에게 편지를 보내 모든 사정을 털어놓았다. 히로스케의 끔찍한 행태에 관해 전부 이야기하면서 그이와 결혼하지 않았어야 했다고 인정했다.[115] 그러면서 자기 미래를 위해 계획을 세워달라고 간청했다. 고향으로 돌아가고 싶었다. 어머니 무덤을 찾아가고 싶었다.

호의로 쓰네노를 보호해 준 후지와라 유조도 마찬가지로 이 상황이 전혀 만족스럽지 않았다.[116] 그는 기센에게 누나를 돌봐야 할 의무가 있다고 생각해서 불렀지만 하나도 도움이 되지 못했다. 쓰네노가 그 대신 기유한테 연락을 하라고 애원해서 유

255

조는 린센지에 편지를 보내 최대한 사정을 설명하려고 했다. 그도 정확히 어떤 상황인지는 모르고, 다만 쓰네노와 히로스케가 이혼을 했고 쓰네노가 빈털터리라 입을 옷도 없다는 정도만 알았다. 쓰네노는 더 나은 일자리를 찾아서 유조 집에서 나갈 수 있게 돈—또는 최소한 새 옷 한 벌—이 필요했다.

편지를 보내고 한 달이 지나도록 소식이 없자 유조는 다시 편지를 써서 사정을 설명했는데, 이번에는 한층 냉혹한 어조였다.[117] 누군가 쓰네노를 책임져야 했다. 남편은 그녀를 가난의 구렁텅이로 내몰았고, 쓰네노는 계속 일할 수 있는 자리를 찾는 데 어려움을 겪었으며, 막내 남동생은 누나를 포기한 상태였다. 정말로 충격적인 상황이었다. "둘은 전혀 남매 같지 않습니다."[118] 유조는 걸칠 옷도 변변히 없는 이혼한 여자와 무한정 같이 살 수 없었다. 기유가 옷가지와 돈을 보내주거나 아니면 쓰네노를 에치고까지 데리고 갈 동반자를 마련해 주어야 했다.

유조가 첫 번째 편지를 부치고 5주 뒤, 쓰네노가 곤경에 빠졌다는 소식이 마침내 린센지에 도달하자 기유는 몹시 가슴이 아팠다.[119] 전해에 기유는 기센에게 편지를 보내 쓰네노에 대해서는 걱정하지 말라고 했었다. 가족이 쓰네노를 책임질 여력이 없다는 것이었다. 하지만 흔히 그렇듯이 애증이 교차했다. 관심이 없어서가 아니라 절망 때문에 그런 결정을 내린 게 분명했다. "원래 히로스케가 쓰네노의 보호자야. …… 알다시피 봄에 우리가 그 이야기를 한 이래 우리도 여기서 애를 쓰고 있다. 그러니 쓰네노가 그냥 돈 몇 푼이 필요한 거라고 해도 내가 할 수 있는 일은 없어. 누가 그런 사정이든 간에 나는 도와줄 수가 없으니 그냥 무시하고 쓰네노 스스로 자기를 건사하게 내버려 두는 수밖에 없다."[120] 이제 얼굴 한 번 본 적 없는 에도의 사무라이한테서 절망적인 편지가 날아오자 그의 계산은 달라져야만 했다. 그는 유조에게 보낸 편지에서 사과를 아끼지 않으면서 쓰네노를 고향으로 데려올 계획을 세우자는 데 동의했다.[121]

기유는 적당한 동반자를 찾았다. 에치고에 본사가 있는 산노특송에서 일하는 남자를 서둘러 에도에 있는 쓰네노에게 보냈다. 다른 세부적인 사항은 에도에 있는 기센에게 맡겼다. 기센은 방어적인 태도를 보였다. "지난번에 누나가 고향에 가고 싶다고 말하고 그런 일이 생기고 나서 유조하고 이야기를 해봤자 소용이 없을 거라는 확신이 들더라고요."[122] 하지만 기센도 기유의 말을 따라 부지런히 여행 계획을 짰다. 쓰네노가 고향까지 가는 길에 늘어선 검문소를 통과할 수 있도록 공식 통행증을 마련하는 것도 고민했지만, 결국 담당자들과 협의한 끝에 통행증이 필요 없다는 결론을 얻었다. 관리들과 이야기를 해보니 그렇게 하면 오히려 문제가 생길 소지가 있다는 것이었다.

11월 말에 동반자가 에도에 왔고 쓰네노도 길을 나설 채비를 마쳤다. 하지만 쓰네노가 떠난다는 사실을 안 히로스케가 격분했다.[123] 히로스케는 이혼장을 작성하고서도 쓰네노가 떠나게 내버려 두지 않았다. 실제로 그는 에도에 사는 기유의 지인에게 쓰네노가 돌아올 때까지 그녀의 물건을 하나도 돌려주지 않겠다고 말한 바 있었다.[124] 이제는 쓰네노를 에도에 묶어두려고 혈안

이 되어 있었다. 물론 두 사람이 갈라섰고 오랫동안 서로 대화도
없었던 건 인정하면서도 자기와 상의하지 않고 고향에 갈 수는
없다는 것이었다. 어쨌든 에치고까지 먼 길을 나서기에는 너무
좋지 않은 때였다. 누가 한겨울에 산악지대를 넘어 검문소를 빙
돌아 먼 길을 가려고 하겠는가?[125]

히로스케는 기유에게 분노로 가득한 편지를 보낸 뒤 여러
가명 중 하나인 다케다 고로라는 이름으로 사무라이 저택에서 일
하던 동생 한자에몬을 불러들였다.[126] 한자에몬은 쓰네노를 불러
들이고 사무라이 지인 한 명을 섭외해서 쓰네노가 떠나지 않게
설득하는 일을 돕게 했다. 설득에 실패하자 순순히 떠나게 내버
려 두지 않았다. 심지어 동반자로 온 배달업체 사람을 붙잡아 두
기도 했다. 하지만 어쨌든 두 사람은 그의 손아귀에서 벗어났다.
여기저기 연줄이 많은 한자에몬이 에도에 사람을 풀어 쓰네노를
찾았지만 빈손으로 돌아왔다. 한자에몬은 분을 참지 못했다. 쓰
네노를 가둬두고 있다고 고소할 작정으로 기센이 있는 절에 달려
갔지만 기센은 흔적도 없이 사라진 상태였다. 한편 쓰네노도 이
미 종적을 감췄다.[127] 12월 6일 이른 아침에 작별인사도 없이 길
을 떠난 것이었다.

쓰네노는 1845년 설날 직전에 린센지에 도착했다. 마흔이
넘어 네 번 이혼한 신세로.[128] 논 대신 연립주택, 사찰의 종소리
대신 극장의 북소리, 어머니가 담근 장아찌 대신 야식장수의 국
수를 선택한 삶이었다. 하녀로, 식당 종업원으로, 주군 없는 사무
라이의 부인으로 살았다. 돈을 번다는 게 무엇인지, 어떻게 해야

돈을 아껴서 방세를 낼 수 있는지, 급여 중에서 직업소개소에 내는 비율을 어떻게 계산하는지 알게 되었다. 자신이 직접 남편을 선택했고—본인도 인정하듯이 잘못된 선택이었지만—하타모토의 저택에서 동료 하인들과 잡담을 나눴다. 고향 사람은 아무도 믿지 못할 이야기로 점철된 과거가 있었지만 지금은 미래가 전혀 보이지 않았다.

다른 사람들은 앞선 5년간 벌어진 소동으로 더욱 고통을 받았다. 유명한 연애소설 작가 다메나가 슌스이為永春水는 개혁이 절정에 달했을 때 체포되어 외설죄로 기소를 당한 뒤 실의에 빠져 세상을 떠났다. 세간의 말이긴 했지만 어쨌든 자신이 직접 만든 목판까지 모두 압수당한 끝에 맞은 죽음이었다.[129] 다른 사람들도 조사 과정에서 심신이 무너지거나 감옥에서 처벌을 기다리다 사망했다. 그리고 에도 사람 수천 명이 생계 수단을 잃었다. 자신이 그린 그림, 자기가 연주하는 악기, 필생의 작품이 파괴되는 것을 보았다.

이런 손실 덕분에 모종의 지속적인 변화가 이루어졌다면 그래도 의미가 있었을지 모른다. 하지만 오히려 일본은 똑같이 지속 불가능한 상황으로 돌아간 듯 보였다. 사람들은 이제 더 이상 칙령이 시행되지 않고, 여자들이 다시 미용실을 찾기 시작하고, 보통 사람들이 비단 안감을 댄 겉옷을 창고에서 꺼내거나 전당포에서 찾아오고, 거대한 상점 에치고야가 "몸조심 상품"[130] 판매를 중단하고 축제가 예정대로 진행되고서야 개혁이 끝난 것을 알았다. 극장가를 이전하고, 무허가 매춘부와 음악 강사를 구금

하고, 악기와 어린이 장난감을 폐기한 것을 제외하면 아무것도 이루어진 게 없었다. 에도—아니 나라—가 안고 있는 근원적인 문제들 중 어느 것도 해결되지 않았다. 에도 사무라이들은 여전히 가난했고, 빈민들은 아직도 굶주리고 취약했다. 외국 군함들이 여전히 증기를 내뿜으며 대포를 자랑하는데, 일본 열도는 아직도 사실상 무방비 상태였다. 서양 상인들이 여전히 아시아 곳곳 항구에 아편을 인도하고 이제 영국의 강력한 해군이 그들의 이익을 보호했지만, 징벌적인 난징 조약조차 겉으로 보이는 것만큼 결정적이지 않았다. 중국에서는 두 나라가 불과 몇 년 만에 다시 아편전쟁을 벌이게 된다.

쓰네노 또한 견딜 수 없는 상황으로 다시 돌아왔다. 무엇이 잘못된 건지 궁금해하는 시간이 있었다. 자신의 결혼을 망가뜨린 것은 정치적 재앙이나 외부로부터의 위협일까? 아니면 토양 속의 병충해처럼 계절이 바뀌기만을 기다리는 문제들이 언제나 있었던 걸까? 린센지의 정원을 들여다보아도 보이는 거라곤 눈밖에 없었다. 누구의 눈에나 눈만 보였다.

8. 에도 마치부교소에서

에도와 비교해서 시골의 생활에는 공백과 고요함이 있었다. 모든 게 낯익었다. 들판을 뒤덮은 하얀 눈밭, 잿빛 얼음, 아궁이에서 피어오르는 생생한 연기 냄새. 큰 못의 투명한 수면 너머로 여전히 산이 우뚝 서 있었고, 구름도 그대로 서쪽으로부터 밀려왔다. 담벼락은 낙서나 통고문 없이 비어 있었다―에도 어디에나 나붙은 "불조심" 문구도 없었다. 작은 농촌 마을에서는 통지 내용이 대부분 직접 잡담을 통해 전달되거나 손에서 손으로 쪽지를 통해 전해졌다.

쓰네노는 단단한 벽으로 둘러싸인 방 안에서 이불과 담요를 덮고 누비 겉옷과 외투 차림으로 겨울을 보냈다. 하지만 불과 몇 주 만에 에도에서 온몸이 노출됐던 때의 감정이 쉽게 떠올랐다. 얇은 면 속옷 사이로 헤집고 들어오던 에도의 추위, 자기 얼굴을 뚫어져라 들여다보던 낯선 사람들의 눈길, 담벼락 바로 너

261

머로 들려오던 한숨과 비웃음과 다투는 소리.

린센지에는 쓰네노의 막내 여동생 이노와 어머니의 무덤 위에 새로 비석이 서 있었다. 쓰네노는 49일간 계속된 장례에 참석하지 못했지만 그래도 마침내 무덤을 찾아갈 수 있었다. 다른 여동생 도시노도 죽었는데, 남편 집안 쪽에 무덤이 있었다.[1] 지난해 봄에 갑자기 병으로 쓰러져서 가족이 의사인 오빠 고토쿠를 그쪽 마을에 보냈었다. 고토쿠가 애를 썼지만 살려내지는 못했다. 그때 겨우 스물일곱이었다.

한편 기유는 중년에 접어들었고, 부인 사노는 어린 자식도 여럿이고 절까지 관리해야 해서 여느 때처럼 바빴다. 아들이자 상속자인 기하쿠는 열두 살로 다카다에 있는 학교에 진학해서 사서오경을 공부했다.[2] 쓰네노는 집안 살림에 손을 보탰다—여자가 한 명 더 있으면 언제나 쓸모가 있었다. 바느질과 빨래를 돕고, 아이를 돌보고, 무덤을 관리하고, 절을 청소했다.

이따금 집 안 어딘가에 챙겨둔 과거의 유물을 발견하곤 했다. 봄에 하녀가 빨래를 하는 동안 쓰네노는 어린 시절 입던 옷으로 만든 작은 담요를 알아보았다. 쓰네노가 처음 결혼해서 집을 나가면서 남겨둔 옷가지들을 어머니가 기워서 만든 것이었다. 바느질을 하면서 쓰네노 생각을 했을 게 분명했다. 너무 어린 나이에 시집을 가 그렇게 멀리 떨어진 곳에서 사는 딸을. 쓰네노가 입던 옷을 줄여서 어린 여동생들이 입을 옷을 만들 수도 있었지만 대신에 원래 크기보다 반만 한 요를 만들었다. 아이가 편하게 덮고 자라는 배려였다. 어쩌면 쓰네노의 첫 아기를 위해 선물로 주

262

려고 만들었을지도 모른다. 그렇더라도 요를 보내줄 기회는 없었을 테지만.

쓰네노는 이불더미에서 그 요를 움켜쥐었다. "이거 내가 챙길게요. 이거 내 거니까요." 기유가 화를 냈다. 기유 가족이 30년 동안 쓰던 요였다. 분명 이제쯤이면 요는 절의 것이었다. 하지만 이 문제로 입씨름하고 싶지 않았다. 기유는 그렇게 멍청한 사람하고 다퉈봐야 소용없다고 말했다.[3] 실제로 그는 쓰네노가 어떤 걸 정말로 갖고 싶어 하면, 설사 그게 닳아빠진 30년 된 요라고 해도 입씨름해 봤자 절대 이기지 못한다는 걸 알았음이 분명하다. 아무튼 전혀 쓸모없는 물건이었다. 아마 어머니의 기억을 간직한 물건이었으리라. 어머니 하루마가 딸에게 기대했던 인생과 쓰네노가 실제로 산 인생 사이의 메울 수 없는 거리를 상징하는 물건이었고. 하지만 쓰네노가 당연히 원했을 것이다. 자기 물건은 언제나 자기 것이라고 주장했으니까.

＊

쓰네노가 고향에 온 지 1년이 약간 넘은 1846년 봄, 배달부가 가모다 마을에 사는 쓰네노의 예전 시동생이 보낸 편지를 린센지로 가져왔다.[4] 히로스케에 관한 편지였다. 그가 마침내 에도에서 정식 일자리를 찾아서 쓰네노를 데리고 오고 싶어 한다는 내용이었다. 동생에게 부탁해서 린센지의 뜻을 묻고 있었다. 쓰네노가 다시 결혼할 생각이 있는가?

쓰네노는 급한 성질, 게으른 성격, 탐욕, 잘 속는 성향 등 히로스케의 약점을 낱낱이 알았다. 그는 정말 끔찍한 남편이었고, 둘의 결혼생활이 파국으로 끝난 지 겨우 1년 반밖에 안 되었다. 쓰네노 가족은 그를 경멸했고, 새로 얻었다는 그 정식 일자리가 얼마나 오래 갈지 누가 예측할 수 있었을까? 어쩌면 쓰네노는 전과 똑같은 상황으로 내몰릴 수 있었다. 황량한 동네에 있는 추운 셋방에 틀어박힌 채 다시 또 전당포를 가느니 마느니 입씨름하는 상황으로.

다른 한편 히로스케는 그래도 바로 옆 마을 출신 남자였고, 혼자서 살 수도 있는데 에도에서 자기가 직접 선택한 남편이었다. 그는 자기 인생의 두 절반—그 역시 에치고의 안전한 삶과 에도의 불확실한 삶을 맞바꾼 셈이었다—을 이해할 수 있는 몇 안 되는 사람이었고, 지금까지 만난 사람 중에 자기하고 성질이 맞는 유일한 남자였다. 그이한테 돌아가지 않는다면 린센지에 계속 살면서 사노와 하녀들을 도와야 할 텐데, 기유가 영원히 자기의 존재를 용인하지 않을 게 분명했다.[5] 어딘가 가기는 해야 했다.

에도는 세계에서 유일한 장소가 아니었다. 눈이 오지 않고, 바람에서 귤 냄새가 풍기고, 농부들이 고구마를 키우고, 1년에 세 번 쌀을 수확하는 성읍이 일본에 여럿 있었다. 쓰네노가 새 신부일 때 여행한 오랜 수도 교토가 있었다. 천황이 황궁에서 시를 짓고 직공들이 홍화로 염색한 비단실로 호화스런 양단을 만드는 곳이었다.

그 밖에도 외국 땅에 다른 도시들이 있었다. 호랑이가 번쩍거리는 밀림을 어슬렁거리고, 붉은 새들이 풀로 덮인 평원을 가로지르며 우짖는 땅이 있었다. 그곳 창고에서는 남자들이 찻잎과 옥양목, 아편이 담긴 상자를 쌓아 올렸고, 시장에서는 나이 든 여자들이 가죽같이 마른 후추와 터키석을 거래했으며, 성당에서는 가족들이 4성부로 화음을 넣어 부활절 찬송가를 불렀다. 봄비가 조약돌과 유리창 위로 후두두 떨어지고 여자들이 종 모양 치마와 코르셋, 사리와 순금 팔찌, 시장 옷과 구슬로 된 머리 장식, 앙증맞은 단추가 달린 양가죽 장갑, 맨발에 누더기 옷을 걸친 도시들이 있었다. 쓰네노와 같은 나이의 여자들이 커리 잎 값을 흥정하고 초콜릿 트러플을 상자째 사고, 아이를 돌보고 바닥을 청소했으며 집을 지키면서 양모 스카프를 짰다. 누이 몇은 거대한 공장에서 달그닥거리는 직기를 손보았다. 형제 몇은 지하에서 석탄을 캤다.

이런 머나먼 수도와 바람 부는 항구 몇 곳에서 남자들은 일본에 대해 궁금해했다. 배에 짐을 싣고 계획을 세웠다. 일본의 도시들을 상상하면서 쇼군에 관한 글을 읽었다. "이중으로 빗장을 지른 나라"를 보면서 그 문을 열고 싶었다. 무역과 이윤과 영광이 눈앞에 있었다. 한때 자기 운명이 닫힌 문 같다고 생각했던 쓰네노처럼 그 남자들도 에도를 열쇠로 여겼다.

쓰네노가 히로스케의 제안을 놓고 곰곰이 생각하는 동안 미국 군함 두 척이 에도로 향했다. 1812년 전쟁(영미전쟁) 참전군인인 사령관 제임스 비들은 방금 최초로 미국과 청나라의 조약을 체결한 상태로, 이 성과를 기반으로 일본 천황과도 비슷한 통상조약을 맺기를 원했다.[6] 그의 함대가 에도만 입구에 도달하자 곧

265

바로 완전무장한 사무라이를 가득 태운 일본 평저선들이 사방을 에워쌌다. 사무라이들은 통상 관계를 열자는 비들의 제안서를 가져갔고, 그의 함대가 정박한 동안 거리낌 없이 배에 올라 살펴보았다. 사무라이들은 호기심이 많았고, 비들은 기꺼이 도움을 베풀었다. 그는 또한 닭 수백 마리, 파란 사과, 깨끗한 물 여러 통 등 보급품을 받아서 감사했다. 원정 기간을 통틀어 가장 좋은 보급품이었다. 하지만 통상 개방 요청에 대해 쇼군의 원로 가신 중 한 명이 작성한 응답은 단호한 거부였다. 네덜란드와 중국을 제외한 어떤 외국과도 무역을 하지 않겠다는 것이었다.

실망스러운 답변이었고 편지를 받는 경험은 더욱 실망스러웠다. 비들은 편지를 되찾아오려고 일본 선박에 올랐지만 선원들에게 미리 알리지 않았다. 비들이 배에 오르는 것을 보고 놀란 사무라이 하나가 그를 뒤로 밀쳐서 보트에 굴러떨어지게 만들었다. 비들이 격분하자 부하들은 한동안 그가 포문을 열라고 지시할 것이라고 생각했다. 다행히도 비들은 화를 참았다. 하지만 이 사건은 관련된 모든 이들에게 당혹스러운 일이었고, 미국이 태평양에 야심을 품은 사실 때문에 일본이 오래전부터 겪던 문제를 해결하는 데 전혀 도움이 되지 않았다. 비들 제독은 다시는 에도에 오지 않았지만 미 해군은 다시 나타나게 된다.

쓰네노의 꿈은 대양을 가로지르지 못했다. 쓰네노는 조약돌이나 커리 잎, 성당에 관해 아무것도 몰랐다. 육지가 보이지 않는 망망대해에서 돛을 올리거나 돛대 꼭대기에서 망을 본 적이 없었다. 쓰네노의 야심은 자기가 아는 세상, 그러니까 사랑하지만 포기할 수밖에 없었던 에도에 국한되었다. 쓰네노에게 다른 곳이란 있을 수 없었다. 그래서 히로스케의 중개인이 그의 제안을 직접 의논하러 왔을 때 주저하지 않았다. 그래요, 가고 싶어요. 그녀가 대답했다.[7]

*

늘 그렇듯, 기유가 문제였다.[8] 기유는 쓰네노가 결혼하기 위해 필요한 허가를 내주려 하지 않았다. 제대로 부양하지도 못한 남편, 자기 가족들에게 돈을 뜯어내려 하고 쓰네노의 옷가지를 전부 전당포에 잡힌 사람에게 왜 동생을 다시 보내야 하나? 기유는 전에 에도에서 쓰네노가 보낸 편지를 모두 읽었다. 쓰네노 스스로 남편이 자기 가족의 땅을 가로채려는 음모를 꾸미고 조상들을 욕했다고 말했다. 기유가 모든 이들에게 계속해서 상기시킨 것처럼 히로스케가 한겨울에 에도에서 쓰네노를 버렸을 때 고향으로 돌아오는 여비를 내야 하는 것은 바로 그였다.

결국 기유는 한 가지 조건을 걸고서야 동의했다. 쓰네노가 린센지와 모든 관계를 포기하고 다시는 가문의 이름을 쓰거나 돈을 달라고 요청하지 않는 것이었다. 그러면서 아예 혼동이 없도록 문서를 작성했다.[9] 일련의 교섭과 초안 교환, 도장 찍기 등의 과정을 거친 끝에 쓰네노는 공식적으로 집안에서 쫓겨났고 이시가미 마을 명부에서도 삭제되었다.

쓰네노는 가급적 빨리 떠나고 싶었지만[10] 기유는 여전히 이 약속을 체념하고 받아들이지 못했다. 쓰네노가 출발하기로 한 날을 나흘 앞두고 쓰네노의 시동생에게 세키카와 관문을 지나는 통행증을 구하면 훨씬 마음이 놓이겠다고 말했다. 적당한 관리들에게 통행증을 받으려면 30일이 걸리는데도 아랑곳하지 않았다. 쓰네노는 도무지 믿을 수가 없었다―왜 관문을 돌아가면 안 되나? 다들 그렇게 하는데? 편지로 출발이 늦는다는 소식을 접한 히로스케는 크게 화를 내면서 차라리 결혼을 취소하자고 을러댔다. 참을성 있는 절 총무 덴파치가 기유에게 그렇게 고집부리면 역효과만 난다고 일깨워 주어야 했다. 쓰네노는 떠나기로 마음을 정했고, 이제 달리 갈 곳도 없었다. 게다가 동생은 어리석고 이기적인 여자라 기유는 빨리 동생을 치워버려야 속이 편할 터였다. 그냥 자존심을 접고 히로스케한테 전부 오해였다고 말한 뒤 쓰네노를 보내주어야 했다.

길을 떠나기 며칠 전 쓰네노는 기유와 중개인을 만나서 공식적인 재정적 합의를 교섭했다. 가족과의 단절을 확인하는 절차였다. 세 사람은 쓰네노의 첫 번째 결혼까지 거슬러 올라가는 기록들을 찬찬히 살피면서 비용과 재산 양도를 계산했다. 쓰네노가 입은 적이 없는 옷가지와 받아야 하는 잔돈을 처리했다. 지칸과 있었던 일, 그리고 에치고에서 떠나면서 팔아버린 옷가지를 끄집어냈다. 낡은 요를 놓고 최근에 벌어진 일도 기록했다.[11]

기유는 종이에 묵으로 쓴 글, 초안 사본을 만들고 도장을 찍고 보관하는 의례의 마법적 힘을 믿었다. 꼼꼼하게 계산을 하면 모든 사람의 빚이 정리되고 묵은 불만이 해결될 수 있다고 믿어야 했다. 그렇지 않으면 작은 마을에서 어떻게 이런 일을 깨끗이 처리할 수 있겠는가? 하지만 그런 식의 기록은 남자가 하는 일, 즉 집안의 이름과 집을 물려받는 충실한 아들이 할 일이었다. 먹칠을 해서 종이에 눌러 찍는 도장을 가진 것도 남자였다. 전에 쓰네노는 머릿속과 편지에 목록을 만들려고 애를 썼지만, 이번에는 마무리되지 않은 일이 없었기 때문에 기록할 필요가 없었다.

마침내 마지막으로 에치고를 떠날 때 히로스케의 가족들이 멀리 다카다까지 배웅을 나왔다.[12] 전에 빈손으로 몰래 에도로 떠날 때와 달리 마치 첫 번째 결혼을 하러 고향을 나서던 때—온갖 짐과 의식—와 같았다. 이번에는 가족이 보내줄 옷을 네 상자나 꾸렸다. 아라이 역참까지 익숙한 산길을 걸어 여자 여행자 11명 무리를 만났고, 계속해서 구사쓰草津로 가서 친구 한 명과 숙박했다. 여정은 어렵지 않아서 겨우 13일이 걸렸다.[13] 하지만 에도에 도착하니 비바람이 몰아치고 동네 전체에 홍수가 나 있었다.[14] 상점마다 덧문을 굳게 걸어 잠갔고, 홈통 밑에 놓인 거대한 통에서 빗물이 넘쳐흘렀다. 쓰네노는 북풍을 헤치고 우산을 피하면서 흙탕이 된 도로를 철벅거리며 걸었다. 이제 집이었다.

※

히로스케의 새 주인은 평범한 이름 없는 하타모토가 아니었다. 그는 에도에서 가장 유명—하고 분주—한 남자 중 하나였다. 그의 직책을 입 밖으로 꺼내기만 해도 경외감, 즉 평민들이 문서만 보면 느끼는 "두려움과 떨림"이 일었다. 그는 그 이름도 위대한 에도 마치부교 도야마 사에몬 노 조 가게모토(도야마 가게

269

모토遠山景元)였다.

마치부교는 두 사람, 즉 기타마치부교北町奉行와 미나미마치
부교南町奉行가 있어서 달마다 번갈아 근무했다. 둘 다 도시 전체
를 책임졌고, 책임질 일들이 굉장히 많았다. 범죄 사건을 재판하
고, 청원을 접수하고, 칙령을 발표하고, 도시의 치안과 화재 방비
뿐만 아니라 도로 유지보수와 상수도도 관리했다. 남북으로 1.5
킬로미터 정도 떨어져 있는 마치부교소의 위치를 따서 지어진 명
칭이었다.[15] 1846년, 도야마는 에도성의 스키야바시数奇屋橋 문 근
처에 있는 약간 더 거대한 미나미마치부교소를 사용했다. 동쪽으
로 긴자와 쓰키지의 평민 지구를 바라보는 곳이었다.[16] 자리를 맡
은 지 1년밖에 되지 않았지만 업무에 능숙했다. 덴포 개혁 초창
기에 기타마치부교로 일했기 때문이다. 쓰네노가 에도 동네 출입
구에 붙어 있는 것을 본 단호한 포고령들은 대부분 마치부교소에
서 내려온 것이었고, 그의 부하들은 멋지게 차려 입은 젊은 여자
들을 거리에서 끌어냈다.

겉으로 드러나지는 않았지만 도야마는 개혁에 동의한 적이
없었고, 정무수석인 미즈노 다다쿠니나 동료 마치부교인 도리이
요조鳥居耀蔵와 개혁 실행을 놓고 격렬한 논쟁을 벌였다. 도야마는
사무라이와 평민을 엄격히 구분하는 것에는 불만이 없었다. 보
수적인 동료들과 마찬가지로, 그도 제멋대로 구는 도시민들에게
질서를 부과하는 것이 자신의 임무라고 생각했는데, 거만한 도
덕주의자 행세를 한 것일 수도 있다. 1841년에 어느 여자가 마치
부교소에 민사소송을 제기했을 때 그는 쉽사리 믿지 않았다. "이

자—어느 여자—가 내 부교소에 고소장을 가져왔다. 이 여자는 골칫거리다. 하루가 멀다 하고 여자들이 부교소에 고소장을 가져와서 사정을 들어보면 전부 다 골칫거리일 뿐이다."[17] 하지만 도야마는 또한 보통 사람들의 생계를 보호하는 게 자신의 책임이라고 믿었다.[18] 미즈노가 극장가를 이전할 것을 제안했을 때, 도야마는 그렇게 되면 그 동네에 사는 사람들이 가난해지고 그 지역 지주들의 재산 가치가 폭락할 것이라는 이유로 반대 의견을 자세히 밝히는 간단한 문서를 제출했다. 미즈노가 도매상 협회를 폐지하는 지침을 내렸을 때는 시간을 끌다가 포고령을 반포했다. 그리고 미즈노가 에도에서 이주민을 쫓아낼 것을 제안했을 때는 사람들이 새로 들어와야 경제가 제대로 기능한다는 이유로 지시에 반대했다.

이 각각의 경우에 도야마가 구사한 논리는 도시민을 굽어 살피는 사무라이의 그것이었다. 그는 신분과 공직을 진지하게 여기는 집안 출신이었다. 그의 아버지는 평범한 이력에 맞게 급여도 변변찮은 하타모토 가문에 입양된 사람이었다.[19] 아버지는 이런 집안의 내력을 바꿔놓았다. 공직에 적합한 재능이 있는 사람을 확인하기 위해 치러진 시험에서 최고 점수를 받았고, 막부의 최고위 직책까지 이어지는 길을 개척했다. 대감찰관(오메쓰케)과 나가사키부교, 그리고 마침내 재무장관勘定奉行(간조부교)에 임명되었다. 극찬을 받고 자주 천거되며, 한시에 능하고, 활쏘기, 기마술, 백병전을 연마하는 이상적인 관리가 되었다. 그리고 아들에게도 똑같이 높은 기대를 품었다.

하지만 도야마는 자신의 미래를 확신할 수 없었다.[20] 그는 큰아들이었지만 아버지를 입양했던 하타모토 가문은 자기네 피를 이어받은 아들을 공식 상속자로 지명해야 한다고 고집했다. 그리하여 도야마는 젊은 시절 대부분 승진으로 가는 경로를 가로막혔다. 한편 아버지는 종종 집을 비운 채 멀리 북쪽으로 홋카이도, 남쪽으로 나가사키, 서쪽으로 쓰시마섬까지 돌아다녔다. 도야마는 에도에 남아 고위 사무라이 집안의 모든 규율을 익혔지만 자기 야심이나 재능을 분출할 수 없었다.

어쩌면 훗날 도시민들 사이에 도야마가 젊은 시절을 허비한 이야기가 회자된 것은 이 때문일 것이다.[21] 사람들은 그가 에도의 도둑이나 노름꾼하고 사귀어 부모가 소름 끼치게 놀랐다고 말했다. 또 도시에 있는 윤락업소를 뻔질나게 드나들었다는 말도 돌았다. 상반신이 막노동자와 폭력배, 범죄자의 표시인 문신으로 덮여 있다는 말도 있었다. 어쩌면 이런 이야기에 진실도 있을 테고, 어쩌면 하타모토로 태어나서 길러진 사람이 도시 빈민들에게 그렇게 동정심을 보인 이유를 설명하려는 시도였을지도 모른다. 어느 쪽이든 간에 사람들은 그 남자를 둘러싼 전설을 만들어 냈다. 에도 사람들에게 도야마 가게모토는 자녀 여덟을 둔 중년의 아버지, 치질이 너무 심해서 에도성에 나갈 때 말을 타는 대신 가마를 타게 해달라고 허락을 구해야 했던 남자가 절대 아니었다.[22] 그 대신 그는 언제나 사람들이 상상하는 늠름한 젊은이, 에도의 평민들이 사는 거리를 알고 그들이 하는 놀이를 하며 그들의 언어를 구사하는 사람, 어쨌든 도시 행정에서 최고의 자리에 올라

이제 자기들 모두를 심판하는 사람이었다.

에도 마치부교라는 직위는 아마 왕국에서 가장 번거로운 자리였을 테고, 사람들은 그 자리에 앉은 이는 죽도록 일하기 십상이라고 말했다. 마치부교로 임명된 사람들 가운데 다수가 재직 중에 사망한 것은 사실이다.[23] 하지만 마음이 넓고 얼굴이 붉은 50대의 도야마는 불리한 상황을 이겨내고 있었다.[24] 그는 여전히 정력적이었고, 죄인을 심문할 때면 목소리가 쩌렁쩌렁하게 울려 퍼졌다. 더는 입증할 게 거의 없었다. 그는 특출한 재능을 지닌 아버지보다 막부의 위계에서 훨씬 높이 올라갔고, 쇼군이 가장 신뢰하는 조언자로 손꼽혔다. 그와 부인 오케이는 30년 넘도록 결혼생활을 이어갔고, 자식들도 훌륭한 경력을 쌓으며 결혼한 상태였다.[25]

도야마는 변화무쌍한 과거에 겉으로만 사무라이 신분을 내세울 뿐인 에치고의 이혼남 이주민인 히로스케와 공통점이 거의 없었다. 하지만 고위 관리라도 히로스케가 어떻게 유용할지 이해할 수 있었다. 하타모토들은 종종 종자를 해결사로 고용했는데, "보조원仕送り備人(시오쿠리요닌)"이라는 점잖은 이름이 붙은 이들은 채권자를 겁주거나 봉토에 사는 농민들을 갈취하는 일을 했다.[26] 히로스케는 또한 마치부교의 일을 도울 수도 있었다. 도야마가 거느린 수사관들은 대부분 직책에 부여된 세습 지위가 있는 사무라이였지만, 조사를 돕는 개인 종자도 몇 명 있었다.[27] 그런 경우에 에도의 어두운 귀퉁이에 관한 히로스케의 지식이 도움이 될 수 있었다. 그리고 무능하기 짝이 없다고 밝혀진다고 해도 집사

와 같이 심부름을 보내거나 창과 상자를 들고 다니는 일을 맡길
수 있었다.

히로스케 입장에서는 결국 도야마를 모시고 일하게 된 것
은 믿기 어려운 뜻밖의 행운이자 한 번도 누려보지 못한 안정된
삶의 약속이었다. 히로스케는 여러 하타모토의 저택을 전전하면
서 살았는데, 종종 고작 한 달 정도 일하고 쫓겨나곤 했다. 하지
만 도야마 마치부교의 평판은 흔한 번주나 하타모토와는 달랐다.
그는 재임하는 동안에는 사람이 필요했고, 빼먹지 않고 급여를
지불할 능력도 있었다. 마침내 히로스케는 부인과 살 여력이 생
겼다. 그와 쓰네노는 미나미마치부교소에 있는 방을 하나 쓸 수
있었다. 마치부교 도야마와 그의 집안 사람들이 재임 기간 동안
의무적으로 거주해야 하는 곳이었다.[28]

쓰네노의 새 집은 에도에서 가장 무시무시한 곳으로 손꼽
혔다. 어두운 색의 두꺼운 기와를 얹은 곡선의 지붕 양 옆으로 경
비초소가 있는 정문조차 섬뜩했다.[29] 짙은 눈썹을 잔뜩 찌푸리
고 평민 지구의 가장자리에 웅크려 앉은 것 같은 이런 배치 때문
에 마치부교소는 위협적인 인상을 풍겼다. 쓰네노가 1846년 6월
에 처음 도착했을 때 정문은 굳게 잠겨 있었다. 미나미마치부교
가 비번이라 새로운 사건이나 청원을 받지 않으니 소송 당사자는
대신에 기타마치부교소로 가라는 뜻이었다.[30] 물론 도야마는 여
전히 열심히 일하면서 문서 업무를 처리하고, 장기 수사를 계속
하고, 쇼군의 다이조칸太政官과 기존 판례에 관해 서신을 교환하
고, 회의에 참석했다.[31] 하지만 도야마의 마치부교소는 다음 달에

정문의 나무문이 활짝 열려 도시 업무를 시작하기 전까지 잠잠할 터였다.

마치부교가 근무 중일 때는 거대한 문이 아침에 열렸다가 초저녁에 닫혔다.[32] 문 너머에는 반질반질한 검은 자갈이 깔린 사이로 파란색 돌길이 마치부교소의 본청으로 이어졌다. 의례 행사에 사용되는 거대한 안뜰로 관리들이 말을 탄 채 차렷 자세로 줄지어 서 있거나 마치부교가 종자들에 둘러싸여 공식 행사를 위해 말을 타고 나오는 곳이었다.

정문은 대개 보여주기 위한 것이었기 때문에 보통 사람들은 정문으로 드나드는 법이 없었다. 대신에 정문 오른편에 있는 작은 문으로 드나들었다. 밤에는 촉각을 다투는 청원이나 그 밖의 긴급 상황을 위해 오른쪽 문이 열려 있었다.[33] 낮 시간에는 법정에서 증언하러 온 소송 당사자와 피고들로 북적거렸다. 모두들 작은 대기실에 모여 앉아 호출 담당 경비가 자기 이름과 사건을 부르기를 기다렸다. 대체로 민사소송 당사자들은 오른쪽 문에서 장시간 기다리는 지루한 경험을 끔찍해했다. 흔히 소송을 진행하는 동안 여러 차례 되풀이해야 하는 시련이었다.

하지만 오른쪽 문이 아무리 불편하다 해도 누구나 최대한 피하려고 하는 왼쪽 문보다는 훨씬 나았다.[34] 이 출입구는 형사사건 피의자가 드나드는 문으로, 이미 도시의 경비소에서 심문받은 피의자들은 낙인이 찍히고 몸이 망가진 채로 왔다.[35] 대부분 이미 자백을 한 상태였다. 어떤 이들에게는 경비소에 보관된 고문 도구를 보여주는 것만으로도 톡톡한 효과가 있었다. 다른 이들은

275

묶어놓고 때려서 굴복하게 만들었다. 마치부교소에 올 때쯤이면 무죄 판결을 받을 가망이 전혀 없었다. 그들에게 남은 것은 웅대한 마치부교소로 상징되고 도야마 사에몬 노 조 가게모토라는 사람으로 구현된 쇼군의 위풍당당한 권위와 잇따라 마주하는 것뿐이었다.

　피의자들은 이름이 호명될 때까지 유치장에서 대기했다. 이름이 불리면 잠긴 문을 거대한 열쇠로 열고 거친 흰 모래로 뒤덮인 널찍한 마당으로 끌려갔다.[36] 그곳에서 무릎을 꿇고 심문을 기다렸다. 감히 눈을 들 수 있으면 도야마와 부하 관리들이 모래 위에 나무로 만든 단에 앉아서 자신을 내려다보는 게 보였다. 심문 절차는 언제나 꼼꼼하게 기록되었다. 즉석에서 말을 꾸며내는 것을 막기 위해 고안된 장소인 시라스白州〔흰 모래가 깔린 마당이라는 뜻으로 에도 시대에 죄인을 심문하고 재판하던 곳.-옮긴이〕에서는 뜻밖의 일이 전혀 없었다. 도야마는 앞에 놓인 서류 뭉치를 힐끗 보고는 벼락같은 목소리로 질문을 던졌다. "네 이름이 뭐냐?" "어디 사는 놈이냐?" "주인은 누구냐?" 이미 답을 아는 질문이었다.

　모래 위에서 벌벌 떠는 피의자에게는 이런 질문 하나하나가 기억 속에 각인되었다. 도야마 입장에서는 대체로 틀에 박힌 지루한 일이었다. 도야마는 대개 피의자가 끌려오기 전에 사건의 사실관계를 검토할 시간이 없었다.[37] 해마다 민사, 형사 사건 수만 개가 미나미마치부교소로 왔고, 세부사항은 하급자들이 다루는 일이었다.[38] 하지만 범인의 신원을 확인하는 최초 심문을 포함해서 조사의 핵심 단계에서는 마치부교가 항상 있어야 했다.[39] 때로는 정문이 닫힌 밤늦은 시간에 마치부교소 앞에 사람들이 끌려왔는데, 근무 시간 이후에 체포되었기 때문이다. 그러면 도야마는 저택 복도를 가로질러 미로처럼 얽힌 관청을 통과한 뒤 시라스로 나가야 했다. 겨울에는 도야마와 관리들이 별빛 아래 앉아서 등롱 아래서 서류를 작성했는데, 심문을 할 때마다 도야마의 입김이 하얗게 뿜어져 나왔다. 시라스에는 화로가 없었다. 쉬는 장소가 아니었기 때문이다.

시라스에서 처음으로 이뤄지는 심문은 언제나 똑같이 끝이 났다. 도야마가 공식 선언을 했다. "이 심문이 진행되는 동안 이 자를 옥에 가두도록 명한다."[40] 뒤이어 피의자가 바깥세상에서는 날카롭고 뾰족한 울타리로 유명한 고덴마초小伝馬町의 무시무시한 시설로 끌려갔다.[41] 어둡고 빽빽한 옥방에 들어간 피의자는 특히 보호비를 내줄 친구나 친척이 없으면 감옥 우두머리들 손에 의례적인 학대를 견뎌야 했다. 또한 재차 심문을 받는데, 처음에 한 자백을 부정하거나 그대로 되풀이하기를 거부하면 짧은 채찍으로 맞거나 홈 있는 나무판 위에 무릎을 꿇고 앉아야 했다. 무릎을 꿇으면 간수들이 허벅지 위에 무거운 돌을 쌓았다. 이런 처벌을 잠시 모면할 수 있는 유일한 길은 다시 시라스로 가서 계속 심문을 받거나 형을 선고받는 것뿐이었다.

쓰네노가 도착하고 한 달 뒤, 마치부교의 집안에 아직 적응을 하면서 에치고에서 짐이 오기를 기다리는 동안 미나미마치부교소에서 세간의 이목을 끄는 형 선고가 있었다. 피의자인 오카다 료민은 에도성에서 음식과 차를 준비하는 하급 직원이었다.[42] 이 사건이 관심을 끈 것은 그가 대담한 범죄를 저질렀기 때문이다. 그는 모두가 잠을 자야 하는 밤늦은 시간에 성 저장실에서 도둑질을 하려고 했다. 그로서는 유감스럽게도 동료 하인 하나가 저장실 근처에서 이상한 소리가 나는 것을 듣고 사람들을 모아 뒤졌다. 등롱을 든 채 복도를 따라 걷던 그들은 범인의 얼굴을 비춰보니 동료인 것을 알고는 깜짝 놀랐다. 놀랍게도 그는 5년 전에 금화 300냥을 훔치고도 무사한 적이 있었는데, 이 때문에 다시 도둑질을 시도한 것이었다. 하지만 이번에는 운이 따르지 않았다.

도야마는 오카다를 참수형에 처하고 머리를 만인이 보게 걸어둘 것을 선고했다. 중죄인에게 내려지는 벌이었다. 처형은 교도소 마당에서 소수의 사무라이들이 감독하는 가운데 진행되었다. 그중 한 명은 칼을 휘두르는 섬뜩한 책임을 맡았다.[43] 하지만 오카다를 꽉 잡고 있는 이들은 천민으로, 죽음과 더러움의 낙인이 찍힌 일을 주로 맡는 부라쿠민部落民이었다. 오카다의 머리가 땅에 떨어지자 천민 하나가 흙에서 머리를 집어서 다다미로 쌌다. 다른 이는 땅에 파놓은 구멍으로 목에서 피가 흐르도록 몸을 잡고 있었다. 뒤이어 천민과 도신同心(오늘날의 경찰에 해당)들이 음산한 행렬을 이루어 오카다의 머리를 도시 변두리에 있는 처형장으로 가져가서 죄목을 설명하는 벽보 옆에 창끝에 꽂아 놓았다. 시체 몸통은 쇼군의 참수형 집행자이자 칼 감정인인 야마다 아사에몬山田朝右衛門의 몫이었다.[44] 오카다의 시체가 "시험 베기"용으로 적합하다고 판정되면, 밧줄로 꼼꼼히 묶은 다음 쇼군의 칼 하나로 베면서 칼날의 상태에 관해 보고할 수 있도록 기록해 두었다. 이 작업이 끝나면 쓸개를 잘 챙겨서 부인에게 가져다주었다. 가문 대대로 내려오는 특효약의 처방전에 쓰기 위해서였다.[45]

마치부교 도야마 입장에서 사형 선고는 이례적인 일이 아니었다. 수년간 수백 명이 그의 지휘 아래 사형을 당했다. 오카다가 처형되던 달에 10명이 감옥에서 죽음을 맞았다. 바쁜 달에는 그 수가 20명 이상이었다.[46] 도야마가 목숨을 살려줄 때는 메시지를 전하려는 이유 때문이었고, 에도 사람들은 그 뜻을 눈치챘다. 오카다가 참수되기 두 달 전에 도야마는 막부 관리 행세를 하면서 사찰에서 돈을 갈취하는 범죄자 무리에 속한 남자의 처형을 면제해 주었다.[47] 남자의 공범들은 모두 처형을 기다리던 중에 옥에서 사망했지만, 그는 화재가 나서 옥문이 열려 도망칠 기회가 빤히 생겼는데도 도망치지 않았다. 다음 날 감옥에 돌아온 그는 관리 앞에 스스로 모습을 드러냈다. 어두운 감옥에서 목숨을 잃거나 처형자의 손에 목이 달아날 게 빤했는데도 돌아온 것이다. 화재가 나지 않았더라면 아마 도야마는 남자에게 참수형을 선고했을 것이다. 하지만 남자가 고분고분 따르는 것을 보고는 외딴 섬으로 유형을 보냈다.

쓰네노는 남편과 함께 일하는 사무라이들이 나누는 잡담을 통해 어깨너머로 들은 것 말고는 이런 사건들과 아무 관계가 없었다. 관청이 아니라 집안에 속해 있었기 때문이다. 두 영역 사이의 거리는 단계의 문제였고, 경계는 굳게 잠긴 문들로 지켜졌다. 이번에는 바른 쪽에 있었지만, 반대편에 속하는 것도 어려운 일은 아니었다. 세키카와 관문을 몰래 둘러가다가 잡혔더라면 반대편에 서게 되었으리라. 걸칠 옷 하나 없던 1844년의 끔찍한 겨울에 공중목욕탕에서 여자 웃옷을 하나 훔쳤어도 반대편에 속했을 것이다. 히로스케 역시 한때 가난하고 절망적인 상태였다. 그도 마치부교의 문장이 새겨진 외투를 입고 칼을 두 개 찬 사무라이가 아니라 모래 위에 무릎을 꿇고 벌벌 떠는 죄수 신세였을지 모른다.

그 선은 무척 뚜렷했다―문, 통행허가증, 직함, 외투, 결혼 등이었다. 한쪽이 비참한 상태라면 반대쪽은 안전한 삶이었다. 쓰네노의 성격이나 행실 때문에 차이가 생기는 게 아니었다. 경계선은 자의적인 것이기 때문에 뚜렷했고, 문은 방들이 무척 가깝기 때문에 굳게 잠겨 있었다. 단 한 번 방향을 잘못―또는 제대로― 틀기만 하면 전혀 예상치 못한 쪽으로 넘어갔다.

*

에도 마치부교는 요리키寄騎(오늘날로 치면 경찰서장에 해당)와 도신으로 이루어진 치안대에 의지했다. 그들의 직위는 세습이었고 마치부교 소속이었다. 도야마가 지휘하는 요리키가 23명, 도신이 약 150명이었고, 기타마치부교에도 비슷한 수가 배당되었다. 마치부교의 사적인 가신으로 마치부교소에서 같이 생활하는 쓰네노나 히로스케와 달리, 요리키와 도신은 핫초보리八丁堀라

280

는 혼잡한 동네에서 가족과 함께 살았다. 법 집행관이 그렇게 많이 사는 터라 핫초보리는 원래 에도에서 가장 안전한 곳이어야 했다. 하지만 시간이 흐르면서 사무라이들이 자기 땅을 분할해서 셋집을 짓기 시작했고, 온갖 부류의 사람들이 들어와 살았다. 처음에는 하급 사무라이와 섞여 살기 적합한 계층인 의사와 유학자가 대부분이었다. 하지만 결국 도박꾼과 포주들이 모여들기 시작했다. 경찰에 속하는 집주인에게 임대료를 내는 것이 보호를 받을 수 있는 가장 좋은 방법이었기 때문이다.[48]

요리키는 도신보다 훨씬 높은 직위였다. 시라스에 등장할 때면 단 위에 마치부교 양옆에 앉았는데, 도신들은 용의자와 나란히 땅바닥에 앉았다. 요리키는 도신 무리를 관리하면서 용의자와 증인을 심문하는 등 수사를 지휘하는 데 많은 시간을 할애했다. 직무의 많은 부분은 민사소송을 막는 식으로 마치부교의 업무를 줄이는 것이었다.[49] "이 정도면 괜찮은 타협이지." 요리키가 흔히 하는 말이었다. "이 돈을 받아서 자식들 좀 잘살게 해주지 그래? 그러면 이런 골치 아픈 다툼을 겪을 일이 없을 텐데 말이야."[50] 요리키는 연 급여로 고작 200섬을 받았지만, 뇌물로 수입을 늘릴 기회가 많았다.[51] 사무라이들은 수사를 비밀에 부치려고 돈을 냈고, 민사소송 당사자들은 유리하게 해명할 기회를 얻는 대가로 선물을 바쳤다.

요리키가 보통 말을 타고 거리를 돌아다닌 반면 도신은 도보로 도시를 순찰했다. 멀리서도 곧바로 알아볼 수 있는 도신은 유행의 상징과는 거리가 멀었다.[52] 부채 모양으로 상투를 매고,

마치부교의 문장이 장식된 외투를 걸치고, 허리춤에 칼과 나란히 쇠 곤봉을 차고 다녔다. 주요 업무는 수사를 진행하고 범인을 체포하는 일이었지만 정보를 수집하기도 했다.[53] 가장 직급이 높은 도신인 "비밀 도신(온미쓰마와리도신隱密廻り同心)"은 민감한 수사와 쇼군과 그 일가에 관한 소문 수집 임무를 맡았다. 하지만 일반 도신들도 온갖 종류의 흥미로운 소문을 들었다. 말하는 말馬,[54] 날카로운 이가 잔뜩 난 거대한 갓난아이, 갑자기 고환이 생긴 여자 서예 선생,[55] 여우에 씐 여자아이 등에 관한 소문이었다. 성 해자 안에 바다 괴물이 살거나 만에 외국 함선이 등장하기도 했다. 거대한 잉어가 유령이 되어 나타나 자기를 먹은 조심성 없는 소년에게 겁을 주기도 했다.[56] 마치부교로서는 소문을 파악하는 게 중요했다. 소문은 소요를 부추길 수 있고 그 자체가 일종의 전조일 수 있었다. 불길한 사태가 다가오는 것일지 몰랐다.

몇몇 도신 무리가 에도를 정기적으로 순찰했다. 늦은 아침부터 초저녁까지 비가 오나 햇빛이 쨍쨍하나 매일같이 돌았다.[57] 몇몇은 평소에 순찰하지 않는 길을 걷기도 하고, 다른 이들은 건설 현장을 검사하거나 화재를 점검하러 나갔다. 자주 벌어지는 수상쩍은 익사 사건 같이 이상한 일이 벌어지면 동네 경비소에서 바로 출동해서 조사하기도 했다.[58] 쓰네노가 마치부교소에서 살기 시작한 첫해에 미장이 하나가 놀잇배에서 물에 빠졌다. 친구들과 빌린 놀잇배에서 술에 취해 오줌을 누려고 뱃전에 섰다가 빠진 것이었다. 일을 그만두려던 하녀가 부모가 주인집으로 돌아가라고 강요하자 강물에 뛰어든 사건도 있었다. 가게 주인의 딸들인 활달한 소녀 셋이 서로 묶인 채 강물에 떠 있는 게 발견되기도 했다. 가부키 배우와 극장 안내원이 노 젓는 배에서 떨어져 익사했는데, 분명 잘못된 노의 위치를 바로잡으려다 빠진 것이었다. 이런 사고들은 널리 알려진 사례일 뿐이다.

겨우 200명뿐인 도신들로만 그렇게 거대한 도시의 치안을 유지할 수는 없었다. 수사와 정보 수집을 도울 인력이 필요했다. 범죄자와 그 연결망을 아는 사람들, 마치부교소의 문장과 사무라이에게 요구되는 공식적인 통제라는 부담을 지지 않는 사람들 말이다. 관할구역을 넘나들면서 잠적한 사람을 찾아낼 줄 아는 이들이 필요했다. 이런 목적으로 "오캇피키岡っ引"를 고용했다. 고덴마초 감옥에서 한두 차례 형을 살거나 일정 기간 에도에서 추방당한 뒤 정보원으로 변신한 전직 범죄자들이었다.[59] 오캇피키는 공식적으로는 존재하지 않는 이들이었다. 하지만 분명 존재했고, 노동자가 입는 긴 바지에 나무 칼을 차고 도신이 순찰할 때 동행했다.

오캇피키는 범죄와 일상적 관료 행정의 구분이 모호한 이상한 공간에 존재했다. 정보원들은 공식 임명되었고, 높은 직급에 올라 다른 이들의 우두머리가 될 수 있었다.[60] 마치부교소에서 정기적인 급여를 받았다. 마치부교가 벌금으로 충당한 재정을 도신을 통해 나눠준 것이다.[61] 아침마다 도야마 휘하의 도신들에게 배당된 오캇피키들이 간다에 있는 마쓰요시 찻집에 모여 그날 할 일을 의논했다. 그중에는 대가로 돈을 받는, 체포하고 조사하는 일도 있었다. 하지만 오캇피키는 무소속이기도 해서 직책에 따르는 상대적 면책을 누리기도 했다. 오캇피키는 정기적으로 열리는 도박놀이를 주관하기도 했다. 단속을 당할 일이 없다는 걸 알았기 때문이다. 잔챙이 범죄자에게 보호비를 뜯어내면서 그 대가로 마치부교에게 보고하지 않겠다고 약속해 주었다. 범인이 여자인 경우에는 성매매를 강요하고 수익금을 챙기기도 했다.

에도 사람들은 대개 오캇피키를 무서워해서 거리를 두려고 했지만 불가능한 일이었다. 도신과 함께 돌아다니면서 새 가게가 문을 연 것을 보면 바로 다시 찾아와서 보호비를 요구했기 때문이다. 막부의 어느 원로 가신도 주목할 정도였다. 그는 사람들이 지역사회의 지도자 노릇을 해야 마땅한 동네 원로보다 오캇피키를 더 두려워한다고 불만을 토로했다. 하지만 도야마는 마치부교소 휘하의 정보원들이 일종의 필요악이라는 견해를 굽히지 않았고, 한번은 질서 유지를 위해 오캇피키를 더 많이 채용해야 한다고 막부에 청원하기도 했다.

최소한 마치부교소에 든든한 연줄이 있는 이들은 이런 도시 범죄 단속 조직을 통해 부수적 이득을 얻기도 했다. 어느 유명한 유학자는 소매치기한테 문서 다발을 털린 뒤 요리키인 친구 집을 찾아갔다.[62] 요리키는 도신을 불러들였고, 그 도신은 오캇피키와 접촉했다. 유학자와 친구의 술자리가 마무리될 때쯤 돈주머니와 내용물이 고스란히 돌아왔다.

몇 년 뒤, 사람들은 도야마가 시라스의 단 위에 앉아서 격식을 차린 언어로 죄인들에게 사형을 선고할 때면 팔에 새겨진 문신을 감추려고 소매를 잡아당긴다고 말했다.[63] 그 말이 사실일까? 그게 중요했을까? 먹물은 일종의 비유였고, 마치부교의 겉옷도 마찬가지였다. 두 가지가 합쳐져서 암묵적인 합의를 나타냈다. 마치부교의 부하들은 위엄과 격식, 칼 같은 직선과 절차 고수 아래 배배 꼬이고 다채로운 지하세계의 통로를 따라갔다. 마치부교라는 개인과 부교소의 관할 구역 안에서 정의와 범죄가 너무도 깊숙이 뒤엉켜서 갈라놓을 수 없는 지경이었다. 도야마의 짙은 겉옷은 그의 몸 위에 드리워졌지만, 피부 아래에 묻은 먹물은 지워지지 않았다.

*

이제 쓰네노도 마치부교 집안의 성원이었기 때문에 무작위로 벌어지는 범죄를 크게 걱정할 필요가 없었다. 전에 쓰네노의 옷가지를 훔쳐간 관리인 진스케는 도야마의 보호를 받는 여자에게는 똑같이 어리석은 짓을 하지 않을 터였다. 법적 신분 또한 달라졌다. 히로스케가 대인 밑에서 일하는 사무라이가 되자, 계속 일을 하는 한 그의 신분이 보장되었다. 마을에 사는 형은 한때 히로스케가 절대 출세하지 못할 것이라고 걱정했지만 이제 "아주 중요한 자리"에 올랐다고 경외심을 감추지 못했다.[64] 쓰네노는 여전히 마루를 닦고 쟁반을 나르고, 남편의 저녁 식사를 차리고, 돈 씀씀이를 걱정했지만 이런 신분과 안전이 중요했다. 엄밀히 말해서 남편은 이제 자신의 형제들보다 지위가 높았다.

쓰네노는 자기 가족 대신 히로스케를 선택하면서 상실감을 느꼈다. 처음에 에도로 돌아왔을 때 기센을 찾아가려고 했지만 동생에게 쫓겨났다.[65] 기센은 기유가 누나하고 말을 섞지 말라고 단단히 당부했다고 주장했지만, 기유는 쓰네노가 보낸 한지 선물을 받고 집에 놓고 간 설피를 어떻게 할지 묻고 있었기 때문에 의심이 가는 주장이었다.[66] 하지만 쓰네노와 기유의 서신 교환도 일정하지 않았다. 쓰네노는 편지를 쓰려고 노력은 했다. 봄에는 조카를 비롯한 마을 여자애들에게 인형을 보내주었다. 히나 마쓰리 雛祭〔소녀의 날인 3월 3일에 여자아이의 행복을 기원하며 히나 인형을 장식하는 축제.-옮긴이〕에 맞춰 도착하게끔 보낸 것이었는데, 잘 받았다는 답장은 받지 못했다.[67] 쓰네노는 마침내 에도에서 성공을 거뒀지만 가족은 에도에 온 초창기, 그러니까 셋방에서 하루가 멀다 하고 편지를 보내던 시절보다 훨씬 멀리 있었다.

그러다가 1848년 가을, 쓰네노는 이상하게 생생한 꿈을 꿨다.[68] 무슨 일인지 시간이 거꾸로 가서 다시 어린 여자애가 되어 린센지에서 형제들하고 놀고 있었다. 잠에서 깬 쓰네노는 잠시 혼란에 빠진 채 참으로 이상한 꿈이라고 생각했는데, 얼마 안 있어 배달부가 기센에게서 온 편지를 가지고 나타났다. 자기가 큰 병에 걸려 곧 죽을 것 같은데, 마지막으로 한번 보고 싶다는 편지였다. 꿈이 불길한 징조였다는 생각이 들었다. 2년 동안 소식 한 번 없던 동생이었다.

쓰네노는 편지를 히로스케에게 보여주었지만 그는 쉽사리 믿지 않았다. "우리 상속권을 박탈하더니 이제 와서 병이 들었다고 누나를 보고 싶다고 편지를 써? 도대체 생각이 있는 거야?"[69] 쓰네노에게는 알리지 않았지만 히로스케는 이미 기센이 죽어가

286

고 있는 것을 알았다.[70] 며칠 전에 배달부가 와서 기센이 병상에서 쓴 사과 편지를 전한 것이었다. 그는 불쌍한 처남을 외면하면서 기센이 자신과 쓰네노를 얼마나 푸대접했는지 욕을 퍼부었다. 히로스케의 신분은 바뀌었지만 그의 불같은 성미는 전혀 바뀐 게 없었다.

쓰네노는 직접 의사를 불러서 기센에게 보냈다. 히로스케는 알 필요가 없었다. 그리고 며칠 뒤, 마치부교의 집안이 도야마의 둘째 딸과 그 가족을 맞이할 준비를 하느라 분주한 틈을 타 몰래 빠져나와 4킬로미터를 걸어 기센이 죽어가고 있는 교쇼지로 갔다.[71] 한때, 그러니까 1843년의 끔찍한 겨울에 남편에게서 도망쳐서 나흘 동안 거기서 비참하게 지낸 적이 있었다.[72] 5년이 지난 지금 쓰네노는 마치부교소에서 곧바로 교쇼지로 달려갔다.

쓰네노가 들어서니 기센은 요에 누워 있었다.[73] 몸도 움직이지 못한 채 얼마 동안 그런 상태였다. 붓을 들 힘도 없어서 마지막 편지를 누나한테 불러주었다. 승려 하나가 만든 기센의 물건 목록을 교쇼지 주지가 요 사이에 몰래 넣어두었다. 모두들 그가 죽어가고 있는 것을 알았고, 이것이 곧 죽을 사람의 일 처리를 깔끔하게 하는 나름의 방식이었다. 기센은 자기 물건을 정리할 입장이 아니었다. 몇 달 동안 건강이 나빠지는 가운데 누나하고 연락을 취하려 애썼다. 둘 다 아는 친구인 침술사 야도 기스케를 부르러 사람을 보내고, 심지어 히로스케의 동생인 폭력배 한자에 몬한테도 연락을 해달라고 애원했다.[74] 기센은 언제나 한자에몬을 혐오했지만 이제는 한때 "나쁜 종자"나 "천치"라고 깔보던 남자에게 의지하고 있었다. 기센은 다시는 자기 가족을 만나지 못할 것이라고 믿을 만한 이유가 충분했다.

쓰네노가 기센의 요 앞에 무릎을 꿇자 동생이 두 손을 꼭 잡았다. 둘이 같이 기도를 하고 나서 쓰네노가 기센에게 뭘 먹거나 마실 수 있느냐고 물었다. 그는 무엇을 원했을까? "포도나 배. 아니면 자잘한 대합조개 구할 수 있으면 좋겠는데."[75] 침술사 야도 기스케도 그 자리에 있었는데, 그와 쓰네노 둘 다 기센을 위해 해줄 수 있는 게 없는지 물었지만 답이 없었다. 어쩌면 답을 할 수가 없었는지 모른다. 기센과 쓰네노는 지난 일을 한 번도 이야기하지 않았다. 쓰네노는 형제들이나 자신의 결혼, 서로 서먹서먹했던 오랜 나날을 언급하지 않았다. 실패한 기분으로 가득한 채 집으로 돌아갔다.

한편 미나미마치부교소에서는 집안 여자들이 도야마의 딸을 맞이하는 일에 온통 정신이 팔렸고, 모두들 중요한 행사를 준비하느라 바빴다. 마치부교는 쇼군이 참석하는 공식 심의가 열려 에도성에 들어가 있었다.[76] 이 심의는 기껏해야 몇 년에 한 번 열리는 드문 행사로 중대한 문제가 논의되었다.[77] 마치부교, 지샤부교, 간조부교가 모두 참석했고, 여러 감찰관과 소바요닌側用人(쇼군과 원로 가신 사이에서 쇼군의 명을 전달하고 중신들의 의견을 쇼군에게 전달하는 역할), 원로 가신(로주)도 전부 참석했다. 각 부교는 그 자리에 모인 관리들 앞에서 두 사건을 결정할 것을 요구받곤 했다. 이 일을 끝낸 뒤 쇼군은 부교들에게 선물을 하사했는데, 대개 완전히 갖춘 의복 한 벌이었다. 어떤 부교가 특히 업무를 잘

하면 특별한 상을 받을 수 있었다. 도야마는 1841년에 특히 출중한 업적을 보였지만 자기 평판에 기댈 수 없었다. 에도성에 나가기 전 며칠간 집안 전체가 정신없이 옷가지며 장신구, 말을 준비하고 행운을 바라는 선물과 인사를 받았다.

쓰네노는 동생을 찾아간 다음 날 기센이 죽었다는 소식을 들었지만 워낙 바빠서 빠져나올 수 없었다.[78] 다음날 아침 동이 트자마자 교쇼지로 갔다.[79] 쓰네노가 동생의 가장 가까운 친척이었기 때문에 장례식을 치르기 위해 염을 하는 일을 도맡았다. "시신을 염할 때가 되니 냄새가 역해서 고생했어요. 제가 직접 동생 몸에 물을 뿌리고 나서 한자에몬과 절의 하인이 씻기는 걸 도와줬답니다."[80] 다 씻긴 다음에 매듭 없이 꿰맨 무늬 없는 겉옷을 입혔다. 지난 생의 업에 묶이지 말라는 의미였다.[81] 기센의 동료 승려들이 모여서 경을 읊고 사후의 이름을 지어 준 뒤 관에 안치했다. 장례식에 모인 승려와 조문객들은 북과 종소리에 맞춰 찬불가를 불렀다. 모두들 부처님께 감사드렸다. 그런 다음 기센의 관을 도시 변두리 고즈캇파라 처형장小塚原刑場 옆에 있는 절로 가져갔다. 그곳에서 불에 탄 시신은 재와 뼈만 남았다.[82]

쓰네노는 장례식에 많이 갔었지만—조문객으로, 그리고 예전에는 승려의 부인으로—자기 핏줄의 시신을 돌본 것은 이번이 처음이었다. 엄밀히 따지자면, 원래 오빠 기유가 해야 하는 일이었지만 그는 멀리 에치고에 있었다. 기유는 편지를 보내 에도까지 올 수 없음을 사과했다. 그러면서 기센의 재를 배달업체를 통해 린센지로 보내달라고 히로스케와 쓰네노에게 부탁했다.[83]

쓰네노는 장례식을 낯선 사람들 손에 맡겨서, 거의 알지도 못하는 이들에게 돈을 주고 장례식을 치르고 사후명을 쓰게 해서 마음이 아픈 듯했다. 기유에게 보낸 편지에서 쓰네노는 자기가 할 수 있는 일은 다했다고 힘주어 말했다. "다른 사람한테 돈 주고 시킬 수도 있었지만 동생 몸에 제가 직접 물을 부었어요. 남을 시키면 모르는 사람이 하는 거니까요."[84] 하지만 동생의 사후명을 쓰는 일은 모르는 사람 손에 맡겼다고 털어놓았다. 쓰네노 가족이 흔히 하는 이 신성한 일은 이미 돈을 주고 서비스를 받는 거래로 전락한 상태였다.[85]

결국 드러난 것처럼 기센의 죽음이 남긴 여파는 유쾌하지 않았다.[86] 장례식을 어디서 치를지(그리고 그 비용을 받을지)를 놓고 세 절이 다툼을 벌였다. 설상가상으로 교쇼지 주지가 요 사이에 넣어둔 기센의 물건 목록이 사라졌다. 쓰네노와 시동생 한자에몬은 기센의 물건을 누가 훔쳐갔다고 생각할 이유가 충분했지만 입증할 수는 없었다. 한자에몬은 지샤부교에게 사건을 가져가는 것을 생각해 보았으나 증거가 없었고, 결국 그럴 만한 가치가 없고 장례식을 망치고 싶지도 않다고 결론 내렸다. 히로스케와 쓰네노는 기유에게 자신들이 다시 만든 유품 목록[87]과 함께 장례식을 치르고 조문객을 접대한 비용의 계산서[88]를 보냈다. 기센의 옷가지는 대부분 팔아서 절에 시주했고, 몇 가지 물건은 부처님께 바치는 공양물로 관에 같이 넣었다.[89]

언제나 형이 시키는 대로 일을 한 충실하고 고분고분한 동생 기센이 이런 식으로, 그러니까 수상쩍은 범죄의 그림자가 드리운 가운데 승려와 절에 배신을 당해 생을 마감하다니 얼마나 이상한 일인가. 쓰네노가 결국 동생을 돌보는 사람이 된 것은 얼마나 기묘한 일인가.

*

마치부교 도야마는 마무리를 전문으로 다뤘다. 시라스의 단상에 앉아 사람들에게 운명을 선포했다. 대개 에도에서 추방하거나 참수하거나 때로는 말뚝에 묶고 불태웠다.[90] 하지만 이 사례들은 다른 사람 이야기의 마무리였다. 도야마 자신의 마무리를 다루는 데는 그만큼 능하지 않았다.

1848년까지 도야마는 수천 건의 사건을 감독했다. 왕국에서 가장 무거운 책임을 떠맡았다. 해임되었다가 다시 복직되고, 비판과 칭찬을 받았으며, 그리고 살아남았다. 하지만 부교라는 직책의 업무가 부하 관리들이 감옥에서 범죄자를 심문할 때 허벅지 위에 쌓아놓는 돌처럼 그를 짓눌렀다. 언제나 해야 할 일이 있었고 일을 마치면 다음 업무가 기다렸다. 매일같이 몇 시간 동안 앉아서 재판을 하는 건 쉬운 일이 아니었다.

도야마는 몇 달 쉬면서 기타마치부교에게 자신의 부재로 생겨난 공백을 맡겼다.[91] 그의 친척 중 하나인 하타모토가 오사카 쌀 시장에서 신용을 얻기 위해 마치부교라는 고귀한 이름을 도용하다가 체포된 일이 있었다. 도야마는 범죄와 아무 상관이 없더라도 모욕적인 일이었다. 그는 점점 자주 몸이 아팠다. 그리고 결국 물러났다.

쓰네노는 마치부교보다 열 살 아래였지만 역시 나이 들고 있었고 자신의 이야기가 어떻게 마무리될지 궁금했다. 쓰네노와 히로스케에게는 상속자가 없었고, 늙어서 돌봐줄 사람이 없었다. 두 사람은 아이를 입양하는 문제를 상의하고 에도 사람들한테 몇 번 제안도 받았지만 낯선 아이를 들이는 게 쉽게 받아들여지지 않았다.[92] 아이가 친척이라면 그래도 다를 터였다. 쓰네노의 가족을 직접 대하는 걸 여전히 꺼리는 히로스케는 형제에게 기유에게 제안하는 편지를 써줄 것을 요청했다. 기유가 딸 오타케를 히로스케와 쓰네노에게 보내려고 할까? 기센이 세상을 떠난 직후인지라 가족이 불화를 해결할 수 있을 것만 같았다.

기유가 답장을 보냈다 하더라도 답장은 남아 있지 않다. 하지만 히로스케의 됨됨이를 아는데 과연 자기 딸을 보낼 수 있었을까? 무모하고 불가능한 요청이었다.

*

기유는 1년 정도 뒤인 1849년 11월에 세상을 떠났다.[93] 평생 린센지에서 살면서 자식 다섯을 기르고, 헤아릴 수 없이 많은 의례를 치르고, 불경을 읊었다. 아버지의 기대를 한 몸에 구현하고 부담을 떠맡았다. 50년 뒤 그는 마침내 젊었을 때 별로 어울리지 않던 역할에 딱 맞게 성장했고, 장남인 기하쿠가 정식으로 승려가 되어 집안을 이어받을지를 모르는 채로 사망했다. 그의 가족과 마을, 마음속 믿음의 기준에서 보면 기유는 대단히 성공한 사람이었다. 그가 진 빚과 그가 느끼는 불만, 파국으로 끝난 첫 번째 결혼, 형제자매들과의 다툼은 모두 묻혔다. 일상적으로 교환하는 산더미 같은 편지 속으로 사라졌다.

　쓰네노에게 오빠 기유의 죽음은 평생에 걸친 말다툼이 끝났음을 의미했다. 둘의 역할은 대립되었고 성격도 정반대였다. 기유는 불안정하고 근심 걱정이 많고 내성적이었다. 반면 쓰네노는 충동적이고 의지가 강했다. 기유가 밀어붙이면 쓰네노는 저항했다. 쓰네노가 계획을 세우면 기유가 가로막았다. 두 사람은 서로에게 괴로움을 안겨주었지만 둘 다 쉽사리 포기하지 않았다. 남편보다도, 동생 기센보다도, 그리고 어머니보다도 훨씬 더 기유는 쓰네노의 삶에서 상수로 존재했다. 자신을 얽어매면서도 안심하게 만드는 익숙한 고향을 대표하는 사람이었다. 기유는 처음 태어난 아기이자 사내아이로 쓰네노보다 선물을 많이 받았다. 쓰네노가 겨우 길 때 뛰어다니는 아이였고, 쓰네노가 바느질 연습을 하는 동안 한시를 배우는 학생이었다. 쓰네노가 결혼해서 집을 떠날 때 승려가 되기 위해 남았고, 쓰네노가 도망칠 때 집을 지켰으며, 쓰네노가 반기를 들 때 꿋꿋이 성실했다. 기유는 쓰네노가 버르장머리 없고 어리석고 우스꽝스럽고 성질이 나쁘고 고집이 세다고 꾸짖으면서도 언제나 양보했다. 쓰네노가 더 강하고 자신감이 넘쳤기 때문이다. 기유가 사라진 지금 쓰네노는 이제 자신이 누구인지 어떻게 알 수 있을까?

　아무 대답도 없을 터였다. 오빠의 우아한 필치로 에도 주소가 적힌 편지도 이제 오지 않을 것이었다. 돈 문제로 교섭할 일도, 쓰네노의 못된 행동을 욕하는 사람도 더는 없었다. 결국 둘

중 누구도 이기지 못했고, 어느 쪽도 합의를 보지 못했다.

에치고가 그렇게 멀게 느껴진 적이 없었다.

9. 죽음과 사후

매튜 페리 제독은 1852년 1월 워싱턴으로부터 전보를 받았다. **동인도 함대를 지휘할 준비를 할 것.**[1] 전혀 준비가 안 된 상태였다. 그는 미국이 벌인 두 차례 전쟁—1812년 전쟁과 멕시코-미국 전쟁—에서 복무하고, 해적을 소탕하고, 자녀 10명을 두고, 황열병으로 거의 죽을 뻔하고, 뉴욕시 명예 시민증을 받았다. 그는 대서양을 가로지르고 아프리카 해안을 따라 운항하고 지중해를 건넜다. 하지만 태평양은 구경한 적도 없었다.

57세의 페리는 아직 검은 머리가 가득하고 눈빛이 강렬했지만 새로운 모험에 나설 만한 열정은 없었다. 지중해 함대를 인계받아서 가족과 함께 유럽을 순항하는 게 좋겠다는 생각이었다. 그는 또한 해군이 태형을 폐지한 게 걱정이었다. 어떻게 기강을 유지할 수 있을까? 그리고 자신에게 어떤 일이 주어질지도 의심스러웠다. 워싱턴의 정치인들이 말한 것처럼 일본과 무역을 개방하기 위해 급파될까? 아니면 민주주의의 대사로 파견되어 일본의 정부 체제를 바꾸는 궁극적 목표를 추구하게 될까? 페리는 낡은 왕정을 새로운 공화국으로 뒤바꾸려는 미국의 열정에 회의적이었다. 이런 열정은 1848년 유럽 각국에서 혁명이 일어난 뒤에야 고조된 것이었다. 페리가 생각하기에 미국인들은 "이웃들의 문제를 그냥 내버려 두고 우리 자신을 지키는 법을 배워야" 했다.[2]

하지만 그는 이 임무가 중요하다는 사실을 이해했다. 그는 앞서 4년간 브루클린 해군 조선소에서 새로운 증기선 건조를 감독하는 육상 임무를 하며 보냈다. 이 최신 함선들은 미국의 힘을 세계로 투사할 예정이었지만, 석탄을 싣지 않고는 태평양을 건너 중국의 조약항들까지 갈 수 없었다. 미국 국무장관 대니얼 웹스터는 통상과 전쟁에 두루 관심이 있었고, 연료 보급 기지를 만드는 것이 신성한 권리이자 국익임을 표방했다. 석탄은 "인류라는 가족을 위해 일본 열도 깊숙이 조물주가 놓아둔 선물"이었다.[3] 페리는 그만큼 과장된 언사를 구사하지 않았지만, 특히 군대에 사활이 걸린 문제라는 것을 파악할 수 있었다. 미 해군은 여력이 닿는 한 증기 전함을 양껏 건조할 수 있었지만 일본의 석탄이 없으면 미국은 동양에서 영국과 경쟁할 수 없었다.

페리는 확실한 약속을 요구했다.[4] 자신이 총애하는 장교들을 골라서 데리고 가기를 원했고, 이름 없는 사무라이에게 떠밀린 오랜 친구 비들과 같은 수치스러운 운명을 겪는 일이 절대 없기를 바랐다. 페리는 또한 필요하면 무력을 사용할 수 있는 권한

296

이 주어지는지를 알고 싶었다. 세계를 가로질러 먼 길을 갔다가 정중하게 거절당하고 식수와 닭이나 보급받아 돌아오고 싶지 않았다.

확실한 약속이 주어졌고, 나이 든 제독은 또 한 번 바다로 나갈 준비를 했다. 처음에 해군은 그에게 최신 증기 기술을 압축한 프린스턴호의 지휘를 맡기려고 했지만 페리는 회의적이었다. 건조 과정이 허술했고 보일러도 믿음직스럽지 않았다.[5] 대신에 멕시코-미국 전쟁에서 톡톡히 써먹은 뒤로 오랫동안 아낀 미시시피호를 선택했다.[6] 미시시피호는 멋진 함선으로 선측 외륜 기선이었는데, 그가 건조 과정을 직접 감독한 바 있었다. 우뚝 솟은 마스트에 현대식 8인치 포가 장착된 우아하고 힘이 좋은 이 배는 7노트 이상의 속도로 항행할 수 있어서 일본인들에게 강렬한 인상을 줄 게 분명했다.

페리가 뉴욕시에 있는 집에서 아나폴리스로 가자 밀러드 필모어 대통령이 직접 배에 올라 임무를 잘 마치고 오라고 배웅했다. 배는 석탄을 실은 뒤 버지니아주 노퍽으로 갔다. 노예와 자유인 6,000명이 사는 소도시 노퍽은 마스트의 도시로 작고 분주한 교외였다. 그곳에서 페리는 함선 보급의 마지막 단계를 감독하면서 물통, 신선한 과일과 채소, 해먹, 물 탄 럼주, 악기, 펜과 잉크 등 모든 물자를 갖췄는지 확인했다. 그리고 몇 달에 걸쳐 모은 일본인들을 위한 선물도 확인했다. 농기구와 책, 기계로 짠 면직물, 새뮤얼 콜트가 만든 총기 등이었다.[7] 가장 중요한 화물은 미합중국 대통령이 일본 천황에게 보내는 서한으로 영어, 네덜란드어, 한문으로 번역돼 있었다.[8] "친선"과 "통상", 특히 미국 함선에 대한 물자 보급과 난파된 미국 선원들에 대한 숙식 제공을 요청하는 내용이었다. 서한에서 대통령은 새로운 캘리포니아주의 부를 치켜세우면서—"해마다 6,000만 달러의 황금이 나옵니다"—미국 기선들이 불과 8일 만에 일본에 도달할 수 있다고 자랑했다. 서한의 겉모습도 자신만만하고 오만했다. 로즈우드 함위에 파란색 실크 벨벳으로 장정한 대형 양피지가 얹혀 있었고, 딱 맞는 순금 상자에 담긴 미합중국 인장이 옆에 나란히 있었다.[9]

대통령이 서한에 서명하고 물자 보급이 마무리되자 마침내 페리 제독은 여느 때처럼 만반의 준비를 마쳤다. 짐을 잔뜩 실어서 평상시보다 90센티미터 깊게 잠긴 미시시피호를 지휘하면서 1852년 11월 24일 페리는 노퍽을 떠났다.[10] 에도로 향하는 항해였다.

*

쓰네노와 히로스케는 다른 새로운 주인 밑에서 일하고 있었다. 이야마 번주 혼다 스케토시本多助賢였다.[11] 새 주인의 저택은 쓰네노가 에도에서 처음 섬긴 하타모토 마쓰다이라 도모사부로가 살던 곳에서 불과 한 블록 떨어진 곳이었다.[12] 쓰네노가 에도에 처음 와서 셋방에서 비참한 몇 주를 보낸 미나가와초에서도 걸어서 금방 닿는 거리였다. 하지만 처음 시작한 곳으로 돌아간 듯한 느낌이 들지는 않았다. 이제는 결혼한 상태였고 벌써 몇 년간 사무라이 집안에서 일한 경력이 있었다. 차디찬 셋방에서 자정 너머까지 잠 못 이루며 등잔 기름과 종이를 태우면서 잃고 싶지 않은 가족에게 필사적으로 편지를 쓰던 그 시절, 에도에 처음 와서 갈피를 잡지 못하던 시절로부터 거의 15년이 흐른 뒤였다. 이제 나이가 마흔여덟이었고, 예전에 편지를 나누던 사람들은 거의 전부 세상을 떠났다. 9년째 에치고에 간 적이 없었고, 시골과의 연결고리가 가늘어진 상태였다. 그녀는 여전히 일을 하고 여전히 분투했으며, 멀리 떨어진 묘비와 결코 다다르지 않는 편지 속에서 떠나보낸 사람들을 셀 수 있었다. 하지만 쓰네노는 자기가 어디에 속하는지 알았다. 최소한 작지만 어렵게 얻어낸 승리를 자랑할 수 있었다. 마침내 에도 사람이 된 것이다.

1853년 초, 쓰네노는 병으로 앓아누웠다.[13] 전에도 여러 번 아픈 적이 있었다—19세기에 중년에 다다른 사람은 누구나 일종의 생존자였다. 하지만 이번은 달랐다. "냉병"의 일종이었다. 열이 심하고 오한이 났다.[14] 아마 몇십 년 뒤라면 발진티푸스나 말라리아, 독감 등 정확하게 진단이 내려졌을 것이다. 몇 주가 지나도 쓰네노에겐 차도가 없었다. 히로스케가 부른 의사에게서 약을 사서 먹여도 아무 효과가 없어 보였다. 다른 의사에게 문의하자 다른 약을 지어주었지만 쓰네노가 먹기를 거부했다. "이제 바꾸지 않을 거예요." 쓰네노가 말하자 히로스케는 할 수 있는 일이 없다는 걸 깨달았다.[15] 쓰네노는 늘 그렇듯 고집을 꺾지 않았다. 마침내 사케를 몇 모금 마실 정도로 나아졌지만 그래도 병이 심각해 보였다. 히로스케는 주인에게 휴가를 달라고 청했다. 최선을 다하는 중이라고 목소리를 높였다. "나 혼자서 고모를 돌보

고 있는 거야." 떨리는 손으로 쓴 편지에서 짜증 난 노인의 목소리가 들리는 듯했다.[16]

히로스케가 편지를 쓴 상대는 쓰네노의 조카인 기하쿠였다. 쓰네노가 한때 엽전을 몇 문 보내준 아이였다. 쓰네노가 전에 기유에게 보낸 편지에서 아이 얘기를 한 적이 있었다. "이제 정말 컸겠네!"[17] 그게 몇 년 전이었다. 이제 승려가 된 기하쿠는 린센지의 스물한 살짜리 주지였다. 어린 시절 이후로 고모를 본 적이 없었다. 그는 정중한 답장을 보내면서 작은 금전 두 수를 동봉했다.[18] 얼마 보내지 못해 죄송하다는 말도 덧붙였다.

✵

쓰네노가 열병에 걸렸을 때, 페리 제독과 부하들은 마다가스카르에서 동쪽으로 한참 떨어진 설탕 산지인 모리셔스섬에 있었다.[19] 지난 몇 달간 함대는 대서양을 건너 희망봉을 돌았다. 모리셔스는 특히 흥미로운 곳이었는데, 항구 시설이 완벽하기 때문만은 아니었다(페리는 미국의 등대위원회에 보내는 보고서를 만들기를 원했다—배울 것이 상당히 많았다). 페리가 분명 미국에서 벌어지는 정치 논쟁을 생각하면서 대영제국이 노예제를 폐지한 결과를 관찰할 수 있었던 곳도 바로 여기였다. 아프리카인 노예 대신 인도 노동자들이 일하고 있었는데, 제독은 긍정적인 인상을 받았다고 썼다. 재배업자들이 여전히 수익을 올렸기 때문이다.

쓰네노가 몇 주간 통증과 오한으로 고생하던 봄에 함대는 인도양을 가로질러 실론섬으로, 계속해서 싱가포르 해협을 통과

하고 광둥으로 꾸준히 나아갔다. 페리는 전설적인 항구도시 광둥이 "반쯤 벌거벗은 비참한 사람들"과 "가난과 오물"로 뒤덮인 것을 보고 실망했다.[20] 미시시피호에 탄 사무장 밑에서 일하는 10대 조수는 하선해서 며칠 관광을 하면서 좋은 시간을 보냈다. 흥정하는 법을 배우고, 맛 좋은 음식 몇 가지를 먹고, 친구들하고 거리에서 불꽃놀이를 즐겼다. "중국인들은 우리를 방금 막 풀려난 악마 무리라고 여기는 게 분명했다!"[21]

✻

쓰네노는 몇 주 뒤 세상을 떠났다. 석 달 가까이 앓고 죽은 것이다. 날짜도 같이 지난 게 분명했다. 쓰네노는 계절이 언제인지도 알지 못했다—에도의 여름이 막 시작되는 때였다. 등나무와 뻐꾸기 울음소리, 종이부채와 모기장, 오리알을 파는 행상과 니혼바시에서 열리는 인형 시장의 계절이었다.[22]

누군가 정확한 날짜를 알아서 고향에 있는 가족에게 알려주었다. 가에이嘉永 6년 4월 6일이었다.[23] 쓰네노는 늘 늙으면 고향에 가고 싶다고 말했었다. 가족 가까이에서 죽기를 바랐다. 하지만 히로스케—와 에도—를 선택했고 이제 더는 큰 못 근처에 있는 절에 사는 이시가미 마을 사람이 아니었다.

훨씬 젊은 시절 처음 에도로 떠날 때 머릿속으로 몇 가지 계산을 하고 종이에도 적어두었다. 작은아버지에게 맡긴 돈과 전당포에 맡긴 옷, 여러 직업을 전전하면서 번 급여와 관리인에게 내야 하는 방세, 빌린 돈에 붙은 이자 등을 기록했다. 이 목록과

301

계산 사이에 숫자로 표현할 수 없는 이득과 손실에 관해 적었다. 에도를 보고 싶다는 욕망은 찬란한 늦가을 어느 날에 마침내 이루어졌다. 나중에 여행 동반자와 그가 자기에게 한 행동에 관한 진실을 직면해야 했을 때 모욕감을 느꼈다. 처음 구한 일자리에서는 지치고 좌절했고, 갖가지 음식과 머릿기름, 은화, 그리고 극장가의 유명한 이름을 접할 때는 기쁨이 차올랐다. 자기가 직접 선택한 남편에 대해 기대를 품었다가 그가 실패하자 분노가 치밀었다. 기센이 연을 끊었을 때는 분노했다가 동생이 죽자 후회가 밀려왔다. 마지막으로 계산해 보니 도시를 얻고 지방을 잃은 셈이었다. 남편을 얻고 가족을 잃었으며, 어느 정도 독립을 얻고 자기 아이를 가질 기회를 잃었다.

마지막으로 붓을 내려놓았을 때쯤이면 아마 충분히 가치 있는 삶이었다는 생각이 스쳤으리라.

*

페리와 부하들에게 쓰네노가 사망한 날짜는 양력 1853년 5월 13일이었다. 함대는 상하이에 발이 묶여 있었는데, 제독은 아끼는 미시시피호에서 더 널찍한 서스쿼해나호로 지휘권을 이전했다. 두 배를 끌고 일본으로 갈 것이었다. 도중에 새라토가호와 플리머스호도 만날 예정이었다. 그렇게 총 네 척의 함선이면 일본인들을 충분히 겁주고도 남을 것이었다.

상하이에서 페리는 동아시아의 정치 상황을 관찰할 시간이 있었다. 중국은 태평천국의 난을 계기로 소요 상태였다. 페리

302

는 이렇게 적었다. "이런 내부 소요는 동양 나라들에 닥칠 모종의 거대한 변화의 시작일 뿐이며 앵글로색슨 인종이 이례적으로 진전하는 것과 관련이 있다고 생각해도 터무니없는 판단은 아니다."[24] 전에는 메시아적 공화주의에 관해 의심을 나타낸 적이 있었지만 "현재 우세한 전제 권력을 굴복시키고 그 대신 현시대의 정신과 지성에 좀 더 어울리는 정부 형태를 세우는 강력한 혁명"이 일어날 것이라고 예측할 수밖에 없었다. 일본에 갔을 때 그는 이런 시간의 작업을 재촉하고 뒤처진 나라를 현재로 끌어내겠다고 생각했다.

제독은 다음 날과 이어지는 밤 시간의 대부분 동안 석탄을 실었고, 함대는 마침내 일본 열도를 향해 출발했다.

✳

쓰네노가 세상을 떠난 다음 며칠간 누군가 연락과 장례식을 비롯한 일상적인 애도 절차를 맡아야 했다. 장례식은 쓰네노와 가장 가까운 연계가 있던 도쿠혼지나 교쇼지에서 열렸을 것이다. 하지만 히로스케나 기하쿠는 쓰네노와 기유만큼 부지런한 기록자나 연락자가 아니었다. 5년 전 기센이 죽었을 때는 온갖 목록과 편지가 쏟아졌지만 쓰네노의 죽음은 거의 기록된 내용이 없다. 린센지 문서 기록에 작은 종이 한 장이 남았을 뿐이다. 쓰네노가 사망한 날짜, 나이, 사후명이 적힌 쪽지였다.[25] 내세에서 쓰네노는 "현명하고 머리와 솜씨가 좋고 순종적인 여자"로 알려질 것이었다. "순종적인 여자." 그것이 쓰네노의 마지막 변신이

303

었다.

히로스케는 30년을 더 살았을지도 모른다. 재혼을 했을 수도 있고, 다른 집안을 위해 일하거나 셋방에서 혼자 살다가 죽었을 수도 있다. 쓰네노하고 늘 약속했던 대로 결국 에치고로 돌아갔을지도 모른다. 다른 삶을 살거나 곧바로 쓰네노의 뒤를 따랐을 수도 있다. 하지만 아무 흔적도 찾을 수 없다.

쓰네노가 아직 살아 있는 동안 히로스케는 쓰네노 때문에 손에 붓을 쥐고 아내의 형제들에게 편지를 쓰고 자신에 관한 기록도 남겼다. 쓰네노가 쓴 편지에서 히로스케가 소환되었다. 히로스케는 계획과 음모를 꾸몄고, 잠을 자고 밥을 먹었다. 히로스케는 감언이설로 쓰네노를 구워삶고 끔찍한 생각으로 화를 부추겼다. 그는 쓰네노의 인생 경로를 바꿔놓았고, 그 대가로 쓰네노는 그의 이름을 기록하고 그도 살았다. 린센지의 문서고에서 히로스케는 생생하게 살아 있는 한 사람, 쓰네노의 남편이었다.

하지만 쓰네노가 세상을 떠나자 히로스케는 역사의 먼 해안 어딘가에 좌초된 채로 남았다. 슬퍼할 일이 너무도 많아 히로스케는 한 가지를 이해하지 못했다. 쓰네노가 없으면 그는 잊힐 것이었다.

*

쓰네노의 49재가 치러진 것은 한여름으로 양력 7월 1일이었다. 에도 사람 몇 명, 어쩌면 에치고 사람도 이승과 저승 사이에 떠도는 쓰네노의 혼령을 위해 불공을 드리고 찬불가를 불렀다. 아무 기록이 없다.

페리 제독과 부하들 또한 모호한 영역에 있었다. 청나라의 조공국으로 일본의 군사 지배를 받는 류큐 왕국에 상륙한 것이었다.[26] 페리는 이 섬이 "일본의 속국"임을 파악했는데, 가는 곳마다 일본 첩자들이 따라붙었다.[27] 여러 차례 주장하고 교섭한 끝에 가까스로 류큐 대비의 섭정을 왕궁에서 만났다. 제독은 풍경과 음식에 깊은 인상을 받았지만 차("너무 연하고 설탕이나 우유를 넣지 않는다")[28]나 사람들("기만적이고 사실을 무시한다")[29]에 대해서는 좋은 인상을 받지 못했다. 정동 방향에 있는 오가사와라 제도에 훨씬 마음이 사로잡혔다. 대서양의 포도밭 섬인 마데이라를 떠오르게 하는 곳이었다.[30] 하지만 부하들은 현지에서 만난 사람들을 좋아했고 류큐의 아름다운 자연에 깜짝 놀랐다.[31] 선박을 점검하려고 물밑에 들어간 잠수부들은 살아 있는 산호와 쏜살같이 헤엄치는 반짝이는 물고기로 가득한 수중의 정원을 발견했다.[32]

쓰네노의 혼령이 평정을 찾아 정토로 떠난 양력 7월 2일, 페리의 함선들은 류큐를 떠나 에도로 향했다.[33] 함대는 이후 5일간 안개가 자욱한 해안을 따라 속도를 높였다.[34] 잠깐씩 안개가 걷힐 때면 후지산의 절경이 드러났다. 양력 7월 8일, 에도에서 약 39킬로미터 떨어진 우라가항에 정박했다. 일본인들이 항구에서 기다리고 있었다. 페리의 함대는 곧바로 배들로 에워싸였다. 그중 한 배에서 한 사람이 프랑스어로 된 포고문을 치켜들었다. 함대에게 바로 떠날 것을 요구하는 내용이었다. 물론 페리는 요구를 거절했고, 미시시피호에 탄 사무장 조수는 일본인들의 흥분한 몸짓을 지켜보면서 "저 사람들은 모두 우리가 이상한 부류의 사람이라는 결론에 다다른 게 분명하다"고 생각했다.[35]

그의 생각이 옳았다. 함대가 당도했다는 소식이 곧장 에도에 전해졌다.[36] 1853년 무렵이면 아편전쟁에 관한 책들이 널리 읽혔고, 글을 아는 일부 평민들도 불길한 연기를 내뿜는 흑선黑船들이 어떤 위협을 나타내는지를 알았다. 도시의 잡담은 싸움이나 목욕탕 화재 같은 흔한 수다에서 외국 선박과 우라가항 부교의 운명에 관한 열띤 토론으로 바뀌었다.[37] 곧이어 더 많은 배들이 함대 주변에 나타나기 시작했다. 한 번 구경이나 해보려는 보통 사람들이 모는 어선이었다.[38]

아직 자신의 서한을 받을 적당한 관리를 찾지 못한 페리는 자신이 직접 전달하겠다고 위협했다. 그는 함대를 돌려 내륙으로 향했다. 그때까지 일본 배 100척이 함대를 둘러싸고 있었는데, 대부분 무장한 사무라이가 타고 있었다.[39] 미시시피호가 기적을 울리자 수면 위로 귀를 찢는 소리가 울려 퍼졌다.[40] 정크선에 탄 사람들 가운데 일부가 돌연 노젓기를 멈추고 일어서서 어안이 벙벙한 표정으로 지켜보았다. 다음에 무슨 일이 생길지 전혀 모르는 듯한 표정이었다.[41] 다른 이들은 해안으로 배를 몰았다.[42]

미국인들의 무력 시위는 의도한 대로 효과를 발휘했다. 다음 날 일본인들이 페리가 메시지를 전달할 장소를 마련했다. 양력 7월 14일, 제독은 400명 정도를 거느리고 평저선에 탄 채 뭍으로 갔다. 군악대가 "컬럼비아 만세Hail Columbia(미국의 옛 국가)"를 연주하는 가운데 미시시피호의 기적 소리가 간간이 울려 퍼졌다.[43] 평저선에 탄 사무장의 어린 조수는 그 순간 혈관에 전율이 흘렀다고 말했지만 뭍에 있는 사람들의 얼굴에서 마치 세상의 종말이라도 온 듯한 표정을 보았다.[44] 페리는 아프리카계 미국인 경호원[45] 둘을 대동한 채 다수의 막부 관리들의 영접을 받았다.[46] 회동 장소에서 2킬로미터 정도 떨어진 해안에 사무라이 수천 명이 줄지어 서 있었다. 잘생긴 심부름꾼 소년 둘이 나무와 순금 상자에 담긴 페리 제독의 서한을 전달하러 앞으로 나갔다. 제독은 일본인들에게 1년간 생각할 시간을 주고 다시 돌아오겠다고 말했다. 그러고는 "양키 두들Yankee Doodle"가락에 맞춰 회동 장소에서 빠져나갔다.[47]

에도의 분위기는 암울했다. 도시의 한가운데인 니혼바시에는 사람이 없었다. 짐을 들고 다리를 건너는 사람도 없었고 심부름을 가는 사무라이도 없었으며 강물 위에도 배 한 척 없었다. 강둑을 따라 늘어선 상점과 노점들은 모두 문을 닫았고 어시장도 텅 비어 있었다. 산책 나온 어느 의사는 지방에 사는 친척에게 편지를 썼다. "사람 하나 없어 외로웠습니다. 정말 실망스럽더군요. 평범한 날에는 자정을 지나서도 거리에 사람들이 가득하던 동네에서 대여섯 블록을 걸어도 겨우 두세 사람을 보았습니다."[48]

에도의 일반 사무라이들은 함대가 돌아올 것을 대비해 무기와 마구를 사고 사격술을 연습했다.[49] 한편 막부의 고위 관리들은 계획을 마련하고 걱정을 하면서 번주들에게 의견을 묻는 제안서를 돌렸다.[50] 고메이 천황은 외국인들이 신성한 열도를 침략하게 허용하는 어떤 조약에도 반대했다. 천황은 교토에서 호통을

퍼부었다. 천황이 반대한다는 사실은 유명했다. 하지만 결국 쇼
군의 가신들은 선택의 여지가 없다고 생각했다. 흑선과 대포의
위용을 이미 목격한 뒤였다. 흑선은 일본 해안 도시에 일제 포격
을 가해서 도시를 잿더미로 만들 수 있었다. 우라가항을 봉쇄해
서 에도를 굶어 죽게 만들 수도 있었다. 페리가 돌아오면 쇼군의
가신들은 조약을 교섭할 예정이었다.

　　1854년 초봄 페리가 돌아온 것은 일대 사건이었다. 에도
평민들은 순례를 갔다가 슬쩍 빠져나와 함선들을 보았다고 말했
다. 이제 그 수가 여덟 척이었다. 일부는 어선 몇 척을 돈 주고 빌
려서 육지를 들락날락했다.[51] 이 장관을 직접 보지 못하는 이들을
위해 화가들이 연기를 내뿜는 함선과 진기한 외국인들의 모습을
담은 커다란 그림을 그렸다.[52] 뚱뚱하고 눈자위가 처진 모습의 페
리 제독, 초췌한 학자처럼 생긴 미국인 통역자, 악기를 든 군악대
원들, 허름한 차림으로 삭구索具 사이를 날렵하게 돌아다니는 아
프리카계 미국인 선원 등이 담긴 그림이었다.

　　양쪽은 양력 3월 8일 요코하마 마을 근처의 들판에서 회담
을 가졌다. 에도의 평민 동장들은 모두 경고를 받았다. 시끄러운
소리와 축하의 대포 소리가 들릴 텐데, 동네 사람들에게 겁먹지
말라고 전하라는 것이었다.[53] 미국인들은 각기 다른 악단 셋을 포
함해 500명이 넘는 파견대를 데려왔다. 에도 사람들은 식사 메뉴
에 관심을 보였고 메뉴가 유출되었다. 닭 날개와 생선회, 장아찌
와 신선한 채소로 이루어진 정찬, 생선요리 몇 가지, 차 두 종류,
그리고 물론 사케가 있었다.[54] 미국인 한 명당 식사 비용만 금화

석 냥이라는 소문이 돌았다. 페리 원정대 소속 화가가 음식 몇 가지를 시식했는데 만족스러우면서도 당황했다. 도무지 설명할 도리가 없었기 때문이다. 빵이 하나도 없고 그 대신 부들부들한 치즈 비슷한 게 있었다(두부였다).[55]

회담의 본 안건은 미국 선박에 항구 두 곳을 개방하는 가나가와神奈川 조약(미일화친조약)의 교섭이었다. 에도 바로 남쪽의 시모다항과 북부 홋카이도섬에 있는 하코다테항이었다. 또한 조약에 따라 미국 영사가 일본에 거주하게 됐는데, 궁극적인 목적은 또 다른 더욱 광범위한 통상 조약을 교섭하는 것이었다. 미국인들은 진전을 이룬 것에 만족하며 떠났다. 사절단과 동행한 한 남자가 말한 것처럼 결국 "일본이 굴이 입을 벌리려고 하는 것처럼 '개방'을 열망했다고 말할 수는 없다. 하지만 문호를 개방할 때가 되자 일본은 내가 접해본 맛 좋은 굴처럼 기품 있게 굴복했다."[56]

한 가지 중대한 문제를 놓고 의견이 갈렸을 뿐이다.[57] 페리는 원래 에도에 정박하기를 원했다. 떠나기 전에 도시를 구경하고 싶었지만 조약을 교섭한 고위 사무라이들이 그를 뜯어말렸다. 그들은 페리 함대가 에도에 가까이 접근하면 대중이 공포에 사로잡힐 것이라고 설명했다. 페리가 계속 고집을 부리면 자신들이 책임을 져야 하는데 자살하는 것 말고 선택의 여지가 없다고 말했다. 결국 페리는 에도만으로 들어가는 방향으로 함대를 돌려 마음만 먹으면 들어갈 수 있음을 보여준 뒤 방향을 바꿨다.[58] 페리 사절단 가운데 누구도 에도를 보지 못했다.

＊

페리는 영웅으로 돌아왔고 생의 말년을 자신의 평판을 빛내면서 보냈다. 그가 일본의 문호를 연 주역이었다. 교과서마다 입을 모아 페리와 그의 함대가 근대 세계를 창조하는 데 일익을 담당한 이야기를 들려주었다. 쓰네노에 대해서는 한 마디도 할애하지 않았다. 당연한 일이었다. 왜 쓰네노 같은 사람에게 관심을 갖겠는가? 그녀는 페리가 도착하기 전에 죽은 하찮은 인간이었고, 죽지 않았더라도 페리가 쓰네노 같은 사람을 마주칠 일은 전혀 없었다. 제독은 사무라이와 외교관, 중요한 남자들을 만났다. 세월이 흐른 뒤 그들도 언급이 되고, 사전과 백과사전에 이름과 생몰연도까지 깔끔하게 정렬된다. 페리에게—그들 모두에게—여성은 대외관계라는 드라마의 배경 인물조차 아니었다. 여자는 기껏해야 무대 담당으로, 조용히 받침대를 가져온 뒤 어디든 원래 자리로 돌아가는 이들이었다.

페리의 함선은 남자들의 세계였고 교섭 테이블도 마찬가지였다. 육지 어딘가에 있는 누군가가 제독의 코트에 단추 열여덟 개를 하나하나 달았고, 견장 술 장식을 만드느라 바느질을 몇 번이고 했다. 하지만 그는 그런 사실 따위는 아랑곳할 필요가 없었다. 그는 브루클린에 있는 해군 사령관 자택에서 은식기에 광을 내고 마루를 닦는 사람이나, 바로 그 순간 그의 손자들을 돌보는 사람에게 신경 쓸 여유가 없었다. 그래야 세상에서 자신의 이름과 가족이 살아남을 것이었기 때문이다.

사무라이들이 요코하마에 나갔다가 돌아왔을 때에도 누군

310

가 그들의 옷을 빨고, 이웃들에게서 선물과 질문을 받고, 아이들 수업과 부모님 약을 챙겼다. 그날 밤과 그 후의 모든 밤에도 누군가 그릇을 치우고, 차를 따르고, 이불과 요를 개고, 물을 떠오고, 등롱에 불을 켜고, 아이를 안고, 하인들에게 지시를 내리고, 밤에도 잠 못 이루며 외투와 설피와 땔감, 코감기와 혼례식과 점쟁이, 글 쓰는 종이와 엽전 걱정을 했다. 그리고 이 여자들에게도 하나같이 자기 나름의 동기, 눌러사는 이유나 떠날 계획, 야심과 견해, 기억해야 하는 오만가지 일과 결코 글로 적지 못한 더 많은 일들이 있었다.

쓰네노는 자신의 삶을 영웅적인 시각에서, 그러니까 나라를 세우거나 개방하고 새 시대를 여는 데 이바지한 것으로 볼 수 없었다. 그녀는 자기 스스로 선택한 한 사람, 한 개인, 한 여자였고—스스로도 그렇게 생각했겠지만—거의 흔적을 남기지 않았다. 자식도 없고 유산도 없었다. 그저 편지만 남겼을 뿐이다.

하지만 쓰네노 같은 여자들이 시골에서 올라오지 않았더라면 에도는 커지지 못했으리라. 여자들이 마루를 훔치고, 숯을 팔고, 장부를 적고, 빨래를 하고, 밥상을 차리지 않았더라면 에도의 경제가 제대로 돌아가지 않았을 것이다. 그리고 여자들이 극장표와 머리핀, 옷감, 국수를 사지 않았더라면 쇼군의 위대한 도시는 아예 도시가 되지 못했으리라. 남자들만 득실거리는 먼지 풀풀 날리는 수많은 군사기지 중 하나가 됐을 테고, 그 모든 노력이 필요가 없었을 것이다.

쓰네노가 남긴 유산은 에도라는 위대한 도시였다. 쓰네노의 야심이자 필생의 사업이었다. 쓰네노는 다른 존재가 되고 싶다는 열망 덕분에 고향을 벗어났고, 아마 에도에서 산 경험으로 자신이 바뀌었다고 말했을지 모른다. 하지만 쓰네노 역시 에도의 모습을 만들었다. 물을 길으려고 기다렸던 모든 우물과 자신이 쓴 모든 엽전으로. 전당포에 잡히거나 수선한 모든 옷가지로. 자신이 나른 모든 쟁반으로. 에도로 가기로 한 커다란 결정과 이후 해마다 날마다 내린 온갖 사소한 선택으로. 이런 여자들 덕분에 가정이 제대로 돌아가고 행상들이 돌아다녔다. 또한 그들 덕분에 마치부교가 포고령을 발표할 수 있었다. 그들 덕분에 데와국의 홍화밭에 농민들이 일하러 나가고 간다 시장에 도매상들이 나갈 수 있었다. 이 여자들이 나카무라 극장의 등롱에 불을 밝히고 니혼바시에 늘어선 대상점들을 지었다. 에도는 쓰네노의 삶에서 단지 하나의 배경이 아니었다. 도시 자체가 하루하루 쓰네노가 직접 창조한 장소였다. 그리고 쓰네노가 죽자 다른 여자들, 다른 익명의 사람들이 그 일을 떠맡았다.

*

　페리의 함대가 떠난 이듬해 10월 2일 밤늦은 시간에 지진이 에도를 강타했다.[59] 사방에서 벽이 무너지고 지붕이 내려앉았다. 쇼군은 성 안쪽으로 피신해 정원에 몸을 숨겼다. 화재 파수꾼들은 감시탑의 진동에 몸을 떨었다. 화로와 등롱이 뒤집어졌고, 마른 짚으로 만든 다다미와 마룻장에 불이 붙었다. 캄캄한 새벽 시간에 소방복을 차려입은 다이묘들이 거리를 내달려 에도성

으로 가서 잔해를 헤치면서 불길을 잡았다.[60] 다이묘들은 쇼군을
받들고, 자신들이 걱정하고 있음을 알리면서 언제든 준비가 되어
있음을 보여주어야 했다.

　　지진은 사람을 차별했다—저지대의 평민 동네가 가장 피
해가 심했다. 쓰네노의 고모부인 분시치가 살았던 쓰키지나 간다
묘진 근처의 사람이 많이 사는 동네 같은 곳이었다. 쓰네노가 한
때 일했던 스루가다이는 한결 견고한 고지대에 자리했다. 하지만
여진이 한창인 가운데 일어난 화재는 셋집과 저택을 가리지 않고
덮쳤다. 다이묘 저택가에서도 한 집도 피해를 면하지 못했다. 미
나미마치부교소는 기적적으로 피해를 입지 않았지만, 주변을 둘
러싼 다이묘 저택들은 불에 탔다. 한 가지 문제는 페리 사절단이
찾아온 직후에 다이묘들이 무기를 쌓아두었던 창고에 불길이 덮
쳐 화약과 무기가 폭발한 것이었다. 아이즈会津 번주의 저택에서
만 사람 130명과 말 13마리가 목숨을 잃었다.

　　도시 전체에서 지진과 그 여파로 7,000명 정도가 사망하
고 건물 1만 5,000채가 무너졌다. 몇 달간 사람들은 임시 오두막
에서 살았다. 목욕탕과 이발소는 며칠 만에 문을 열었지만 도시
의 물자 공급이 완전히 두절되어 행상이 장사를 할 수 없었다. 미
소된장, 소금, 장아찌 공급이 부족했고, 몇몇 하타모토 집안에서
는 사무라이들이 병영 담벼락을 파서 접착제로 바른 풀을 먹으며
목숨을 부지한다는 보고가 있었다. 통상적인 화재라면 도시의 일
부는 피해를 면해서 정상으로 회복되기가 쉬웠을 것이다. 하지만
이번 화재는 에도 전역을 덮쳤고 도시 곳곳의 사람들이 피해를

입었다.

　페리가 지진을 일으킨 것은 아니었지만 에도 사람들은 흑선과 지진이라는 두 재앙이 관련이 있다고 생각했다.[61] 사람들은 땅속에 사는 거대한 메기가 지진을 일으킨다고 믿었다. 메기가 몸부림을 치면 땅이 흔들린다고 생각했다. 대지진 이후 등장한 익명의 대판大版 그림 400여 점에서 화가들은 메기와 피해자들, 수혜자들을 묘사했다. 수혜자란 재건축으로 돈을 버는 목수, 미장이, 기와 상인 등이었다. 한 그림에서는 검은 메기가 검은 기선으로 등장하는데, 연기 대신 엽전을 내뿜으면서 해외무역과 이윤을 약속했다. 다른 작품에서는 메기와 페리가 격렬하게 줄다리기를 하는 가운데 에도의 미장이가 심판을 본다. 메기가 소리를 지른다. "이런 쓸데없는 무역 회담 집어치워!" 페리가 대꾸한다. "멍청한 메기야, 뭐라고 하는 게냐? 우리나라는 인자하고 동정심 많은 나라란다."[62] 지진과 외세의 위협 사이의 연결 관계는 분명하지 않았지만, 사람들은 메기가 괴롭히는 자인지 구원자인지 완전히 확신하지 못했다. 하지만 그래도 자기가 딛고 사는 땅이 불안정하다는 것은 직감했다.

　페리 사절단이 야기한 장기적인 반향은 격렬하고 파괴적이었다. 막부는 미국만이 아니라 서양의 모든 열강과 통상조약을 체결했다. 1858년, 안세이安政 5개국 조약이라는 일련의 조약에 따라 미국, 러시아, 영국, 프랑스, 네덜란드가 모두 일본이 지정한 개항장에서 영사를 임명하고 무역을 할 수 있게 되었다.[63] 서양 열강은 또한 고정 관세를 지불했는데, 결국 일본이 관세율을 정할 수 없다는 의미였다. 조약에 계속 반대했던 고메이 천황은 쇼군이 밀어붙이는 정책에 반기를 드는 구심점 노릇을 했다. 얼마 지나지 않아 급진적인 사무라이들이 천황의 뜻에 주의를 기울이고 외국인을 몰아내자는 호소를 발표했다. "천황의 뜻에 따라 오랑캐를 몰아내자!(존왕양이尊王攘夷)" 1863년, 쇼군은 에도를 벗어나지 않는 수백 년에 걸친 전례를 깨고 교토까지 가서 천황의 영접을 받았다. 반란을 미연에 방지하기 위해 노력을 기울인 것이다.

쓰네노가 처음 잠깐 섬긴 하타모토 마쓰다이라 도모사부로는 정치적 소요의 한가운데 끼어 어쩔 줄을 몰랐다. 쓰네노가 죽기 한참 전에 도모사부로는 교토 인근에 있는 가메야마 번주에게 입양된 뒤 노부요시라는 이름으로 스스로 새 번주가 되었다.[64] 여전히 야심과 재능이 많았던 그는 쇼군의 원로 가신이 되었고, 열강을 상대하는 특사로 임명되었다. 명망은 높으나 생색은 낼 수 없는 자리였다. 막부의 교섭 지위는 언제나 너무 약했고, 쇼군 대신 외국인을 상대하게 되자 외국인을 혐오하는 과격파의 표적이 되었다.

도모사부로는 1862년에 서남쪽의 유력한 사쓰마번에 속한 사무라이들이 도카이도東海道에서 우연히 마주친 영국 무역상을 살해하는 사건이 벌어지면서 최악의 위기를 겪었다.[65] 사실 다른 영국인들은 그 무역상이 자초한 일이라고 생각했다. 그는 자주 술에 취해 소란을 피우는 불쾌한 인물이었다.[66] 하지만 영국인들은 모욕적인 사건을 무시할 수 없었기 때문에 막부가 책임자들을 처형하고 배상할 것을 요구했다. 쇼군의 연소득의 3분의 1에 해당하는 엄청난 액수였다. 합의 교섭을 돕는 일이 도모사부로의 몫으로 떨어졌는데, 과격파는 합의에 격렬하게 반대했다. 그들은 무기를 들고 제법 조직을 잘 갖추어서 위험했지만 도모사부로의 주된 관심사는 아니었다. 도모사부로는 영국이 그들의 요구가 받아들여지지 않으면 에도를 포격할지 모른다고 걱정했다. 그리하여 에도성에서 쇼군의 여자들을 피신시킬 계획을 세우고 해상에서 가해지는 공격으로부터 도카이도를 보호하기 위해 대로의 경로를 잠시 바꿀 것을 지시했다. 그는 또한 도시민들이 공포에 사로잡혀 식료품을 사들이기 시작하자 도시를 진정시킬 방책을 고안했다. 젊은 시절, 그러니까 쓰네노를 고용했던 전도유망한 젊은 하타모토였던 1839년만 해도 이런 사태가 벌어지리라고 전혀 예상하지 못했었다.

에도는 포격을 피했지만 막부는 배상금을 지불하고 사과를 해야 했는데, 이 때문에 국내 비판자들이 더욱 분노했다. 한편 1859년을 시작으로 유럽과 미국의 상인들이 요코하마 개항장에 무역을 하러 왔다. 외국 상인 수가 많지는 않았지만—1860년대에 100~200명 정도였다—그 존재가 알려졌다.[67] 명주실을 사들이고, 마귀처럼 술을 마시고, 소를 도살하고, 논 사이로 말달리기 시합을 벌였기 때문에 눈에 띄지 않을 수 없었다. 일본 상인들도 항구에 모여들어 비단과 소를 팔고 서비스를 제공하고 환전을 했다. 외국인들이 금전을 사들이자 에도에 대규모 인플레이션이 발생했다. 생활비는 50퍼센트 치솟았다.[68] 무역이 에도의 오랜 도매

316

상들을 우회해서 요코하마로 직접 향하기 시작하면서 도시가 쇠퇴했다.[69] 그러다가 1862년에 쇼군이 모든 영주는 2년마다 1년씩 수도에 머물러야 한다는 요건을 완화한 뒤 사무라이 수십만 명이 에도를 등졌다. 1862년에서 1868년 사이에 에도 인구가 절반으로 줄었다.[70]

최후의 일격을 맞았을 때 에도는 이미 지친 상태였다. 서남쪽 지방의 사무라이가 이끄는 봉기는 이제 "천황의 뜻을 따르라"는 호소와 나란히 "막부를 타도하자"는 더욱 불길한 문구를 내세웠다. 봉기를 일으킨 사무라이들은 교토를 장악하고 계속해서 에도로 진격했다. 도쿠가와 막부의 마지막 쇼군은 이미 자리에서 물러난 상태였다.[71] 전임 쇼군들과 달리 그는 에도성에 산 적이 없었다. 짧은 치세의 대부분을 교토 인근에서 거주하면서 천황과 그 주변인들을 진정시키려고 했다. 반란자들이 막부를 폐지하고 자신의 땅을 빼앗으려는 것을 알아챈 쇼군은 배를 타고 다시 에도로 도망쳐서 대항 세력을 모았다. 하지만 그때쯤에는 쇼군은 이미 무기력한 처지였다.

도시를 방어하는 책임은 에도 토박이인 어느 하타모토의 아들에게 주어졌다. 그의 아버지 가쓰 고키치勝小吉는 쓰네노가 하녀로 일하던 시절에 에도에서 거짓말과 도둑질, 도박으로 출세한 무책임한 사무라이였다. 고키치의 아들은 아버지와 기질이 정반대였는데, "진지하고", "소박하고", "절대 낭비를 하는 법이 없었다."[72] 젊은이였을 때 그는 서양 군사기술을 배우고 막부가 현대식 해군을 구축해야 한다는 주장으로 유명해졌다. 당시 에도 사람 거의 모두가 그랬듯이 그도 이름을 바꿨는데, 그가 선택한 "가이슈海舟"라는 이름은 "바다"와 "배"를 뜻하는 글자였다.

　　아버지가 죽은 지 10년째인 1860년, 가이슈는 미국까지 항해한 최초의 일본 배인 간린마루咸臨丸의 선장이 되었다. 샌프란시스코에서 몇 달을 지낸 다음 육로로 뉴욕으로 갔는데, 그의 일행이 브로드웨이를 행진하는 광경은 월트 휘트먼의 시로 영원히 기억에 남았다. "예의 바른 아시아의 왕자들, 까무잡잡한 뺨의 왕자들 / 처음 온 이들, 손님들, 칼 두 자루를 찬 왕자들 / 민머리에 무표정한 모습으로 덮개 없는 사륜마차에 등을 기댄 채, 교훈을 주는 왕자들 / 오늘 그들이 맨해튼을 활보한다."[73] 일본에 돌아온 가이슈는 짚신과 전통 버선에 서양식 바지를 입었다. 권총집에 권총을 꽂는 것처럼 단검을 혁대에 끼워넣고 다녔다. 아버지의 성격은 아니더라도 허세는 물려받은 것이었다.

　　1868년 황량한 봄날 존왕파 군대가 에도에 도착했을 때, 가이슈는 에도성을 넘겨주는 것을 교섭했다. 그는 끝이 다가오는 것을 알았고, 일본에서 유혈 내전이 일어나 외국의 지배에 취약해지는 사태를 막고자 했다. 한참 뒤에 항복에 관한 교섭을 설명한 글에서 그는 침공군 지도자에게 다음과 같이 말했다고 회고했다. "당신들이 잔인한 힘으로 약한 사람들을 위협하려고 한다면 우리는 움츠리지 않고 도전을 받아들일 것이다. 지금 상태로라도 우리는 외국의 웃음거리가 될 뿐이다. 당신들이 에도를 쑥대밭으로 만들지 않는다면 죽을 때까지 개인적·공식적으로 감사하고자 한다."[74] 이런 태도 때문에 그는 막부의 동료 관리들에게 비판을 받았고 한 차례 이상 암살 시도의 표적이 되었다. 하지만 효과가 있었다. 그는 에도성을 내주었고, 그의 도시—그의 아버지의 도시이자 쓰네노의 도시—는 불에 타지 않았다.[75]

하지만 에도는 과거의 유령이자 미래 모습의 희미하디 희미한 그림자에 지나지 않았다. 쓰네노가 죽고 페리의 함선들이 우라가에 정박한 직후가 아니라 15년 뒤였다. 그러나 쓰네노가 알던 세계, 각급의 하타모토들과 마치부교, 에도성의 쇼군, 병영의 가신들은 사라지고 없었다.

✲

쓰네노가 좀 더 오래 살았더라면 새로운 도시 도쿄가 파괴를 딛고 일어서는 것을 지켜보았으리라. 도시가 부활하는 것을 보고도 놀라지 않았을 것이다. 쓰네노가 아는 에도는 화재와 지진, 기근, 미즈노 다다쿠니의 재앙에 가까운 개혁에서 살아남았다. 하지만 다른 변화들은 경천동지였을 것이다. 쓰네노와 같은 세대의 여자들은 상상도 하지 못한 것들을 두 눈으로 목격했다.

1811년 농촌 가정에서 태어난 시인 마쓰오 다세코松尾多勢子는 대략 쓰네노의 여동생들과 나이가 비슷했다.[76] 50대에 마쓰오는 존왕파 정치 활동가가 되었다. 1869년 3월에 교토에서 여전히 공경하는 천황이 마지막으로 수도를 떠나는 것을 지켜보았다. 천황은 사방이 막힌 가마에 탔고, 무사와 신하들의 행렬이 주위를 둘러쌌다. 거의 1,100년 전 처음 세워진 이래로 황궁은 교토에 있었다. 이제 천황은 에도성에서 군림할 것이었다. 철저한 변화이자 한 시대의 끝이었다. 쇼군이 무너지기 전에 일본 천황 가운데 어느 누구도 에도에 간 적이 없었다. 역대 천황 누구도 후지산을 본 적이 없었다.[77] 하지만 새로운 체제의 설계자들은 나라를 위해서나 쇼군의 전 수도를 위해서나 수도를 옮길 필요가 있다고 주장했다.[78] 교토에는 전통적인 예술과 역사가 있었고, 오사카에는 상업이 있었다. 국가 정부가 없으면 도쿄는 아무것도 아니라는 게 우려되는 점이었다.

하지만 일단 일본의 천황이 자리한 수도로 굳건히 자리를 잡자 도쿄는 누구도 상상하지 못한 정도로 번성했다. 쓰네노가 알던 장소들은 완전히 모습이 바뀌었다. 거대한 사찰 혼간지가 바다를 내려다보던 쓰키지는 1860년대에 외국인 거류지가 되었다. 그 중심부는 수도의 새로운 명소였다. 외국인들에게는 에도 쓰키지 호텔로 알려진 호테루칸ホテル館은 곡선의 문과 선홍색 덧문을 갖춘 육중한 건물이었는데, 꼭대기의 청동 종으로 장식된 어울리지 않는 풍향계가 눈길을 끌었다.[79] 인근에 있는 풀밭 지대는 해군학교와 훈련 시설의 본거지라는 이유로 해군 벌판이라고 불렸는데, 아직 텅 빈 상태라 여름이면 아이들이 메뚜기를 잡으러 갔다.[80] 쓰키지가 세계 최대 규모의 어시장과 동의어가 된 것은 20세기에 이르러서의 일일 뿐이다.[81]

쓰네노가 셋방을 빌렸던 간다의 외진 동네 미나가와초는 1880년대와 1890년대에도 쓰네노가 살던 50년 전과 마찬가지로 거의 알려지지 않은 곳이었다. 하지만 이웃 동네 미카와초는 북적거리는 여인숙과 전당포, 싸구려 식당, 콜레라 발병 등으로 유명세를 탔다. 『도쿄의 가장 밑바닥』이라는 사회고발 책자에서 몇 번이나 크게 다뤄졌다.[82] 에도의 그 지역에서 인생에서 가장 어두운 몇 달을 보냈던 쓰네노는 이주민이 대다수인 절망에 빠진 사람들로 가득한 하숙집에 대한 묘사를 대번에 알아보았을 것이다. 하지만 쓰네노는 다행히도 콜레라를 알지 못했다. 콜레라는 1858년에 에도에 처음 들어왔는데, 외국 선박들이 바깥 세계로부터 수많은 물건과 함께 들여온 것이었다.[83]

쓰네노가 5대 이와이 한시로의 별채에서 일했던 스미요시초는 닌교초人形町라는 더 큰 동네에 통합되었다.[84] 새 시대의 초창기에 인기 있는 신사가 이 지역으로 옮겨와서 가부키와 꼭두각시 극장들이 노는 사람들을 끌어들이던 역할을 넘겨받았다. 한동안 이곳은 도쿄 전역에서 가장 번성하는 상점가였는데, 1880년대의 동네를 묘사한 판화를 보면 더없는 영광의 시절이 생생히 드러난다. 물건을 사려는 인파 위로 우뚝 솟은 벽돌 굴뚝에서는 연기가 뿜어져 나온다.

쓰네노가 가장 좋아한 주인이 일하던 긴자는 더욱 극적으로 변모했다.[85] 1872년에 쓰키지 호텔을 집어삼킨 대화재로 긴자도 잿더미가 되었다. 신정부는 에도 도시 재개발의 거대한 전통을 이어받아 재난을 새로운 도시계획을 추진하는 구실로 활용했다. 긴자는 널찍한 도로와 포장 인도를 갖추고 벽돌 건물, 유리창, 가스등으로 이루어진 동네가 되었다. 목판화가들은 이 구상을 사랑했고—또 다른 새로운 명소였으니!—긴자를 기모노 차림에 검은색 우산과 중절모로 멋을 부린 남자들로 가득한, 마차와 인력거가 분주하게 돌아다니는 지구로 묘사했다. 사실 새로운 "벽돌 건물 거리"에서 살고 싶어 하는 이는 거의 없었다. 건물들이 환기가 되지 않아 답답하고 눅눅했기 때문이다. 극찬을 받은 널찍한 도로도 허접한 작은 나무를 도로에 직접 심어놓은 탓에 수십 년 동안 약간 어색해 보였다. 그렇다 해도 긴자는 현대적인 도쿄가 언젠가 어떤 모습이 될지를 보여주는 중요한 상징이었다.

에치고도 바뀌었다. 이시가미 마을은 이웃 마을들과 합쳐져서 메이지 마을이라는 새로운 단위가 되었다. 천황의 이름을 딴 것이었다. 기하쿠는 새로 구성된 지방정부에 사케 양조 허가를 신청했고,[86] 공립 초등학교 건설에 14엔을 기부다.[87] 다음 세대의 소년소녀들은 교실에 나란히 앉아서 같은 과목을 공부할 것이었다. 기하쿠가 어렸을 때는 그에 앞서 아버지와 할아버지가 배웠던 내용을 똑같이 배웠다. 마을과 지방을 기준으로 자신의 정체성을 확인하도록 배웠다. 하지만 그의 손자들은 자신이 니가타현 출신 일본인이라고 말하는 법을 배우게 된다.

1886년 다카다에 기차역이 문을 열었고, 1894년에는 산악지대를 통해 나가노까지 가는 열차가 하루에 여섯 번 출발했다.[88] 여자들이 세키카와 관문을 에둘러 여행하거나 개구멍으로 몰래 통과하던 시절은 오래전에 사라졌다. 불과 몇십 년 만에 쓰네노가 열흘 걸려, 그것도 그토록 많은 슬픔을 대가로 치렀던 여정이 갈아타는 것까지 포함해서 꼬박 하루에 2엔 정도의 비용으로 바뀌었다. 기차는 도쿄 교쇼지 근처에 새로 생긴 우에노역에 도착했다. 과거에 쓰네노가 죽어가는 동생을 보러온 곳이었다.

쓰네노는 살아서 이 모든 변화를 볼 수도 있었다. 존왕파 활동가인 마쓰오 다세코는 1894년에 세상을 떠났다. 마쓰오는 살아남아서 손자들이 결혼해 자기들의 삶을 시작하는 것을 보았다. 막부가 무너지고 왕정복고가 이루어진 1868년 무렵에 태어난 그 세대의 여자아이들은 다른 세계를 물려받았다. 표면적으로는 대부분이 집안 살림을 하고, 아이를 돌보고, 농사일을 하고, 하녀로 일하고, 빨래를 하고, 저녁을 차리는 등 어머니나 할머니와 크게 다르지 않은 삶을 살았다. 하지만 여자들의 포부는 바뀌었다. 이제 새로운 가능성이 열렸기 때문이다. 일부는 처음으로 해외여행을 하고, 대학에 진학하고, 자서전을 출간하고, 강연 여행을 다녔다. 그 세대의 한 성원인 에치고 사무라이의 딸은 유명한 미국 작가가 되었다. 그녀는 1874년 설국 에치고에서 쓰네노가 대번에 알아볼 법한 다카다와 꼭 닮은 성읍에서 태어났다. 컬럼비아 대학교에서 일본어를 가르치다가 1950년 뉴욕시에서 사망했다. 아마 한 세대 동안 수백 년을 산 것 같은 느낌이 들었으리라.[89]

＊

하지만 쓰네노는 살지 못했고 자식도 없었다. 쓰네노는 초등학교를 마치고 집으로 돌아오는 손녀를 맞이하고, 손녀의 머리를 묶은 리본을 잡아당기고, 교과서를 한쪽으로 치우고, 오늘은 뭘 배웠는지 묻지 못했다. 아마 백마를 탄 천황, 세계의 온갖 나라들, 마법 같은 전신, 우표 기술 같은 걸 배웠으리라. 쓰네노는 낮은 탁자에 몸을 기댄 채 꽁꽁 언 손으로 수입산 찻잔을 집어들면서 꼬마 손녀가 못살게 구는 같은 반 남자애나 책상 위에 잉크를 쏟은 친구에 관해 재잘거리는 이야기를 듣지 못했다.

만약 쓰네노의 삶이 그저 약간만 달랐더라면—오빠 기유가 자기 딸 오타케를 보내주거나, 1853년 봄에 살아남아서 페리의 함대가 우라가에 들어오는 것을 보거나, 다른 많은 이들처럼 이후 수십 년간 닥친 지진과 전염병을 견딜 수 있었더라면, 어땠을까? 쓰네노에게 그런 기회가 주어졌더라면, 피곤한 손녀가 숙제가 하기 싫어서 할머니한테 옛날이야기 좀 해달라고 졸랐다면, 도쿄라는 이름의 도시에서 작은 방에 앉아 뭐라고 말했을까?

쓰네노가 죽지 않고 살았더라면 숱하게 많은 상심으로 점철된 이야기, 다른 시대에 자라나는 젊은 여자는 전혀 이해하지 못할 그토록 많은 선택에 직면했던 이야기를 들려주기가 꺼려졌을 것이다. 늘 까다롭고 성질 급한 아내였던 것처럼 까다롭고 성질 급한 할머니가 됐을지 모른다. 이야기나 들려줄 만한 시간이 없었으리라. 오빠 기유가 자신이 쓴 편지를 모두 태워버리기를 바랐을지 모른다.

하지만 어쩌면 찻잔을 내려놓고 차가 식도록 내버려 두었을 것이다. 어쩌면 마침내 자기 이야기, 자기 눈으로 바라본 이야기를 들려주고 싶었을 것이다. 그 이야기는 남자 형제들의 이야기보다 나았을 테고, "어쩌면"과 "했을지도 모른다"로 가득한 어느 역사학자의 이야기보다도 나았으리라. 쓰네노가 입을 열고 계속 말한다면, 그녀의 목소리가 방을 가득 채웠을 것이다. 쓰네노

324

는 자기 어머니나 자매들처럼 늘 입에 달고 산 에치고 억양으로 말했을 것이다.

이렇게 운을 뗐으리라. "아이고, 오래전 일이란다." 곧이어 시간이 거꾸로 흘러간다—천황이 교토 황궁의 그림자 속으로 물러나고, 긴자의 벽돌들이 다시 흙이 된다. 전신선에서 신호가 사라지고, 인력거가 다시 가마로 바뀐다. 다카다에서 뻗어나가는 철로는 흙 속으로 가라앉고, 산마루 고개에 눈이 쌓인다. 세계 지도에서 한 점으로 찍힌 도쿄는 형태가 사라지고, 가장자리가 흐릿하게 번진다. 높다란 건물들이 무너져 흙이 되고 예전의 목재 감시탑들이 솟아나며 뒷골목이 미로처럼 펼쳐진다. 행상들이 등장해서 옛 노래를 부르고 도신과 오캇피키들이 순찰 중에 들르며 우물가에 모인 여자들이 옛날 엽전을 슬쩍 챙긴다. 니혼바시의 어시장에 배가 모여들고 사무라이들이 열을 지어 오테몬을 지나 행진한다. 격자 울타리에 에도의 나팔꽃이 활짝 피고 최후의 위대한 마치부교가 시라스의 단 위로 올라가며 5대 한시로가 극장 뒤편에서 입장하는데, 검은 눈을 빛내면서 높다란 나막신을 신고 좁은 통로를 미끄러져 들어온다.

도시는 다시 끝없이 이어지고, 쓰네노의 이야기도 시작된다.

에필로그

쓰네노가 에도로 간 지 180년이 지나고 나는 둘째 아들을 데리고 도쿄로 갔다. 같은 계절이었다. 공기 중에 눈의 흔적조차 없는 늦가을과 초겨울 사이 어느 쨍한 날이었다. 우리는 공항에서 나리타 익스프레스 열차를 타고 들어갔다. 일본이 세계를 넘겨받을 듯 보이는 "버블 시대"가 정점이던 1990년대 초반에 대대적인 환호 속에 개통된 열차였다. 열차는 자그마한 논을 지나 교외 파친코장과 오락시설 단지가 펼쳐진 황야를 관통해 속도를 냈다. 그러다 갑자기 터널이 나타났고 한때 세계 최대 규모의 도시였던 곳의 심장부로 들어섰다.

그날 밤, 네 살짜리 아들은 37층 호텔 방 창가에 앉아 도쿄역으로 기차가 들고나는 모습을 지켜보았다. 연두색에 선명한 오렌지색이 섞인 기차가 꼭 장난감 같았다. 이후 며칠 동안 아이는 자기 손에서 지하철 표를 집어삼켰다가 잠시 뒤 반쪽을 내주는

326

기계와 사랑에 빠졌다. 아이는 자동판매기 앞에 넋을 놓고 앉아서 기묘한 음료수병의 배열을 뚫어져라 보았다. 백화점 식품 매장에 통째로 구운 생선이 줄지어 있는 걸 보고는 충격을 받았다. 현대 미술관에 가서는 폭포처럼 쏟아지는 네온 불빛 아래서 춤을 췄다. 아이에게는 그것이 도쿄였다. 모든 게 새로운 어린이의 도시.

나는 20년 넘게 알던 도시를, 만에서부터 산 중턱까지 회색빛으로 뒤엉킨 철과 콘크리트 구조물이 뻗어 있는 모습을 보았다. 13개 지하철 노선, 36개 철도와 모노레일 노선이 황궁의 초록빛 공간 주변으로 소용돌이를 이룬 모습을. (정장과 기모노, 얇게 비치는 발레용 치마, 스키니진, 교복, 프레리 드레스 차림의) 3,800만 명이 에스컬레이터를 타고, 페이스트리를 사려 줄 서서 기다리고, 문고판 소설을 읽고, 커피를 마시고, 휴대전화를 들여다보는 모습을. 숱한 세월을 보내고 또 여름마다 연구를 하러 간 무한한 도시를—그곳은 제2의 고향이었다.

하지만 10년 가까이 쓰네노의 삶을 추적한 뒤 나는 또한 다른, 더 오래된 도시의 윤곽을 속살 깊숙이까지 볼 수 있었다. 쓰네노가 알던 도시, 마천루래 봤자 허물어지기 일보직전인 화재 감시탑뿐이고, 교통 소음이라곤 나막신이 흙바닥에 딸각거리는 소리이며, 황궁 부지가 에도성 구역이었던 도시. 신주쿠의 유리와 철로 된 고층건물 사이 어딘가에서는 쓰네노와 히로스케가 식당을 운영해 보려고 애를 썼다. 우에노 공원의 기념비들 근처에서 쓰네노는 죽어가는 남동생의 침상 옆에 무릎을 꿇고 작별인사를 했다. 긴자의 거대한 백화점과 화려한 부티크들에서 잠깐만 걸으면 쓰네노가 미나미마치부교소의 긴 복도를 종종걸음으로 걷던 곳이 있었다.

쓰네노가 살던 도시의 물리적 풍경은 대부분 사라졌다. 지진과 화재, 소이탄으로 잿더미가 되었다. 겨우 몇 개만 남아 있을 뿐이다. 쓰네노가 에도로 들어오는 길에 지나쳤을 가가 번주 저택의 붉은 문 하나는 도쿄 대학교 본 캠퍼스 입구에 지금도 서 있고, 에도성의 후지미 망루는 지금도 육중한 회색 돌 기반 위에 우뚝 서서 도시를 내려다본다. 하지만 에도의 대부분은 집단적 기억의 영역 속에 남아 있다. 박물관 유리판 아래와 모든 서점의 어느 코너에, 노동계급 동네의 쇼핑 아케이드와 장어나 국수를 전문으로 하는 오래된 식당의 주방에 있다. 가장 최근에 개통한 도쿄 지하철 노선 이름인 대大에도선(오에도선)은 안성맞춤으로 보인다. 옛 도시는 새 도시의 표면 바로 아래를 달리며 자기만의 지하 리듬에 맞춰 움직인다. 하지만 우선 그 옛 도시가 아디에 있는지, 어떻게 그 존재를 느낄 수 있는지 알아야 한다.

미국으로 돌아와 만약 세미나실이나 공항, 스쿨버스 정류장에서 에도 이야기를 꺼내면 상대는 멍한 눈으로 빤히 바라본다. 도쿄라면 곧바로 알아들을 사람도 마찬가지다. 에도 대중문화의 중요한 요소들—가부키, 게이샤, 판화—은 일본 특유의 영원한 것으로 소개된다. 호쿠사이의 〈파도〉는 하나의 상징으로 쇼핑백과 커피잔에서 물보라를 일으키지만, 그의 작품을 낳은 도시, 그가 식당에 앉아서 흠모하는 군중을 위해 즉석에서 휘갈겨 그림을 그리던 도시는 사라졌다.[1] 에도라고 불리는 활기차고 시끄럽고 혼란스러운 장소가 있어야 할 곳에는 공허함이나 기껏해야 세련되고 정적인 문화, 뭔가 외래적이고 손이 닿지 않는 문화가 있을 뿐이다.

하지만 에도는 쉽게 다가갈 수 있고, 에도 사람들도 마찬가지다. 설령 위대한 이름이나 업적을 사후에 남기지 않은 사람들일지라도. 그 사람들은 무슨 일이 생길지, 오래된 목조주택 동네가 벽돌과 석재로, 뒤이어 철과 콘크리트로 바뀐다는 것을 알지 못했다. 자신들이 살던 세계가 얼마나 순식간에 재앙과도 같이 확대될지, 자신들이 사는 무한한 도시가 지도상에 찍힌 많은 다른 점들 가운데 하나의 글로벌한 수도가 될 것을 알지 못했다. 하지만 이 사람들은 우리가 찾아낼 이야기를 남겼다. 일본이나 어떤 사라진 전통문화의 대표자로서가 아니라 어느 위대하고 활력 넘치는 도시의 혈액과도 같은 존재로서. 진흙탕 거리를 걷고, 시끄러운 이웃 때문에 잠을 설치고, 고향에 편지를 보내려고 먹과 종이에 돈을 쓴 사람들로서. 170년 전으로부터 지구 반 바퀴를 돌아 우리에게 도달한 그들의 목소리가 깜짝 놀랄 정도로 익숙해 보일 수 있다. 그들은 도시의 소음과 번잡함, 열망과 에너지와 비용에 관해 우리에게 말한다. 그들의 글이 남아 있는 한 쓰네노의 세계는, 비록 우리의 세계와 아무리 멀어 보일지라도, 아직 사라진 게 아니다.

감사의 말

일본 문서보관소 관계자들은 자료를 보존하고 나 같은 외국 연구자를 비롯한 대중을 교육하기 위해 창의적으로 열심히 일한다. 연구 기간 동안 니가타 현립 문서관의 모든 직원들이 엄청난 도움을 주었다. 검색에 필요한 도움말을 표시해 주고 (자료가 아직 문서로만 되어 있던 시절에), 에도 시대의 무기를 보관해 둔 지하 수장고를 보여주고, 잊지 못할 어느 순간에는 내가 어느 문서의 뒷장에 휘갈겨 쓴 것을 발견한 쓰네노의 출생 일자를 확인해 주었다. 다미야 미나코, 미나가와 가즈야, 오자키 노리코 등에게 특히 감사한다. 도쿄도 공문서관에서는 수석 문서보관 담당자인 니시키 고이치와 히로세 사나에가 사려 깊고 너그럽게 자료를 안내해 주었다. 오이시다 역사민속자료관에서는 오타니 도시쓰구가 동네의 역사를 길게 설명해 주었다. 다른 문서보관 담당자들과 공공역사학자들은 내가 끊임없이 참조한 도시와 마을,

현의 종합적인 역사를 정리한 이들이다. 그들이 해놓은 작업 덕분에 이 책을 쓸 수 있었다.

　　다른 일본 학자들은 자신의 시간과 전문적 역량을 아낌없이 베풀어 주었다. 조에쓰 교육대학의 역사학자 아사쿠라 유코는 쓰네노가 자란 지역을 돌아보는 여행을 함께하며 그 지역에 대한 깊은 지식을 나눠주었다. 위대한 에도사학자 요시다 노부유키가 저술한 많은 연구 덕분에 에도를 묘사하는 내용을 채울 수 있었다. 그와 요시다 유리코는 가장 까다로운 문서 두 개를 해석하는 일을 도와주었는데, 심지어 그중 하나는 택시 뒷자리에서 내가 대뜸 내민 작은 휴대전화 화면으로 읽어주었다. 여성사와 젠더사에 대한 자신의 엄격한 분석을 공유해 준 요코야마 유리코와 의학사에 대한 통찰을 나눠준 와카 히로카와에게도 감사한다. 마지막으로 나의 첫 번째 일본인 스승인 야부타 유타카는 이 책 곳곳에서 자신이 미친 영향력을 알아볼 것이다. 그는 내 인생의 첫 번째 고서체 사전을 선물해 주었는데, 내가 책장이 너덜너덜해지도록 사전을 들춰본 것을 알면 흡족하게 여길 것이다.

　　이 책을 쓰기 위해 문서를 읽는 일은 종종 불가능한 과업처럼 느껴졌는데, 때로는 내 능력으로 필체를 도저히 해독할 수 없었다. 친구이자 동료인 무라야마 고타로는 첫 번째 문서 뭉치를 읽는 것을 도와주면서 쓰네노의 글씨가 어떤 식인지 파악하게 해주었다. 로라 모레티와 야마사키 요시로는 내가 벽에 부딪힐 때마다 전문적 능력을 베풀어 주었다. 야마가타 다카시는 경이로운 문서 독자이자 해설자였다. 기유와 기센의 편지를 그가 옮겨 적어주지 않았더라면 이 책이 나오지 못했을 게 분명하다.

이 책을 쓰는 동안 나는 운 좋게도 국가인문학기금과 일미우호위원회, 앨리스 캐플런 인문학연구소, 노스웨스턴 대학교의 와인버그교양과학대학 등에서 후한 지원금을 받았다. 내가 속한 학문 공동체 또한 소중한 지원을 해주었다. 페이비언 드릭슬러와 사토코 시마자키는 여러 장을 읽고 훌륭한 논평을 해주었으며, 앤드루 량은 까다로운 독해를 도와주었다. 에번 영은 이세키 다카코의 일기를 소개해 주었다. 대니얼 보츠먼, 데이비드 하월, 루크 로버츠, 앤 월솔, 세라 마자, 데버러 코언, 톰 고바츠, 로라 하인 등은 노스웨스턴 대학교 역사학과에서 주최한 책읽기 워크숍에서 초고 전체를 읽고 논평을 해주었다. 그들 모두 덕분에 책이 굉장히 좋아졌다. 특히 이 작업을 하는 몇 년간 내내 전자우편으로 조언을 해준 대니('대니얼'의 애칭.-옮긴이]에게 감사한다. 내가 속한 장거리 일본사 글쓰기 그룹 성원들—데이비드 스패퍼드, 모건 피텔카, 마렌 엘러스—의 격려에도 고맙다고 전하고 싶다.

에번스턴[노스웨스턴 대학교 소재지.-옮긴이]에서는 유자 리, 라지브 킨라, 멜리사 매콜리, 피터 캐럴, 헤이든 체리, 피터 헤이스, 케이틀린 피츠, 에드 뮤어, 대니얼 이머워, 켄 앨더, 에드워드 깁슨, 에이드리언 랜돌프 등에게 감사한다. 또한 최초의 안식년 글쓰기 그룹 성원인 케빈 보일, 수전 피어슨, 제랄도 카다바, 헬런 틸리, 마이클 앨런, 그리고 애너리스 카노, 수전 델라힘, 에릭 웨스트, 트리샤 류, 재스민 보머 등에게도 감사한다. 다른 곳에서 일하는 사람들로는 이 책을 준비하고 집필하는 여러 단계에서 조언과 지원을 아끼지 않은 앤드루 고든, 데버러 베이커, 스콧 브라운, 재니스 니무라 등에게 감사한다.

놀라운 한 무리의 여자들이 이 책을 세상에 나오게 해주었다. 질 크니림과 루시 클릴런드는 머나먼 곳에 살았던 이름 없는 한 여자에 관한 이 기획의 잠재력을 간파했다. 케이시 벨든은 탁월한 편집자이자 응원자이고, 영국 채토앤윈더스 출판사의 베키 하디도 마찬가지다.

친구들에게도 고맙다는 말을 하고 싶다. 첫 번째이자 가장 소중한 독자인 데버러 코언, 웨이스미트에서 같이 글을 쓰는 로라 브룩과 세라 제이코비, 도쿄와 미국 중서부에 사는 아마가이 부부, 그리고 미국의 시간대를 가로질러 분산된 상태로 가부장제에 맞서 싸우는 '강한 여주인공들Strong Female Protagonists'의 리즈 마섬, 제니 코너리, 제시카 잭슨 모두 고맙다.

그리고 마지막으로 가족 모두, 존과 바버라 스탠리, 케이트 스탠리와 더그 호펙과 그 가족, 재커린네 식구 전부, 특히 두 꼬마 샘과 헨리에게 고맙다는 말을 하고 싶다. 남편 브래드는 어떤 상황에서든 내게 웃음을 주었다—그이는 정말 내 평생의 연인이다.

주석

프롤로그

1   서양에서는 1800년이 아니라 1801년이 신세기의 첫해로 인식되었다.

2   Emerson and Magnus, *The Nineteenth Century* and After, 77쪽.

3   Schwartz, *Century's End*, 144쪽.

4   Shaw, *Time and the French Revolution*, 103~4쪽.

5   *The Messenger* (New Haven, CT), January 1, 1801. 『아메리칸시티즌앤제너럴애드 버타이저』도 "원칙과 재능, 공화적 성격이 악행과 무지, 개인적 악덕에 승리를 거두고 세계 구석구석에 있는 자유의 벗들"에게까지 평화와 행복이 확대될 "새 시대가 시작되고 있다"고 예측했다. *The American Citizen and General Advertiser*, January 1, 1801.

6   인구 추정치에 관해서는 Takeuchi, *Edo shakaishi no kenkyū*, 17~19쪽을 보라.

7   Rinsenji monjo #587. 린센지 문서를 인용하는 경우에는 간략하게 표시한다. 각 문서의 전체 제목과 글쓴이, 날짜에 관해서는 니가타 현립 문서관의 온라인에서 검색 가능한 도구를 참조할 것(https://www.pref-lib.niigata.niigata.jp/?page_id=569). 린센지 문서의 조회 번호는 E9806이다.

8   Suzuki, *Snow Country Tales*, 9~21쪽.

9   Rinsenji monjo #1452.

334

10 Niigata kenritsu bunshokan, ed., "Shozō monjo annai."

11 Sato, *Legends of the Samurai*, 204~31쪽.

12 Berry, *Hideyoshi*.

13 Howell, *Geographies of Identity in Nineteenth-Century Japan*.

14 "Ōgata daiakusaku ni tsuki sho haishaku nado gansho," in Ōgata chōshi hensan iinkai, ed., *Ōgata chōshi, shiryō-hen*, 219~20쪽.

15 지금은 상자에서 꺼내 깔끔하게 정리한 이 문서들이 니가타시에 있는 니가타 현립 문서관에 보관된 린센지 문서(E9806)를 이룬다.

16 5명 중 1명이라는 추정치는 사람들이 비교적 교육을 잘 받은 간토 지역 농촌 마을 의 학교 출석에 관한 도네 게이자부로利根啓三郎의 연구를 바탕으로 한다. Rubinger, *Popular Literacy in Early Modern Japan*, 131쪽.

17 https://www.pref-lib.niigata.niigata.jp/?page_id=569.

1. 머나먼 땅

1 Rinsenji monjo #1012.

2 Bacon, *Japanese Girls and Women*, 2~3쪽.

3 태어난 지 한 달 안에 유아가 사망하는 비율이 40퍼센트 정도였다. Drixler, *Mabiki*, 252쪽.

4 Ōguchi, *Edojō ōoku o mezasu mura no musume*, 27~28쪽에서 비슷한 사례를 보라.

5 린센지의 출생 기록에는 언제나 최소한 두 명의 마을 여자 이름이 산파로 기록 돼 있는데, 산파는 금화 몇 푼으로 보수를 받았다. 산파가 하는 일에 관해서는 Yonemoto, *The Problem of Women*, 247쪽, 주석 41을 보라.

6 Horikiri, *The Stories Clothes Tell*, 16~17쪽.

7 Tamanoi, "Songs as Weapons."

8 *Kubiki sonshi: tsūshi-hen*, 398쪽.

9 *Kubiki sonshi: tsūshi-hen*, 402쪽.

10 Takahashi, *Mura no tenaraijuku*, 16~17쪽에 있는 사례들을 보라.

11 Dobbins, *Letters of the Nun Eshinni*.

12 Teeuwen and Nakai, eds., *Lust, Commerce, and Corruption*, 164쪽.

13 Drixler, *Mabiki*, 42~43쪽.

14 Tokuryū (1772-1858), *Bōmori kyōkai kikigaki*. Starling, "Domestic Religion in Late Edo-Period Sermons," 281쪽에 번역된 것을 재인용.

15 걸음마쟁이도 구제받을 수 있는지를 둘러싸고 논쟁이 벌어졌다. Drixler, *Mabiki*, 54쪽을 보라.

16 쓰네노가 편지에서 구사하는 단어를 보면 이 사실을 알 수 있다. "에도"를 "이도" 로, "마이루(가다)"를 "마에루"로 쓴다. 여성이 글을 쓸 때 사투리를 사용하는 문제 에 관한 논의로는 Yabuta, *Joseishi to shite no kinsei*, 275~91쪽을 보라.

17 Suzuki, *Snow Country Tales*, 13~16, 149, 168쪽.

18 가족은 그를 이자와 고토쿠라고 불렀고, 그는 다카다의 의사였다. Rinsenji monjo #2111을 보라. 쓰네노는 그를 "오빠"라고 불렀다. Rinsenji monjo #1709.

19 Suzuki, *Snow Country Tales*, 13~16쪽.

20 Suzuki, *Snow Country Tales*, 9쪽.

21 *Kubiki sonshi: tsūshi-hen*, 53쪽.

22 *Kubiki sonshi: tsūshi-hen*, 336쪽.

23 Rinsenji monjo #1451, Rinsenji monjo #1452.

24 Wigen, *A Malleable Map*, 93~97쪽; Frumer, *Making Time*, 94~101쪽.

25 Sakuma, ed., *Inō Tadataka Sokuryō nikki*, 69쪽.

26 Inō, "Echigo: Echigo, Tagiri, Takada, Tonami" [map], in *Dai-Nihon enkai yochi zenzu*, vol. 80 (1821), 일본 국립국회도서관 디지털 컬렉션을 통해 접속, http://dl.ndl.go.jp/info:ndljp/pid/1286631?tocOpened=1.

27 Marcon, *The Knowledge of Nature and the Nature of Knowledge in Early Modern Japan*, 256~59쪽.

28 그 나이에 여자아이들이 교육을 받기 시작한 사례로는 Takai, *Tenpōki, shōnen shōjo no kyōyō keisei katei no kenkyū*, 21쪽을 보라. 에치고 지방 사무라이의 딸인 에쓰 이 나가키 스기모토杉本鉞(스기모토 에쓰코)는 "여섯 번째 생일이 지나고 들어가는 학 교"에 관해 이야기한다. Etsu Inagaki Sugimoto, *Daughter of the Samurai*, 17쪽. 여자 아이들의 취학과 교육 전반에 관해서는 Rubinger, *Popular Literacy in Early Modern Japan*, 120~24, 133~36쪽; Kornicki, "Women, Education, and Literacy," in Kornicki, Patessio, and Rowley, eds., *The Female as Subject: Reading and Writing in Early Modern Japan*, 7~38쪽; Corbett, *Cultivating Femininity*, 37~41쪽 등을 보라.

29 Kornicki, "Women, Education, and Literacy," 12쪽.

30 Takai, *Tenpōki, shōnen shōjo no kyōyō keisei katei no kenkyū*, 24~25쪽; Yabuta,

"Nishitani Saku and Her Mother: 'Writing' in the Lives of Edo Period Women," in Kornicki, Patessio, and Rowley, eds., *The Female as Subject*, 141~50쪽.

31 학교 교육에 관해서는 Rubinger, *Popular Literacy in Early Modern Japan*, 127~36쪽을 보라; 다카이는 여학생과 남학생을 모두 받은 기류桐生의 여교사 사례를 보여준다. Takai, *Tenpōki, shōnen shōjo no kyōyō keisei katei no kenkyū*, 20~24쪽. 기유의 아들인 기하쿠(나중 이름은 기엔)는 현지 교사에게 "사서오경"의 가르침을 배우게 된다. Rinsenji monjo #1645.

32 (*Nagashiraji tsukushi*) Takahashi, *Mura no tenaraijuku*, 29~30쪽.

33 이 교과서들은 지방 차원에서 만들어져서 구비키의 학교에는 인근 마을과 산 등의 목록이 담긴 자체적인 『무라나村名』가 있었다. 모든 국의 명칭을 모아 놓은 별도의 독본도 있었다. Koizumi Yoshinaga, "Learning to Read and Write: A Study of Tenaraibon," in Hayek and Horiuchi, eds., *Listen, Copy, Read*, 100; Takahashi, *Mura no tenaraijuku*, 30쪽.

34 신도의 다양한 신과 부처들, 민중종교에서 그들 사이의 관계에 관해서는 Hardacre, *Shintō: A History*, 9장을 보라.

35 다이묘들이 복종을 실천한 것에 관해서는 Roberts, *Performing the Great Peace*를 보라.

36 Takai, *Tenpōki, shōnen shōjo no kyōyō keisei katei no kenkyū*, 31~34쪽.

37 Rinsenji monjo #1521.

38 Rinsenji monjo #1726.

39 Yonemoto, *Problem of Women*, 6쪽.

40 *The Greater Learning for Women*, translated in Chamberlain, *Things Japanese*, 455쪽.

41 "*Onna manzai takarabako*" (1784), in Emori, ed., *Edo jidai josei seikatsu ezu daijiten*, vol. 4, 174쪽.

42 Yabuta, "*Onna daigaku* no naka no 'Chūgoku,'" in Cho and Suda, eds., *Hikakushtikeki ni mita kinsei Nihon*, 141~62쪽.

43 *The Treasure Chest of the Greater Learning for Women*, 저자 소장본.

44 Dalby, *Kimono*, 20~21, 70쪽. Emori, ed., *Edo jidai josei seikatsu ezu daijiten*, vol. 4, 109~14쪽에 실린 지침서 복각판에 나오는 도해들도 보라.

45 자기수양과 여성의 처신에 관한 가르침에 관한 일반적 내용으로는 Yonemoto, *Problem of Women*, 2장(51~92쪽)을, 구체적인 사례는 Sugimoto, *Daughter of the Samurai*, 24쪽; Takai, *Tenpōki, shōnen shōjo no kyōyō keisei katei no kenkyū*, 42~44쪽 등을 보라.

46   Yonemoto, *Problem of Women*, 67쪽에서 재인용.

47   Gordon, *Fabricating Consumers*, 70쪽에서 재인용.

48   "Onna manzai takara bunko" (1784), in Emori, ed., *Edo jidai josei seikatsu ezu daijiten*, vol. 4, 112~13쪽.

49   Guth, "Theorizing the Hari Kuyō."

50   Lindsey, *Fertility and Pleasure*, 82~83, 181~82쪽.

51   Rinsenji monjo #1680.

52   Fujita, "Japan Indianized."

53   Jansen, *China in the Tokugawa World*, 40쪽.

54   Wigen, *The Making of a Japanese Periphery*, 97~98쪽; Morris-Suzuki, *The Technological Transformation of Japan*, 29쪽.

55   Rinsenji monjo #1680.

56   Fujita, "Japan Indianized," 190~91쪽.

57   Frumer, "Translating Time"; Jansen, *China in the Tokugawa World*, 36~37쪽.

58   Screech, *The Lens Within the Heart*, 182~83쪽.

59   Bodart-Bailey, ed., *Kaempfer's Japan*, 29쪽.

60   Spence, *The Search for Modern China*, 131~32쪽.

61   Igler, *The Great Ocean*.

62   Anderson, "Convict Passages in the Indian Ocean."

63   Howell, "Foreign Encounters and Informal Diplomacy in Early Modern Japan," 302쪽.

64   Melville, *Moby-Dick*, 127쪽.

65   Krusenstern, *Voyage Round the World in the Years 1803, 1804, 1805 and 1806*, 210~50쪽.

66   Howell, "Foreign Encounters," 304~8쪽.

67   Miyachi, *Bakumatsu ishin henkaku-shi: jō*, 77~94쪽. 이 주제를 다루는 사이토 요시유키斎藤善之의 미간행 연구에 관해 알려준 앤 월트홀Anne Walthall에게도 감사한다.

68   Keene, *The Japanese Discovery of Europe*, 91~112쪽.

69   Wilson, *Defensive Positions*, 113~21쪽.

70   Shmagin, "Diplomacy and Force, Borders and Borderlands," 100~34쪽.

71   Golownin, *Narrative of My Captivity in Japan*.

72   Igler, *The Great Ocean*, 65쪽.

73   Rediker, *The Slave Ship*, 108쪽에서 재인용한 올라우다 에퀴아노Olaudah Equiano의 말.

74   Rinsenji monjo #1015, Rinsenji monjo #1016.

75   Suzuki, *Snow Country Tales*, 151~52쪽.

76   Suzuki, *Snow Country Tales*, 132쪽.

77   Tsukamoto, *Chiisa na rekishi to ooki na rekishi*, 144쪽.

78   Rinsenji monjo #1072.

79   Rinsenji monjo #935.

80   Rinsenji monjo #859.

81   Iwabuchi, "Edo kinban bushi ga mita 'Edo' to kunimoto," 63쪽.

82   Suzuki, *Snow Country Tales*, 151~52쪽.

83   Takai, *Tenpōki, shōnen shōjo no kyōyō keisei katei no kenkyū*, 61~75쪽.

84   "Aiwatase mōsu issatsu no koto," Kansei 10.7, Hasegawa-ke monjo, Niigata Prefectural Archives.

85   Katakura, "Bakumatsu ishinki no toshi kazoku to joshi rōdō," 87쪽.

86   Saitō, *Shichiyashi no kenkyū*, 155~206쪽.

87   Hayashi, "Kasama jōkamachi ni okeru joseizō," in Kinsei joseishi kenyūkai, ed., *Edo jidai no joseitachi*, 262~66쪽. 몇 달 뒤 스미는 결국 이타바시板橋 역참에서 매춘부가 됐지만, 오빠가 선불금을 지불하고 빼낸 뒤 아사쿠사에 있는 헌 옷 판매상에게 맡겼다.

88   Walthall, "Fille de paysan, épouse de samourai"; Masuda, "Yoshino Michi no shōgai," in *Kinsei* joseishi kenkyūkai, ed., *Edo jidai no joseitachi*, 115~46쪽.

89   Stanley, "Maidservants' Tales."

90   Hubbard, *City Women*, 22쪽에서 재인용.

91   Moring, "Migration, Servanthood, and Assimilation in a New Environment," in Fauve-Chamoux, ed., *Domestic Service and the Formation of European Identity*, 49~50쪽.

92   Maza, *Servants and Masters in Eighteenth-Century France*, 41쪽.

93   Martin, *Enlightened Metropolis*, 249~50쪽.

94   Rinsenji monjo #1716. Rinsenji monjo #1710에서 쓰네노는 비슷한 감정을 거듭 밝히고, 삼촌도 #1697에서 쓰네노가 똑같은 이야기를 했다고 말한다.

2. 시골에서 보낸 반생

1   1831년 고향에 돌아갔을 때 "15년" 동안 결혼생활을 했다는 사실에서 역으로 계산한 연도다. Rinsenji monjo #1777을 보라.

2   Matsuo, *The Narrow Road to Oku*, 19쪽.

3   Cornell, "Why Are There No Spinsters in Japan?"; Walthall, "The Lifecycle of Farm Women."

4   쓰네노의 부모는 자식이 어리다는 걸 인정하면서 나중에 조간지에 그 나이에 딸을 데려가 줘서 고맙다고 말했다. Rinsenji monjo #1777. 인구학자 하야미 아키라速水融는 평균적으로 19세기 중후반에 에치고의 여자들이 19세 무렵에 결혼을 했다고 추정했지만, 북부 지방에서는 18세기 초에 무려 10세의 소녀들도 결혼을 했음을 발견했다. Hayami, "Another Fossa Magna: Proportion Marrying and Age at Marriage in Late Nineteenth-Century Japan."

5   Rinsenji monjo #906.

6   산업화 이전 사회에서는 초경이 늦었다. 이런 사실은 Drixler, *Mabiki*의 여러 가정 가운데 하나다.

7   열네 살짜리 매춘부가 "너무 어리다"고 여겨진 Stanley, *Selling Women*, 6장의 사례를 보라.

8   조간지에 머무르고 있던 쓰네노의 할아버지가 발신자로 된 편지 봉투를 보라. Rinsenji monjo #1978. 실제 내용은 다르다—쓰네노의 오빠인 기린이 보낸 편지였다.

9   Ōishida kyōiku iinkai, *Ōishida chōritsu rekishi minzoku shiryōkan shiryōshū*, vol. 7: *Shūmon ninbetsuchō*.

10   Kikuchi, "Benibana emaki o yomu."

11   Bashō, *The Narrow Road to Oku*, 103쪽.

12   Nishiyama, *Edo Culture*, 105쪽.

13   Nagano, "Nihon *kinsei* nōson ni okeru maskyurinitī no kōchika to jendā."

14   Rinsenji monjo #1767.

15   Rinsenji monjo #1763.

16 Rinsenji monjo #1764.

17 Rinsenji monjo #1939.

18 Kasaya, *Shukun 'oshikome' no kōzō*.

19 Yamakawa, *Women of the Mito Domain*, 184~89쪽.

20 이어지는 이야기 전체는 기유가 쓴 설명에 따른 것이다. "Nairan ichijō." Rinsenji monjo #2758.

21 Rinsenji monjo #2852.

22 Rinsenji monjo #2758.

23 Rinsenji monjo #1823.

24 Rinsenji monjo #1039. 사후死後의 이름에 관해서는 Williams, *The Other Side of Zen*, 26~29쪽을 보라.

25 기유는 첫 번째 결혼에 실패한 직후에 어머니와 기요미가 자기를 헐뜯는다고 불만을 토로했다. Rinsenji monjo #2758.

26 사노의 나이는 Rinsenji monjo #911을 바탕으로 계산했다.

27 Rinsenji monjo #911.

28 Rinsenji monjo #1699; Rinsenji monjo #1725; Rinsenji monjo #1712.

29 Rinsenji monjo #2758.

30 Rinsenji monjo #2049.

31 Rinsenji monjo #2758.

32 Rinsenji monjo #981.

33 Rinsenji monjo #1978.

34 Nagai, *Ōishida chōshi*, 203쪽. 날짜는 덴포 1년 3월 19일이고 "바로 옆에 있는 절"은 조센지다.

35 Seki, "Shihon chakushoku 'Ōishida kashi ezu' ni tsuite," 43~44, 48쪽.

36 Rinsenji monjo #1777.

37 조간지 교구민으로 기입된 인구 대장을 바탕으로 추정한 수치. Ōishida kyōiku iinkai, *Ōishida chōritsu rekishi minzoku shiryōkan shiryōshū*, vol. 7: *Shūmon ninbetsuchō*, 6~13, 36~43쪽.

38 Rinsenji monjo #1777.

39 Kurosu, "Divorce in Early Modern Rural Japan," 126, 135쪽; 이혼이 흔한 일이었다는 점에 관해서는 Kurosu, "Remarriage in a Stem Family System"; Fuess, *Divorce in*

Japan 등도 보라.

40   Kurosu, "Remarriage in a Stem Family System," 432쪽.

41   Rinsenji monjo #1777.

42   Rinsenji monjo #1675; Rinsenji monjo #1674.

43   Lindsey, *Fertility and Pleasure*, 79~88쪽.

44   Risnenji monjo #1694.

45   Rinsenji monjo #1678.

46   Rinsenji monjo #2107.

47   Rinsenji monjo #1678.

48   이 부분의 자세한 내용은 Rinsenji monjo #1675; Rinsenji monjo #1674에 있다.

49   Ehlers, *Give and Take*, 86~89쪽.

50   *Ōshima sonshi*, 774쪽.

51   *Niigata kenshi tsūshi-hen*, vol. 5: kinsei 3, 705쪽.

52   *Ōshima sonshi*, 430, 432쪽.

53   *Ōshima sonshi*, 431쪽.

54   *Ōshima sonshi*, 439쪽.

55   Walthall, "The Lifecycle of Farm Women."

56   농사 계획과 파종 과정에 관해서는 *Kubiki sonshi*, 382~85, 388쪽을 보라.

57   일본 다른 지역의 농가 규모를 계산하는 문제에 관해서는 Smith, *The Agrarian Origins of Modern Japan*을 보라.

58   오시마 지역의 덴포 대기근에 관한 아래의 설명은 다음의 자료를 비롯한 여러 출처의 내용을 짜맞춘 것이다: *Kubiki sonshi*, 439; *Ōshima sonshi*, 417~19쪽; *Niigata kenshi tsūshi* 5: kinsei 3, 17~22쪽; *Jōetsu shishi: tsūshi-hen* 3, kinsei 1, 267~73쪽; and "Kisai tomegaki," Tenpō 9 in *Niigata kenshi shiryō-hen* 6: kinsei 1: *Jōetsu*, 854쪽; and *Matsudai chōshi*, vol. 1, 553~57쪽.

59   *Ōshima sonshi*, 418쪽.

60   "Kisai tomegaki," in *Niigata kenshi shiryō hen*, vol. 5: kinsei 1: *Jōetsu*, 854쪽.

61   *Jōetsu shishi, tsūshi-hen* 3, kinsei 1, 272쪽; Kikuchi, *Nihon no rekishi saigai*, 151쪽 (다 카다를 보여주는 도표).

62   "Kisai tomegaki" in *Niigata kenshi shiryō hen*, vol. 5: kinsei 1: *Jōetsu*, 854쪽.

63 Rinsenji monjo #441.

64 Rinsenji monjo #450.

65 Rinsenji monjo #1737.

66 Janetta, "Famine Mortality in Japan," 431쪽. 통계에는 외부로 나간 이주민도 포함된다. 이 지역은 오늘날의 히다飛騨시다.

67 Kikuchi, *Kinsei no kikin*, 200~5쪽. 여기 나오는 지역은 오늘날의 아키타秋田현이다.

68 *Ōshima sonshi*, 418쪽.

69 *Ōshima sonshi*, 436~437쪽; *Matsudai chōshi jōkan*, 556쪽에 실린 기미의 이야기를 보라.

70 Rinsenji monjo #2109.

71 Yonemoto, "Adoption and the Maintenance of the Early Modern Elite."

72 Rinsenji monjo #1682.

73 Rinsenji monjo #1686.

74 Rinsenji monjo #1674.

75 Rinsenji monjo #1275.

76 Rinsenji monjo #1876.

77 Rinsenji monjo #1876.

78 Gotō, *Essa josei*, 399~402쪽.

79 *Jōetsu shishi*, vol. 3, *kinsei* 1, 132, 141쪽.

80 Rinsenji monjo #1677; Gotō, *Essa josei*, 399~400쪽.

81 Gotō, *Essa josei*, 401쪽. 이 세 번째 결혼과 그 후의 자세한 정황은 Rinsenji monjo #1673에서 볼 수 있다.

82 *Jōetsu shishi tsūshi-hen* 4, 293쪽. 같은 책, 314쪽에 있는 다카다 지도.

83 스기모토 에쓰는 비슷한 설국의 성읍인 나가오카長岡의 겨울을 이런 식으로 묘사했다. *Daughter of the Samurai*, 1~2쪽.

84 Rinsenji monjo #1673.

85 Rinsenji monjo #2049.

86 Rinsenji monjo #1714.

87 Rinsenji monjo #1710과 Rinsenji monjo #2049에서 쓰네노가 홀아비와 결혼할 예

정이라고 말한 점으로 미루어 그런 사정을 알 수 있다. 사실 쓰네노가 첫 번째 결혼에 실패했을 때 원래 기유가 이런 계획을 세웠었다. Rinsenji monjo #1777.

88 Rinsenji monjo #1710.

89 *kanado*, Rinsenji monjo #1710.

90 Rinsenji monjo #1697.

91 Rinsenji monjo #1716.

92 Rinsenji monjo #1704.

93 Rinsenji monjo #2096.

94 Rinsenji monjo #2049.

95 기유는 지칸이 9월 22일에 린센지를 찾아왔다고 썼는데, 쓰네노는 이틀 뒤에 집을 나섰다. Rinsenji monjo #1726.

96 Rinsenji monjo #1716.

97 Rinsenji monjo #1716.

---

3. 에도로

1 쓰네노가 다카다에서 보낸 마지막 날의 재구성은 그녀가 보낸 편지들, 특히 Rinsenji monjo #1700과 Rinsenji monjo #1716에서 따온 것이다.

2 Rinsenji monjo #2758.

3 Rinsenji monjo #2758.

4 *Ōshima sonshi*, 452~53쪽.

5 Rinsenji monjo #1700.

6 Rinsenji monjo #1711.

7 Rinsenji monjo #1716.

8 Vaporis, *Breaking Barriers*, 122~23쪽; Asakura, "Kinsei ni okeru onna tegata no hatsugyō to Takada-han," 193쪽; Shiba, *Kinsei onna tabi nikki*, 102~4쪽. 검문소關所(세키쇼) 체계의 논리와 역사에 관해서는 Vaporis, *Breaking Barriers*, 99~134쪽을 보라.

9 온천에서 병을 치료하고 절을 방문하는 것이 통행증을 받는 두 가지 흔한 이유였다. Vaporis, *Breaking Barriers*, 121쪽; Asakura, "Kinsei ni okeru onna tegata," 193쪽.

10 이 관문을 통과한 경험에 관해서는 Kanamori, *Sekisho nuke: Edo no onnatachi no bōken*, 89~97쪽을 보라.

11 Shiba, *Kinsei onna tabi nikki*, 111쪽.

12 Shiba, *Kinsei onna tabi nikki*, 111~12쪽; Vaporis, *Breaking Barriers*, 190~91쪽.

13 Haga, *Edo jōhōbunkashi kenkyū*, 85쪽. Moriyama, *Crossing Boundaries in Tokugawa Society*, 23쪽에서 재인용.

14 Kitahara, *Hyakuman toshi Edo no seikatsu*, 46~47쪽.

15 작은아버지의 편지에서 재인용한 쓰네노의 말. Rinsenji monjo #1697.

16 Rinsenji monjo #1710.

17 고칸強姦이나 '오시테후기押して不義' 같은 용어는 둘 다 강제를 함축한다. Stanley, "Adultery, Punishment, and Reconciliation."

18 Tōkyō-to Itabashi-ku, ed., *Itabashi kushi*, 368~72쪽.

19 "Shubiki-uchi" in *Kokushi daijiten*. "Edo no han'i"도 보라. Tokyo Metropolitan Archives(도쿄도 공문서관), http://www.soumu.metro.tokyo.jp/01soumu/archives/0712edo_hanni.htm. "에도 슈비키 지도江戸朱引図"(1818)는 도쿄도 공문서관에 소장되어 있다.

20 Saitō, *Edo meisho zue*에 실린 일러스트레이션을 보라. 약간 지친 역참의 분위기에 관해서는 *Itabashi kushi*, 328~29쪽을 보라.

21 *Itabashi kushi*, 366~67쪽; Kikuchi, *Nihon no rekishi saigai*, 147쪽.

22 Fujiya, *Bansei on-Edo ezu* [map], 1854를 보라. Kodama, *Fukugen Ōedo jōhō chizu*, 16~17, 32~33, 46~47, 58쪽에 있는 나카센도 경로도 보라.

23 요시다는 한 외딴 초町의 인구 등록부를 검토하면서 대부분이 농부거나 농산물 판매상임을 발견한다. Yoshida, *Dentō toshi Edo*, 114쪽.

24 당시에 저택에는 붉은색 문이 세 개 있었다. 가장 큰 문은 1827년에 세워진 것이었는데, 나중에 도쿄대학교 정문인 도다이 아카몬東大 赤門이라는 이름을 얻었다. Miyazaki, *Daimyō yashiki to Edo iseki*, 15쪽.

25 Vaporis, *Tour of Duty*, 158쪽; "Nezumi kozō," *Kokushi daijiten*.

26 Miyazaki, *Daimyō yashiki to Edo iseki*, 19~20쪽; Yoshida, *Toshi Edo ni ikiru*, 104쪽.

27 마에다 나리나가前田斉広(1782~1824)의 부인으로 쓰네노 시절에는 마에다 가의 미망인이었던 신류인真龍院(1787~1870)의 문집을 보라. 이 문집은 이시카와현 가나자와 시 겐로쿠엔兼六園에 있는 세이손가쿠成巽閣에 보관되어 있다.

28 Isoda, *Bushi no kakeibō*, 41~44쪽.

29   Takeuchi, *Edo shakashi no kenkyū*, 62~74쪽.

30   Groemer, *Street Performers and Society*, 276쪽.

31   Utagawa, *Kanda Matsuri dashizukushi* (1859).

32   이 날을 비롯해서 특정한 날짜에 에도의 날씨에 관한 정보는 모두 *Saitō Gesshin nikki*나 *Fujiokaya nikki*에서 따온 것이다.

33   Yoshida, *Toshi Edo ni ikiru*, 222~24쪽.

34   Saitō, *Edo meisho zue*.

35   화재의 문화에 관해서는 Wills, "Fires and Fights"를 보라.

36   Chiyoda-ku, ed., *Chiyoda kushi*, vol. 1, 650~51쪽.

37   Shimizu, "Eating Edo," 54쪽.

38   *Fujiokaya nikki*, vol. 1, 114쪽.

39   Shimizu, "Eating Edo."

40   Fujita, *Tōyama Kinshirō no jidai*, 152쪽.

41   "Shinban Ō-Edo mochimaru chōja kagami" (1846).

42   미카와초三河町에는 이치베이라는 이름을 가진 호주가 있는데, 덴포 12년에 쇼군의 관리들이 집계한 사치품 거래상 목록에 등장한다. *Shichū torishimari ruishū*, vol. 1, 280쪽.

43   Nakagawa and Hanasaka, eds., *Edo kaimono hitori annai*, 44, 66, 127, 145, 204, 220쪽. 미카와초의 첫 번째 블록에 사는 다른 두 사치품 거래상이 덴포 12년의 목록에 등장하는데, 소베이라는 지주와 긴베이라는 임대업자다. Tōkyō Daigaku Shiryō Hensanjo, ed., *Shichū torishimari ruishū*, vol. 1, 263, 292쪽.

44   "Minagawa-chō" in *Nihon rekishi chimei taikei*.

45   린센지와 서신을 교환하는 사람들도 헷갈렸다. 예를 들어 Rinsenji monjo #1697; Rinsenji monjo #1698 등을 보라.

46   야스고로는 소하치의 아버지가 에치고에 산다고 언급했다. Rinsenji monjo #1698. 쓰네노는 소하치가 쌀집(쓰키고메야搗米屋)을 운영한다고 썼다. Rinsenji monjo #1711.

47   쌀가게에서 이루어지는 노동에 관해서는 Katakura, *Tenmei no Edo uchikowashi*, 115~16쪽을 보라.

48   Katakura, *Tenmei no Edo uchikowashi*, 11, 14~15쪽.

49   Garrioch, "The Everyday Lives of Parisian Women and the October Days of 1789."

50 Walthall, "The Edo Riots," in McClain, Merriman, and Ugawa, eds., *Edo and Paris*, 417~19쪽.

51 Katō, "Governing Edo," in McClain, Merriman, and Ugawa, eds., *Edo and Paris*, 62~63쪽.

52 Fujita, *Tōyama Kinshirō no jidai*, 203쪽.

53 덴포 대기근 시절에 세 차례의 주요한 소요의 물결이 일었는데, 그때마다 엘리트 대상인 집안이 자선 기부를 내놓았다. Yoshida, *Kinsei kyodai toshi no shakai kōzō*, 207~19쪽.

54 Yoshida, *Kinsei kyodai toshi no shakai kōzō*, 19~24쪽.

55 쓰네노가 도착하고 몇 주 뒤에 상황이 다시 평상시로 돌아갔다. *Edo machibure shūsei*, vol. 13, 325~26쪽.

56 Yoshida, *Kinsei kyodai toshi no shakai kōzō*, 208쪽.

57 *Fujiokaya nikki*, vol. 1, 114쪽. 에도 사람들은 쌀값을 일정량의 쌀을 사는 데 얼마나 많은 돈이 필요한지가 아니라 일정량의 돈으로 얼마나 많은 쌀을 살 수 있는지라는 좀 더 실용적이고 쌀값을 압박하는 잣대로 가늠했다. 이 수치는 행상인이 하루에 400문 정도를 벌었다는 미타무라 엔교三田村鳶魚의 가정을 바탕으로 계산한 것이다. Mega, *Buke ni totsuida josei no tegami*, 163쪽의 논의를 보라.

58 *Fujiokaya nikki*, vol. 1, 118쪽.

59 Rinsenji monjo #1697.

60 이 내용은 모두 Iwabuchi, "Edo kinban bushi ga mita 'Edo' to kunimoto"에 묘사된 행동이다.

61 Shimizu, "Eating Edo," 115~17쪽.

62 *Saitō Gesshin nikki*, vol. 1, 189쪽.

63 *Fujiokaya nikki*, vol. 1, 114쪽.

64 Rinsenji monjo #1716.

4. 셋방에서 보이는 풍경

1 가령 Katakura, *Edo jūtaku jijō*, 20, 23, 27쪽에 있는 조町 도면(마치야시키町屋敷 가카에야시키抱え屋敷)을 보라. 직각을 이루는 좁은 골목과 화장실, 우물의 위치 등이 보인다. 쓰네노의 동네가 있는 미카와초 네 번째 블록의 지도를 보면, 20여 개 셋집에 야외 변소 4개가 있는데, 이 지역이 건폐율이 높다는 걸 알 수 있다(23~25쪽).

Sasama, *Ō-Edo fukugen zukan: shomin-hen*에서 일러스트레이션으로 재구성한 지도와 Shikitei Sanba, *Ukiyodoko* (1813-1814), in Gaubatz, "Urban Fictions of Early Modern Japan," 207쪽에 실린 골목 문의 그림도 보라.

2　　Tsukamoto, "Kariya ukenin."

3　　관리인의 이름과 쓰네노가 그의 방에 살았던 날짜에 관해서는 Rinsenji monjo #1699를 보라.

4　　Nishizaka, "Yamori."

5　　널리 불린 민요의 한 소절은 다음과 같다. "어버이(야모리家守, 관리인)는 부모와 같고, 세입자(다나코店子)는 자식과 같나니." Sasama, *Ō-Edo fukugen zukan: shomin-hen*, 52쪽.

6　　Rinsenji monjo #1715.

7　　쓰네노는 이를 산조시키三畳式(다다미 석 장)라고 불렀다. Rinsenji monjo #1716. 나중에 산조 야시키三畳屋敷(다다미 석 장 집)는 빈민들이 사는 집을 가리키는 도쿄의 속어가 된다.

8　　Shikitei Sanba, *Ukiyodoko* (1813-1814), translated in Gaubatz, 미간행 원고.

9　　모퉁이에 있는 셋방도 있었지만, 바로 들어가 살 수 있는 다다미 세 장짜리 싼 방은 그런 방이 아니었다.

10　　Sasama, *Ō-Edo fukugen zukan: shomin-hen*, 55쪽에 나오는 전형적인 셋방 부엌 그림을 보라.

11　　Rinsenji monjo #1716.

12　　이들 대부분은 메이지 시대의 미카와초 인구 기록에 언급되는 직종이다. Katakura, *Edo jūtaku jijō*, 25쪽. Yoshida, *Dentō toshi Edo*, 113~14쪽에 나오는, 다른 두 동네의 우라다나裏店(뒷골목 셋방) 세입자들의 직종 목록을 보라.

13　　에도 시대의 소설, 특히 시키테이 산바의 작품은 이런 상상 속 대화들로 가득하다. Jones and Watanabe, eds., *An Edo Anthology*, 349~63쪽에 실린, 조엘 콘Joel Cohn이 경이롭게 번역한 『인간만사 그저 거짓일 뿐人間万事虚誕計』의 일부를 보라.

14　　Teeuwen and Nakai, eds., *Lust, Commerce, and Corruption*, 365쪽.

15　　이 수치 역시 메이지 시대 미카와초 네 번째 블록의 인구 기록을 바탕으로 한 추정치다. Katakura, *Edo jūtaku jijō*, 25쪽.

16　　Yoshida, *Dentō toshi no Edo*, 253~54쪽; Minami, *Edo no machi bugyō*, 162쪽.

17　　Rinsenji monjo #1705.

18　　Rinsenji monjo #1706.

19 Rinsenji monjo #1706.

20 Rinsenji monjo #1707.

21 Rinsenji monjo #1707.

22 Rinsenji monjo #1716.

23 덴포 14년의 환율로 계산해 보면 금전 한 푼은 1,575문에 해당한다. Isoda, *Bushi no kakeibō*, 55쪽. 행상 한 명이 하루에 4~500문 정도 수익을 올렸다(Mega Atsuko, *Buke ni totsuida josei no tegami*, 163쪽). 한 푼은 또한 에치고의 계절노동자들이 숙식을 제공받고 겨울 3개월을 에도에서 일한 뒤 집에 가지고 가는 급여였다. Kishii, *Edo no higoyomi*, vol. 2, 178쪽. 덴포 14년에 에도에서 옷을 전당포에 잡히고 받는 돈으로 계산해 보면 겉옷 한 벌이 한 푼보다 비쌌다. Isoda, *Bushi no kakeibō*, 63쪽.

24 점원의 수에 관해서는 Nishizaka, *Mitsui Echigoya hōkōnin no kenkyū*, 39쪽에 있는 도표; Yoshida, *Kinsei kyodai toshi no shakai kōzō*, 232쪽 등을, 비슷한 상점에서 일하는 점원들의 생활상에 관해서는 Aburai, *Edo hōkōnin no kokoroechō*; Sakurai, "Perpetual Dependency"를 보라.

25 니혼바시의 거리 풍경에 관해서는 Asano and Yoshida, eds., *Ōedo Nihonbashi emaki ezu: 'Kidai shōran' no sekai*에서 소개하는 19세기 초의 두루마리 그림인 "기다이쇼란熙代勝覽"을 보라.

26 Yoshida, *Dentō toshi Edo*, 261~63쪽.

27 Teeuwen and Nakai, eds., *Lust, Commerce, and Corruption*, 164쪽.

28 Fujioto, ed., *Tsukiji Betsuin-shi*, 206쪽.

29 기유는 쓰네노가 이 절을 찾아갔다는 걸 안 뒤에 엔쇼지에 편지를 보냈는데, 이는 소개장이 아니라 일반적인 서신 교환의 일부였던 것으로 보인다. Rinsenji monjo #1714.

30 "Jikkenchō," in *Nihon rekishi chimei taikei*, JapanKnowledge를 통해 접속. https://japanknowledge.com/library/.

31 Rinsenji monjo #1697.

32 Rinsenji monjo #1697.

33 Rinsenji monjo #1697.

34 쓰네노가 10월 10일에 미나가와초에서 쓴 편지는 4주 만에 배달되었다. 기유가 11월 9일자로 쓴 답장(Rinsenji monjo #1726)에서 편지를 받았다고 말하기 때문이다.

35 Suzuki, *Snow Country Tales*, 198쪽. 번역을 하면서 일본식 음력 날짜를 서양식 양력

으로 바꾸었다.

36   Rinsenji monjo #1726.

37   Rinsenji monjo #1700.

38   Rinsenji monjo #1701. 쓰네노가 고토쿠와 규하치로 작은아버지를 비롯한 다른 사람들에게 보낸 편지가 린센지 문서 수집품에 남게 된 이유는 이 때문이다.

39   예를 들어 자신의 첫 번째 결혼에 관해 쓴 Rinsenji monjo #2758나 쓰네노가 에치고를 두 번째로 떠난 일에 관한 Rinsenji monjo #939를 보라.

40   Rinsenji monjo #1714.

41   Rinsenji monjo #1674.

42   Rinsenji monjo #1673.

43   Rinsenji monjo #1165.

44   Rinsenji monjo #1726. 며칠 뒤 덴파치는 고야스 마을에 있는 지엔지로 심부름꾼을 보냈다. 지칸이 자기가 속해 있다고 말한 절에 그의 전력을 알아보라고 보낸 것이었다. 지칸이 말한 대로 그 절 소속임을 알아낸 게 분명하다. 그 후로는 지칸의 정체에 관한 문제가 다시 거론되지 않기 때문이다.

45   나중에 히로스케에게 보내는 편지에서 이런 사정을 설명했다. Rinsenji monjo #1722.

46   Rinsenji monjo #1726.

47   Rinsenji monjo #1718. 쓰네노는 고모부나 그의 가족을 이름으로 부르는 대신 그 집안 전체를 "쓰키지"라고 지칭했다. 사람들을 주거지로 지칭하는 것은 쓰네노와 관련된 모든 편지에서 습관적으로 나타난다. 기유와 편지를 교환하는 사람들은 그를 린센지라고 불렀고, 모두들 쓰네노의 작은아버지 규하치로 가족을 "새집"이나 마을 이름인 "이무로"로 지칭했다. 쓰네노는 자신이 쓴 몇몇 편지에 "간다에서 쓰네노가"라고 서명했고, 많은 이들이 소하치를 언급할 때 "간다"라고 썼다.

48   Rinsenji monjo #1699.

49   Rinsenji monjo #1708.

50   Yonemoto, *The Problem of Women in Early Modern Japan*, 81쪽.

51   Rinsenji monjo #1708.

52   Rinsenji monjo #1716.

53   Rinsenji monjo #1716.

54   Rinsenji monjo #1707.

55 Rinsenji monjo #1698.

56 Rinsenji monjo #1698.

5. 사무라이의 겨울

1 Suzuki, *Snow Country Tales*, 128쪽.

2 Rinsenji monjo #1718.

3 Iwabuchi, "Edo kinban bushi ga mita 'Edo' to kunimoto"와 Constantine Vaporis, *Tour of Duty*, 6장의 논의를 보라.

4 Ferguson, *Empire: How Britain Made the Modern World*, 138쪽.

5 Chiyoda-ku, ed., *Shinpen Chiyoda kushi: tsūshi-hen*, 435쪽.

6 Totman, *Politics in the Tokugawa Bakufu*, 139, 152쪽.

7 Ujiie, *Hatamoto gokenin: odoroki no bakushin shakai no shinjitsu*, 94쪽.

8 Teeuwen and Nakai, eds., *Lust, Commerce and Corruption*, 246쪽.

9 Mega, *Buke ni totsuida josei no tegami*, 50쪽.

10 Fukasawa, *Hatamoto fujin ga mita Edo no tasogare*, 34~35쪽.

11 Fukasawa, *Hatamoto fujin ga mita Edo no tasogare*, 37쪽.

12 Fukasawa, *Hatamoto fujin ga mita Edo no tasogare*, 20쪽.

13 간세이 10년을 기준으로 계산한 수치다(1798). Ogawa, *Tokugawa bakufu no shōshin seido*, 29쪽을 보라.

14 Mega, *Buke ni totsuida josei no tegami*, 53쪽. 돈은 금화 한 냥의 60분의 1에 해당한다.

15 Ujiie, *Hatamoto gokenin*, 96쪽.

16 Takiguchi, "Kashin yashiki to Edo shakai," 80쪽.

17 Totman, *Politics in the Tokugawa Bakufu*, 141~52쪽.

18 Ujiie, *Hatamoto gokenin*, 96쪽.

19 Ujiie, *Hatamoto gokenin*, 107~8쪽.

20 Miyamoto, "Kakushi baijo to hatamoto keiei."

21 Ujiie, *Hatamoto gokenin*, 51~53쪽.

22 Katsu, *Musui's Story*; Ōguchi, "The Reality Behind *Musui Dokugen*: The World of the *Hatamoto* and *Gokenin*."

23 Katsu, *Musui's Story*, 156쪽.

24 마쓰다이라의 신분과 수입에 관한 이하의 정보는 Ogawa, ed., *Kansei-fu ikō hatamoto-ke hyakka jiten*, vol. 5, 2574쪽에서 가져온 것이다.

25 Mega Atsuko, *Buke ni totsuida josei no tegami*, 50쪽의 계산을 기준으로 환산함.

26 Walthall, "Hiding the Shoguns."

27 Fukasawa, *Hatamoto fujin ga mita Edo no tasogare*, 199~200쪽.

28 Sasama, *Fukugen Edo seikatsu zukan*, 46~47쪽; Vaporis, *Tour of Duty*, 7쪽.

29 Fukai, *Zukai Edojō o yomu*, 22~25쪽; Sasama, *Fukugen Edo seikatsu zukan*, 25~27쪽.

30 Ujiie, *Hatamoto gokenin*, 23~30쪽.

31 Tokyo Metropolitan Archives, "Edojō no fuyu shitaku: hibachi."

32 Ogawa, *Edojō no toire*, 27~31쪽.

33 Tokyo Metropolitan Archives, "Edo jidai no zumen o yomu (2): toire no iroiro."

34 *Edo kiriezu* (1849-1862)의 "스루가다이" 지도에 표시되어 있음.

35 *Shinpen Chiyoda kushi: tsūshi-hen*, 451~52쪽.

36 *Shinpen Chiyoda kushi: tsūshi-hen*, 434쪽.

37 *Shinpen Chiyoda kushi: tsūshi-hen*, 495쪽.

38 *Shinpen Chiyoda kushi: tsūshi-hen*, 459쪽.

39 Hirai, ed., *Zusetsu Edo 2: daimyō to hatamoto no kurashi*, 68~69쪽에 있는 사례들에서 가져온 공간에 관한 설명.

40 Yoshida, *Kinsei no ie to josei*, 158, 170~73쪽.

41 Rinsenji monjo #1716.

42 Yoshida, *Kinsei no ie to josei*, 173~74쪽.

43 덴포 시대에 하타모토 집안의 하녀가 받는 표준 급여였던 것 같다. 하타모토의 부인인 이토 마키伊藤万喜가 하녀에게 준 급여도 정확히 같은 액수였다. Mega, *Buke ni totsuida josei no tegami*, 50쪽.

44 Rinsenji monjo #1716.

45 Tōkyō Daigaku Shiryō Hensanjo, ed., *Shichū torishimari ruishū*, vol. 1, 270쪽.

46 Saitō, *Shōka no sekai, uradana no sekai*, 71쪽.

47 *Edo machibure shūsei*, vol. 13, 304~5쪽.

48 *Saitō Gesshin nikki*, 198쪽; *Fujiokaya nikki*, vol. 2, 119쪽.

1 에도 새해의 다양한 관습에 관한 설명은 Kishii, *Edo no higoyomi: jō*, 28~85쪽에서 가져온 것이다.

2 Asaoka, *Furugi*, 49쪽.

3 Rinsenji monjo #1699.

4 "Sumiyoshi-chō" in *Nihon rekishi chimei taikei*. 몇몇 배우는 다른 동네에 자기 상점을 갖고 있었다. Taguchi, *Edo jidai no kabuki yakusha*, 233~38쪽을 보라.

5 Rinsenji monjo #1699.

6 쓰네노의 주인이 주조소와 어떤 관계가 있었을 수 있다. 쓰네노는 주인을 "긴자銀座 [원래 긴자는 1612년에 은화 주조소가 생기면서 붙은 명칭이다.-옮긴이] 출신 주인"이라고 불렀다. 다만 이때 "긴자"는 니혼바시 근처에 있는 동네를 가리키는 의미였다. 쓰네노 시절에 은화 주조소는 스미요시초 바로 옆에 있었다. 다이코쿠 조제에 관해서는 "Daikoku Jōze" in *Kokushi daijiten*을 보라.

7 Rinsenji monjo #1699.

8 Rinsenji monjo #2049.

9 Rinsenji monjo #1710.

10 Rinsenji monjo #1699.

11 Teeuwen and Nakai, eds., *Lust, Commerce, and Corruption*, 336쪽.

12 은화 10~20몬메는 금화 한 냥의 4분의 1에서 3분의 1에 해당하는 액수였다. Taguchi, *Edo jidai no kabuki yakusha*, 67~69쪽.

13 Shimazaki, *Edo Kabuki in Transition*, 89쪽.

14 Yoshida, *Mibunteki shūen to shakai*, 125쪽.

15 Teeuwen and Nakai, eds., *Lust, Commerce, and Corruption*, 336쪽.

16 가부키를 둘러싼 인쇄 매체에 관한 이 구절은 Shimazaki, *Edo Kabuki in Transition*에서 가져온 것이다.

17 가장 최근의 한시로, 그러니까 5대 한시로의 아들인 6대 한시로는 1837년에 세상을 떠났다. 한시로 배우들과 팜파탈적 인물에 관해서는 Durham, "The Scandalous Love of Osome and Hisamitsu," 64~66쪽을 보라. 쓰네노는 "한시로"가 그 가부키 배우를 가리킨다고 분명히 밝히지 않지만, 여기서는 한시로 혈족이 스미요시초에 토지를 갖고 있었다는 사실에 근거해서 둘을 연관 짓는다. 8대 이와이 한시로가 1829년에 그곳에서 태어났다. Nojima, *Kabuki jinmei jiten*, 143쪽.

18 Tōkyō Daigaku Shiryō Hensanjo, ed., *Shichū torishimari ruishū*, vol. 1, 44쪽.

19 "Hanshirō geta" in *Nihon kokugo daijiten*.

20 Rinsenji monjo #1699.

21 Ihara, *Kinsei nihon engekishi*, 470쪽.

22 Rinsenji monjo #1699.

23 Yoshida, *Dentō toshi Edo*, 274~76쪽.

24 Terado Seiken, "An Account of the Prosperity of Edo" (*Edo hanjōki*), trans. Andrew Markus, in Jones, ed., *An Edo Anthology*, 491쪽.

25 Nishiyama, *Edo Culture*, 171쪽.

26 Nishiyama, *Edo Culture*, 167~69쪽.

27 Rath, *Food and Fantasy in Early Modern Japan*, 176~78쪽; Nishiyama, *Edo Culture*, 150쪽.

28 Clark, "What is Ukiyo-e Painting?"

29 Rinsenji monjo #1699.

30 Corbett, *Cultivating Femininity*, 98~121쪽.

31 Rinsenji monjo #1699.

32 Ogawa Kendō, *Chirizuka dan* (1814). *Edo fūzoku shi*, 57쪽에서 재인용.

33 Harada, *Edo no shoku seikatsu*, 27쪽.

34 Shiga Shinobu, "Sanseiroku kōhen" (1856), vol. 1, folio 13, in *Edo jidai josei bunkō*, vol. 52.

35 Kikuchi, *Edo oshare zue*, 102~3쪽. Teeuwen and Nakai, eds., *Lust, Commerce, and Corruption*, 336쪽에서 부요 인시는 다른 사례들을 언급한다.

36 "Hanshirō kanoko" in *Nihon kokugo daijiten*.

37 연극 제작 날짜에 관해서는 Unknown artist, "Tsuji banzuke for Ume saku ya wakakiba Soga at the Kawarazaki Theater," Tenpō 11.1을; 인쇄물에 관해서는 Utagawa Kunisada, "Onoe Kikugorō no Omatsuri Sashichi, Onoe Eizaburō no Geisha Koito," Tenpō 11을 보라. 이따금 나중에 장면이 추가되었기 때문에 이 인쇄물은 연극이 처음 제작되고 나서 나왔을 수도 있다.

38 예를 들어 Isoda, *Bushi no kakeibō*, 63쪽을 보라.

39 Yoshida, *Dentō toshi no Edo*, 259~60쪽.

40 "Tomizawa-chō" in *Nihon rekishi chimei taikei*; Sugimori, "Furugi no shōnin."

41 Yoshida, *Dentō toshi no Edo*, 258~59쪽.

42 Rinsenji monjo #1716.

43 Rinsenji monjo #1699.

44 *Fujiokaya nikki*, vol. 2, 136쪽; *Edo machibure shū*, vol. 13, 182쪽.

45 Teeuwen and Nakai, eds., *Lust, Commerce, and Corruption*, 303쪽.

46 Makihara, *Bunmeikoku o mezashite*, 14~16쪽.

47 죄인에게 문신을 새기는 막부의 관행에 관해서는 Botsman, *Punishment and Power*, 27쪽을 보라.

48 Maruyama, *Edo no kimono to iseikatsu*, 65쪽.

49 Taguchi, *Edo jidai no kabuki yakusha*, 213~14쪽. Yoshida, ed., *Edo kabuki hōrei shūsei*, 347~48쪽에서 이 일화에 관한 논의를 보라.

50 Tōkyō Daigaku Shiryō Hensanjo, ed., *Shichū torishimari ruishū*, vol. 1, 229쪽; Fujita, *Toyama Kinshirō no jidai*, 81쪽. 또 다른 기록에서는 가부키 극장들이 금실, 은실로 된 의상에 투자하는 대신 낡은 의상을 개조한다고 같은 의견을 밝혔다. *Shichū torishimari ruishū*, vol. 1, 220쪽.

51 Markus, "The Carnival of Edo."

52 Fukasawa, *Hatamoto fujin ga mita Edo no tasogare*, 64~66쪽.

53 Shimazaki, *Edo Kabuki in Transition*, 226~27쪽.

54 *Juami hikki* c. 1840. Shimazaki, *Edo Kabuki in Transition*, 101쪽에서 재인용.

55 Shimazaki, *Edo Kabuki in Transition*, 111~19쪽의 논의를 보라.

56 Rinsenji monjo #1698.

57 Rinsenji monjo #1710에서 쓰네노가 언급하는 내용이다.

58 Rinsenji monjo #1715.

59 Rinsenji monjo #1717.

60 Rinsenji monjo #1699.

61 Rinsenji monjo #1710.

62 *Edo machibure shū*, vol. 13, 329~37쪽.

63 Fukasawa, *Hatamoto fujin ga mita Edo no tasogare*, 57~59쪽.

64 Rinsenji monjo #2049.

65 Rinsenji monjo #2049.

66   Botsman, *Punishment and Power*, 75~77쪽.

67   Yoshida, "Hitoyado."

68   Rinsenji monjo #2049.

69   Rinsenji monjo #2049.

70   Rinsenji monjo #2049.

71   Rinsenji monjo #1710.

72   Rinsenji monjo #2049.

73   Rinsenji monjo #2049.

74   Rinsenji monjo #1722.

75   Rinsenji monjo #1722.

76   Rinsenji monjo #1722.

77   Williams, *The Other Side of Zen*, 50~58, 125~28쪽.

78   Utagawa Kunisada I, *Actors Sawamura Tosshō I as Takeda Katsuyori, Iwai Shijaku I as Emon no Mae, and Iwai Tojaku I as Streetwalker Okimi, and Ichiwa Ebizō V as Boatman Sangorō*; Utagawa Kuniyoshi, *Actors Ichikawa Ebizō V as Yokozō, Iwai Tojaku I as Kansuke's Mother Miyuki, and Sawamura Tosshō I as Jihizō*.

79   가부키 분장에 관한 이 부분의 묘사는 Nagatani, *Kabuki no keshō*에서 가져온 것이다.

80   Utagawa Kunisada I, *Memorial Portrait of Actor Iwai Tojaku I, with Iwai Kumesaburō III*. 이런 생각을 알려준 사토코 시마자키에게 감사한다.

81   Yoshida, *Nijūisseki no Edo*, 89~91쪽.

82   Rinsenji monjo #1723. 한편 개인 기록에서는 평생 동안 동생을 쓰네노라고 지칭했다.

7. 집에서 벌어지는 문제들

1   에도 시대 오사카의 인구 규모에 관해서는 논란이 많다. Yabuta, *Bushi no machi Ōsaka*, 1~28쪽을 보라.

2   Bolitho, "The Tempō Crisis," in *The Cambridge History of Japan*, vol. 5: *The Nineteenth Century*, ed. Marius Jansen, 8~9쪽; Jansen, *The Making of Modern Japan*, 248~51쪽; Najita, "Ōshio Heihachirō."

3 Fujita, *Tenpō no kaikaku*, 19~20쪽.

4 Platt, *Imperial Twilight*, xⅧ쪽.

5 중국이라는 복잡한 장소와 중국의 지식, "중국 물건"에 관해서는 Jansen, *China in the Tokugawa World*와 Suzuki, "The Making of Tōjin"을 보라.

6 Platt, *Imperial Twilight*, 350~81쪽.

7 중국과 영국이 충돌하고 있다는 소식은 마침내 1840년에 네덜란드 선박을 통해 일본에 전해졌다. Fujita, *Tenpō no kaikaku*, 186쪽.

8 Platt, *Imperial Twilight*, 412, 421~22쪽.

9 Fujita, *Tenpō no kaikaku*, 185~94쪽.

10 Walthall, *The Weak Body of a Useless Woman*; William Steele, *Alternative Narratives in Modern Japanese History*, 32~60쪽.

11 Fukasawa, *Hatamoto fujin ga mita Edo no tasogare*, 168~69쪽.

12 Fukasawa, *Hatamoto fujin ga mita Edo no tasogare*, 170쪽.

13 Fukasawa, *Hatamoto fujin ga mita Edo no tasogare*, 170쪽. 평민 동장은 7일 동안 면도가 금지되었다. Tōkyō komonjo-kan, ed., *Edo: 1838-1841*, 12쪽.

14 Rinsenji monjo #2054.

15 Rinsenji monjo #1723.

16 Rinsenji monjo #1723.

17 Rinsenji monjo #2054.

18 Rinsenji monjo #2064.

19 Rinsenji monjo #1699.

20 Rinsenji monjo #1712.

21 Rinsenji monjo #1713.

22 *Edo machibure shū*, vol. 13, 380쪽.

23 *Edo machibure shū*, vol. 13, 381쪽.

24 *Fujiokaya nikki*, vol. 2, 200쪽; *Edo machibure shū*, vol. 14, 392쪽.

25 *Edo machibure shū*, vol. 14, 404쪽.

26 Bolitho, "The Tempō Crisis," 40~41쪽.

27 *Fujiokaya nikki*, vol. 2, 193쪽.

28 Rinsenji monjo #2047.

29 Hall, *Tanuma Okitsugu*, 133~35쪽.

30 Rinsenji monjo #2042.

31 Rinsenji monjo #1674.

32 Rinsenji monjo #2064.

33 Rinsenji monjo #2067.

34 *Shichū torishimari ruishū*, vol. 1, 215쪽.

35 Yoshida, ed., *Edo kabuki hōrei shūsei*, 356쪽.

36 Fukasawa, *Hatamoto fujin ga mito Edo no tasogare*, 55쪽.

37 *Fujiokaya nikki*, vol. 2, 216쪽.

38 Yoshida, ed., *Edo kabuki hōrei shūsei*, 354쪽; *STR*, vol. 1, 239쪽.

39 Yoshida, ed., *Edo kabuki hōrei shūsei*, 353쪽.

40 Pflugfelder, *Cartographies of Desire*, 155~157쪽.

41 Yoshida, ed., *Edo kabuki hōrei shūsei*, 373~77쪽.

42 *Fujiokaya nikki*, vol. 2, 222~23쪽.

43 *Fujiokaya nikki*, vol. 2, 228쪽.

44 *Edo machibure shū*, vol. 14, 30~31쪽.

45 *Edo machibure shū*, vol. 14, 71~72쪽.

46 *Fujiokaya nikki*, vol. 2, 260쪽.

47 Katakura, *Ōedo happyaku hatchō to machi nanushi*, 199~200쪽.

48 *Fujiokaya nikki*, vol. 2, 231쪽.

49 Rinsenji monjo #2059.

50 Rinsenji monjo #2063.

51 Rinsenji monjo #2051.

52 Rinsenji monjo #2051.

53 Rinsenji monjo #2051.

54 Rinsenji monjo #2051.

55 Rinsenji monjo #2051.

56 *Shichū torishimari ruishū*, vol. 1, 306~7쪽.

57 *Shichū torishimari ruishū*, vol. 1, 318쪽.

58   Rinsenji monjo #2051.

59   Rinsenji monjo #2051.

60   Fuess, *Divorce in Japan*, 78~79쪽.

61   Fujita, *Tenpō no kaikaku*, 197~201쪽.

62   Fujita, *Tenpō no kaikaku*, 207~10쪽.

63   *Fujiokaya nikki*, vol. 2, 277~78쪽.

64   Matsuoka, *Torii Yōzō*, 25~26쪽.

65   *Fujiokaya nikki*, vol. 2, 278쪽.

66   Fukasawa, *Hatamoto fujin ga mita Edo no tasogare*, 42쪽.

67   *Fujiokaya nikki*, vol. 2, 323쪽.

68   *Edo machibure shū*, vol. 14, 321~25쪽.

69   Yoshida, *Mibunteki shūen to shakai: bunka kōzō*, 453쪽.

70   Yoshihara, *Naitō Shinjuku*, 95~101쪽.

71   Yoshihara, *Naitō Shinjuku*, 170~71쪽.

72   Rinsenji monjo #2042. 한자에몬은 흔한 이름인데, 이 한자에몬이 쓰네노의 시동생과 동일 인물인지는 확인이 불가능하지만 그럴 가능성이 높다.

73   Yoshida, *Dentō toshi Edo*, 276쪽.

74   Rinsenji monjo #2042.

75   Bolitho, "The Tenpō Crisis," 39~40쪽.

76   Bolitho, "The Tenpō Crisis," 40쪽.

77   Fujisawa, *Hatamoto fujin ga mita Edo no tasogare*, 56쪽.

78   Bolitho, "The Tenpō Crisis."

79   *Fujiokaya nikki*, vol. 2, 375쪽.

80   *Fujiokaya nikki*, vol. 2, 383~85쪽.

81   Rinsenji monjo #2042.

82   Rinsenji monjo #2042.

83   Rinsenji monjo #2042

84   Rinsenji monjo #2041.

85   Rinsenji monjo #2041.

86 Rinsenji monjo #2041.

87 Rinsenji monjo #2041.

88 Rinsenji monjo #2041.

89 Sugano, *Edo jidai no kōkōmono*, 122~24쪽.

90 Rinsenji monjo #2034.

91 Rinsenji monjo #2047.

92 Rinsenji monjo #2035.

93 Rinsenji monjo #2035.

94 Rinsenji monjo #2031.

95 Rinsenji monjo #2031.

96 Rinsenji monjo #2031.

97 Rinsenji monjo #2044.

98 Rinsenji monjo #2044.

99 Rinsenji monjo #2044.

100 Rinsenji monjo #2044.

101 Rinsenji monjo #2044.

102 Rinsenji monjo #2044.

103 Rinsenji monjo #2027.

104 Rinsenji monjo #2027.

105 Rinsenji monjo #2027.

106 Rinsenji monjo #2027.

107 Rinsenji monjo #2027.

108 Rinsenji monjo #2027.

109 Rinsenji monjo #2027.

110 Rinsenji monjo #2027.

111 Rinsenji monjo #2009.

112 Rinsenji monjo #2003. 히로스케와 유조의 관계에 관해서는 Rinsenji monjo #2006.

113 Rinsenji monjo #2027.

114 Mega, *Buke ni totsuida josei no tegami*, 163쪽.

115 Rinsenji monjo #2027.

116 Rinsenji monjo #2003.

117 Rinsenji monjo #2005.

118 Rinsenji monjo #2005.

119 Rinsenji monjo #2004.

120 Rinsenji monjo #2043.

121 Rinsenji monjo #2004.

122 Rinsenji monjo #2006.

123 Rinsenji monjo #2011.

124 Rinsenji monjo #2127.

125 Rinsenji monjo #2011.

126 Rinsenji monjo #2014, Rinsenji monjo #2017. 고로는 실제로 다케다 야카라, 일명 한자에몬이었다. 쓰네노는 Rinsenji monjo #2009에서 야카라를 고로라고 지칭한다.

127 Rinsenji monjo #2017.

128 Rinsenji monjo #2018.

129 Shirane, *An Early Modern Anthology*, 388~92쪽.

130 Tōkyō Daigaku Shiryō Hensanjo, ed., *Shichū torishimari ruishū*, vol. 1, 492쪽.

8. 에도 마치부교소에서

1 Rinsenji monjo #2114, Rinsenji monjo #2111, Rinsenji monjo #2112.

2 Rinsenji monjo #1645.

3 Rinsenji monjo #637. 반쪽 크기의 요는 한부톤半布団이라고 한다.

4 Rinsenji monjo #637.

5 덴파치는 쓰네노가 에도로 가지 않는다면 달리 살 곳이 없다는 점을 기유에게 분명히 했다. Rinsenji monjo #637.

6 Long, *Sailor-Diplomat*, 209~16쪽.

7 Rinsenji monjo #637.

8   Rinsenji monjo #637.

9   Rinsenji monjo #2026.

10 Rinsenji monjo #637.

11 Rinsenji monjo #637.

12 Rinsenji monjo #637.

13 Rinsenji monjo #2025.

14 *Fujiokaya nikki*, vol. 3, 59~60쪽.

15 Okazaki, *Tōyama Kinshirō*, 143쪽.

16 Ishii, *Edo no machi bugyō*, 19쪽.

17 Saitō, *Shichiyashi no kenkyū*, 181쪽.

18 Fujita, *Tōyama Kinshirō no jidai*, 35~180쪽.

19 Okazaki, *Tōyama Kinshirō*, 26~50쪽.

20 Okazaki, *Tōyama Kinshirō*, 76~86쪽.

21 Okazaki, *Tōyama Kinshirō*, 8~10쪽; Fujita, *Tōyama Kinshirō no jidai*, 12~23쪽.

22 Okazaki, *Tōyama Kinshirō*, 11~12쪽.

23 Beerens, "Interview with a Bakumatsu Official," 174쪽; Minami, *Edo no machi bugyō*, 15쪽.

24 Okazaki, *Tōyama Kinshirō*, 96쪽.

25 Okazaki, ed., *Tōyama Kinshirō-ke nikki*, 11~13쪽.

26 Teeuwen and Nakai, eds., *Lust, Commerce, and Corruption*, 53~55쪽.

27 Minami, *Edo no machi bugyō*, 21쪽.

28 마치부교의 생활공간에 관한 자세한 내용은 Okazaki, *Tōyama Kinshirō-ke nikki*, 8~9쪽. 히로스케는 마치부교소 주소로 편지를 보냈다. Rinsenji monjo #1972를 보라.

29 Sasama, *Zusetsu Edo machi bugyōsho jiten*, 39~41쪽.

30 도야마가 다음 달에 근무를 했기 때문에 이런 사실을 알 수 있다. Okazaki, *Tōyama Kinshirō*, 139쪽을 보라.

31 Minami, *Edo no machi bugyō*, 15쪽.

32 Ishii, *Edo no machi bugyō*, 19쪽; Sasama, *Zusetsu Edo machi bugyōsho jiten*, 40~41쪽.

33 Minami, *Edo no machi bugyō*, 35~37쪽; Sasama, *Zusetsu Edo machi bugyōsho jiten*, 40~41쪽; Ishii, *Edo no machi bugyō*, 19~20쪽.

34 Sasama, *Zusetsu Edo machi bugyōsho jiten*, 40~41쪽.

35 체포에서 판결에 이르는 과정에 관해서는 Botsman, *Punishment and Power*, 35~38쪽을 보라.

36 Minami, *Edo no machi bugyō*, 36쪽.

37 Beerens, "Interview with a Bakumatsu Official" (2), 177쪽.

38 Minami, *Edo no machi bugyō*, 40~41쪽.

39 Beerens, "Interview with a Bakumatsu Official" (2), 180쪽.

40 Beerens, "Interview with a Bakumatsu Official" (2), 180쪽.

41 감옥과 고문에 관해서는 Botsman, *Punishment and Power*, 35~38, 62~66쪽을 보라.

42 *Tōyama Kinshirō*, 139~41쪽; *Fujiokaya nikki*, vol. 3, 38쪽. 오카다의 직무(내실 하인. 오쿠보즈奥坊主)에 관해서는 Beerens, "Interview with a Bakumatsu Official," 389, 394쪽을 보라.

43 참수에 관해서는 Botsman, *Punishment and Power*, 25~26, 53쪽; Beerens, "Interview with a Bakumatsu Official" (2), 195쪽 등을 보라.

44 Botsman, *Punishment and Power*, 20쪽.

45 Ujiie, "Hitokiri no ie, onna no ie."

46 "Oshioki no setsu shusseki namae oboe-chō" (1844). 이 문서와 사본을 보내준 대니얼 보츠먼Daniel Botsman에게 감사한다.

47 *Fujiokaya nikki*, vol. 3, 89쪽.

48 Minami, *Edo no machi bugyō*, 202~7쪽.

49 Saitō, *Shichiyashi no kenkyū*, 179, 188쪽에 실린 사례들을 보라.

50 Saitō, *Shichiyashi no kenkyū*, 179쪽.

51 Minami, *Edo no machi bugyō*, 192~95쪽.

52 Minami, *Edo no machi bugyō*, 120쪽.

53 소문의 정치적 중요성에 관해서는 Miyachi, *Bakumatsu ishinki no bunka to jōhō*를 보라.

54 Minami, *Edo no machi bugyō*, 43쪽.

55 Miyachi, *Bakumatsu ishinki no bunka to jōhō*, 54~56쪽.

56 *Fujiokaya nikki*, vol. 5, 241~43쪽.

57 Minami, *Edo no machi bugyō*, 119쪽.

58 *Fujiokaya nikki*, vol. 3, 92, 157, 162~63, 170쪽.

59 Minami, *Edo no machi bugyō*, 120쪽; Botsman, *Punishment and Power*, 87, 94쪽.

60 Abe, *Meakashi Kinjūrō no shōgai*.에 실린 사례를 보라.

61 Tsukada, "Meakashi."

62 Minami, *Edo no machi bugyō*, 35~37쪽.

63 Fujita, *Tōyama Kinshirō no jidai*, 22쪽.

64 Rinsenji monjo #637.

65 Rinsenji monjo #2090.

66 Rinsenji monjo #637.

67 Rinsenji monjo #2084.

68 Rinsenji monjo #2090.

69 Rinsenji monjo #2084.

70 Rinsenji monjo #943.

71 Okazaki, *Tōyama Kinshirō-ke nikki*, 72쪽.

72 Rinsenji monjo #2042.

73 Rinsenji monjo #2084.

74 Rinsenji monjo #943.

75 Rinsenji monjo #2084.

76 히로스케의 설명은 Rinsenji monjo #2088; 쓰네노의 설명은 Rinsenji monjo #2084. 도야마 집안의 일기는 *Tōyama Kinshirō-ke nikki*, 73쪽.

77 쓰네노는 10~11년에 한 번 있는 일이라고 말한다. Rinsenji monjo #2084. 공식 심의(구지조초公事上聽)에 관해서는 Sasama, *Zusetsu Edo machi bugyōsho jiten*, 99~102쪽; Fujita, *Tōyama Kinshirō no jidai*, 29~30쪽 등을 보라.

78 Rinsenji monjo #2079.

79 Rinsenji monjo #2090.

80 Rinsenji monjo #2084.

81 장례식, 특히 쓰네노가 속한 정토진종의 장례식에 관해서는 Hur, *Death and the Social Order*, 150, 161~62쪽을 보라.

82 Rinsenji monjo #943.

83 그는 뼈("호네骨")를 보내 달라고 말한다. Rinsenji monjo #1972.

84 Rinsenji monjo #2084.

85 Rinsenji monjo #2090.

86 Rinsenji monjo #2084와 Rinsenji monjo #943의 긴 논의를 보라.

87 Rinsenji monjo #2086, Rinsenji monjo #943.

88 Rinsenji monjo #943.

89 Rinsenji monjo #2084.

90 도야마가 말뚝에 묶어 불태울 것을 지시한 사례로는 *Fujiokaya nikki*, vol. 3, 185쪽을 보라.

91 Okazaki, *Tōyama Kinshirō*, 150~52쪽.

92 Rinsenji monjo #1972.

93 Rinsenji monjo #1231.

9. 죽음과 사후

1 페리 제독의 숙고에 관한 자세한 설명으로는 Morison, "Old Bruin," 261~75쪽을 보라.

2 Morison, "Old Bruin," 273쪽.

3 Morison, "Old Bruin," 268쪽.

4 Morison, "Old Bruin," 273~75쪽.

5 Pineu, ed., *The Japan Expedition 1852-54*, 3, 29쪽.

6 Walworth, *Black Ships off Japan*, 21~22쪽.

7 Walworth, *Black Ships off Japan*, 23쪽.

8 "Letter of the President of United States to the Emperor of Japan" reprinted in Pineu, ed., *The Personal Journal*, 220~21쪽.

9 Pineau, ed., *The Personal Journal*, 98쪽.

10 Walworth, *Black Ships off Japan*, 28쪽.

11 쓰네노나 히로스케, 또는 둘 다였을 것이다. 편지의 내용이 분명하지 않다. Rinsenji monjo #2842.

12 *Edo kiriezu*에서 "스루가다이" 지도를 보라.

13 Rinsenji monjo #2842. 이 문서에는 연도가 없지만, Rinsenji monjo #670에 기록된

쓰네노의 사망 일시를 따라 1853년으로 가정한다.

14 쇼칸傷寒[상한. 추위 때문에 생기는 병의 총칭으로 감기, 급성 열병, 폐렴 등이 있다.- 옮긴이]. 이 진단과 그에 상응하는 현대의 증상에 관해 설명해 준 와카 히로카와廣川和花에게 감사한다.

15 Rinsenji monjo #2842.

16 Rinsenji monjo #2842.

17 Rinsenji monjo #1725.

18 Rinsenji monjo #2027. 여기 "작은 금전"은 수朱다.

19 Pineu, ed., *The Personal Journal*, 29~36쪽.

20 Pineu, ed., *The Personal Journal*, 54쪽.

21 Speiden, *William Speiden Journals*, vol. 1.

22 Kishii, *Edo no higoyomi: jō*, 186~214쪽.

23 Rinsenji monjo #670.

24 Pineau, ed., *The Personal Journal*, 57~58쪽.

25 Rinsenji monjo #670.

26 복잡한 관계에 관해서는 Smits, *Visions of Ryukyu*를 보라.

27 Pineau, ed., *The Personal Journal*, 69쪽.

28 Pineau, ed., *The Personal Journal*, 67쪽.

29 Pineau, ed., *The Personal Journal*, 69쪽.

30 Pineau, ed., *The Personal Journal*, 71~75쪽.

31 Heine, *With Perry to Japan*, 57~58쪽.

32 Sewall, *The Logbook of the Captain's Clerk*, 128쪽.

33 Hur, *Death and the Social Order*, 170~71, 177쪽.

34 Heine, *With Perry to Japan*, 63~64쪽.

35 Speiden, *William Speiden Journals*, vol. 1.

36 Satō, *Bakumatsu ishin to minshū sekai*, 14쪽.

37 *Fujiokaya nikki*, vol. 5, 318~25쪽.

38 Speiden, *William Speiden Journals*, vol. 1.

39 Speiden, *William Speiden Journals*, vol. 1.

40 Heine, *With Perry to Japan*, 68쪽.

41 Speiden, *William Speiden Journals*, vol. 1.

42 Heine, *With Perry to Japan*, 68쪽.

43 Pineau, ed., *The Personal Journal*, 98쪽.

44 Speiden, *William Speiden Journals*, vol. 1.

45 아프리카계 미국인들은 미 해군이 창설된 때부터 복무했다. 1839년 당시 노예 선원을 고용하는 게 금지되었기 때문에 그들은 자유인이었다. Ramold, *Slaves, Sailors, Citizens*, 6~24쪽.

46 Pineau, ed., *The Personal Journal*, 98쪽.

47 Heine, *With Perry to Japan*, 75쪽.

48 Satō, *Bakumatsu ishinki no minshū sekai*, 14쪽.

49 Satō, *Bakumatsu ishinki no minshū sekai*, 14쪽.

50 이런 결정으로 이어지는 사태들의 복잡한 과정과 자세한 내용에 관해서는 Jansen, *The Making of Modern Japan*, 256~332쪽을 보라.

51 Satō, *Bakumatsu ishinki no minshū sekai*, 16쪽.

52 Dower, "Black Ships and Samurai: Commodore Perry and the Opening of Japan."

53 *Fujiokaya nikki*, vol. 5, 610~11쪽.

54 *Fujiokaya nikki*, vol. 5, 612~13쪽.

55 Heine, *With Perry to Japan*, 125쪽.

56 Sewall, *Logbook of the Captain's Clerk*, 125쪽.

57 Heine, *With Perry to Japan*, 128~29쪽.

58 Pineau, ed., *The Personal Journal*, 198~200쪽.

59 *Shinpen Chiyoda kushi: tsūshi-hen*, 727~31쪽.

60 Kitahara, *Jishin no shakaishi*, 329~31쪽.

61 Smits, "Shaking Up Japan."

62 Smits, "Shaking Up Japan," 1065쪽.

63 Auslin, *Negotiating with Imperialism*, 1~2, 44쪽.

64 Ogawa, ed., *Kansei-fu ikō hatamoto-ke hyakka jiten*, vol. 5, 2574쪽.

65 Totman, *The Collapse of the Tokugawa Bakufu*, 14~15, 68~72쪽; Jansen, *The Making of Modern Japan*, 314~15쪽.

66 Black, *Young Japan, Yokohama and Yedo*, vol. 1, 132~34쪽에서 재인용한 E. H. 하우

스E. H. House의 말.

67   Partner, *The Merchant's Tale*, 〈표 2〉.

68   Jansen, *The Making of Modern Japan*, 314쪽.

69   Makihara, *Bunmeikoku o mezashite*, 30~31쪽.

70   Smith, "The Edo-Tokyo Transition," in Jansen and Rozman, eds., *Japan in Transition from Tokugawa to Meiji*, 347, 350쪽.

71   Totman, *The Collapse of the Tokugawa Bakufu*, 436~43쪽.

72   Katsu, *Musui's Story*, 2쪽.

73   Whitman, "A Broadway Pageant" (1860).

74   Steele, "Katsu Kaishū and the Historiography of the Meiji Restoration," 307쪽.

75   에도성이 항복했을 때는 불타지 않았다. 하지만 가이슈로서는 당혹스럽게도, 이후 쇼군의 군대 일부가 반란을 일으켜 천황의 점령 세력과 싸웠고, 에도 북부의 몇몇 동네를 불태우며 벌어진 전투에서 패했다. Steele, "Against the Restoration."

76   Walthall, *The Weak Body of a Useless Woman*, 259~60쪽.

77   Keene, *Emperor of Japan*, 5쪽.

78   Kobayashi, *Meiji ishin to Kyōto*, 55~56쪽.

79   Coaldrake, *Architecture and Authority in Japan*, 216쪽. 예를 들어 Utagawa Hiroshige Ⅲ, "Tsukiji hoterukan omotegake no zu" (1869)도 보라.

80   *Chūō kushi: chūkan*, 125쪽.

81   Bestor, *Tsukiji*, 112쪽.

82   Matsubara, *Saiankoku no Tōkyō*.

83   Gramlich-Oka, "The Body Economic."

84   *Chūō kushi chūkan*, 193~94쪽.

85   Grunow, "Ginza Bricktown and the Myth of Meiji Modernization"; Grunow, "Paving Power: Western Urban Planning and Imperial Space from the Streets of Meiji Tokyo to Colonial Seoul."

86   Rinsenji monjo #1597.

87   Rinsenji monjo #1471.

88   Ōbuchi, ed., *Kisha jikokuhyō*.

89   Sugimoto, *Daughter of the Samurai*의 부제에서 가져온 표현.

1   Guth, *Hokusai's Great Wave.*

참고문헌

· Abe Yoshio. *Meakashi Kinjūrō no shōgai: Edo jidai shomin seikatsu no jitsuzō.* Tōkyō: Chūō Kōronsha, 1981.

· Aburai Hiroko. *Edo hōkōnin no kokoroechō: gofukushō Shirokiya no nichijō.* Tōkyō: Shinchōsha, 2007.

· "Aiwatase mōsu issatsu no koto," Kansei 10.7, Hasegawa-ke monjo, Niigata Prefectural Archives, Niigata City, Niigata Prefecture. 니가타 현립 문서관 인터넷 고문서 강좌를 통해 접속. https://www.pref-lib.niigata.niigata.jp/?page_id=671.

· *American Citizen and General Advertiser, The* (New York, NY).

· Anderson, Clare. "Convict Passages in the Indian Ocean, c. 1790-1860." In Emma Christopher, Cassandra Pybus, and Marcus Rediker, eds., *Many Middle Passages: Forced Migration and the Making of the Modern World*, 129~49쪽. Berkeley: University of California Press, 2007.

· Asakura Yūko. "Kinsei ni okeru onna tegata no hatsugyō to Takada-han." *Jōetsu Kyōiku Daigaku Kiyō* 23:1 (2003): 191~202쪽.

· Asano Shūgō and Yoshida Nobuyuki, eds. *Ōedo Nihonbashi emaki ezu: 'Kidai shōran' no sekai.* Tōkyō: Kōdansha, 2003.

· Asaoka Kōji. *Furugi.* Tōkyō: Hōsei daigaku shuppankyoku, 2005.

· Bacon, Alice Mabel. *Japanese Girls and Women.* Boston: Houghton Mifflin, 1891.

· Beerens, Anna. "Interview with a Bakumatsu Official: A Translation from Kyūji Shin-monroku." *Monumenta Nipponica* 55:3 (2000): 369~98쪽.

· ———. "Interview with a Bakumatsu Official: A Translation from Kyūji Shinmon-roku (2)." *Monumenta Nipponica* 57:2 (2002): 173~206쪽.

· ———. "Interview with Two Ladies of the Ōoku: A Translation from Kyūji Shinmonroku." *Monumenta Nipponica* 63:2 (2008): 265~324쪽.

· Berry, Mary Elizabeth. *Hideyoshi*. Cambridge, MA: Harvard University Press, 1982.

· Bestor, Theodore. *Tsukiji: The Fish Market at the Center of the World*. Berkeley: University of California Press, 2004.

· Black, John Reddie. *Young Japan: Yokohama and Yedo. A narrative of the settlement and the city from the signing of the treaties in 1858, to the close of the year 1879. With a glance at the progress of Japan during a period of twenty-one years*. 2 vols. London: Trubner & Co., 1880.

· Bodart-Bailey, Beatrice, ed. *Kaempfer's Japan: Tokugawa Culture Observed*. Honolu-lu: University of Hawai'i Press, 1999.

· Bolitho, Harold. "The Tempō Crisis." In *The Cambridge History of Japan*, vol. 5: *The Nineteenth Century*, ed. Marius Jansen, 116~67쪽. New York: Cambridge University Press, 1989.

· Botsman, Daniel. *Punishment and Power in the Making of Modern Japan*. Princeton, NJ: Princeton University Press, 2004.

· Chiyoda-ku, ed. *Chiyoda kushi*. 3 vols. Tōkyō: Chiyoda kuyakusho, 1960.

· ———. ed. *Shinpen Chiyoda kushi: tsūshi-hen*. Tōkyō: Chiyoda-ku, 1998.

· Chūō-ku, ed. *Chūō kushi*. 3 vols. Tōkyō: Tōkyō-to Chūō Kuyakusho, 1958.

· Clark, Timothy. "What Is Ukiyo-e Painting?" Lecture, Art Institute of Chicago, No-vember 15, 2018.

· Coaldrake, William. *Architecture and Authority in Japan*. London: Routledge, 1996.

· Corbett, Rebecca. *Cultivating Femininity: Women and Tea Culture in Edo and Meiji Japan*. Honolulu: University of Hawai'i Press, 2018.

· Cornell, Laurel. "Why Are There No Spinsters in Japan?" *Journal of Family History* 9:4 (1984): 326~89쪽.

· Dalby, Liza. *Kimono: Fashioning Culture*. New Haven, CT: Yale University Press, 1993.

· Dobbins, James. *Letters of the Nun Eshinni: Images of Pure Land Buddhism in Medie-*

371

val Japan. Honolulu: University of Hawai'i Press, 2004.

· Dower, John. "Black Ships and Samurai: Commodore Perry and the Opening of Japan." https://visualizingcultures.mit.edu/black_ships_and_samurai/bss_essay01.html.

· Drixler, Fabian. *Mabiki: Infanticide and Population Growth in Eastern Japan, 1660-1950*. Berkeley: University of California Press, 2013.

· Durham, Valerie R. "The Scandalous Love of Osome and Hisamitsu: Introduction." In James R. Brandon and Samuel L. Leiter, eds., *Kabuki Plays on Stage: Darkness and Desire, 1804-64*, 64~67쪽. Honolulu: University of Hawai'i Press, 2002.

· *Edo kiriezu* [map] (1849-1862). 일본 국립국회도서관 디지털 컬렉션을 통해 접속, http://dl.ndl.go.jp/info:ndljp/pid/1286255.

· "Edo no han'i." Tokyo Metropolitan Archives, Tokyo, http://www.soumu.metro.tokyo.jp/01soumu/archives/0712edo_hanni.htm.

· *Edo shubiki zu* [map] (1818). Tokyo Metropolitan Archives, Tokyo.

· Ehlers, Maren. *Give and Take: Poverty and the Status Order in Early Modern Japan*. Cambridge, MA: Harvard Asia Center, 2018.

· Emerson, Edwin, and Maurice Magnus. *The Nineteenth Century and After: A History Year by Year*. Vol. 1. New York: Dodd, Mead, and Co., 1902.

· Emori Ichirō, ed. *Edo jidai josei seikatsu ezu daijiten*. 10 vols. Tōkyō: Ōzorasha, 1993-1994.

· Ferguson, Niall. *Empire: How Britain Made the Modern World*. London: Penguin, 2004([한국어판] 니얼 퍼거슨 지음, 김종원 옮김, 『제국』, 민음사, 2006).

· Frumer, Yulia. *Making Time: Astronomical Time Measurement in Tokugawa Japan*. Chicago: University of Chicago Press, 2018.

· ———. "Translating Time: Habits of Western Style Timekeeping in Late Tokugawa Japan." *Technology and Culture* 55:4 (2014): 785~820쪽.

· Fuess, Harald. *Divorce in Japan: Family, Gender, and the State*. Stanford, CA: Stanford University Press, 2004.

· Fujioto Tokunin, ed. *Tsukiji Betsuin-shi*. Tōkyō: Honganji Tsukiji Betsuin, 1937.

· Fujita, Kayoko. "Japan Indianized: The Material Culture of Imported Textiles in Japan, 1550-1850." In Giorgio Riello and Prasannan Parthasarathi, eds., *The Spinning World: A Global History of Cotton*, 181~204쪽. New York: Oxford University Press, 2009.

· Fujita Satoru. *Kinsei no sandai kaikaku*. Tōkyō: Yamakawa Shuppansha, 2002.

· ———. *Tenpō no kaikaku*. Tōkyō: Yoshikawa Kōbunkan, 1989.

· ———. *Tōyama Kinshirō no jidai*. Tōkyō: Azekura Shobō, 1992.

· Fujiya Kichizō. *Bansei on-Edo ezu* [map] (1854). C.V. Starr East Asian Library, University of California, Berkeley. "Japanese Historical Maps: East Asian Library—University of California, Berkeley"를 통해 접속. http://www.davidrumsey.com/japan/.

· Fukai Masaumi. *Zukai Edojō o yomu*. Tōkyō: Hara Shobō, 1997.

· Fukasawa Akio. *Hatamoto fujin ga mita Edo no tasogare: Iseki Takako no esupuri nikki*. Tōkyō: Bunshun shinsho, 2007.

· Fukui Tamotsu. "Edo bakufu nikki." In *Kokushi daijiten* (JapanKnowledge를 통해 접속).

· Garrioch, David. "The Everyday Lives of Parisian Women and the October Days of 1789." *Social History* 24:3 (1999): 231~49쪽.

· Gaubatz, Thomas. "Urban Fictions of Early Modern Japan: Identity, Media, Genre." Ph.D. dissertation, Columbia University, 2016.

· Golownin, R. N. *Narrative of My Captivity in Japan During the Years 1811, 1812, and 1813*. 2 vols. London: Printed for Henry Colburn, 1818.

· Gordon, Andrew. *Fabricating Consumers: The Sewing Machine in Modern Japan*. Berkeley: University of California Press, 2011([한국어판] 앤드루 고든 지음, 김경리 옮김, 『재봉틀과 일본의 근대』, 소명출판, 2021).

· Goree, Robert. "Fantasies of the Real: Meisho zue in Early Modern Japan." Ph.D. dissertation, Yale University, 2010.

· Gotō Kazuo. *Komonjo de yomu Essa josei no Edo jidai*. Niigata: 발행지명 없음, 2016.

· Gramlich-Oka, Bettina. "The Body Economic: Japan's Cholera Epidemic of 1858 in Popular Discourse." *East Asian Science, Technology, and Medicine*, no. 30 (2009): 32~73쪽.

· Grunow, Tristan. "Ginza Bricktown and the Myth of Meiji Modernization," https://meijiat150dtr.arts.ubc.ca/essays/grunow/.

· ———. "Paving Power: Western Urban Planning and Imperial Space from the Streets of Meiji Tokyo to Colonial Seoul." *Journal of Urban History* 42:3 (2016): 506~56쪽.

· Guth, Christine M. E. *Hokusai's Great Wave: Biography of a Global Icon*. Honolulu: University of Hawai'i Press, 2015.

· ———. "Theorizing the Hari Kuyō: The Ritual Disposal of Needles in Early Modern Japan." *Design Culture* 6:2 (2014): 169~86쪽.

Hall, John Whitney. *Tanuma Okitsugu, 1719-1788: Forerunner of Modern Japan*. Cambridge, MA: Harvard University Press, 1955.

Harada Nobuo. *Edo no shoku seikatsu*. Tōkyō: Iwanami Shoten, 2009.

Hasegawa-ke monjo, Niigata Prefectural Archives, Niigata City, Niigata Prefecture.

Hayami Akira. "Another *Fossa Magna*: Proportion Marrying and Age at Marriage in Late Nineteenth-Century Japan." *Journal of Family History* 12: 1-3 (1987): 57~72쪽.

Hayashi Reiko. "Kasama jōkamachi ni okeru joseizō." In Kinsei joseishi kenkyūkai, ed., *Edo jidai no joseitachi*, 221~86쪽. Tōkyō: Yoshikawa Kōbunkan, 1990.

Heine, William. *With Perry to Japan*. Edited and translated by Frederic Trautmann. Honolulu: University of Hawaiʻi Press, 1990.

Hirai, Kiyoshi, ed. *Zusetsu Edo 2: daimyō to hatamoto no kurashi*. Tōkyō: Gakken, 2000.

Horikiri Tatsuichi. *The Stories Clothes Tell: Voices of Working-Class Japan*. Edited and translated by Rieko Wagoner. Lanham, MD: Rowman & Littlefield, 2016.

Howell, David. "Foreign Encounters and Informal Diplomacy in Early Modern Japan." *Journal of Japanese Studies* 40:2 (2014): 295~327쪽.

―――. *Geographies of Identity in Nineteenth-Century Japan*. Berkeley: University of California Press, 2005.

Hubbard, Eleanor. *City Women: Money, Sex, and the Social Order in Early Modern London*. New York: Oxford University Press, 2012.

Hur, Nam-Lin. *Death and the Social Order in Tokugawa Japan: Buddhism, Anti-Christianity, and the Danka System*. Cambridge, MA: Harvard Asia Center, 2007.

Igler, David. *The Great Ocean: Pacific Worlds from Captain Cook to the Gold Rush*. New York: Oxford University Press, 2013.

Ihara Seiseien. *Kinsei nihon engekishi*. Tōkyō: Waseda Daigaku Shuppanbu, 1927.

Inō Tadataka. *Dai-Nihon enkai yochi zenzu* [map] (1821). 108 vols. 일본 국립국회도서관 디지털 컬렉션을 통해 접속, http://dl.ndl.go.jp/info:ndljp/pid/1286631?tocOpened=1.

Ishii Ryōsuke. *Edo no machi bugyō*. Tōkyō: Akashi Shoten, 1989.

Isoda Michifumi. *Bushi no kakeibō: Kaga-han osan'yōmono no Meiji ishin*. Tokyo: Shinchōsha, 2003.

Iwabuchi Reiji. "Edo kinban bushi ga mita 'Edo' to kunimoto." *Rekishi hyōron*, no.

790 (2016): 60~73쪽.

· Janetta, Ann. "Famine Mortality in Japan." *Population Studies* 46:3 (1992): 427~43쪽.

· Jansen, Marius. *China in the Tokugawa World*. Cambridge, MA: Harvard University Press, 2000.

· ———. *The Making of Modern Japan*. Cambridge, MA: Belknap Press of Harvard University Press, 2000([한국어판] 마리우스 B. 잰슨 지음, 김우영 · 강인황 · 이정 · 허형주 옮김, 『현대 일본을 찾아서』 1 · 2, 이산, 2006).

· JapanKnowledge. https://japanknowledge.com.

· Jōetsu shishi hensan iinkai, ed. *Jōetsu shishi*. 20 vols. Jōetsu-shi: Jōetsu-shi, 1999-2004.

· Jones, Sumie, with Kenji Watanabe, eds. *An Edo Anthology: Literature from Japan's Mega-City, 1750-1850*. Honolulu: University of Hawai'i Press, 2013.

· Kanamori Atsuko. *Sekisho nuke: Edo no onnatachi no bōken*. Tōkyō: Sōbunsha, 2001.

· Kasaya Kazuhiko. *Shukun 'oshikome' no kōzō: kinsei daimyō to kashindan*. Tōkyō: Heibonsha, 1988.

· Katakura Hisako. "Bakumatsu ishinki no toshi kazoku to joshi rōdō." In Sōgō joseishi kenkyūkai, ed., *Nihon joseishi ronshū*, vol. 6: *Josei no kurashi to rōdō*, 85~110쪽. Tokyo: Yoshikawa Kōbunkan, 1998.

· ———. *Edo jūtaku jijō*. Tōkyō: Tōkyō-to, 1990.

· ———. *Ōedo happyaku-yachō to machi nanushi*. Tōkyō: Yoshikawa Kōbunkan, 2009.

· ———. *Tenmei no Edo uchikowashi*. Tōkyō: Shin Nihon Shuppansha, 2001.

· Katō Takashi. "Governing Edo." In James McClain, John M. Merriman, and Ugawa Kaoru, eds., *Edo and Paris: Urban Life and the State in the Early Modern Era*, 41~67쪽. Ithaca, NY: Cornell University Press, 1994.

· Katsu Kōkichi. *Musui's Story: The Autobiography of a Tokugawa Samurai*. Translated by Teruko Craig. Tucson: University of Arizona Press, 1995.

· Keene, Donald. *Emperor of Japan: Meiji and His World*. New York: Columbia University Press, 2002([한국어판] 도널드 킨 지음, 김유동 옮김, 『메이지라는 시대』 1 · 2, 서커스, 2017).

· ———. *The Japanese Discovery of Europe, 1720-1830*. Stanford, CA: Stanford University Press, 1969.

· Kikuchi Hitomi. *Edo oshare zue: ishō to yuigami no sanbyakunen shi.* Tōkyō: Kōdansha, 2007.

· Kikuchi Isao. *Kinsei no kikin.* Tōkyō: Yoshikawa Kōbunkan, 1997.

· Kikuchi Kazuhiro. "Benibana emaki o yomu." *Mogamigawa bunka kenkyū* 5 (2007): 97~114쪽.

· Kikuchi Kazuo. *Nihon no rekishi saigai: Edo kōki no jiin kakochō ni yoru jisshō.* Tōkyō: Kokin Shoin, 1980.

· Kinsei shiryō kenkyūkai, ed. *Edo machibure shūsei.* 22 vols. Tōkyō: Hanawa shobō, 1994–2012.

· Kishii Yoshie. *Edo no higoyomi.* 2 vols. Tōkyō: Jitsugyō no Nihonsha, 1977.

· Kitahara Itoko. *Jishin no shakaishi: Ansei daijishin to minshū.* Tōkyō: Yoshikawa Kōbunkan, 2013.

· Kitahara Susumu. *Hyakuman toshi Edo no seikatsu.* Tōkyō: Kadokawa gakugei shuppan, 1991.

· Kobayashi Takehiro. *Meiji ishin to Kyōto: kuge shakai no kaitai.* Kyōto: Rinsen Shoten, 1998.

· Kodama Kōta. *Fukugen Ōedo jōhō chizu.* Tōkyō: Asahi Shinbunsha, 1994.

· Koizumi Yoshinaga. "Learning to Read and Write: A Study of Tenaraibon." In Matthias Hayek and Annick Horiuchi, eds., *Listen, Copy, Read: Popular Learning in Early Modern Japan,* 89~138쪽. Leiden: Brill, 2004.

· *Kokushi daijiten.* JapanKnowledge를 통해 접속.

· Kornicki, Peter. "Women, Education, and Literacy." In P. F. Kornicki, Mara Patessio, and G. G. Rowley, eds., *The Female as Subject: Reading and Writing in Early Modern Japan,* 7~38쪽. Ann Arbor: University of Michigan Center for Japanese Studies, 2010.

· Krusenstern, Adam Johann von. *Voyage Round the World in the Years 1803, 1804, 1805 and 1806.* Translated by Richard Belgrave Hopper. London: C. Roworth, 1813.

· Kubiki sonshi hensan iinkai, ed. *Kubiki sonshi: tsūshi-hen.* Kubiki-mura, Niigata-ken: Kubiki-mura, 1988.

· Kurosu, Satomi. "Divorce in Early Modern Rural Japan: Household and Individual Life Course in Northeastern Villages, 1716–1870." *Journal of Family History* 36:2 (2011): 118~41쪽.

· ———. "Remarriage in a Stem Family System in Early Modern Japan." *Continuity and Change* 22:3 (2007): 429~58쪽.

· Lindsey, William. *Fertility and Pleasure: Ritual and Sexual Values in Tokugawa Japan*. Honolulu: University of Hawai'i Press, 2007.

· Long, David F. *Sailor-Diplomat: A Biography of Commodore James Biddle, 1783-1848*. Boston: Northeastern University Press, 1983.

· Makihara Norio. *Bunmeikoku o mezashite*. Tōkyō: Shōgakukan, 2008.

· Marcon, Federico. *The Knowledge of Nature and the Nature of Knowledge in Early Modern Japan*. Chicago: University of Chicago Press, 2015.

· Markus, Andrew. "The Carnival of Edo: 'Misemono' Spectacles from Contemporary Accounts." *Harvard Journal of Asiatic Studies* 45:2 (1985): 499~541쪽.

· Martin, Alexander. *Enlightened Metropolis: Constructing Imperial Moscow, 1762-1855*. New York: Oxford University Press, 2013.

· Maruyama Nobuhiko. *Edo no kimono to iseikatsu*. Tōkyō: Shōgakukan, 2007.

· Masuda Yoshimi. "Yoshino Michi no shōgai: sono tegami o tsūjite." In Kinsei joseishi kenkyūkai, ed., *Edo jidai no joseitachi*, 115~46쪽. Tōkyō: Yoshikawa Kōbunkan, 1990.

· Matsubara Iwagorō. *Saiankoku no Tōkyō*. Tōkyō: Minyūsha, 1894([한국어판] 겐콘 이치호이 지음, 김소운 옮김, 『도쿄의 가장 밑바닥』, 글항아리, 2021).

· Matsudai-machi, ed. *Matsudai chōshi*. 2 vols. Matsudai-machi: Matsudaimachi, 1989.

· Matsuo Bashō. *The Narrow Road to Oku*. Translated by Donald Keene. Tokyo: Kodansha International, 1996([한국어판] 마쓰오 바쇼 지음, 김정례 옮김, 『바쇼의 하이쿠 기행 1: 오쿠로 가는 작은 길』, 바다출판사, 2008).

· Matsuoka Hideo. *Torii Yōzō: Tenpō no kaikaku no dan'atsusha*. Tōkyō: Chūō kōronsha, 1991.

· Maza, Sarah. *Servants and Masters in Eighteenth-Century France: The Uses of Loyalty*. Princeton, NJ: Princeton University Press, 1983.

· McClain, James. "Edobashi: Space, Power, and Popular Culture in Early Edo." In James McClain, John M. Merriman, and Ugawa Kaoru, eds., *Edo and Paris: Urban Life and the State in the Early Modern Era*, 105~31쪽. Ithaca, NY: Cornell University Press, 1994.

· Mega Atsuko. *Buke ni totsuida josei no tegami: binbō hatamoto no Edo-gurashi*. Tōkyō: Yoshikawa kōbunkan, 2011.

· Melville, Herman. *Moby-Dick; Or the Great White Whale* (1851). New York: Penguin, 2013(한국어판 다수).

· *Messenger, The* (New Haven, CT).

· Minami Kazuo. *Edo no machi bugyō*. Tōkyō: Yoshikawa Kōbunkan, 2005.

· Miyachi Masato. *Bakumatsu ishin henkaku-shi: jō*. 2 vols. Tōkyō: Iwanami shoten, 2012.

· ———. *Bakumatsu ishinki no bunka to jōhō*. Tōkyō: Meicho Kankōkai, 1994.

· Miyamoto Yukiko. "Kakushi baijo to hatamoto keiei: *Fujiokaya nikki* o chūshin to shite." *Komazawa shigaku* 55 (2000): 319~41쪽.

· Miyazaki Katsumi. *Daimyō yashiki to Edo iseki*. Tōkyō: Yamakawa Shuppansha, 2008.

· Moring, Beatrice. "Migration, Servanthood, and Assimilation in a New Environment." In Antoinette Fauve-Chamoux, ed., *Domestic Service and the Formation of European Identity: Understanding the Globalization of Domestic Work, 16th-21st Centuries*, 43~70쪽. Bern: Peter Lang, 2004.

· Morison, Samuel Eliot. *"Old Bruin": Commodore Matthew Calbraith Perry, 1794-1858*. Boston: Little, Brown, 1967.

· Moriyama, Takeshi. *Crossing Boundaries in Tokugawa Society: Suzuki Bokushi, a Rural Elite Commoner*. Leiden: Brill, 2013.

· Morris-Suzuki, Tessa. *The Technological Transformation of Japan: From the Seventeenth to the Twenty-First Century*. Cambridge: Cambridge University Press, 1994([한국어판] 테사 모리스 스즈키 지음, 박영무 옮김, 『일본 기술의 변천』, 한승, 1998).

· Nagai Masatarō. *Ōishida chōshi*. Tōkyō: Chūō Shoin, 1973.

· Nagano Hiroko. "Nihon kinsei nōson ni okeru maskyurinitī no kōchiku to jendā." In Nagano Hiroko, Sugano Noriko, and Sakurai Yuki, eds., *Jendā de yomitoku Edo jidai*, 173-212. Tōkyō: Sanseidō, 2001.

· Nagatani Takaharu. *Kabuki no keshō*. Tōkyō: Yūzankaku, 2015.

· Najita, Tetsuo. "Ōshio Heihachirō." In Albert Craig and Donald Shively, eds., *Personality in Japanese History*, 155~79쪽. Berkeley: University of California Press, 1970.

· Nakagawa Hōzandō and Hanasaka Kazuo, eds. *Edo kaimono hitori annai*. Tōkyō: Watanabe Shoten, 1972.

· *Nihon rekishi chimei taikei*. JapanKnowledge를 통해 접속.

· Niigata kenritsu bunshokan, ed. "Shozō monjo annai." Niigata Prefectural Archives, Niigata City, Niigata Prefecture.

· Niigata-ken, ed. *Niigata kenshi shiryō-hen*. 24 vols. Niigata: Niigata-ken, 1980–1986.

· ———. *Niigata kenshi tsūshi-hen*. 5 vols. Niigata: Niigata-shi, 1995–1997.

· Nishiyama, Matsunosuke. *Edo Culture: Daily Life and Diversions in Urban Japan*. Honolulu: University of Hawai'i Press, 1997.

· Nishizaka Yasushi. *Mitsui Echigoya hōkōnin no kenkyū*. Tōkyō: Tōkyō Daigaku Shuppankai, 2006.

· ———. "Yamori." In *Nihon toshishi nyūmon*, vol. 3, edited by Takahashi Yasuo and Yoshida Nobuyuki, 224~25쪽. Tōkyō: Tōkyō Daigaku Shuppankai, 1989.

· Nojima Jusaburō. *Kabuki jinmei jiten*. Tōkyō: Nichigai Asoshiētsu, 2002.

· Ōbuchi Wataru, ed. *Kisha jikokuhyō*. Shinshindō, 1894. 일본 국립국회도서관 디지털 컬렉션을 통해 접속, http://dl.ndl.go.jp/info:ndljp/pid/805117.

· Ōgata chōshi hensan iinkai, ed. *Ōgata chōshi, shiryō-hen*. Ōgata-chō: Ōgata-chō, 1988.

· Ōgawa Kyōichi. *Edojō no toire, shōgun no omaru*. Tōkyō: Kōdansha, 2007.

· ———. ed. *Kansei-fu ikō hatamoto-ke hyakka jiten*. Vol. 5. Tōkyō: Tōyō shorin, 1998.

· ———. *Tokugawa bakufu no shōshin seido: Kansei jūnenmatsu hatamoto shōshinhyō*. Tōkyō: Iwata Shoin, 2006.

· Ōguchi Yūjirō. *Edojō ōoku o mezasu mura no musume: Namamugi-mura Sekiguchi Chie no shōgai*. Tōkyō: Yamakawa Shuppansha, 2016.

· ———. "The Reality Behind *Musui Dokugen*: The World of the *Hatamoto* and *Gokenin*." Translated by Gaynor Sekimori. *Journal of Japanese Studies* 16:2 (1990): 289~308쪽.

· Ōishida kyōiku iinkai, ed. *Ōishida chōritsu rekishi minzoku shiryōkan shiryōshū*. Vol. 7: *Shūmon ninbetsuchō*. Ōishida-machi: Ōishida-machi kyōiku iinkai, 2001.

· Okazaki Hironori. *Tōyama Kinshirō*. Tōkyō: Kōdansha, 2008.

· ———. *Tōyama Kinshirō-ke nikki*. Tōkyō: Iwata Shoin, 2007.

· Ōshima-mura kyōiku iinkai, ed. *Ōshima sonshi*. Ōshima-mura: Ōshima-mura kyōiku iinkai, 1991.

· "Oshioki no setsu shusseki namae oboechō" (1844). Vol. 4 of *Oshioki no mono obechō*. Beinecke Rare Book and Manuscript Library, Yale University.

· Partner, Simon. *The Merchant's Tale: Yokohama and the Transformation of Japan*. New

York: Columbia University Press, 2017.

Pflugfelder, Gregory. *Cartographies of Desire: Male-Male Sexuality in Japanese Discourse, 1600-1950*. Berkeley: University of California Press, 1999.

Pineu, Roger, ed. *The Japan Expedition 1852-54: The Personal Journal of Commodore Matthew C. Perry*. Washington, DC: Smithsonian Institution Press, 1968.

Platt, Stephen. *Imperial Twilight: The Opium War and the End of China's Last Golden Age*. New York: Knopf, 2018.

Rath, Eric. *Food and Fantasy in Early Modern Japan*. Berkeley: University of California Press, 2010.

Rediker, Marcus. *The Slave Ship: A Human History*. New York: Viking, 2007([한국어판] 마커스 레디커 지음, 박지순 옮김, 『노예선』, 갈무리, 2018).

Rinsenji monjo (E9806). Niigata Prefectural Archives, Niigata City, Niigata Prefecture.

Roberts, Luke. *Performing the Great Peace: Political Space and Open Secrets in Tokugawa Japan*. Honolulu: University of Hawai'i Press, 2012.

Rubinger, Richard. *Popular Literacy in Early Modern Japan*. Honolulu: University of Hawai'i Press, 2007.

Saitō Gesshin. *Edo meisho zue* (1834). JapanKnowledge를 통해 접속.

Saitō Hiroshi. *Shichiyashi no kenkyū*. Tōkyō: Shin Hyōron, 1989.

Saitō Osamu. *Shōkā no sekai, uradana no sekai: Edo to Ōsakā no hikaku toshishi*. Tōkyō: Riburo Pōto, 1989.

Sakuma Tatsuo, ed. *Inō Tadataka sokuryō nikki*. 7 vols. Tōkyō: Ōzorasha, 1998.

Sakurai Yuki. "Perpetual Dependency: The Life Course of Male Workers in a Merchant House." In Sabine Frühstück and Anne Walthall, eds., *Recreating Japanese Men*, 115~34쪽. Berkeley: University of California Press, 2011.

Sasama Yoshihiko. *Ō-Edo fukugen zukan: shōmin-hen*. Tōkyō: Yūshikan, 2003.

———. *Zusetsu Edo machi bugyōsho jiten*. Tōkyō: Kashiwa Shobō, 1991.

Sato, Hiroaki. *Legends of the Samurai*. Woodstock, NY: The Overlook Press, 1995.

Satō Shigerō. *Bakumatsu ishin to minshū sekai*. Tōkyō: Iwanami shoten, 1994.

Schwartz, Hillel. *Century's End*. New York: Doubleday, 1990([한국어판] 힐렐 슈바르츠 지음, 이은희 옮김, 『세기의 문』, 아카데미북, 1999).

Screech, Timon. *The Lens Within the Heart: The Western Scientific Gaze and Popular*

Imagery in Later Edo Japan. Honolulu: University of Hawai'i Press, 2002.

· Seki Jun'ichi. "Shihon chakushoku 'Ōishida kashi ezu' ni tsuite." *Mogamigawa bunka kenkyū* (2006): 39~53쪽.

· Sewall, John S. *The Logbook of the Captain's Clerk: Adventures in the China Seas*. Bangor, ME: s.n., 1905.

· Shaw, Matthew. *Time and the French Revolution: The Republican Calendar, 1789-Year XIV*. New York: Boydell and Brewer, 2011.

· Shiba Keiko. *Kinsei onna no tabi nikki*. Tōkyō: Yoshikawa Kōbunkan, 1997.

· Shiga Shinobu. "Sanseiroku kōhen" (1856). In Vol. 52 of *Edo jidai josei bunkō*. Tōkyō: Ōzorasha, 2000.

· Shimazaki, Satoko. *Edo Kabuki in Transition: From the Worlds of the Samurai to the Vengeful Female Ghost*. New York: Columbia University Press, 2016.

· Shimizu, Akira. "Eating Edo, Sensing Japan: Food Branding and Market Culture in Late Tokugawa Japan, 1780-1868." Ph.D. dissertation, University of Illinois, Urbana-Champaign, 2011.

· "Shinban Ō-Edo mochimaru chōja kagami" (1846). Kaga monjo 220. Edo-Tokyo Digital Museum, Tokyo Metropolitan Library, http://www.library.metro.tokyo.jp/Portals/0/edo/tokyo_library/upimage/big/013.jpg.

· Shirane, Haruo. *Early Modern Japanese Literature: An Anthology, 1600-1900*. New York: Columbia University Press, 2002.

· Shmagin, Viktor. "Diplomacy and Force, Borders and Borderlands: Japan-Russia Relations in the Transformation of Japanese Political Culture in the Edo and Meiji Periods." Ph.D. dissertation, University of California, Santa Barbara, 2016.

· Smith, Henry D. "The Edo-Tokyo Transition: In Search of Common Ground." In Marius B. Jansen and Gilbert Rozman, eds., *Japan in Transition from Tokugawa to Meiji*, 347~74쪽. Princeton, NJ: Princeton University Press, 1996.

· Smith, Thomas C. *The Agrarian Origins of Modern Japan*. Stanford, CA: Stanford University Press, 1959.

· Smits, Gregory. *Visions of Ryukyu: Identity and Ideology in Early-Modern Thought and Politics*. Honolulu: University of Hawai'i Press, 1999.

· Speiden, William, Jr. *William Speiden Journals*. Vol. 1: *1852-1854*. Manuscript, Library of Congress, https://www.loc.gov/item/mss830450001.

· Spence, Jonathan. *The Search for Modern China*. New York: W. W. Norton & Co.,

2013([한국어판] 조녀선 스펜스 지음, 김희교 옮김, 『현대 중국을 찾아서』 1 · 2, 이산, 1998).

· Stanley, Amy. "Adultery, Punishment, and Reconciliation in Tokugawa Japan." *Journal of Japanese Studies* 33:2 (2007): 309~35쪽.

· ————. *Selling Women: Prostitution, Markets and the Household in Early Modern Japan*. Berkeley: University of California Press, 2012.

· Starling, Jessica. "Domestic Religion in Late Edo-Period Sermons for Temple Wives." *The Eastern Buddhist* 43:1-2 (2012): 271~97쪽.

· Steele, M. William. "Against the Restoration: Katsu Kaishū's Attempt to Reinstate the Tokugawa Family." *Monumenta Nipponica* 36:3 (1981): 299~316쪽.

· ————. *Alternative Narratives in Modern Japanese History*. New York: Routledge, 2003.

· ————. "Contesting the Record: Katsu Kaishū and the Historiography of the Meiji Restoration." In James C. Baxter and Joshua A. Fogel, eds., *Writing Histories in Japan: Texts and Their Transformations from Ancient Times to the Meiji Era*, 299~316쪽. Kyōto: International Research Center for Japanese Studies, 2007.

· Sugano Noriko. *Edo jidai no kōkōmono: kōgiroku no sekai*. Tōkyō: Yoshikawa Kōbunkan, 1999.

· Sugimori Reiko. "Furugi shōnin." In Yoshida Nobuyuki, ed., *Akinai no ba to shakai*, 139~68쪽. Tōkyō: Yoshikawa Kōbunkan, 2000.

· Sugimoto, Etsu Inagaki. *Daughter of the Samurai: How a Daughter of Feudal Japan, Living Hundreds of Years in One Generation, Became a Modern American*. New York: Doubleday, Page & Co., 1925.

· Suzuki Bokushi. *Snow Country Tales: Life in the Other Japan*. Translated by Jeffrey Hunter with Rose Lesser. New York: Weatherhill, 1986.

· Suzuki, Keiko. "The Making of Tōjin: Construction of the Other in Early Modern Japan." *Asian Folklore Studies* 66:1-2 (2007): 83~105쪽.

· Suzuki Tōzō and Koike Shotarō, eds. *Fujiokaya nikki*. 8 vols. Vol. 1: *Kinsei shomin seikatsu shiryō*. Tōkyō: San'ichi Shobō, 1987.

· Taguchi Akiko. *Edo jidai no kabuki yakusha*. Tōkyō: Yūzankaku, 1998.

· Takahashi Satoshi. *Mura no tenaraijuku: kazoku to kodomo no hakken*. Tōkyō: Asahi Shinbunsha, 1995.

· Takahashi Yasuo and Yoshida Nobuyuki, eds. *Nihon toshishi nyūmon*. 3 vols. Tōkyō:

Tōkyō Daigaku Shuppankai, 1989.

· Takai Hiroshi. *Tenpōki, shōnen shōjo no kyōyō keisei katei no kenkyū*. Tōkyō: Kawade Shobō Shinsha, 1991.

· Takeuchi Makoto. *Edo shakaishi no kenkyū*. Tōkyō: Kōbundō, 2010.

· Tamanoi, Mariko. "Songs as Weapons: The Culture and History of Komori (Nursemaids) in Modern Japan." *Journal of Asian Studies* 50:4 (1991): 793~817쪽.

· Teeuwen, Mark, and Kate Wildman Nakai, eds. *Lust, Commerce, and Corruption: An Account of What I Have Seen and Heard, by an Edo Samurai*. New York: Columbia University Press, 2014.

· Tōkyō Daigaku Shiryō Hensanjo, ed. *Saitō Gesshin nikki*. In Vol. 24 of *Dai Nihon kokiroku*. Tōkyō: Iwanami Shoten, 1997-2016.

· ———. ed. *Shichū torishimari ruishū*. 29 vols. Vol. 6: *Dai Nihon kinsei shiryō*. Tōkyō: Tōkyō Daigaku Shuppankai, 1959-2010.

· Tōkyō komonjo-kan, ed. *Edo: 1838-1841*. Tōkyō: Tōkyō komonjokan, 2014.

· Tokyo Metropolitan Archives. "Edo jidai no zumen o yomu (2): toire no iroiro." 2016년 8월 24일 페이스북 게시글. 2016년 12월 14일 접속, www.facebook.com/tokyo.archives.

· ———. "Edo-jō no fuyu shitaku: hibachi." 2016년 11월 6일 페이스북 게시글. 2016년 12월 14일 접속, www.facebook.com/tokyo.archives.

· Tōkyō-to Itabashi-ku, ed. *Itabashi kushi*. Tōkyō: Itabashi kuyakusho, 1954.

· Totman, Conrad. *The Collapse of the Tokugawa Bakufu*. Honolulu: University of Hawai'i Press, 1980.

· ———. *Politics in the Tokugawa Bakufu. 1600-1843*. Cambridge, MA: Harvard University Press, 1967.

· "Tsuji banzuke for Ume Saku ya Wakakiba Soga at the Kawarazaki Theater," Tenpō 11.1, Publisher Ogawa Hansuke. Museum of Fine Arts, Boston. http://www.mfa.org/collections/object/kabuki-playbill-tsuji-banzuke-for-mume-saku-ya-wakakiba-soga-at-the-kawarazaki-theater-225317.

· Tsukada Takashi. "Meakashi." In *Nihon toshishi nyūmon*, vol. 3, edited by Takahashi Yasuo and Yoshida Nobuyuki, 206~7쪽. Tōkyō: Tōkyō Daigaku Shuppankai, 1989.

· Tsukamoto Akira. "Kariya ukenin." In *Nihon toshishi nyūmon*, vol. 3, edited by Takahashi Yasuo and Yoshida Nobuyuki, 222~23쪽. Tōkyō: Tōkyō Daigaku Shuppankai, 1989.

· Tsukamoto Manabu. *Chiisa na rekishi to ooki na rekishi.* Tōkyō: Yoshikawa Kōbunkan, 1993.

· Ujiie Mikito. *Hatamoto gokenin: odoroki no bakushin shakai no shinjitsu.* Tōkyō: Yōsensha, 2011.

· ———. "Hitokiri no ie, onna no ie." In Sakurai Yuki, Sugano Noriko, and Nagano Hiroko, eds., *Jendā de yomitoku Edo jidai*, 79~113頁. Tōkyō: Sanseidō, 2001.

· Utagawa Hiroshige III. *Tsukiji hoterukan omotegake no zu* (1869). Museum of Fine Arts, Boston. https://www.mfa.org/collections/object/the-front-entrance-of-the-tsukiji-hotel-in-tokyo-tôkyô-tsukiji-hoterukan-omotegake-no-zu-129821.

· Utagawa Kunisada. *Onoe Kikugorō no Omatsuri Sashichi, Onoe Eizaburō no Geisha Koito* [Onoe Kikugorō as Omatsuri Sashichi and Onoe Eizaburō as the geisha Koito], 1840. British Museum. http://www.britishmuseum.org/research/collection_online/collection_object_details.aspx?objectId=781668&partId=1&.

· ———. *Tsuragaoka kongen Soga*, woodblock print, triptych (1840). Victoria and Albert Museum, London. http://collections.vam.ac.uk/item/O33025/woodblock-print-utagawa-kunisada-i/.

· Utagawa Kunisada I. *Actors Sawamura Tosshō I as Takeda Katsuyori, Iwai Shijaku I as Emon no Mae, and Iwai Tojaku I as Streetwalker Okimi, and Ichikawa Ebizō V as Boatman Sangorō* (Tenpō 11.11). Museum of Fine Arts, Boston.

· ———. *Memorial Portrait of Actor Iwai Tokaju I, with Iwai Kumesaburō III* (Kōka 4.4). Museum of Fine Arts, Boston.

· Utagawa Kuniyoshi. *Actors Ichikawa Ebizō V as Yokozō, Iwai Tojaku I as Kansuke's Mother Miyuki, and Sawamura Tosshō I as Jihizō* (Tenpō 11.11). Museum of Fine Arts, Boston.

· Utagawa Yoshikazu. *Kanda Matsuri dashizukushi* (1859). Museum of Fine Arts, Boston. https://www.mfa.org/collections/object/the-kanda-festival-parade-kanda-matsuri-dashizukushi-513212.

· Vaporis, Constantine Nomikos. *Breaking Barriers: Travel and the State in Early Modern Japan.* Cambridge, MA: Council on East Asian Studies, Harvard University, 1994.

· ———. *Tour of Duty: Samurai, Military Service in Edo, and the Culture of Early Modern Japan.* Honolulu: University of Hawai'i Press, 2003.

· Walthall, Anne. "The Edo Riots." In James McClain, John M. Merriman, and Ugawa Kaoru, eds., *Edo and Paris: Urban Life and the State in the Early Modern Era*, 407~28頁.

Ithaca, NY: Cornell University Press, 1994.

· ———. "Fille de paysan, épouse de samourai: Les lettres de Michi Yoshino." *Annals Histoire Sciences Sociales* 54:1 (1999): 55~86쪽.

· ———. "Hiding the Shoguns: Secrecy and the Nature of Political Authority in Tokugawa Japan." In Bernhard Schneid and Mark Teeuwen, eds., *The Culture of Secrecy in Japanese Religion*, 331~56쪽. London: Routledge, 2006.

· ———. "The Lifecycle of Farm Women." In Gail Lee Bernstein, ed., *Recreating Japanese Women, 1600-1945*, 42~70쪽. Berkeley: University of California Press, 1991.

· ———. *The Weak Body of a Useless Woman: Matsuo Taseko and the Meiji Restoration*. Chicago: University of Chicago Press, 1998.

· Walworth, Arthur. *Black Ships off Japan: The Story of Commodore Perry's Expedition*. New York: Alfred A. Knopf, 1946.

· Whitman, Walt. "A Broadway Pageant" (1860). In Walt Whitman, *Poems of Walt Whitman (Leaves of Grass)*. New York: T. Y. Crowell, 1902.

· Wigen, Kären. *The Making of a Japanese Periphery, 1750-1920*. Berkeley: University of California Press, 1995.

· ———. *A Malleable Map: Geographies of Restoration in Central Japan, 1600-1912*. Berkeley: University of California Press, 2010.

· Williams, Duncan Ryūken. *The Other Side of Zen: A Social History of Sōtō Zen Buddhism in Tokugawa Japan*. Princeton, NJ: Princeton University Press, 2005.

· Wills, Steven. "Fires and Fights: Urban Conflagration, Governance, and Society in Edo-Tokyo, 1657-1890." Ph.D. dissertation, Columbia University, 2010.

· Wilson, Noell. *Defensive Positions: The Politics of Maritime Security in Tokugawa Japan*. Cambridge, MA: Harvard University Asia Center, 2015.

· Yabuta Yutaka. *Bushi no machi Ōsaka: "tenka no daidokoro" no bushitachi*. Tōkyō: Chūō kōron shinsha, 2010.

· ———. *Joseishi to shite no kinsei*. Tōkyō: Azekura shobō, 1996.

· ———. "Nishitani Saku and Her Mother: 'Writing' in the Lives of Edo Period Women." In P. F. Kornicki, Mara Patessio, and G. G. Rowley, eds., *The Female as Subject: Reading and Writing in Early Modern Japan*, 141~50쪽. Ann Arbor: University of Michigan Center for Japanese Studies, 2010.

· ———. "*Onna daigaku* no naka no 'Chūgoku.'" In Cho Kyondaru and Tsuda Tsutomu, eds., *Hikakushiteki ni mita kinsei Nihon: 'Higashi Ajia-ka' o megutte*, 140~62쪽.

Tōkyō: Tōkyō Daigaku Shuppankai, 2011.

- Yamakawa Kikue. *Women of the Mito Domain: Recollections of Samurai Family Life*. Translated by Kate Wildman Nakai. Tokyo: University of Tokyo Press, 1992.

- Yokoyama Yuriko. "Jūkyū-seiki Edo, Tōkyō no kamiyui to onna kamiyui." *Bessatsu toshishi kenkyū* (2009): 85~103쪽.

- Yonemoto, Marcia. "Adoption and the Maintenance of the Early Modern Elite: Japan in the East Asian Context." In Mary Elizabeth Berry and Marcia Yonemoto, eds., *What Is a Family? Answers from Early Modern Japan*, 47~67쪽. Berkeley: University of California Press, 2019.

- ———. *The Problem of Women in Early Modern Japan*. Berkeley: University of California Press, 2016.

- Yoshida Nobuyuki. *Dentō toshi: Edo*. Tōkyō: Tōkyō Daigaku Shuppankai, 2012.

- ———. "Hitoyado." In *Nihon toshishi nyūmon*, vol. 3, edited by Takahashi Yasuo and Yoshida Nobuyuki, 216~17쪽. Tōkyō: Tōkyō Daigaku Shuppankai, 1989.

- ———. *Kinsei kyodai toshi shakai kōzō*. Tōkyō: Tōkyō Daigaku Shuppankai, 1991.

- ———. *Mibunteki shūen to shakai, bunka kōzō*. Kyōto-shi: Buraku Mondai Kenkyūjo, 2003.

- ———. *21-seiki no Edo*. Tōkyō: Yamakawa Shuppansha, 2004.

- ———. *Toshi Edo ni ikiru*. Tōkyō: Iwanami Shoten, 2015.

- Yoshida Setsuko, ed. *Edo kabuki hōrei shūsei*. Tōkyō: Ōfūsha, 1989.

- Yoshida Yuriko. *Kinsei no ie to josei*. Tōkyō: Yamakawa Shuppansha, 2016.

- Yoshihara Ken'ichirō. *Naitō Shinjuku*. Tōkyō: Tōkyō-to Komonjokan, 1985.

찾아보기

388

에도로
가는
길

운명을 거슬러 문을 열어젖힌 이방인

1판 1쇄 펴냄 | 2022년 12월 10일
1판 3쇄 펴냄 | 2023년 1월 15일

지은이 | 에이미 스탠리
옮긴이 | 유강은
발행인 | 김병준
편 집 | 김서영
디자인 | 권성민
마케팅 | 차현지
발행처 | 생각의힘

등록 | 2011. 10. 27. 제406-2011-000127호
주소 | 서울시 마포구 독막로6길 11, 우대빌딩 2, 3층
전화 | 02-6925-4185(편집), 02-6925-4188(영업)
팩스 | 02-6925-4182
전자우편 | tpbook1@tpbook.co.kr
홈페이지 | www.tpbook.co.kr

ISBN 979-11-90955-79-9 (93910)